Die Berührung des Meisters

The Master's Touch

Über das Wesen des heiligen Lehrers
für das neue Zeitalter

Teil 1

Vorlesungen aus Espanola

Yogi Bhajan, Ph. D.

Meister des Kundalini Yoga

K.R.I. - Kundalini Forschungsinstitut 1997

Aus dem Amerikanischen übersetzt von
Dr. W. Splittstoeßer
Ardass Singh

Vorbemerkungen des Übersetzers

Als ich Yogi Bhajan vor Jahren in Hamburg zum ersten Mal traf, regnete es draußen in Strömen. Seine Sprache war und ist einfach und direkt, doch voller Humor. Seine Worte berühren das Herz.

Bei dem Bemühen, seine Vorträge zu übersetzen, hatte ich die Wahl, sein gesprochenes Wort in eine geschliffene, den geschriebenen Texten gewöhnlich eigene Sprache zu übertragen, oder der eher brüchigen, möglichst wörtlichen Übersetzung den Vorzug zu geben. Ganz bewußt habe ich mich dann für das letztere entschieden. Diese Sätze, die zum Teil so ungewohnt stockend fließen, scheinen mir am ehesten seinen Geist direkt zu übertragen. Denn jedes Mal, wenn wir uns über diesen oder jenen Satz, über diese oder jene Wendung wundern und dabei verweilen, öffnen wir unseren Geist und machen uns bereit, zu empfangen. Hunderte Male können wir so uns wieder und wieder öffnen und empfangen.

Zu diesem und jenem Punkt habe ich Yogi Bhajan befragt. Er hat mich stets aufs Neue ermutigt und ich bin dankbar, ihn meinen Lehrer nennen zu dürfen, vor dem ich mich in Demut verneige.

Ich danke Gott für diese Begegnungen und bete darum, daß alle Fehler und Unklarheiten, die in diesen Texten noch enthalten sind, dazu führen mögen, daß sie unzählige Male besprochen werden, und daß die ihnen zugrundeliegende Wahrheit dadurch noch klarer leuchten möge. Mögen wir alle in uns den Mut finden, bewußt die Verantwortung für unser Sein zu übernehmen, auf daß wir, unserem Vorbild getreu, andere ermutigen und ihnen zum Vorbild dienen können. Möge jeder Atemzug, jeder Gedanke, jedes Wort und jede Handlung voll des Segens sein. Mögen wir alle herausfinden, worin der Inhalt der Erkenntnis liegt: Du bist das Gebet Gottes.

Dr. W. Splittstoeßer
Ardass Singh Khalsa

Die Deutsche Bibliothek – CIP-Einheitsaufnahme

Bhajan <Yog˘i>:

Die Berührung des Meisters: über das Wesen des heiligen Lehrers

für das neue Zeitalter / Yogi Bhajan, Kundalini-Forschungsinstitut.

Aus dem Amerikan. übers. von W. Splittstoeßer (Ardass Singh). -

Teil 1. Vorlesungen aus Espanola. – 1999

Kelkheim : Splittstoeßer

ISBN 3-934022-34-0

Impressum:

1. Auflage August 1999

Herstellung: Libri Books on Demand

© by Dr. Wulf Splittstoeßer

Die Berührung des Meisters: Über das Wesen des heiligen Lehrers für das neue Zeitalter, von Yogi Bhajan, Ph.D.

1. Auflage, Copyright 1997, K.R.I.

Herausgegeben vom Kundalini Forschungsinstitut, Postfach 351149, Los Angeles, CA 90035.

Kongreßbibliothek Kartennummer ISBN 0-97-73614

Projektkoordinator
Sat Kirpal Kaur Khalsa, Ph.D.

Herausgeber
Guru Raj Kaur Khalsa

Beratende Herausgeber
Shakti Parwha Kaur Khalsa
Ek Ong Kar Kaur Khalsa
Sat Kirpal Kaur Khalsa, Ph.D.

Übertragen von
Tej Kaur Khalsa

Querverweise
Tej Kaur Khalsa

Entwurf und Layout
Guru Raj Kaur Khalsa

Umschlagsentwurf
Konzept der Zeichnung von Yogi Bhajan, Ph.D.
Ausführung von Seva Kaur Khalsa
Berater: Soorya Kaur Khalsa
Technische Unterstützung: Pritpal Singh Khalsa

Abbildungen
Shabad Katir Khalsa

Korrektor / Verzeichnis
Pranpati Singh (John Ricker)

Aufnahme auf der Umschlagrückseite
Seva Kaur (Italien)

Die Videos wurden bereitgestellt von
Golden Temple Enterprises

Gedruckt durch
Bookcrafters

Widmung

Diese Arbeit ist all jenen gewidmet, die herausragen müssen und sich dem Zeitalter des Wassermannes mit ihrer Vorzüglichkeit stellen. Wir sind als spirituelle Wesen geboren, um eine menschliche Erfahrung zu machen. Wir sind nicht als Menschen geboren, um eine spirituelle Erfahrung zu machen.

Dies ist das Wassermann-Zeitalter und alle Vergangenheit muß der Zukunft begegnen. Die Menschen werden weise werden, intuitiv und bewußt, damit sie die Unterschiede zwischen Tratsch und Evangelium erfassen.

Es ist mein Verständnis und mein Gebet, daß diese Lehren und diese Übungen die schlafende Seele erwecken mögen, auf daß alle Glück erfahren. Glück ist ihr und sein Geburtsrecht in der sozialen, seelischen, körperlichen und spirituellen Welt.

Diese Lehren sind ein Teil der Goldenen Kette und gehören Guru Ram Das, dem Herrn der Wunder und dem Heiligen, der alle Bedürftigen durch seine gnädigen Taten schützt.

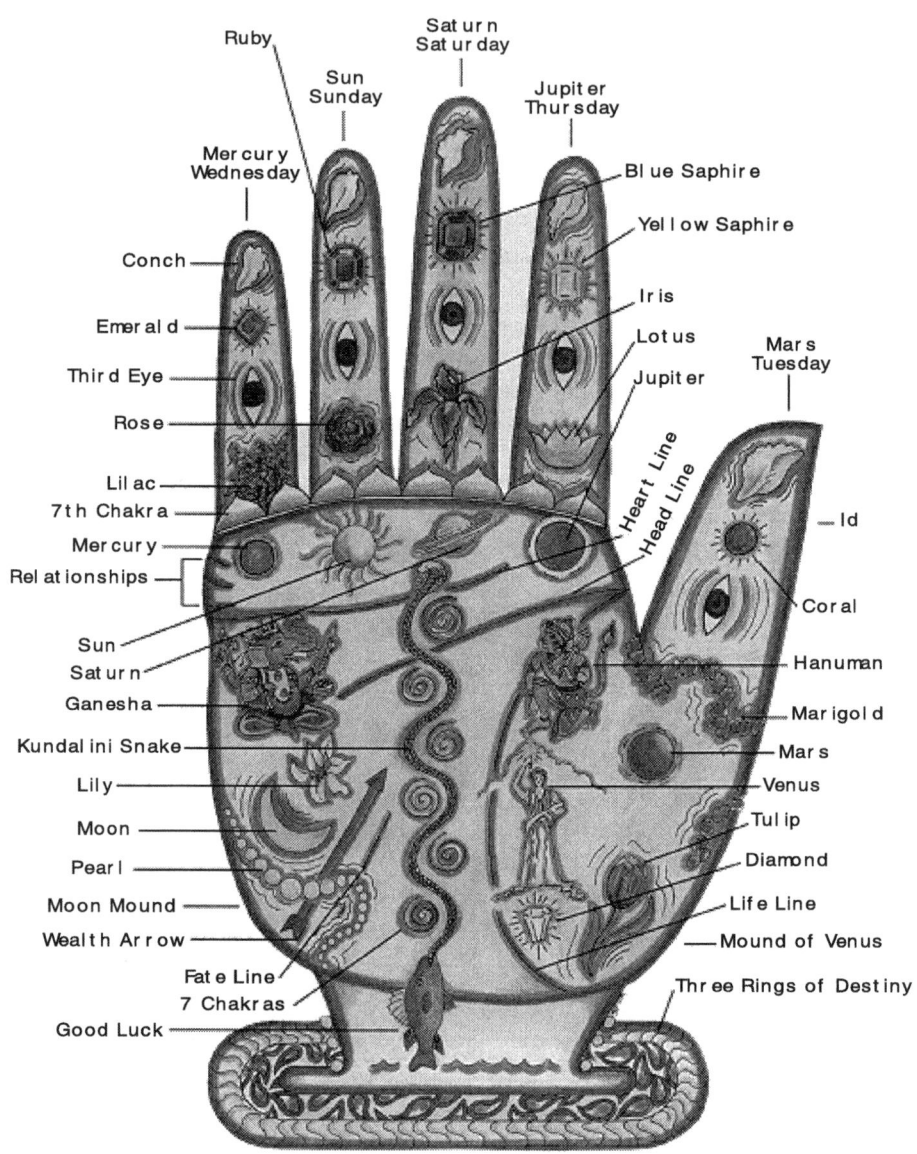

Ruby

Sun
Sunday

Saturn
Saturday

Jupiter
Thursday

Mercury
Wednesday

Blue Saphire

Yellow Saphire

Conch

Iris

Mars
Tuesday

Emerald

Lotus

Third Eye

Jupiter

Rose

Heart Line

Head Line

Lilac

7th Chakra

Mercury

Id

Relationships

Coral

Sun

Saturn

Hanuman

Ganesha

Marigold

Kundalini Snake

Mars

Lily

Venus

Moon

Tulip

Pearl

Diamond

Moon Mound

Life Line

Wealth Arrow

Mound of Venus

Fate Line

7 Chakras

Three Rings of Destiny

Good Luck

Die Hand des Kosmos:

Die Hand des Kosmos wurde von Yogi Bhajan für die The Master's Touch-Kurse entworfen und ist ein Zeichen des göttlichen Schutzes. Die Plazierung der Symbole ist sehr präzise. Jedes stellt bestimmte Qualitäten und Aspekte des Lebens in seiner Verbindung mit Körper, Verstand und Seele dar.

Conch
Meeresschnecke -Gesamtheit, Fluß des Lebens
Third Eye
Das Dritte Auge – Intuition, Weisheit

Mercury
Merkur – Kommunikation
Grüner Smaragd – Wohlstand
Flieder – Die Süße

Sun
Sonne – Leben
Ruby
Rubin - Sonne
Rose
Rose - Romanze

Saturn
Reinheit, Wissen, Frömmigkeit
Blue Sapphir
Blauer Saphier - Saturn
Iris - Reinheit

Jupiter
Jupiter – Wissen, Gnade, Reichtum
Yellow Saphire
Gelber Saphier - Jupiter
Lotus
Loutus - Reinheit

Mars
Mars – Herr des Sieges, Glück
Id
Es – Verbindender Faktor des Lebens: Seele, Körper und Geist
Coral (reddish)
Rote Koralle - Mars
Marigold
Ringelblumen – Sieg, Jubel
Mound of Venus
Venusberg - Liebe
Venus
Venus - Liebe
Tulip
Tulpe – Kreative Kraft, eröffnet Fortschritt, Erweiterung

Diamond
Diamant – Liebe

Moon Mount
Mondberg – Geist, Gedanken, Strategie, Planung, Phantasie, Ängste
Pearl
Perle - Kommunikation
Moon
Mond - Perle
Lily
Lilie - Kommunikation
Ganesha
Ganesha - Erfolg
Hanuman
Hanuman – Herr der Stärke
Kundalini Snake
Kundalini-Schlange – Die zentrale Kraft des Universums, Existenz

Heart Line
Herzlinie – Liebenswürdigkeit, Mitgefühl, Fürsorge
Head Line
Kopflinie – Stärke und Richtung des Verstandes
Life Line
Lebenslinie – Länge des Lebens, Atem oder Jahre
Fate Line
Schicksalslinie – Forderungen, die zu erfüllen sind

Relationships
Beziehungen – Interaktion auf sozialer, sexueller – und Empfindungsebene

Seven Chakras
Die sieben Chakren – Sieben Energiezentren
Seventh Chakra
Das siebte Chakra – Das zehnte Tor

Wealth Arrow
Pfeil des Reichtums - Wohlstand

Three Rings of Destiny-
Die drei Schicksalsringe – Wir existieren nicht ohne sie: Leben (Mut), Liebe (Wohlstand) und Glück (Mitleid)

Wir möchten den vielen Lehrern und Helfern danken,
die an diesen ersten zwei Master's Touch-Kursen durch Vorträge,
Veranstaltungen und allerlei Hilfsdienste zum Erfolg beigetragen haben.

Die folgenden Lehrer haben Klassen gehalten, die zur Stufe 1 KRI Lehrerausbildung angerechnet werden:

Gurucharan Singh Khalsa, Ph.D.

Guru Das Singh Khalsa

Satya Singh Khalsa

Immer bevor Sie diese oder irgendeine andere Übung des Programmes beginnen, konsultieren Sie einen Arzt. Nichts in diesem Buche soll als ein ärztlicher Ratschlag angesehen werden. Die Vorteile, die sich aus einer Praxis des Kundalini-Yoga ableiten, haben ihre Grundlage in einer Jahrhunderte alten yogischen Tradition. Die Ergebnisse werden mit den Ausführenden variieren.

Über den Autor

Seit dem Beginn der Geschichtsschreibung können wir verfolgen, daß eine Handvoll spiritueller Giganten als dynamische Katalysatoren für die Entwicklung des menschlichen Bewußtseins aufgestanden sind. Ihre Lebenswege, ihre revolutionären Lehren und ihre tatsächliche Anwesenheit auf diesem Planeten hat die Entwicklung von Millionen von Seelen beschleunigt. Solch ein Meister, ein Lehrer von Lehrern, ist Yogi Bhajan.

Als er im Dezember 1968 in den Vereinigten Staaten ankam, stellte Yogi Bhajan seine Mission sehr klar dar. Er sagte, „Ich bin gekommen, um Lehrer auszubilden und nicht um Schüler zu sammeln." Entschlossen, Führer und Lehrer auszubilden, die die Kraft haben sollen, die Menschheit zu heilen, zu erhöhen und zu erwecken, brach er die Tradition der Verschwiegenheit, die das Kundalini-Yoga für Jahrhunderte umgeben hatte, indem er es öffentlich lehrte.

Zum Zeitpunkt der Entstehung dieses Buches (1997) hat er nicht allein Tausende von Kundalini Yoga-Lehrer in der ganzen Welt ausgebildet, sondern es hat sich innerhalb der Hauptbevölkerung eine komplette Subkultur von Menschen gebildet, die seine Lehren anwenden. Die Bewegung wird „3 HO" genannt, (Healthy, Happy, Holy Organization), was eine Abkürzung ist für die Gesund, Glücklich, Heilig-Organisation, die er gegründet hat. Basierend auf seinem ersten Grundsatz, - glücklich sein ist dein Geburtsrecht, - haben Hunderttausende von Männern, Frauen und Kindern verschiedenster Herkunft die Techniken des Kundalini-Yogas angewendet und darin einen Weg gefunden, ohne Drogen, gesund, ausgeglichen, glücklich und erfolgreich zu leben.

Als Poet, Philosoph, Seher, Heiliger, Heiler, religiöser Führer, Berater, Künstler, Autor, Dozent und sogar als hervorragender Koch, ist Yogi Bhajan immer zuerst und am allermeisten ein Lehrer. Er hat über 30 Bücher veröffentlicht und seine Lehren sind in über 200 weiteren Büchern und Videos dargestellt. 1980 erlangte er den akademischen Grad eines Ph. D. in Psychologie der Kommunikation.

Er hat 19 Gesellschaften gegründet und ist die treibende Kraft in all diesen, die für dieselben Prinzipien eintreten, die er für das persönliche Wachstum lehrt. Zu diesen Geschäften gehören u.a. Computersysteme und Dienstleistungen, Sicherheitsdienste, Beratungsdienste und ein Postversandkatalog. Daneben gibt es ein weites Angebot von Naturkostprodukten, einschl. Getreide, Tees, kräuterheilkundliche Arzneien und Massageöle, die auf den Grundlagen seiner Rezepturen entwickelt sind.

Seit 1969 hat er unermüdlich seine Botschaft der Hoffnung und Inspiration gelehrt und in die Welt getragen, um Menschen in allen Lebenssituationen zu erreichen. Als Berater für Staatsmänner, Politiker und CEO's, als Vertrauter von religiösen Führern, von bekannten Persönlichkeiten und von einfachen Suchern ist sein Motto dasselbe, wie es auf der Rückseite seiner Visitenkarte gedruckt ist: „Wenn Du Gott nicht in allem sehen kannst, kannst Du ihn überhaupt nicht sehen".

Seine tiefe Einsicht, sein unendliches Mitgefühl und sein unermüdliches Diensttun brachten ihm sofort die Liebe der Seelen, die seine Kundalini-Yoga-Klassen in den späten 60ern und 70ern besuchten. Seine glühende Entschlossenheit, ihre Seelen zu erwecken und ihnen beizubringen, sich niemals mit weniger als dem Besten in ihnen zufrieden zu geben, hatte eine mächtige Wirkung. Er lehrte die Menschen wie sie den Zugang zu ihrem intuitiven Bewußtsein erreichen konnten und zeigte ihnen wie sie ein höheres Bewußtsein ohne den Gebrauch von Drogen erfahren konnten. Er lehrte sie, eine Zukunft für sich und ihre Familien zu begründen.1973 gründete er 3 HO SuperHealth [SM] das einzige ganzheitliche Programm seiner Art gegen Drogenmißbrauch, das von der Kommission für die Akkreditierung von Gesundheitsfürsorge-Organisationen anerkannt ist.

Yogi Bhajan ist ein ausgesprochener Meister im Bemühen um die Gnade und die Würde von allen Frauen. 1970 initiierte er die Gnade Gottes-Bewegung der Frauen von Amerika (GGMWA= Grace of God Movement of the Women of America). In seinen Vorlesungen und seit 1974 während eines jährlichen Sommerlagers für Frauen, fordert er die Frauen auf, ihre unabhängige Rolle als Frau anzunehmen. Er unterrichtet die Frauen hinsichtlich der Bedeutung ihrer einzigartigen Identität und wie sie damit sich selbst und ihre Beziehungen zu den Familien und der Karriere am besten dienen können. Er lehrt sie, wie sie durch ihre Gnade und Kraft die Verantwortung übernehmen können, zu führen, zu erhöhen und zu heilen.

1971 ehrten ihn die Führer seiner eigenen Sikh-Glaubensgemeinschaft mit dem Titel „Siri Singh Sahib" und übertrugen ihm die Rolle des obersten religiösen und administrativen Führers des Sikh-Dharma in der westlichen Hemisphäre, ihm die Verantwortung anvertrauend, das Sikh-Ministerium im Westen einzuführen.

Sein kompromißloser Aufruf an alle Zeitgenossen, aus dem selbstbegrenzen-den Konzept des Separatismus auszubrechen und sich mit Offenheit und Liebe für alle vorwärts zu begeben, führte ihn immer dahin, sich mit den religiösen und spirituellen Führern zu treffen und den Weltfrieden zu fördern. Er hat im Weltparlament der Religionen gedient und ist Co-Präsident und Gastgeber von jungen Unity-Konferenzen, Konferenzen zur Einheit der Menschen. 1983 gründete er den internationalen Friedensgebetstag, dessen Gastgeber er alljährlich im Juni in Espanola, New Mexico (USA) ist. 1995 erhielt er den Mut-Bewußtseins-Preis der Friedensabtei in Massachusetts.

Yogi Bhajan wurde am 26. August 1929 als Harbhajan Singh Puri in Indien geboren. Während seiner Kindheit lernte er von seinem klugen und heiligen Großvater, der ihn im Alter von 7 Jahren zu einem spirituellen Lehrer schickte. Als er 16 1/2 Jahre alt war, erreicht er unter der unnachgiebigen Vormundschaft des großen Meisters Sant Hazara Singh die Meisterschaft im Kundalini-Yoga.

Während der Teilungskriege in Indien 1947 war er ein Teenager. Als sein Dorf ein Teil von Pakistan wurde, wurde ihm die Verantwortung übertragen, mehr als 1000 Menschen durch ein Land in ungeheurem Aufruhr in die Sicherheit nach Delhi zu führen.

Nachdem seine Familie sich in Delhi angesiedelt hatte, besuchte er die Punjab Universität, wo er das Master's degree in Wirtschaftswissenschaften erhielt und sowohl ein hervorragender Redner als auch ein Starathlet war. Er diente in der Verwaltung Indiens in der Steuer- und der Zollabteilung bis er in den Westen kam.

Seit 1953 ist er verheiratet mit Dr. Bibiji Inderjit Kaur, ist Vater von 3 Kindern und hat 5 Enkel.

Yogi Bhajan ist von Reichtum zu Armut und zurückgegangen während seines Lebens. Als ein Yogi und nicht berührt von den Gegensätzen, lebt er in seiner eigenen Majestät und bestätigt mit absoluter Überzeugungskraft, daß alles Gott und Guru gehört, während wir alle ausschließlich die Hausverwalter sind. Sein Hauptwohnsitz liegt gegenwärtig in Neumexiko. Er ist stets mit allen Menschen verbunden, indem er alle Zeit mit ihnen in Liebe und Humor die Technologien teilt, so daß wir im Zeitalter des Wassermanns als erhöhte, strahlende, glückliche und gesunde Menschen leben können.

Vorwort

Dieses Buch enthält Vorlesungen und Meditationen, die Yogi Bhajan während seiner Master's Touch-Kurse im Juli 1996 in Espanola, New Mexico und im April 1997 in Assisi, Italien, gehalten hat. Sie sollen für alle Menschen auf einem spirituellen Weg, die danach suchen, neue Türen zu öffnen, um sich auszudehnen oder herauszufordern, als Ressource, als Werkzeug dienen. Yogi Bhajan erklärt auf den Master's Touch-Kursen die Wichtigkeit der spirituellen Disziplin beim Bemühen, den Herausforderungen des Lebens zu begegnen. Am allermeisten jedoch setzt er die Blaupause von dem, was es bedeutet ein Heiliger und spiritueller Lehrer des neuen Zeitalters, des Wassermann-Zeitalters zu sein.

Im Westen wird der Begriff des Meisters und die Beziehung zwischen Meister und Schüler gewöhnlich nicht verstanden. Sie ist begrenzt auf das, was Fernsehen oder Film darstellen. Diese übermitteln jedoch die alte, heilige und in vielen Kulturen für das spirituelle Wachstum essentielle Verbindung nicht genau. Im Westen wird der Begriff „Meister" lose dazu verwandt, einen Menschen von Genie anzuzeigen, der in einer bestimmten Kunstform oder Fertigkeit so geschickt geworden ist, daß niemand ihm oder ihr gleicht; man denke an einen Meisterhandwerker, einen Schachmeister oder einen Orchestermaestro. Wie auch immer, in den orientalischen Kulturen gibt es eine spezielle Überlieferung der Meister in der Kunst und Wissenschaft des Bewußtseins, d.h. Meistern der Kunst vom Leben selbst!

Solch ein Meister ist weder ein Philosoph noch ein Priester. Er oder sie ist ein Lehrer von Lehrern, ein Überträger derselben Beherrschung, die er oder sie erreicht hat. Ein Meister hat erfahren und in sein oder ihr Bewußtsein integriert, was zu Klarheit, Tiefe und Einsicht führt, so daß die Lehren eine tiefe Wirkung haben können.

Die Beziehung zwischen einem Meister und seinem Studenten ist die von einem Meißel und dem Stein in den Händen eines meisterlichen Handwerkers. Zu Beginn schlagen die Funken. Aber diese Reibung setzt das Potential des Kunstwerkes frei, daß in dem Stein enthalten ist.

Wenn jemand mit einem Meister studiert, können die Dimensionen des Lebens dramatisch wechseln, da die Person zu neuen Höhen der Selbsterkenntnis und Erfüllung aufsteigt. Diese Transformation ist es, die Studenten auf den Master's Touch-Kursen erfahren.

Im Gegensatz zu anderen östlichen Traditionen, wird beim Kundalini-Yoga die goldene Kette, das ist die Verbindung zum Lehrer, nicht durch Initiation, Einweihung eingerichtet. Yogi Bhajan hat erklärt, daß die Studenten des Kundalini-Yoga sich selbst initiieren, einweihen müssen, indem sie an Disziplin und Übung der Technologie festhalten. Und doch, hat er sich als Meister des Kundalini-Yoga allzeit für die Studenten verfügbar und zugänglich gehalten, um sie dahin zu führen, das Niveau der für ihr Wachstum notwendigen Hingabe zu erreichen.

Obwohl den Übungen des Kundalini-Yogas einschließlich der Atemtechniken (pranayam) und des Rezitierens von Mantra gewidmet wurde, lag das Herz dieser Kurse bei den Vorlesungen und Meditationen, die vom Meister des Kundalini-Yogas, Yogi Bhajan selbst unterrichtet wurden. Bei seinen Vorlesungen sprach Yogi Bhajan jeden Tag zwei bis drei Stunden über das Leben, über Yoga und über das Lehren in solch einer klaren und durchdringenden Weise, daß jeder Mensch sich transformiert fühlte. Seine Worte trugen ein spezielles Geschenk in sich; sie berührten die Psyche und die Seele von jedem einzelnen, indem sie Licht, Einsicht und Erhöhung des Geistes bewirkten.

Wahre Spiritualität, wahres Bewußtsein, ist nicht etwas, das gelehrt werden kann. Es ist eine Gnade, die letztlich das Bewußtsein des Studenten mit dem des Lehrers vereint. Dies war die Gnade, die gefühlt wurde.

Yogi Bhajan kann durchaus als einer der größten Lehrer aller Zeiten und sicherlich der Moderne aufgefaßt werden. Er unterrichtet im Geist einer langen und heiligen Tradition von Lehrern, der goldenen Kette, mit der tiefsten Verehrung für seinen eigenen Meister, der ihn vor über 50 Jahren in Indien lehrte. Als ein junger Mann hatte Yogi Bhajan begonnen, mit Meister Sant Hazara Singh, zusammen mit 252 anderen Studenten zu lernen. Nach drei Monaten waren nur noch 75 von ihnen übrig geblieben. Am Ende der rigorosen Ausbildung waren nur noch er und zwei andere Studenten übrig.

Die Aufgabe des Lehrers ist es, den Schüler herauszufordern, daß er oder sie die eigene Erfahrung ihrer Seele erreichen. Dies ist häufig kein bequemer Vorgang, da einzelne Facetten der Persönlichkeit des Studenten mit dessen Ego interferieren können. Des Meisters Aufgabe ist es nicht, freundlich zu sein oder zu verwöhnen. So wie Yogi Bhajan erklärt hat, muß der Lehrer das Ego anstoßen, es zu einer Reaktion provozieren, es mit seinen eigenen Grenzen konfrontieren und dann, was am wichtigsten ist, es erheben. Einzig ein wahrhaftiger Meister kann den Schüler den ganzen

Weg durch diesen Prozeß führen, weil er selbst durch diese Erfahrung gegangen ist. Der äußerste Akt des Mitgefühls und der Selbstlosigkeit für einen Meister ist es, einen anderen Meister zu schaffen.

Das ist alles über Yogi Bhajan. Das ist alles über die Master's Touch-Kurse.

Inhaltsverzeichnis

Vorlesungen in Espanola `96

The Master's Touch

Die Berührung des Meisters

Vorlesungen in Espanola

Juli 1996

Der Eid des Lehrers

Ich bin keine Frau

Ich bin kein Mann

Ich bin keine Person

Ich bin nicht ich selbst

Ich bin ein Lehrer

Was ist Glück?

KLASSE 1 am Morgen des 20. Juli 1996

Das Zeitalter des Wassermanns kommt. Leere, Wahnsinn und Schmerz werden jeden Menschen berühren. Sie werden euch begegnen. So unsinnig wie sie sind - wenn ihr nicht ihnen den Schmerz nehmt, sondern statt dessen dasitzt und richtet, seid ihr die falschen Leute.

Was ist Glück? Los, ihr alle, ihr alle seid Lehrer. Was ist das? Ihr seid gesund, darum seid ihr da. Glücklich seid ihr nicht, das weiß ich. (Wortspiel: You are holy because you have nine holes.) Ihr seid heilig, weil ihr neun Löcher habt. Funktionieren die Löcher von allen, tatsächlich? Glücklich seid ihr nicht. Ihr könnt niemals glücklich sein. Glück hat eine Bedingung. Es hat seinen Preis. Mein Wort darauf – der allmächtige Gott könnte mit euch sein, aber ihr werdet nicht glücklich, solange ihr nicht die Formel für das Glück kennt.

Die bekannte Formel für Glück ist: Hingabe wird euch Charakter geben. Der wird euch Würde geben. Das verleiht euch Göttlichkeit. Das gibt euch Gnade. Das gibt euch die Kraft, euch zu opfern. Dann fühlt ihr euch am Ziel und ihr werdet glücklich sein. Stimmt das? Weiß irgend jemand irgend etwas besseres als dieses?

Aber wir wollen Instant-Glück, unmittelbares Glück. Wie ist das zu erreichen? He, los. Wir alle sind Freunde. Laßt uns miteinander arbeiten. Warum guckt ihr mich an, habe ich Hörner? Irgendwann einmal mußte ich es auch lernen. Unglücklicherweise war ich dabei 7 Jahre alt. Ich habe seither nicht aufgehört zu lernen. So, was ist das Prinzip des Glücks, Leute?

Student: Glück ist sich mit dem Wort „sat" zu verbinden und es zu kennen.

YB: Es ist der leichte Ausweg. (Alle lachen.) Was ist Glück? Weiter.

S: Wenn der Fluß sich wieder mit dem Ozean verbindet.

YB: Das wird Vollendung genannt, weil es wieder darin beginnt, aus den Wolken zu regnen. Ein sehr guter Gedanke. Im Nirwana sutra, ist dies der perfekte Gedanke – es ist Wahrheit. Aber es entspricht dem Fische-Zeitalter. Der Nächste?

S: Morgens um drei aufwachen.

YB: Wacht um drei auf und ihr habt euren eigenen Tod besiegt. Das ist gut. Klingt sehr ordentlich. Wenn ihr um drei Uhr aufwacht, habt ihr den Tag für euch selbst. Ihr könnt die Zeit vorbereiten und ihr seid in eurer eigenen Einsamkeit. Die Einsamkeit macht euch mit euren Einstellungen bekannt. Die Einsamkeit macht euch mit eurer Höhe bekannt und ihr werdet Eroberer. Das ist ein Anreiz. Ein sehr guter Anreiz, aber es ist nicht alles.

S: Bewußtsein.

YB: Bewußtsein mein liebes Mädchen, wovon? Dies ist eine unendliche Welt. Niemand wird jemals wissen, was was ist.

S: Von meiner eigenen Unendlichkeit.

Die bekannte Formel für Glück ist:
Hingabe wird Euch Charakter geben.
Das wird Euch Würde geben.
Das wird Euch Göttlichkeit geben.
Das wird Euch Gnade geben.
Das wird Euch die Kraft geben, Euch zu opfern. Dann werdet Ihr fühlen, daß Ihr am Ziel seid, und Ihr werdet glücklich sein. Stimmt das? Weiß irgendjemand etwas Besseres als dieses?

YB: Eure Grenzenlosigkeit beginnt, wenn ihr aufhört zu denken. Habt ihr aufgehört zu denken? Das ist das Ende davon. Bewußtsein nimmt die folgenden Dinge von euch fort: Denken, Begründung, Logik, Auseinandersetzung, Phantasien, Planen, Integrieren, Wissen und Besorgtsein. Diese neun Dinge müssen gehen, bevor ihr sagen könnt, daß ihr auf dem Weg des Bewußtseins seid. Wißt ihr

warum? Ihr wißt es nicht? Gott, nicht einmal dieses kleine Ding wißt ihr? Und ihr kommt für einen Lehrer-Trainingskurs? Weil der eine, der die Erde dreht, die Macht hat, sich um eure Angelegenheiten zu kümmern. Diese neun Dinge, die ihr tut, sind unerwünscht. Sie befriedigen einzig und allein euer Ego. (Wortspiel: Where there is ego, there is not amigo.) Wo es ein Ego gibt, da gibt es keinen Freund.

So, wir sprechen also über das Glück. Was ist das Prinzip des Glückes? Wir haben 3HO begonnen: Healthy, Happy, Holy – gesund, glücklich, heilig. Richtig? Gesund seid ihr auf diese oder jene Weise. Solange ihr nicht auf dem Friedhof liegt, seid ihr okay. Ihr seid heilig. (Wortspiel: Anybody who has nine holes and controls what comes in and goes out is holy.) Jeder, der neun Löcher hat und Ein- und Ausgang kontrolliert, ist heilig. Aber glücklich? Was ist die Definition von Glück?

S: Zu erfahren, daß Gott und ich Eins sind.

YB: Das ist immer Eins, welche Erfahrung? Ihr glaubt es nicht. Ihr seid alle Zeit Eins mit Gott. Ohne Gott seid ihr nicht in eurem Kern, ihr könnt nicht einmal atmen. Das ist der Kampf zwischen der belebten und der unbelebten Religion. Belebt sind wir alle göttlich. Die Dualität wird von unserer Identität geschaffen und nicht von unserer Grenzenlosigkeit. Hinsichtlich der Grenzenlosigkeit seid ihr alle göttlich. Es gibt wirklich keinen einzigen Anlaß, irgend jemanden als falsch zu betrachten. Was ist falsch? Es kann nichts Falsches geben. Falsch und richtig sind Urteile. Zu urteilen ist falsch, um damit zu beginnen. Was ist noch falsch? Los, macht weiter. Fahrt fort.

S: Da gibt es einen Unterschied zwischen der Realität, die wahr ist und ....

YB: Realität, die nicht erhaben ist, ist keine Realität. Erhabenheit, die keine Vergebung kennt, hat kein Recht zu existieren. Ein Sein, ohne Disziplin, kann nicht erlösen. Diese Erlösung ist das Maß des persönlichen Glückes, und sie bedarf der Disziplin in jeder Facette des Lebens und wird nicht durch die Umstände erlangt.

S: Glück ist die wahre Absicht, einander zu dienen.

YB: Absicht zählt nichts auf diesem Planeten.

S: Dann es ist die Tatsache, einander zu dienen.

YB: (Schüttelt seinen Kopf „Nein"). Innerhalb eurer Disziplin, ob ihr dient oder ob ihr nicht dient, innerhalb eurer Disziplin lebt ihr oder ihr lebt nicht, innerhalb eurer Disziplin eßt ihr oder ihr eßt nicht, innerhalb eurer Disziplin seid ihr eure Disziplin. Wenn ihr die Meister der Disziplin seid, aus der ihr besteht, seid ihr alle Gott. Da gibt es keinen anderen.

ਆਦਿ ਪੂਰਨ ਮਧਿ ਪੂਰਨ ਅੰਤਿ ਪੂਰਨ ਪਰਮੇਸੁਰਹ ॥
Aad pooran mudh pooran ant pooran parmesureh
   - Guru Arjan, Siri Guru Granth *Sahib, page* 705
The Transcendent Lord pervaded in the beginning, pervades in the middle,
and will pervade in the end

Der transzendente Gott durchdrang im Anfang, durchdringt im Verlauf und wird am Ende durchdringen.

Am Anfang seid ihr ihr; in der Mitte seid ihr ihr; und am Ende seid ihr Gott. Da gibt es nichts anderes. Wenn ihr eure Augen nicht schließen könnt, könnt ihr eure Augen auch nicht öffnen. Das ist das Ende der Augen. Weiter gibt es nichts. Nichts war, nichts ist, nichts wird sein.

Für Tausende von Jahren hat „das Fische-Zeitalter" uns belogen und uns aufgefordert, Gott zu finden, während sie wußten, daß wir Götter sind. Jetzt können wir uns nicht einmal zwei Tage Zeit nehmen, um uns zu erinnern, daß wir Götter sind.

Länge und Breite sind einem jeden gegeben. Höhe und Einstellung werden vom Kundalini-Yoga gegeben. Wenn die Kundalini alle Chakren durchdringt, kennt der

Mensch Brahm. Darum sagen sie, Kundalini-Yoga sei gefährlich. Es ist gefährlich, weil es den Menschen der Fähigkeit beraubt, von einem anderen Menschen ausgebeutet zu werden. Und für einige hat das Leben ohne Ausbeutung keinen Gehalt. „Gut, was hat es für einen Sinn, wenn ich ihn oder sie nicht ausbeuten kann, was soll ich da tun?" Irgendwo muß es Ausbeutung geben. „Ich kann dieses Kind nicht annehmen. Ich benötige meinen Halt, meine Kontrolle, meinen Anlaß. Dieses Kind muß endlich zustimmen, daß ich groß bin, und es nicht groß ist." Nicht wahr? Ist es nicht so? „Wer weiß, möglicherweise ist dieses Kind morgen die Größte aller Großen und ich werde vergangen sein."

Wenn ihr jemanden seht, seht ihr Wolken, und das Wetter beurteilend, sagt ihr, „es ist ein wolkiger Tag." Dann aber nach fünf Minuten ist es hell und schön. Was passiert mit den Wolken? Sie sind weg. Der eine, der euch erschaffen hat, ist ein perfekter Gott, und er kann nichts Unvollständiges erschaffen. Das ist die Wahrheit im Wassermann-Zeitalter, und ihr habt sie zu glauben. Alles ist seinem Willen unterworfen. Seid ihr willens, diese Wahrheit zu leben? Gut, dann wollen wir über euren Willen sprechen? Gebt mir eine Antwort. Wenn alles innerhalb Gottes Willen ist, was bedeutet das in Bezug auf euren Willen?

S: Sind wahrhaftig mein Wille und meine Seele in einem Konflikt?

YB: Eure wahrhaftige Seele und euer wahrhaftiger Wille ist es, nach Gottes Willen Ausschau zu halten. Ihr sitzt auf dem Fahrersitz. Achtet auf die Gasse und die Autobahn, auf die Zeichen und die Ausfahrt, auf die Nummer und die Richtung. Darum sollt ihr einen Führerschein haben, und das wird Disziplin genannt.

Ich sage all den Sikhs, (Wortspiel: Don't read the Ek ong Kaar if you do not know how to drive your own car.) „Lest nicht das *Ek Ong Kaar*, wenn ihr nicht versteht, euer eigenes Fahrzeug zu lenken." Euer Fahrzeug, das ist der Körper im Selbst, und ihr seid der Fahrer. Ihr seid nicht die Seele, ihr seid nicht der Geist, ihr seid nicht der Körper, ihr seid die Essenz von alledem. Begreift das. Ihr könnt eure Seele wieder erlangen oder ihr könnt sie total zerstören.

S: Ich finde, wenn ich meinen Willen benutze, daß ich in all diese Unfälle gerate, diese Höhen und Tiefen.....

YB: Nein, nein, euer Wille wurde euch dafür nicht gegeben. Ich hab euch nicht 10 Dollar gegeben, damit ihr sie für euch verwendet. Ich sagte, „tut Gutes." Gott gab euch den Willen, um Gottes Willen herauszufinden. Das ist das gleiche als wenn jemand 10 Dollar bekommt, um Gutes zu tun, und nicht, um sie allein aufzuessen. Jemand hat euch hergestellt, hat euch ins Sein gestellt. Ihr seid nicht hier aufgrund eures eigenen Willens. Ihr seid hier, um Gottes Willen zu erkennen. Das ist die Absicht, die wir vergessen haben.

Ich kam von Kanada mit 45 Dollar in meinen Taschen; sie sind immer noch da. Man sagte mir, "Du kannst damit nicht einmal einen einzigen Tag leben. Du mußt Geld verdienen, Du mußt fahren lernen...."

Ich sagte, „Warum sollte ich irgendetwas tun? Ich habe in der Verwaltung Indiens Dienst getan, ich hatte alles. Jetzt gehe ich, um Gott zu dienen, muß ich deswegen all diese Dinge tun? Vergeßt das. Ich mag keine Degradierungen."

Ich hatte keine Kleidung, ich hatte kein Essen, ich hatte keinerlei Einrichtungen auf dieser Erde, um in Temperaturen von 45°C unter Null zu überleben. Ich lebte. Ich überlebte. Ich sagte zu ihm, „Gib Dein Bestes, teste mich. Wenn es Dich glücklich macht, mir nichts zu geben, habe Spaß." Das war es, als ich das Gedicht geschrieben habe, „Eines Tages wird der Tag kommen, da alle Herrlichkeit Dein ist." [1] Immer noch gab ich ihm die Ehre: „Wenn die Menschen sagen, das ist deins, leugne ich, nicht meins." Lest das Gedicht, es ist wunderbar. Es wurde in den Tagen geschrieben, als ich gewöhnliches Zeitungspapier um meine Füße wickelte, um dann durch den Schnee zu laufen. Ich habe niemals aufgegeben. Das einzige Wort, das ich euch gebracht habe, Leute, heißt „Keep up - durchhalten." Das ist das Wahrzeichen des Yogi Bhajan, Yogi „Bhajan". Niemand hat so einen Titel, wie ich: „Der Müllmann der Vereinigten Staaten."

Ich sage es euch heute, und werde es euch morgen sagen, und werde es euch jeden Tag sagen: Ihr habt nur einen Freund – euch selbst und eure Disziplin, die euch alles geben, was ihr benötigt. Der ganze Rest sind Versprechungen. Nach dem Studium aller Schriften aller Religionen und nach all dem, was ich durchgemacht habe, habe ich diese drei Worte gefunden: sadhana, aradhana und prabhupati. Sadhana bedeutet Disziplin. Aradhana bedeutet die Vollendung dieser Disziplin, und prabhupati bedeutet ihr werdet der Gott-Meister Gottes selbst sein. Nun, soll ich euch irgendwelche anderen Neuigkeiten bringen?

Ihr glaubt, ihr seid schwach. Ihr glaubt, ihr seid behindert. Das ist was ihr denkt. Aber das erste Ding, daß Nanak gesagt hat, war, „Denke, denke nicht. 100.000 Dinge werden keinen Sinn machen." *Ihr* denkt nicht. Euer Intellekt denkt. Eure Intelligenz denkt niemals. Intelligenz kann eine Antwort finden. Der Intellekt ist es, der denkt. Seid ihr unsicher? Ja, ihr seid unsicher. Ihr seid sehr unsicher, weil eure Intuition nicht da ist. Eure Intuition wird euch sagen, was morgen passiert.

He, wieviel Benzin wäre wohl notwendig, um diesen Planeten Erde zu drehen? Obwohl es einer der kleinsten von allen Planeten ist und, im Vergleich, völlig wertlos. Im Vergleich zum Universum ist das 30 Billionen geteilt durch 1 Million, multipliziert mit 30 Millionen zum Quadrat durch 30 Millionen mal das Quadrat. Rechnet es aus. Das ist es, was Guru Nanak sagte,

ਪਾਤਾਲਾ ਪਾਤਾਲ ਲਖ ਆਗਾਸਾ ਆਗਾਸ ॥
ਓੜਕ ਓੜਕ ਭਾਲਿ ਥਕੇ ਵੇਦ ਕਹਨਿ ਇਕ ਵਾਤ ॥
Paataalaa paataal lakh aagaasaa aagaas.
Orak orak bhaal thakay, ved kahen ik vaat.
- Guru Nanak, Siri Guru Granth Sahib, page 5 (from 22nd pauree of Japji Sahib)
There are nether worlds and more nether worlds below them and there are thousands of skies over them. The scriptures pronounce one conclusion: that people are tired of searching the limits and boundaries of God.

Da gibt es niedere Welten und noch niedere darunter, und es gibt Tausende von Himmeln über diesen. Die heiligen Schriften lehren eine Erkenntnis: Die Menschen sind müde, nach den Grenzen und Begrenzungen Gottes zu suchen.

Er sagte, „Das sind alles Lügen." Einige sagen, das ist die 18. Region. Das ist endlos. Unendlichkeit. Hier ist der größte Physiker der Welt, und ich habe ihr gestern eine Formel gegeben. Ich sagte, „Rechne es aus." Habt ihr es ausgerechnet?

S: Nein, Sir.

YB: Rechnet es aus. Ihr glaubt an Einstein, richtig, und an seine Theorie? Das ist die Formel, die ich euch gegeben habe. Rechnet es aus. Zweimal Unendlich hoch zwei im Quadrat mal zwei. Einmal Unendlich im Quadrat mal zehn. Das ist das Universum. Einfach. In Zweitausend Jahren werden meine Studenten all das verstehen, was ich gelehrt habe. Heute nicht. Heute seid ihr am Übergang des Fische- in das Wassermann-Zeitalter. Ihr seid immer noch unsicher. Ihr seid schlechter dran als Vögel und Fische. Seid ihr unsicher? Habt ihr jemals einen unsicheren Fisch gesehen? Habt ihr einen getroffen? Tatsächlich? Habt ihr je einen Fisch unsicher gefunden? Oder habt ihr einen Vogel unsicher gefunden?

Da gab es einen Typen, der fühlte sich nicht glücklich, und er hatte ein schreckliches Problem mit mir. Er sagte, „Ja, Du bist falsch, Du lehrst dieses und Du lehrst jenes. Du lehrst das Sikh Dharma."

---

[1]   Dieses Gedicht ist in dem Buch „Der Mann, der Siri Singh Sahib genannt wird, Khalsa, Sikh

Ich sagte, „Was lehre ich? Ich lehre gar nichts. Die Umstände haben bewirkt, daß es passiert. Wir sind die unschuldigsten Menschen. Wir sind einfach die 3HO, und ich habe nichts getan. Warum klagst Du mich darum an?"

Er sagte, „Warum nicht?"

Ich sagte, „Was ist Dein Problem?"

Er sagte, „Ich wollte Dein Student sein, aber ich habe keine Haare und ich kann keinen Turban binden. Das ist es, was zwischen uns steht. Ich will Dein Student sein."

Ich sagte, „Du redest nicht anmutig, und darum bist du nicht mein Student. Du hast keine Ahnung von den Manieren, wie man mit einem Lehrer spricht. Du denkst, ein Lehrer ist ein Mann."

Realität, die nicht erhaben ist, ist keine Realität. Erhabenheit, die keine Vergebung kennt, hat kein Recht zu existieren. Ein Sein, ohne Disziplin, kann nicht erlösen. Diese Erlösung ist das Maß des persönlichen Glückes, und sie bedarf der Disziplin in jeder Facette des Lebens und wird nicht durch die Umstände erlangt.

Er sagte, „Wenn ich Dich als meinen Lehrer annehmen muß, dann muß ich Dich annehmen."

Ich sagte, „Was mußt Du annehmen? Ich habe zwei Pfund Kot in meinem Bauch und etwa ein halbes Pfund Urin dort. Das ist es nicht, was Du annehmen mußt. Du mußt meine Weisheit annehmen und meine Größe hinsichtlich der Technologie, durch die ich Dich zu einem besseren Menschen machen kann. Indem Du mich als Lehrer annimmst, bedeutet das nicht, daß ich Dein Lehrer bin und Du mein Sklave. Wo hast Du das gelernt?"

„Nein, ich habe ein Problem damit."

Ich sagte, „Was ist dann Dein Problem?"

„Ich will keine Haare haben."

Ich sagte, „Du sollst keine Haare haben." Nun hat er eine Glatze und klagt mich an, ich hätte ihn verflucht. Ich sagte, „Nun ist es sehr sauber. Herr Sauber, so wie der Charakter, Kojak."

Tatsache ist, es ist nicht so, daß alles geschieht, was ich sage; ich lasse euch nur wissen, daß es geschieht. Manchmal kann eine Bewegung wechseln. Das Wetter kann wechseln, Umstände können wechseln.

Aber jeder Mensch hat Intuition, und jeder sollte durch die Entwicklung seiner Intuition das Morgen kennen, so daß es keine Traurigkeit gibt. Aber was euch im

---

Dharma, Kalifornien, 1979, erschienen.

Weg ist, ist euer Ego. „Wer ist er, daß er so mit mir spricht?" Ich bin nicht irgend jemand, der ich etwas erzähle. Ich bin euer Körper, der einen bestimmten Weg gegangen ist, damit ich euch sage, *da gibt es einen Weg.* Ich sage euch gar nichts.

Das Wassermann-Zeitalter zieht herauf. Leere, Wahnsinn und Schmerz werden jedes Menschen Angelegenheit sein. Die Menschen werden gegen die Wände schlagen, um herauszufinden, wo es lang geht. Sie werden zu euch kommen. So verrückt wie sie sind - wenn ihr nicht in der Lage seid, ihnen den Schmerz zu nehmen, sondern anstatt dessen dasitzt und richtet, seid ihr die falschen Leute. Das ist es, warum wir uns bemühen, euch zu lehren, diszipliniert zu bleiben in dieser völlig disziplinlosen Welt, wie ihr wachsen könnt und glühen, wie zu dienen und zu sein.

Zuerst müssen wir uns identifizieren: Wir sind, wir sind. Zweitens, unsere Worte müssen so gewählt sein, daß sie ein jedes Feuer abzukühlen vermögen, die Verzweiflung, die Niedergeschlagenheit der Person. Drittens müssen wir die Kraft haben, die Seele der Person zu erheben und den Menschen zu dienen, anmutig zu sein. Und schließlich müssen wir selbst rein bleiben.

Kennt ihr den Eid eines Kundalini-Yogalehrers? Laßt ihn uns alle sprechen und dann herausfinden, ob ihr ihn gekannt habt und dann wollt ihr ihn sprechen. Macht es alle, gleichgültig, ob ihr eine Frau seid oder ein Mann.

„Ich bin keine Frau, ich bin kein Mann, ich bin keine Person, ich bin nicht ich selbst. Ich bin ein Lehrer."

Nach diesem Eid gibt es da noch irgendwelche Fragen? Könnte sein, daß ihr jetzt denkt, „Aber meine Einkünfte, meine Frau, mein..... „He, alles paßt in diesem Puzzle.

Ihr braucht Euch keine Sorgen machen. Da gibt es nur zwei Wege: Der eine Weg ist, daß ihr hastet und schwimmt und mittendurchgeht, und der andere ist, daß ihr die Dinge passieren laßt, dann werdet ihr herübergetragen wie auf einem Luxusliner, es hängt von euch ab.

So, verkürzt euch nicht das Leben. Das Leben ist ein Geschenk. Schafft keine Einbrüche und laßt euch nicht treiben. Seid mit dem Leben. Leben gibt Euch nicht die Moral, ihr gebt dem Leben die Moral. Das Leben gibt euch nicht die Ethik, sondern ihr gebt dem Leben die Ethik. Das Leben gibt euch nicht die Manieren, sondern ihr gebt dem Leben Manieren. Das Leben bedient euch nicht mit Lügen, sondern ihr verseht das Leben mit Lügen. Das Leben hat euch nicht gesagt was die Wahrheit ist, ihr selbst macht die Wahrheit. In euren Köpfen ist alles falsch. In euren Herzen ist jedoch kein Fehler. Vergeßt, daß ihr dieses und jenes sucht, dieses und jenes tun wollt. **Die Zeit, die ihr mit logischem Denken, mit Abwägen, mit Suchen nach Gründen und in Phantasien vergeudet, all das ist eine Vergeudung des Glückes. Ich selbst bin das Glück und es ist in mir. Berühre jemanden – so wird sein magnetisches Feld sich verändern, die Seele wird sich verändern. Du selbst brauchst gar nichts zu tun, du selbst mußt gar nichts sagen.**

Ich ging nach Cancun. Ich versteckte mich in meinem Zimmer, ich wollte gar nichts tun. Die ganze Stadt wußte, daß ich da war. Die ganze Stadt. Da gab es einen Türsteher, der war ein Yoga-Student, einer von unseren Lehrern. Der sagte es seinem Lehrer, der Lehrer sagte es allen und jeder sagte es jedem. Eigentlich hätte es eine höchst geheime Reise sein sollen, die geheimste, die ich jemals unternommen habe; ich habe niemandem davon erzählt. Aber nach ein paar Stunden wußte es die ganze Stadt. Ich hatte eine wunderbare Erfahrung. Es gab dort Schamanen-Heiler wie bei den Azteken. Sie taten alles. Sie schlugen mich, spuckten auf mich und schütteten Wasser über mich. Oh, Gott ihr könnt euch das nicht vorstellen! Sie stopften mich voller Kräuter und taten alles mögliche. Sie rieben Eier um mich und lasen die Eier. Aber ich war so still im ganzen Universum. Ich war dabei, mit Gott zu sprechen, „Okay, ich danke Dir, daß Du auch diese Art der Heilweisen geschaffen hast." Dann, schließlich ging die Sache so aus, daß ich sie heilte. Schließlich war ich dabei ihre Wirbelsäulen zu richten und alle möglichen Dinge zu tun. Es war sehr erstaunlich für mich.

Und sie sagten, „Ja, ja, Du kannst Dir selbst nicht helfen, aber Du kannst uns heilen."

Ich sagte, „Das ist in Ordnung." Wie sollte man nicht geheilt werden, wenn, während man da liegt, 10 Leute um einen herum sind und massieren und singen, „Yogiji, Yogiji." Was soll übrig sein nach 2 Stunden? Wo ist irgendwelche Erkrankung? Du kannst nicht einmal in deinem Körper leben; so fest haben sie geschlagen. Sie haben mich mit den Blumen geschlagen, mit Zweigen von Gewürz, und sie waren so heftig, daß ich die Male überall auf dem Körper hatte. Es war eine Schockbehandlung. Ihr sollt da durch.

So, eines Tages, wenn ihr Lehrer geworden seid, werdet ihr auch Heiler sein, ihr werdet groß sein, ihr werdet alle Wahrheit kennen und ihr werdet alle Weisheit und Intuition haben. **Aber eins müßt ihr mehr haben als alles andere, ihr müßt ihr selbst sein.** Nichts weniger als ihr selbst wird funktionieren. Ihr selbst minus eurem

Ego, das seid immer ihr selbst. Ihr selbst mit eurem Ego seid niemals ihr selbst. „Ich bin, weil ich bin." „Ich bin, weil ich in Raum und Zeit bin." „Ich bin nicht aus mir selbst." 5 1/2 Milliarden Seelen im menschlichen Körper umgeben mich und da gibt es nichts, was mir gleicht. So müßt ihr mit all dem umgehen, das euch nicht ähnlich ist. Für den euch bekannten Teil eures Selbst sieht das Selbst aus wie ein Fremder.

Wie viele von euch sind hier? Jeder von euch ist zu jedem verschieden. Aber in dieser anderen Welt, seid ihr alle Eins. Das ist es, was ihr zu lernen gekommen seid. Wir haben etwa 2 Wochen Zeit. Man hatte mir gesagt, ich solle euch unterhalten. (Herausgeber: Es war der Vorschlag gemacht worden, daß Yogi Bhajan gleichsam als Willkommensfeier eine Dinnerparty am Swimmingpool geben sollte.) Und ich habe gesagt, „Zur Hölle, ich werde diesen Kurs nicht halten. Schickt sie weg. Zahlt ihnen ihr Geld zurück und laßt sie heimgehen. 27 Jahre voller Beleidigungen habe ich hinter mir. Ich bin nicht hierher gekommen, um Studenten zu sammeln und beliebt zu sein." Die Beziehung zwischen euch und mir ist wie die von einem Granit zu Hammer und Meißel. Jedesmal wenn ihr euch beleidigt fühlt und mich nicht länger mögt, könnt ihr gehen. Ihr seid nicht willkommen. Da gibt es keinen Unsinn, der euch wie Sinn erscheinen sollte und es gibt keinen Sinn, der euch als Unsinn erscheinen sollte. Das ist es, was ihr zu lernen habt.

Die Menschen müssen trainiert werden. Dies ist unser erster Kurs. Das ist die Art und Weise wie wir daran gehen, euch zu trainieren. Wir gehen daran, euch zu trainieren, daß ihr bei jeder Auseinandersetzung mit klarem Kopf euch in die Höhe begebt. In dem Moment, wo ihr euch in die Höhe begebt, werden die Dinge klein. Ihr schaut nach den großen Dingen. Aber ihr seid nicht hergekommen, um nach großen Dingen zu suchen; ihr seid hergekommen, um selbst groß zu werden. So groß, soooo groß, daß ihr alles

„Einst wird der Tag kommen, wenn aller Ruhm Dein ist." Immer noch gebe ich ihm den Kredit. „Die Leute sagen, das ist deins und ich werde leugnen, nicht meins."

bedeckt, daß ihr nicht mehr sagen könnt „Nein." So groß, wie der Sonnenschein, daß ihr nicht länger sagen könnt, „Ich will hierhin scheinen, aber ich werde nicht dahin scheinen." Nein.

Könnt ihr die Schönheit des Momentes verstehen, wenn jemand kommt und zu mir sagt, „Du Idiot, Du gammliges Ei. Was machst Du hier in Amerika?"
Ich sagte, „Ich bin hier."

„Aber was machst Du?"

Ich sagte, „Ich lausche Deinen Schmähungen."

„Was meinst Du damit?"

„Ich sagte, ich verstehe es. Du bist ärgerlich und voller Schmähungen."

„Was wirst Du nun dagegen tun?"

Ich sagte, „Nichts. Das ist es nicht wert. Ich werde gar nichts tun. Du kannst noch ein bißchen mehr tun, das wird in Ordnung sein."

„Du provozierst mich."

Ich sagte, „Nein, ich provoziere Dich nicht. Aber ich wollte Dich wissen lassen, daß ich in der Kunst der Selbstverteidigung hervorragend trainiert bin. Ich wollte Dich das nur wissen lassen."

Und mein Student ging weg.

„Nein," ich habe mir gesagt, „daß ist eine Sache zwischen mir und ihm. Er ist ärgerlich und voller Schmähungen. Er soll seinen Spaß haben. Er soll das Maximum davon erleben. Ich bin sehr gut trainiert. Ich kann sehr friedfertig sein. Niemand wird mich zu unterstützen haben."

Das war an der Universität von Kalifornien in Berkeley. „Fürchtest Du Dich nicht vor dem Messer?"

Ich sagte, „Nein ich trage eines. Was meinst Du, warum sollte ich mich davor fürchten? Ich fürchte mich vor gar nichts. Ich habe mein Vergnügen." Ich sagte, „Schmähe, schmähe, schmähe, schmähe mich, mach weiter, provoziere mich."

„Fühlst Du Dich kein bißchen provoziert?"

Ich sagte, „Warum sollte ich mich provoziert fühlen. Wahnsinn ist wie behext sein, es ist ein Vergnügen in sich selbst. Es ist eine Unterhaltung. Warum soll ich die Unterhaltung nicht sehen? Sie kostet nichts. Mach weiter, „sagte ich, „Fahr mit Deinen Schmähungen fort."

Schließlich wurde er müde. Er setzte sich hin und verbeugte sich tief. Ich sagte, „Das kann auch nicht funktionieren. Sage mir, warum Du ärgerlich bist."

Er sagte, „Du kommst aus Indien?"

Ich sagte, „Ich hoffe doch."

„Du kamst von der University of California in Berkeley. Jeder will zu Deinen Vorlesungen kommen. Sie haben mich nicht in Deine Vorlesung gelassen. Ich will Dich hören. Ich habe Dich gehört. Du bist sehr weise, aber ich kann nicht Dein Student sein. Soweit ich es verstehe, haßt Du die Menschen."

Ich sagte, „Wow, ist alles eine Einbahnstraße? Mußt du mir zuhören?"

„Was?"

Ich sagte, „Ich habe keine Ahnung, wie ich Dich hassen soll, das kann ich versichern. Du kannst mich beleidigen, soviel Du willst. Das ist sehr freundlich von Dir. Und wenn Du versuchst, mich mit dem Messer anzugreifen, werde ich es Dir fortnehmen und es Dir zurückgeben. Ich mag dieses Messer. Es ist ein sehr gutes Messer. Wenn Du erlaubst, werde ich es behalten."

Länge und Breite sind jedem zueigen. Höhe und Einstellung werden vom Kundalini-Yoga gegeben. Wenn die Kundalini durch alle Chakren aufsteigt, weiß der Mensch er ist Brahm. Darum sagen sie, Kundalini-Yoga ist gefährlich. Es ist gefährlich, weil sie die Menschen der Fähigkeit „beraubt", von anderen Menschen ausgebeutet zu werden.

Zum Schluß hatte ich das Messer und ich habe es immer noch.

Ihr müßt verstehen, wenn eure Gegenwart nichts bewirkt, wird auch nichts anderes wirken. Versteht das ganz deutlich. Das erste Prinzip ist: Wenn eure Gegenwart nichts bewirkt, wird nichts anderes wirken. Nummer zwei: Wenn ihr nicht ihr selbst seid, wird nichts funktionieren. Wenn ihr nicht innerhalb von drei Sätzen beweisen könnt, daß ihr funktioniert, wird nichts funktionieren – in drei Sätzen. Ihr habt eine Vorgabe von nur drei Sätzen. Wenn ihr nicht innerhalb von diesen drei Sätzen das Vertrauen einer anderen Person gewinnen könnt, wird nichts funktionieren. Wenn ihr nicht innerhalb des ersten Satzes eurem Gegenüber vermitteln könnt, daß ihr weise und liebevoll seid, wird nichts funktionieren. Achtet nicht auf die Situation. **Achtet auf euch selbst. Ihr seid es, die ihr alles bewirkt. Es ist eure Situation und ihr seid voll verantwortlich. Ihr habt nichts, worum ihr euch sonst sorgen braucht. Sobald ihr einmal ihr selbst seid, wird sich um euch herum alles so fügen wie ihr es wollt.** Das ist der ganze Trick, catch-22.

War ich laut genug? Habt ihr das verstanden? Werdet ihr euch daran erinnern? Verkauft nicht eure Seele. Der Körper ist eine vorgegebene Struktur. Verkauft nicht euren Körper. Der Geist/Verstand ist euch als ein Diener gegeben. Erlaubt ihm nicht, daß er euch zu einem Yo-Yo macht. **Euer Geist/Verstand ist euer Diener, euer Körper ist euer Fahrzeug, und eure Seele ist euer Zuhause.** Macht euch nicht selbst billig. Lebt nicht als Widerlinge und heult nicht herum. Wann immer es Gott gefällt, euch in eine schlechte Umgebung zu versetzen, in die allerschlechteste Umgebung, in tragische Momente, in schreckliche Momente, wenn alles beklagenswert ist, Beleidigung, Tragödie, so liegt es gerade an euch, dieser Herausforderung zu begegnen und zu gewinnen.

Und das ist nur der erste Ton: „Waah." Ihr wißt, daß ihr singt „Waa-Hay Guroo?" Das ist der erste Ton: „Waah." Waah", o.k. Gott, ha ha. Viel Vergnügen!"

Wißt ihr wie ihr Gott findet? Alles was ihr gewöhnlich tut, ist in einen Film zu gehen. Ihr kauft euer Popcorn, nehmt eure Diät-Coca – das ist es doch, nicht wahr? Und dann schaut ihr ihnen zu beim Schießen, Rennen, Reiten, beim Sex und bei allem möglichen – so vergnügt ihr euch 1 1/2 Stunden lang. Dann kommt ihr heraus und habt 7 Dollar verschwendet. Ihr zahlt 7 Dollar um Zeit zu verschwenden. Bemerkenswert an den Menschen ist, daß sie nicht vermögen, Zeit in sich selbst zu verbringen. Aber eines Tages werdet ihr lernen, in euch selbst zu weilen. Ihr werdet die Meisterschaft über die Zeit haben und die Zeit wird euch dienen. Dann seid ihr der Meister. Das ist die Herausforderung für die Menschen.

Jetzt könnt ihr mir ein paar Fragen stellen, so daß ich zum Schluß kommen kann.

S: Du hast über Disziplin gesprochen. Vorausgesetzt die besten Absichten und regelmäßiges Üben – würde das ausreichen, um uns ans Ziel zu bringen oder bedarf es ebenso einer Gnade?

YB: Ohne Gnade gibt es keine Disziplin. Disziplin bedeutet, daß ihr euer gnadenvolles Wesen auch in der erbärmlichsten Umgebung erhaltet. Habt ihr nicht auch die erbärmlichste Umgebung, gibt es keine Disziplin. Unglück ist geschaffen, das Klima zu bewirken. Eine Tragödie ist geschaffen, das Ziel zu setzen. Eure Furcht ist euer Feind und ist nicht identisch mit eurer Seele oder eurer Stärke.

Ihr fürchtet eure eigene Furcht. Diese sagt euch, „Uh oh. Uh oh. Uh oh". Könnt ihr euch vorstellen, wie viele Menschen mich jeden Tag fragen was sie tun sollen?

Das allererste, was mich die Person fragte, die dieses Programm zusammengestellt hat, war, „Oh, das wird sich gut anfühlen. Lassen Sie uns ein Dinner geben, daß sie sich mischen." Irgend so etwas sagte sie.

Eigentlich wollte ich das hier nicht erzählen weil ich ein heiliger Mann bin, aber ich sagte, „Schmeißt sie raus und werft sie in den Fluß." Wir haben sie angesprochen, „vertraut uns, kommt her, wir werden euch zu Lehrern ausbilden." Was sollen wir tun? Sollen wir sie unterhalten? Wäre das nicht eine Lüge, so zu beginnen? Ich bin kein Swami-ji (ji bedeutet Lieber, Geliebter)[1] oder dieser Lieber oder jener Lieber. Ich bin im Begriff, ihnen zu erzählen, daß ich sie bei lebendigem Leibe rösten werde."

---

[1] Ergänzung durch den Übersetzer.

Ich bin nicht so freundlich. Meine Freundlichkeit wäre euer Tod. Meine Freundlichkeit würde bedeuten, daß ihr niemals Lehrer werdet. Niemals. Zeichen meiner Freundlichkeit ist, daß ich euch total ausschneiden werde, und ihr nicht mehr von der Zeit geschlagen werden könnt. Ich bin kein Feind. Euer Feind ist euer Zeit- und Raumempfinden. Wenn ich euch nicht zeige, wie ihr euch über Zeit und Raum hinwegsetzen könnt, habe ich versagt, nicht ihr. Ihr seid gekommen, ihr habt gezahlt, und damit habt ihr euren Job getan. Jetzt ist es nur noch eine Sache eures Durchhaltevermögens, ob ihr aushaltet oder nicht. Das ist eine andere Geschichte.

Ich bin trainiert in der Selbstverteidigung. Ich weiß, wie man ein Ego zum Frühstück, zum Mittag- oder zum Abendessen verspeist. Und wenn einst des Menschen Ego aufgelöst ist, ist alles, was verbleibt, göttlich. Da gibt es keine Dualität. Das Ego ist Schöpfer der Dualität. Und so könnt ihr nicht Zeit und Raum bestehen; ihr werdet ständig mit euch selbst im Streit liegen.

Wo ist der Ausweg. Ihr selbst könnt ihn gehen. Ihr könnt entweder den Rest eures Lebens lange Leiden, oder ihr leidet einmal und seid raus aus allem.

Ihr wißt, daß das Kundalini-Yoga nicht sehr lange benötigt – höchstens 3 Minuten oder 11 oder 62 Minuten. Das bewirkt im Gehirn den Abdruck einer Erfahrung. Da gibt es keinen Schmerz, sondern Ergebnis. Und sobald der Geist trainiert ist, Ergebnisse zu bewirken, könnt ihr die Unendlichkeit erreichen.

Ein jeder will einen Schüler. Das ist gut, die Menschen kommen, bringen Geschenke und sagen „Hallo,“ und berühren deine Füße. Das sieht sehr niedlich aus. Denken wir nicht alle so? Und dazu hübsche Mädchen (dabei macht er das Geräusch wie beim Küssen). Das ist zweifellos eine große Verführung. Da gibt es so viel. Aber was, wenn am Ende dieser Mensch stirbt, ohne einen einzigen Lehrer geschaffen zu haben? Welch ein Tod. Abgebrochen. Swami-ji so-und-so-abgebrochen. Ihr kennt das von einem Computer, da heißt es „Erased“ – abgebrochen. Das ist es nicht, warum ihr hierher gekommen seid. Das ist es nicht, was das Leben ausmacht. Das ist nicht die Realität, das ist nicht die Wahrheit. Eure Berührung muß, eure einzige Berührung muß Null in Zehn produzieren. Das ist ein Gesetz. Das ist es, warum ich 27 Jahre tiefgestapelt habe und es gelassen habe, wie es war, mein eigenes Brot selbst verdient habe, meine Geschäfte geführt habe und gelebt habe, wie ein ganz normaler Mensch. Schließlich, dachte ich, wird es an der Zeit für mich sein zu gehen. So in ein paar Jahren werde ich gegangen sein. Ich könnte Lehrer ausbilden, so wie jemand mich ausgebildet hat. Diese Art des Trainings für euch soll euch nicht populär machen. Ich schulde das dem, der mich ausgebildet hat. Das ist meine Absicht, wenn ihr etwas über meine Absicht erfahren wollt. Ihr zahlt zurück, was ihr bekommt. Nichts ist kostenlos.

Okay, als ich losging, um meinen Lehrer zu treffen, hatte ich 50 Reiter, Pferde und Zelte. Ihr müßt wissen, ich war ein Prinz. Als ich dort ankam, bekam ich ein Feldbett und einen Eimer mit der Notiz: „Deine Aufgabe ist es, die Außenanlagen rein zu halten. Bringe weder Gepäck noch Utensilien. Du bist selbst hierher gekommen. **Sei du selbst.**" Ich habe es gelernt. Mein Lehrer mußte es niemals wiederholten. Ich war immer ich selbst.

Wenn ihr ihr selbst seid, werden die Menschen euch um euren Rat fragen. Sie bitten euch um Beratung, sie lieben euch, sie brauchen euch. Das ist so, weil das Selbst immer das Selbst benötigt. Alles mögliche kann man kaufen und verkaufen. Alles andere als das selbst. Verstanden?

Sind wir dabei Verständnis zu entwickeln? Versteht ihr warum ihr hier seid? Ermahnt euch, wir haben nur 2 Wochen. Die Zeit sitzt uns immer noch im Nacken und innerhalb dieser 2 Wochen haben wir für uns selbst das erste Konzept zu verwirklichen: „**Ich bin, ich bin** – es kommt nicht darauf an was." Das vergeßt ihr gewöhnlich. Das ist der erste Fehler, den die Menschen machen, wenn sie auf dieser Erde geboren werden: Sie erinnern sich nicht länger daran, daß Gott sie erschaffen hat und daß sie es nicht selbst vollbracht haben. Und sie erinnern sich nicht länger daran, daß von Geburt bis zum Tode alles für sie geschaffen ist. Ihr müßt es einfach nur ernten. Alle Zeit verschwendet ihr im Bemühen um logisches Denken, Auseinandersetzung, Begründung, Phantasien, Emotion und Spektakel, und so erreicht ihr eure Bestimmung nicht.

Ich sage es euch heute, ich werde es euch morgen sagen und ich werde es euch jeden Tag sagen: Ihr habt nur einen einzigen Freund – ihr und eure Disziplin, die euch alles geben wird, was ihr braucht. Der ganze Rest sind Versprechungen.

Eure Bestimmung ist da, wo euer Schöpfer für euch Frieden, Ruhe, Gnade, Reichtum, Gesundheit und Glück geschaffen hat.

Ihr erinnert euch, diese Schamanen, die an mir gearbeitet haben? Es waren nicht diese Menschen oder was sie glauben oder was sie sagten. Gott, es war ihre Unschuld. Sie waren so unschuldig. Als ich ihnen am Ende gedankt habe, wißt ihr, was sie mir dann sagten? „Oh, unser Gott hat uns die

Ehre erlaubt, an dir zu arbeiten." Sie waren so glücklich. Ihr sprecht über das Glück? Sie waren glücklich.

So, wir haben also diese 2 Wochen. Wir werden uns hinsetzen und sprechen, und wenn irgend jemand Einwände hat, dann soll er nicht einfach packen und gehen, sondern er soll mich ansprechen und dann gehen. Dieser Kurs soll nicht irgendwie gemütlich und sanft sein. Erlaubt mir, daß ich euch etwas zeige, wenigstens als menschliche Geste der Höflichkeit, da ihr alle den weiten Weg hierher gekommen seid. Manchmal werden wir euer Ego so heftig schlagen, daß es euch schmerzt. Es wird kein Schmerz da sein, aber es wird sich so anfühlen. Ich weiß es, weil ich selbst durch diesen Prozeß gegangen bin. So, wenn ihr euch also schlecht fühlt oder verletzt fühlt oder Negatives fühlt oder wenn ihr das Gefühl habt, das könnt ihr nicht annehmen, dann kommt also sofort zu mir und fragt mich deshalb. Das ist euer Recht. Aber seid keine Betrüger. Selbstbetrug ist es, was wir hauptsächlich tun. Das sind diese Art von Lügen, die wir leben. Wenn wir irgend etwas nicht gegenüber treten können, laufen wir fort.

Als ich meine erste Klasse besucht habe, waren wir 252 Leute. Drei Monate später waren wir nur noch 72. Aber ich habe gesagt, „Heck. Ich bin entschlossen zu lernen, es kommt nicht darauf an was."

Eines Tages sagte jemand, „Findest du nicht, daß es sehr weh tut?"

Ich sagte, „Was? Der Tod, was macht das aus? Wenn dieses ein Weg ist, mich zu töten, werde ich sterben; das wird okay sein. Aber mindestens will ich fortfahren zu lernen. Ich werde nicht fortgehen." Und das ist es, warum ich eine neue Redewendung nach Amerika gebracht habe, „**Keep up. You'll be kept up.**" – „Halte durch und du wirst erhalten werden." Dazu bedarf es der Selbstdisziplin.

Ich gebe euch heute einen Gedanken mit: Wenn euch ein negativer Gedanke verfolgt, ist das positiv und ihr habt Glück. Schlagt ihn mit einem positiven Gedanken und ihr seid die besten. Eines Tages war ich in einer Presse gefangen. Da gab es ein sehr, sehr dickes Ding mit einem Rad, während ich das andere festhielt. Wenn ich es nicht sorgfältig festgehalten haben würde, sondern das Rad freigekommen wäre, würde ein dicker Stamm meinen Nacken getroffen haben, so daß mein Kopf so um die 50 Fuß weit davongeflogen wäre. Die Wirkung war sehr gut berechnet. Ich saß fest. Ich sagte zu mir selbst, „Das ist eine sehr gnadenlose Situation, aber es ist ein gnadenvoller Weg zu sterben. Halleluja, so sei es drum." Ich stieß einfach dagegen, und auf den Druck ging es etwa einen Fuß weit nach unten; ich ging mit und der

Balken ging über mich hinweg und in dem Moment habe ich geschaut...."Wow!" In dem Moment war das einzige, was zwischen mir und dem Tod war, das einzige, was mich ab Leben erhielt, ich selbst. Das ist es, was die Menschen „Gott" nennen.

Für zweitausend Jahre ist euch gelehrt worden, ihr müßt Gott finden. Jetzt werdet ihr mir nicht in einer Minute glauben, daß ihr Gott seid. Da gibt es keinen anderen Gott. Das Problem ist, es kommt nicht darauf an, ob ihr richtig liegt oder falsch, das ist völlig unwichtig. Gott ist Gott. Im Fische-Zeitalter war euch gesagt worden, daß ihr Gott nicht 100 Prozent annehmen dürft. Wir nehmen nur einen guten Gott an. Gute Jungs und ein guter Gott, nicht wahr? Wie aber steht es um böse Jungs und einen bösen Gott? Das gehört genauso zu uns. Das ist so, wie es im Kundalini-Yoga heißt, „ida und pingala und annehmen ist shushmanaa. „Ihr wollt das größte Geheimnis wissen, ida, pingala und shushmanaa – positiv, negativ und neutral.

(Für die Details der folgenden Meditationen vergleichen Sie die Seiten 41 und 42.)

Setzt euch auf eure Fersen. Beeilt euch. Verschwendet nicht zuviel Zeit.

Wenn ihr in der Balance seid, wird eure Aura wechseln. Balanciert sie. Laßt die Schultern das Gewicht tragen, nicht das Hinterteil. Haltet die Hände fest wie Stahl. He, diese kleine Übung kann euch meilenweit in den Himmel heben. Mit der Stärke eurer Hände, links und rechts, balanciert eure Schultern und tragt die Wirbelsäule. Strafft die Wirbelsäule. Macht einen Riesendruck auf eure Hände vom Ellenbogen abwärts, damit ihr euch balanciert und mit dieser Kraft hebt die Schultern an. Mit den Schultern hebt eure Muskeln an und mit den Muskeln hebt eure Wirbelsäule an. Los!

Innerhalb von einer Minute wird euer Atem ungeheuer heftig sein, wenn ihr es richtig macht. Das längste, das ein Mensch dieser Welt auf diese Weise ausgehalten hat, sind 11 Minuten. Maximum. Los, fangt an. Zeigt euch selbst, daß ihr euch selbst balancieren könnt. Ganz von allein wird der Atem sehr heftig werden. Genauso, macht das.

Nun schließt eure Augen und konzentriert euch. Fester. Konzentriert euch auf Gott, auf Gott, auf Gott, in Gott verweile ich. In Gott verweile ich. Fester. Meine Kinder, die Zukunft kommt zu euren Füßen. Macht es gut heute. Ihr müßt das Wassermann-Zeitalter führen. Macht euch heute selbst groß. Fester!

Ihr habt noch eine Minute weiterzumachen. Ihr könnt euer ganzes Gehirn erneuern, die graue Masse, euer ganzes Nervensystem und eure gesamte Wirbelsäule. Macht weiter um Gottes Willen! Eine Minute noch, fester In euch selbst! Euer Körper wird zittern, euer Atem wird euch schwer fallen. Ich verstehe das alles. Das passiert unterwegs. Da ist nichts falsch daran. Jetzt bin ich mit euch hier, also laßt uns weitermachen! Ihr seid es, all das seid ihr. Höher, höher, höher. Weiter! Weiter, weiter! Vergeßt die Atmung, vergeßt den Körper, vergeßt das Zittern, wen kümmert das? Weiter. Eßt Pizza. Ich habe euch gesagt eßt nicht zuviel. Eßt jetzt. Legt die Hände aufeinander und preßt sie fest zusammen.

Das ist eine der besten Arten, um den Nabelpunkt zu justieren. Druck. Ihr habt noch genau 15 Sekunden. Gebt das letzte. Druck, Druck, Druck. Heiliger Geist komm, komm herein, komm herein, heiliger Geist, komm herein. Komm herein heiliger Geist, komm herein.

Atmet tief. Haltet fest. Jetzt zieht den Nabel ein Leute, so fest wie ihr könnt! Ich zähle bis 16, dann laßt los. Eins, zwei, drei, vier, fünf, sechs, sieben, acht, neun, zehn, elf, zwölf, dreizehn, vierzehn, fünfzehn, sechzehn. Loslassen. Ihr braucht gewöhnlich nicht sehr viel Zeit, um eine Menge von Dingen zu tun. Ihr wollt Reinkarnation standardisiert in das Göttliche des Nirwana? Dann macht diese Übung für 11 Minuten und ihr werdet alles haben. Ihr werdet mit allem *sattvisch* (total rein, im Reinen) sein. Alles wird eingestellt sein.

Fühlt ihr euch wohl? Nun ihr müßt euch ein bißchen unwohl fühlen. Nehmt dieses hier oben am Merkur-Punkt wahr. Das ist, weil eure Worte von niemandem gehört werden. Niemand hört, was ihr sagt. Ihr glaubt, daß sie es hören, nicht wahr? Sie hören nicht. Bittet sie, es zu wiederholen, sie können es nicht.

Bewegt die gesamte Wirbelsäule. Reinigt euren Hals-Nasen-Ohren-Trakt. Diese Kraft sollte ausreichen, euch zu reinigen. Strengt euch an, strengt euch an. Ihr macht es für euch. Der untere Rücken wird sich lösen und ihr werdet den ganzen Rückenschmerz oder die Verspannung lösen. Es ist eine sehr gute Übung. Sie hält euch jung. Der Merkur-Berg muß berührt werden. Bewegt euch, bewegt euch. Es ist eine Übung mit viel springen. Los Leute. Was soll das? He, ihr Leute. Philosophen, Wahnsinnige und Liebende gehören in dieselbe Kategorie. Erinnert ihr euch daran? Man nennt es „one-pointedness" – Konzentration, und Liebe des Lebens, daß ihr die Welt morgen retten wollt. Das ist das Projekt. Schnell, schwer, laßt den Daumen nicht vom Merkur-Berg abrutschen.

Nun streckt eure Hände hoch, bitte. Öffnet eure 5 Finger wie Antennen. Atmet tief ein. Nehmt den ewigen Klang wahr. Es ist nichts, was den Sikhs allein gehört oder was die Juden nicht wüßten. Atmet tief ein. „Saaaaaaaaaaat Naam". Atmet nochmals ein. Aus. Entspannt.

„Saa" bedeutet Totalität, Gesamtheit. „Saa" bedeutet Unendlichkeit. Dies ist der erste Klang, mit dem Gott das Universum erschaffen hat. Nicht diesen kleinen Ping-Pong-Ball-Planeten, den wir Erde nennen – das ganze Universum. Wenn ihr das Stadium des alles sehenden Gottes erreicht, und wenn ihr ein Mensch Gottes geworden seid, werdet ihr das folgende sehen: Einen spielenden Impuls, tanzend in sich selbst; und das ist der Impuls selbst – da gibt es keinen Schöpfer. Der Schöpfer ist sein eigener Schöpfer. So ist es ein fortlaufenden Anstoß. Es ist eine 3 1/2 Zyklen-Seele, die in einem absoluten Gold und Blau existiert. Und diese ist die Ursache der Projektion, einer fortlaufenden Projektion von Weiß und Weiß und Weiß. Das ist es, wie es ist. Einige Tage sind nicht weiß. Die Fortentwicklung ist weiß. Tageslicht ist nicht weiß – die Fortentwicklung ist weiß. Das ist das „Saa-saa."

„Taa" bedeutet Leben. Wenn ihr also sagt „Saaaaaa...," „Taa" ist die Mitte – des Lebens. Und dann sagt ihr „Naam." Dieses Mantra kann euch Himmel und Erde balancieren, dieses eine Wort „Saat Naam."

Es ist wie mit „Om." „Om" kann nicht gesungen werden, kann nicht gesprochen werden. Es ist kein gesprochenes Wort. „Omm." Ich mache es jetzt nicht richtig. Ein einziger Stoß und euer ganzes Wesen (YB zeigt zu seinem 10. Tor und umkreist die Spitze seines Kopfes mit seinem Finger) kann so erhoben werden wie es sein sollte.

Ihr seit also hergekommen um zu lernen. Bitte geht fort von hier als solche, die gelernt haben. Ihr sollt nicht herkommen als Mr. So- und -So oder Frl. So- und –So oder Frau So- und –So. Ihr sollt nicht herkommen als Studenten oder Lehrer. Kommt her, zu lernen und geht weg als solche, die gelernt haben, kommt wieder und lernt mehr und geht dann weg und lehrt mehr. Das ist es, was wir wollen. Ein Lehrer ist in der Verantwortung Gottes. Ihr alle liebt Gott, das weiß ich. Aber Gott liebt Lehrer, das weiß ich auch. Er sorgt für mich so gut, das könnt ihr euch nicht vorstellen. Ihr werdet es mögen.

Die Menschen fragen mich, „Warum trägst du Juwelen?"

„Warum nicht? Ich habe viele sehr reiche Kinder. Warum nicht?" Warum nicht? Darin ist kein Ego verwickelt. Sie geben mir Geschenke. Ich mache P.R. für sie. Das ist okay. Das ist ein guter Handel. Aber ihr werdet nichts mitnehmen außer guten Willens. Und guter Wille ist nichts außer Gottes Willen. Die Menschen bringen mir Geschenke. Was macht es. Es braucht eine lange Zeit. Ich muß vor dem Altar sitzen und beten und bete für ihren Wohlstand. Es ist ein ständiges Gebet, worin eure ständige Kraft liegt, und euer Herz singt die ganze Zeit. Euer Atem singt die ganze Zeit. Ihr singt die ganze Zeit. Der Ausdruck des Lebens eurer 10 Billionen Zellen, eurer 30 Millionen lebenden und tanzenden Zellen ist ein Atem. Es kommt: Aadum. „Adam" nennt ihr ihn. „Aa-dum." „Aa" bedeutet komm. „Dum" bedeutet Atem. „Humeh Hum Brahm Hum" – dasselbe Ding.

„Eva" bedeutet „My Havaah." „Mutter Luft," die, die das *prana* zu dir bringt. Das sind die Grundlagen. Adam liebte Eva und so wurden wir erschaffen, nicht wahr? Vielen Dank an die Schlange und an den Apfel, oder was immer es war. Andernfalls würden wir noch genau dort sitzen. Oh, mein Gott, zwei Leute sitzend in geschlossenen Räumen. Einzelhaft. Unglaublich. Adam war sehr weise; er aß den Apfel. Dank Adam sind wir alle jetzt hier. Und dank euch bin ich jetzt hier. Andernfalls würde ich jetzt irgendwo durch Mexiko rennen, irgendwo anders. Sie haben es tatsächlich vorgehabt. Sie wollten mich für eine andere Veranstaltung fangen. Ich habe gesagt, „Nein, nein. Ich muß zurück, ich habe es versprochen."

Ich hoffe, ihr werdet euren Aufenthalt hier genießen und auch die Tortur, die er mit sich bringt. Ich hoffe, daß ihr stark, tapfer und couragiert seid. Und erinnert euch daran, was ich sage, „Es ist nicht das Leben das zählt, es ist der Mut, den ihr einbringt." Laßt den Mut niemals sinken und ihr werdet immer gewinnen. Gebt die Hoffnung niemals auf, dann werdet ihr im Leben immer einen Spielraum haben. **Gebt euch nicht selbst auf, dann wird Gott immer in euch sein.** Zieht nicht die Gitter der Hoffnungslosigkeit herunter und entmutigt euch selbst. Gott verweilt nicht außerhalb von euch. Ihr verweilt in Gott.

Viele von euch haben Briefe von mir erhalten. Da gibt es ein Fähnchen unter dem Siegel des Siri Sing Sahib, das sagt, „In God I Dwell" – in Gott verweile ich. Das ist eine Botschaft für euch, und ihr seid hergekommen, damit ihr trainiert werdet, selbst in Gott zu verweilen, wenn ihr zurückgeht. Wie könntet ihr dann den Weg verfehlen?

Verjüngungsmeditation, um euch sattvisch, rein, zu machen

Mudra: Sitz auf deinen Fersen, hebe die Arme bis in Schulterhöhe und strecke sie gerade nach vorn. Beuge die Ellenbogen und bringt die Unterarme parallel zum Körper, wobei sie sich vor der Brust überlappen. Der rechte Arm soll flach auf dem linken liegen. Beachte, daß die Handflächen gerade sind und nach unten blicken. Die rechte Handfläche wird auf dem linken Unterarm in der Nähe des Ellenbogens liegen.

Mantra: Kein besonderes Mantra.

Atmung: Der Atem wird automatisch heftig werden.

Augen: Geschlossen.

Zeit: Längstens 11 Minuten. In der Klasse für 3 1/2 Minuten durchgeführt.

Ende: Atme tief ein, halte die Stellung der Arme fest und ziehe den Nabelpunkt sehr heftig. Halte den Atem für 25 Sekunden an. Ausatmen. Entspannen.

Kommentare/Wirkungen: Während du auf den Fersen sitzt, sorge dafür, daß die Schultern das Gewicht tragen und nicht das Gesäß. Balanciere die Schultern, daß sie die Wirbelsäule tragen. Wenn du im Gleichgewicht bist, wird die Aura wechseln.

Halte die Hände und Arme fest wie Stahl. Entwickele einen gewaltigen Druck im Bereich zwischen den Händen und den Ellenbogen, straffe und hebe die Wirbelsäule mit Hilfe dieses Druckes. Der heftige Druck auf Arme und Hände hat die Tendenz, die Schultern zu heben, die die Muskeln heben und diese dann die Wirbelsäule. Halte den Druck und fahre fort, ihn höher und höher anzuheben.

Diese Haltung ist eine der besten Arten, den Nabelpunkt einzustellen. Durch diese Übung kannst du die grauen Zellen in deinem Gehirn verwandeln, das gesamte Nervensystem und die gesamte Wirbelsäule.

Wenn du die Erfahrung der Wiedergeburt im Nirwana erreichen willst, mache diese Meditation für 11 Minuten. Sie wird dich mit allem sattwisch (rein) machen.

Meditation um deine Kommunikation zu klären

Teil 1:

Mudra: Sitz in Easy Pose, im bequemen Schneidersitz, halte die Arme in den Ellenbogen gebeugt an der Seite, so, daß die Handflächen etwa in Schulterhöhe nach vorne zeigen. Dabei werden die Daumen auf den Merkur-Berg, das ist das fleischige Polster auf der Handfläche an der Basis des kleinen Fingers, gedrückt. Die Finger werden gestreckt halten.

Bewegung: Bleibt in dieser Position und beginne, die Hände in etwa 24 cm großen Kreisen, von der Position vor den Schultern erst aufwärts und nach außen zu den Seiten, dann abwärts und schließlich zurück an den Körper heranzubewegen, bis du die Ausgangsposition wieder erreichst. Die rechte Hand wird im Uhrzeigersinn bewegt, während die Bewegung der linken Hand gegen den Uhrzeigersinn verläuft. Die Bewegung selbst soll kräftig sein.

Zeit: Keine speziellen Angaben. In der Klasse von 1 Minute und 45 Sekunden durchgeführt.

Augen: Keine besonderen Angaben.

Atmung: Keine besonderen Angaben.

Ende: Tief einatmen und sofort mit dem zweiten Teil der Meditation fortfahren.

Kommentare/Wirkungen: Die Kraft der Bewegung der Hände wird den unteren Rücken zur Lösung zwingen. Das hilft, allen Rückenschmerz, bzw. die Verspannung zu beseitigen. Die Übung hilft, einen Menschen jung zu erhalten. Beachten, daß du den Daumen die gesamte Zeit auf den Merkur-Berg preßt.

Die Kraft der Hände wird ebenfalls den Hals-Nasen-Ohren-Raum reinigen. Das wird deine Kommunikation reinigen, so daß dein Gegenüber eher in der Lage ist zu verstehen, wenn du sprichst.

Teil 2:

Haltung: Hebe die Arme sofort über den Kopf, die Ellenbogen sind gestreckt, die Handflächen ausgebreitet, nach vorne weisend. Strecke die Finger weit auseinander wie geöffnete Antennen.

Mantra: Atme tief ein und beginne lange Saat Naam's zu singen.

Augen: Keine besonderen Angaben.

Zeit: Die Zeit, um einmal das Mantra zu singen, beträgt 15 Sekunden. Das wird in dieser Haltung viermal wiederholt.

Kommentare/Wirkungen: Dies ist ein ewiger Klang. es ist nichts, was den Sikhs gehört oder was die Juden nicht wüßten. Saa bedeutet Totalität, Gesamtheit, Grenzenlosigkeit. Dies ist er erste Klang, mit dem Gott das Universum erschaffen hat. Taa bedeutet Leben. Naam bedeutet „Name" oder „Identität". Dieses Mantra kann für dich Himmel und Erde balancieren.

Die Kunst der Kommunikation

KLASSE 2 am Morgen des 22. Juli 1996

Deine Gegenwart ist Kommunikation. Hast du das je gelernt? Deine Existenz ist deine Kommunikation und deine Projektion ist deine Beziehung. Du bist die Kraft.

Kennt irgendjemand die Bedeutung des Wortes „Kommunikation"? Was ist der Klangstrom davon? Wie arbeitet dieser Klang? Sagt mir, was wir mit dem Begriff „Kommunikation" meinen!

(Wortspiel: Communication is „common notion.") Kommunikation bedeutet „Gemeinsame Vorstellung." Gemeinsame Vorstellung – die absichtsvolle Vorstellung von Menschen ist zusammen zu sein. Der Mensch ist ein Herdentier, ein soziales Wesen – biologisch, seelisch und soziologisch. Gott kann nicht alleine leben; Gott kann keinen anderen Gott erschaffen. Gott ist machtlos. Darum hat Gott die Schöpfung erschaffen. Darum hat der Mensch Kommunikation erschaffen. Das ist alles. Das ist das einzig große Ding zwischen uns und Gott; Gott ist nicht außerhalb; Gott ist in uns und wir sind Gott und wir kommunizieren miteinander. Aber auf welcher Ebene kommunizieren wir? Das ist es. Wenn wir auf einer höheren Ebene kommunizieren, *akasha*, dann sind wir mehr als Gott. Wenn wir durch die Luft kommunizieren, dann sind wir richtige Menschen. Wenn wir auf der Ebene des Feuers kommunizieren, dann sind wir wütende Bestien. Wenn wir auf der Wasserebene kommunizieren, sind wir Jo-Jos. Wenn wir auf der Erdebene kommunizieren sind wir Müll. Wollt ihr mehr darüber lernen? Ist es nicht genug?

Die Frage ist: Von welchem Chakra aus sprecht ihr? Welches Chakra steht hinter eurer Kommunikation? Redet ihr, stottert ihr, äußert ihr euch? Dies sind die drei grundsätzlichen Weisen. Ich habe mein Ph. D. in der Psychologie der Kommunikation gemacht[1], wißt ihr das? Die gemeinsame Vorstellung der Menschen ist, zu sprechen und zu reden, weil ihr nicht ihr selbst seid. Ihr seid leer, eine leere Schale, ungeliebt, schreiend nach Gesellschaft. Das einzige Werkzeug, das ihr habt, ihr Narren, ist, daß ihr kommuniziert. Ihr habt es nie gelernt. Weder eure Mutter noch euer Vater oder euer Nachbar, weder euer Priester noch euer Rabbi hat euch je erzählt – daß

---

[1] Communication: Liberation or Condemnation, by Harbhajan Singh Khalsa Yogiji, 1980

allein eure *Gegenwart* Kommunikation ist. Habt ihr das je gelernt? Eure *Existenz* ist eure Kommunikation und eure Projektion ist eure Verbindung. *Ihr* seid die Kraft.

Das Leben ist sehr sauer. Da gibt es kein Glück, keine Süße, weil eure Kommunikation keine Absicht eures Selbst besitzt. Ihr kommuniziert, weil ihr Idioten seid. Ihr kommuniziert, um andere zu beeindrucken. Ihr kommuniziert nicht, um euch mit anderen zu verbinden. Das ist das Gefährlichste was ein Mensch tun kann. Das ist es, warum ihr jetzt leidet und warum ihr morgen leiden werdet und warum ihr gelitten habt. Ihr übermittelt nicht euch selbst. Ihr seid unser Morgen. Wir wollen euch die Dinge genauso darstellen wie sie sind.

Hier ist hier. (YB zeigt auf den Lehrer, der auf der Seite sitzt). Als der hier war (YB zeigt auf den Lehrersitz, wo er gerade sitzt), war er ich. Als ich hereinkam, konnte er nicht fortfahren. Er wurde er selbst, fiel auseinander, zersplittert in Stücke. Dann habe ich ihn geschlagen. „Ohhh," sagte er. „Wow." War seine Kommunikation. Er teilte mir mit, „Schlage mich nicht in der Gegenwart dieser Menschen. Was tust Du?"

Ich sagte, „Ich war gerade sehr gnädig – ich habe Dir nicht den Hals gebrochen."

Er denkt, daß er kein Wort gesagt hätte, aber ich habe es laut gehört.

Ihr also wißt nicht wie ihr sprecht. Ihr sprecht wie Idioten, qualifiziert und geheiligt, weil es keine Flexibilität in eurer Kommunikation gibt. Es klingt genauso wie, „Ich liebe Dich". „Ich liebe Dich." „Ich liebe Dich wirklich." (YB spricht diese Sätze auf sehr unterschiedliche Weise. Wenn ihr in der Lage seid, zu sagen, „Ich liebe Dich, hm hm hm," wenn ihr es ein bißchen dünn und flexibel gestalten könnt, geht es direkt unter die Haut. (YB streckt seinen Arm aus wie eine Pfeil, der jemanden durchbohrt.)

Aber ihr wißt nicht, was Liebe ist. Was ist Liebe? Ja? Ach, ihr seid verliebt in diesen Tagen, ich verstehe. Bist du verheiratet oder bist du alleinstehend? Du bist verheiratet?

S: Verheiratet.

YB: Und ihr seid verliebt.

S: Ja, Sir.

YB: Tatsächlich? Sagt mir was Liebe ist.

S: Es ist die Übertragung, Verschmelzen von ......

YB: Spermatozoen. (Gelächter im Unterrichtssaal.) Liebe ist die Übertragung von Spermatozoen. Ha, ha. Ihr Gringos, ihr glaubt ich wüßte nicht, was Liebe für euch bedeutet? Nanak sagt einen sehr schönen Satz:

ਬੀਜ ਮੰਤ੍ਰ ਸਰਬ ਕੋ ਗਿਆਨੁ ॥

Beej mantar sarb ko giaan.
-Guru Arjan, Siri Guru Granth Sahib, page 274 (Ashtapadi of Sukhmani Sahib)
The comprehension of the seed of God's Name is within everyone.

Das Verständnis des Samens von Gottes Namen ist in einem Jeden.

Sogar der Same, der genetische Same, die Spermatozoen des Menschen wissen, daß 30 Millionen an den Start gehen und eines wird das Ziel erreichen, und es muß das Ei achtmal umkreisen, um hineinzugelangen. Nicht einmal das habt ihr gewußt.

Wie auch immer, „Ich liebe euch." Warum? „Warum liebt ihr mich, zu welchem Zweck liebt ihr mich, wer seid ihr, daß ihr mich liebt, wer hat euch gesagt, daß ihr mich lieben sollt?" Habt ihr all diese Fragen beantwortet? Nein, du willst sie, das ist warum du sie liebst. Sie will dich, das ist es, warum sie dich liebt. Das ist eine Liebe des Wollens. Sex ist wie Wasser in einem Eimer. Stecke einen Quirl hinein und quirle es. Man nennt es ein „Quickie." Trotzdem ist es Liebe. Ihr macht Liebe.

Definiert einmal Liebe. Nehmt die Worte von Nanak, ihr werdet sie mögen.

ਧਨ ਪਿਰੁ ਏਹਿ ਨ ਆਖੀਅਨਿ ਬਹਨਿ ਇਕਠੇ ਹੋਇ ॥
ਏਕ ਜੋਤਿ ਦੁਇ ਮੂਰਤੀ ਧਨ ਪਿਰੁ ਕਹੀਐ ਸੋਇ ॥

Dhan pir ay-eh na aakhee-an bahen ikathay ho-eh.
Ayk jot du-eh mooratee dhan pir kehee-ai so-eh.
-Guru Arjan, Siri Guru Granth Sahib page 788
They are not said to be husband and wife who merely sit together.
Rather they alone are called husband and wife who have one soul in two bodies.

Es heißt nicht, die seien Mann und Frau, die zusammen sitzen.
Allein die werden vielmehr Mann und Frau genannt, die eine Seele in zwei Körpern sind.

Er definierte Liebe. „Ihr soll die nicht zusammen nennen, die zusammen leben oder zusammen sind oder alles mögliche zusammen haben. Dies sind keine Liebenden. Ein *jot*, ein Licht in zwei Körpern, das sind sie, große Liebende." Wenn alle Fähigkeiten und Facetten aufgelöst sind und Einklang eins wird, das ist die Kraft der Liebe. Wo Liebe ist, gibt es keine Frage. Wo es eine Frage ist, da ist keine Liebe. Dort, wo ein Verlangen ist, da ist absolut keine Liebe. Dort, wo ein Bedarf ist – nein, das ist keine Liebe.

Kommunikation ist die Kunst, einander auf den Haken zu nehmen. Ihr fangt einander damit. Sie wird genannt die Wissenschaft des Verhakens. Da gibt es zwei Künste, durch die der Mensch lebt – (Wortspiel: The science of cookery and the science of hookery) die Wissenschaft des Kochens und die Wissenschaft des auf den Hakennehmens. Beim Kochen, kocht ihr. Ihr könnt es machen wie ein Gourmet und ihr wollt, was ihr wollt und ihr schmeckt und testet das Leben. Beim auf den Haken nehmen planen sie und sorgen für andere Wesen. Kochkunst ist die Wissenschaft von der Nahrung. Das auf den Hakennehmen ist die Wissenschaft des angewandten Verstandes, um Menschen körperlich und geistig zu erobern und sie spirituell zu kontrollieren.

Eine der größten „Verhakungen", die auf der Erde jemals praktiziert wurden, ist die Religion, weil sie euch lehrt, daß Ihr ihr gehört; aber sie lehrt euch nicht, Meister zu sein. „Ich bin ein Sikh, ich bin ein Jude, ich bin ein Christ, ich bin ein Moslem....." Seid ihr Menschen? Ist euch jemals jemand vorgestellt worden, der sagt, „Hi, treffe mich, ich bin ein Mensch?

Sagte sie, „Yeah, ich bin auch ein Mensch." Hattet ihr jemals in eurem Leben solch eine Erfahrung? Ihr habt jemanden getroffen, Hände geschüttelt und die Person sagt, „Ich bin ein Mensch." Ihr würdet es nicht einmal sagen. Das sieht blöd aus, oder nicht? Gut, das ist es, was ihr seid. Liebende. Liebende mit rosa gefärbten Brillengläsern.

Hier ist der Fisch. Woosh. Liebende. Was ist die Angelschnur? Worte. Was ist der Köder? Versprechungen. Was ist die Absicht? Übertragung von Spermatozoen. Das ist die Wahrheit, das ist die nackte Wahrheit. Ihr könnt es leugnen. Ihr könnt euch verletzt fühlen, „Nein, nein, ich bin ein wahrhaftiger Liebender."

Jemand sagte, „Ich will dieses Mädchen lieben, Yogiji, mit deinem Segen."

Ich sagte, „Ist das wahr?"

Er sagte, „Ja."

Ich sagte, „Du liebst sie?"

„Yeah."

„Was willst Du?"

Er sagte, „Ich will sie heiraten."

Ich sagte, „Das ist wahr. Aber es gibt dort eine Bedingung."

Er sagte, „Was ist es?"

Ich sagte, „Du sollst niemals mit ihr verkehren."

„Ahhhh! Ahhhh," sagte er.

Ich sagte, „Was ist?"

„Warum soll ich sie dann heiraten?"

Ich sagte, „Dann verkehre mit ihr, aber heirate sie nicht. Wenn das alles ist, was du willst, wird es nicht halten."

Eure Worte bedeuten nichts. Darum seid ihr die gemeinsten Säugetiere auf der Erde. (Wortspiel: You do not communicate what you mean. You are very very very mean.) Ihr übermittelt nicht, was ihr meint. Ihr seid sehr, sehr, sehr gemein.

Ihr seid reizende Lügner, niemals redet ihr von eurer Vorstellung und vergeßt eure Absicht. Die Absicht sollte sehr ehrlich mitgeteilt werden. Ihr aber teilt nicht einmal eure Absicht mit. Nicht einmal eure Vorstellung teilt ihr mit. Die Vorstellung ist der negative Sinn dessen, was ihr sein werdet.

Eure Worte bedeuten nichts.
Darum seid ihr die gemeinsten
Säugetiere auf der Erde. Ihr
übermittelt nicht, was ihr meint. Ihr
seid sehr, sehr, sehr gemein.

Nun stellt mir Fragen.

S: Was ist Vorstellung?

YB: „Im schlimmsten Fall werde ich noch lange mit euch hier sein." Das ist meine Vorstellung. Meine Absicht ist, daß ihr besser sein sollt als ich. Warum solltet ihr mir trauen?

„Warum sollte ich dir trauen?"

„Du hast niemanden sonst, dem du trauen kannst."

„Warum nicht?"

„Weil sonst niemand so spricht."

„Warum so?"

„Weil ich es weiß."

„Was meinst du?"

„Ich bin nicht gemeint. Ich habe es in vielen Leben vollbracht."

„Warum?"

„Ich bin, ich bin."

Das ist derselbe Dialog in euch, wenn ihr Lehrer werdet – nicht Ausbeuter, nicht solche, die auf den Haken nehmen, Fischer und gesichtslose Idioten. Wenn ihr Lehrer seid, ist es eure Absicht, jemanden größer zu machen als ihr es selbst seid. Es ist nicht die Absicht eines Lehrers, jemanden zu besitzen.

Ihr seid eine Bande von Lügnern, treulos zu eurem Selbst und zu eurer Integrität und zu eurer Ehre. Ihr habt keine Hingabe als Menschen. Wir haben keine Verbindung. Unsere Verbindung ist der reine Dienst, den Menschen zu erheben, daß er Teil ist der Herrlichkeit in der Unendlichkeit und den Standards Gottes und das ist der Stolz eines Lehrers, daß er das Privileg hat, einem Studenten zu dienen, weil jemand ihm gedient hat. Versteht ihr das? Nein – oder doch? „Yes, Sir!"

Gruppe. Yes, Sir – Ja, Herr

YB: Ihr wißt nicht einmal, wie ihr eurem Lehrer zu antworten habt. Erwartet ihr nicht, daß eure Studenten euch antworten? Wo kommt ihr her? Ist dies ein Filmtheater oder eine Vorlesung? Seid Klasse. Ihr sollt die Kraft haben, die Stärke, mit der Seele zu sprechen. Habt ihr mich verstanden?

Gruppe: Yes, Sir! (Mit großer Kraft gesprochen.)

YB: Das ist der Geist. Lernt wach zu sein. Antwortet mit der Kraft der Seele. Verbindet euch mit einer Verstärkung. Jedes Wort, das ihr sprecht, soll eine Verstärkung sein. (Wortspiel: What is hello?) Was bedeutet Hallo? (Wortspiel: Hell-O) „Hölle – O." Wollt ihr dahin gehen? Das erste Mal als ich jemanden zu mir „Hello" sagen hörte, antwortete ich, „dahin bin ich nicht unterwegs."

Was hätte ich sagen sollen?"

Ich sagte, (Wortspiel: Heaven-O) „Himmel-O."

„Das kann ich nicht sagen."

Darauf sage ich, „Dann sagt „Sat Nam," sagt „Shalom", sagt verdammt nochmal irgendetwas anderes, aber was soll dieses „Hello?"

Ihr sagt „Hi." Wißt ihr wann man „Hi" sagt? Man sagt es, wenn jemand tot ist. Es ist eine Mitteilung des Schmerzes. "Hi!"

„Hey" bedeutet Gott. „Hi" ist der Tod.

Die erste Rolle des Lehrers ist es, demütig zu sein, in der Tiefe zu wachsen, das Wachstum zu sehen und dann die Frucht in das Leben des Menschen zu bringen. Die Kraft des Charakters, der Mut, die Gnade und die Größe eines Menschen liegt in der Ausübung der Demut. Jemand, der nicht in die Tiefe gehen kann, kann niemals wachsen. Die vorzügliche Kraft des Samens ist es, unterzugehen und dann zu wachsen. Die Rolle des Lehrers ist nicht auszubeuten. Versteht ihr das?

Gruppe: Yes, Sir!

YB: Ha, ha, ha, ihr habt euch selbst gefangen! (Die Gruppe hatte sehr nachdrücklich geantwortet.) Jemand, der nicht wach ist, ist ein Unrat. Wieviel Zeit haben wir als

Unrat zu leben? Wie viele Leben sollen wir als Schmutz leben. Angewandtes Bewußtsein ist Wachheit. Wachheit ist, auf dem Altar zu lernen; und zum Altar gibt es keine Alternative.

Ich muß euch ein *kriya* geben und dann gehen. Vielleicht komme ich heute abend wieder und unterrichte euch.

Geschwind, macht mit mir mit! Mit all eurer Kraft, stimmt ein. In diesen zwei Wochen habt ihr entweder euer Geld und eure Zeit verschwendet, seid hergekommen und habt nichts gekriegt, oder ihr kriegt alles. Das liegt allein an euch.

(Für die Details dieser Meditation vergleichen Sie Seite 58.)

Öffnet eure Brusthöhle als ob ihr einen Stromschlag bekommen habt, als ob 1100 Volt euch getroffen haben. Legt das Tonband *Tantric Har* auf. Zum Klang des „Har," streckt euch mit aller Kraft. Konzentriert euch darauf. Erreicht das. Schaut, was das bewirkt. Kümmert euch nicht darum, was ihr tut. Schaut was es bringt, okay?

Gruppe: Yes, Sir!

YB: Das ist es, wenn ich sage, „Ihr sollt mir nicht trauen," und sie sagen, „Warum?" Vertraut niemals eurem Lehrer, Gott allein weiß, was er tut. Der gefährlichste Mensch in eurem Leben ist euer spiritueller Lehrer. Seine Aufgabe ist es, euch zu fangen; eure Aufgabe ist es, frei zu bleiben. Das ist das Spiel, die Beziehung zwischen Katze und Maus.

Kameramann: Sir, Ich habe das Band nicht.

YB: „Nein" gibt es im Leben derer, die kein Leben haben. „Ja" ist Bestandteil des Lebens derer, die Glauben und Integrität besitzen. „Yes, Sir," ist Bestandteil des Lebens derer, die Glauben, Integrität und Würde besitzen. Wir brauchen dieses Band. Mit diesem Band kann diese Meditation fabelhafte Dinge bewirken. Warum Zeit verschwenden. Wir werden warten.

Ein komplettes Set aller Bänder sollte hier stets verfügbar sein – absolut! Yes, Sir!

Kameramann: Yes, Sir!

YB: Sprich von hier. (YB legt seine Hand auf seinen Nabelpunkt.) Jemand, der nicht vom Nabelpunkt aus spricht, ist tot. Alle Kommunikation, die nicht vom Nabelpunkt ausgeht, bringt Belastung, Krankheit, Bedauern, Traurigkeit, Verrücktheit, Wahnsinn und Unglück. Es ist wahr. Das ist so wahr wie alles andere. Sprecht niemals von hier. (YB zeigt auf seinen Mund.) Sprecht niemals von hier. (YB zeigt auf seinen Hals.) Sprecht niemals von hier. (YB zeigt auf sein Herzzentrum.) Sprecht von hier (YB zeigt auf seinen Nabelpunkt.), aus eurem wahren Selbst. Seht ihr, wenn ich spreche, wie dieses Ding hier rein und rausgeht? (YB zeigt auf seinen Nabelpunkt.) Übt es.[1]

Sprecht es aus den Eingeweiden heraus. Sprecht es mit eurer Seele. Sprecht es mir eurer Kraft. Gott hat euch die Chance gegeben, zu sprechen. Gott hat euch Absicht und Vorstellung gegeben, zu kommunizieren. Sprecht die Wahrheit aus, die in euch manifestiert ist. Alles übrige was ihr sprecht ist unwahr. Und das Wort muß Kraft haben, muß hervorragen, muß das Ziel treffen. Wenn ihr von hier sprecht (YB zeigt auf seinen Nabel), trefft ihr das Herz.

Wenn ihr von hier sprecht (YB zeigt auf sein drittes Auge), trefft ihr das Herz. Richtet eure Sprache niemals an den Kopf der Person.

Das Gesagte wird auf euch zurückfallen wie ein Bumerang und euch mehr verletzten als ihr glaubt.

Ihr müßt verstehen. Wenn die Leute nach Hause kommen, rufen sie euch an und sagen z.B., „Robin, Robin, hörst du mich Robin?"

Sprecht es aus den Eingeweiden heraus. Sprecht es mit eurer Seele. Sprecht es mit eurer Kraft. Gott hat euch die Chance gegeben, zu sprechen. Gott hat euch Absicht und Vorstellung gegeben, zu kommunizieren. Sprecht die Wahrheit aus, die in euch manifestiert ist. Alles übrige was ihr sprecht ist unwahr.

„Oh, ja, du bist gerade gegangen, was ist passiert?"

„Ich habe mit dir geredet, aber ich bin sehr verwirrt. Ich, ich weiß nicht, wovon du gesprochen hast."

„Gut, du hast allem zugestimmt."

„Ich weiß. Oh Robin, ich weiß nicht, was du gesagt hast. Du hast so viele gute Sachen gesagt, aber ich weiß nicht, was du gesagt hast. Ich habe das Gefühl, du hast überhaupt nichts gesagt."

Habt ihr schon einmal diese Erfahrung gemacht? Das liegt daran, daß ihr nicht die Sprache anwendet. Ihr habt nur das auf den Haken nehmen verwendet. Ihr habt

---

[1] Gurucharan Singh Khalsa kommentiert zu diesem Teil: „Was er meint ist, daß die Zungenspitze ständig mit der Nabelenergie in Verbindung sein soll. Diese Energie erweckt die Kundalini, die grundlegende Kraft eures originalen Selbst. Sie aktiviert die Shabat brahm of Kundalini, den ersten Klang der Kundalini, und das Auftreten dieser Energie ist die Kraft des Wortes. Verbindet eure Worte stets mit dieser Kraft, dies ist die Kraft des *Laya*, die die Wirkung des Mantras beschleunigt. Dann könnt ihr das bekräftigte Wort durch jedes Chakra projizieren, abhängig davon, welche Wirkung ihr erreichen wollt."

schöne Dinge gesagt, eine Menge von Dingen versprochen, ein bißchen geködert, habt eine kleine Schnecke an den Haken getan und diese Fliege und „sst, sst" (und macht den Klang von jemanden, der die Angelschnur mit einer Rute auswirft.) Aber das Unglückliche dabei ist, meine Lieben, wenn ihr etwas kontrolliert, dann müßt ihr euch auch darum kümmern. Wie viele Dinge im Leben könnt ihr wirklich tragen?

Darum sollte die Kommunikation nicht die Macht haben, zu kontrollieren. Sie sollte nicht die Macht haben, zu versprechen. Sie sollte nicht die Macht haben, Eindruck zu machen. Sie sollte einzig die Erklärung von Tatsachen sein. Wie viele von euch können etwas wie dieses sagen? „Ich möchte dich lieben und dich aufs Kreuz legen." Wir sprechen nur über Kommunikation. Gebt euch Mühe, Student zu sein. Versteht das. Wie viele von euch haben den Bauch, so zu sprechen?

S: Ja, ich habe das schon mal gesagt. Sie haben aber auch manchmal „Nein" gesagt.

YB: Vielen Dank. Weil eure Rede keinen Haken haben darf. Sie darf keinen Eindruck bewirken. Sie darf nicht versuchen, zu kontrollieren. Sie darf nicht versuchen, auszuweichen. Ihr dürft eure Absicht in niemandem ansiedeln. Ihr dürft nichts sein außer geradeheraus, ehrlich. So offenbart eure Absicht, eher als daß ihr komplizierte Worte sprecht. Dann werdet ihr das glücklichste Leben haben. Für alles wird gesorgt sein.

S: Wie sollten wir damit beginnen?

YB: Das ist so einfach. Vielen Dank, daß ihr diese Frage stellt. Heute morgen fragte mich jemand, „Ich will deinen Rat, deine Weisung und deine Führung haben."

Ich sagte, „Finde einen Hund in der Straße, weil du eine Hündin bist. Das wird es besser machen."

„Ahhh! Sir, Sie beschimpfen mich."

Ich sagte, „Das tue ich nicht. Ich bin dabei, dich zu entsetzen. Meine Absicht ist, dich zu schockieren. Deine Frage ist liebevoll, meine Antwort ist so brutal wie möglich, aber du hast mich nicht angenommen. Liebe, Grausamkeit, Brutalität, Belästigung, sind alle Teil eines Menschen. Um einen Menschen anzunehmen, müßt ihr alle Teile annehmen. Wenn ihr also beginnt, jemandem etwas zu sagen, versucht zuerst höflich zu sein:

„Ich würde dir gerne sagen, ich bin voller Haß gegen dich, mein Bauch ist voller Haß." (Das ist viel wirksamer als Stunden von Auseinandersetzung.) „Ich wollte dir nur sagen, ehrlich, vor Gott und aus mir heraus, mein Bauch ist voller Haß gegen dich, du bist so widerlich. Du hast meine Freundin aufs Kreuz gelegt und sie hat es mir erzählt. Schau mir in die Augen. Schau mir in die Augen. Bist du derselbe, der zu mir gesagt hat, er wolle mein Partner sein, hier und in Zukunft? Bist du derselbe Liebhaber, ein Mann Gottes, ein Mensch? Verweilst du in deiner Seele oder in deinem Penis? Ich sage gar nichts. Ich will es nur wissen."

Welche Antwort wirst du kriegen? Gerade heraus. Wenn er so mit dir sprechen würde, wäre er aus dem Rennen.

Es gibt keine größere Kraft, als die Kraft des Wortes. Das

Sprecht von hier. (YB legt seine Hand auf den Nabelpunkt.) Jemand, der nicht von hier aus spricht, ist tot. Jede Kommunikation, die nicht von hier ausgeht, bringt Beschwernis, Krankheit, Bedauern, Traurigkeit, Verrücktheit, Wahnsinn und Unglück. Wahr. Das ist so wahr wie nur irgend etwas sprecht niemals von hier. (YB legt seine Hand auf seinen Mund.) Sprecht niemals von hier. (YB legt seine Hand auf seine Kehle.) Sprecht niemals von hier. (YB legt seine Hand auf sein Herzzentrum.) Sprecht von hier. (YB legt seine Hand auf seinen Nabelpunkt.) Von eurem originalen Selbst. Seht ihr, wie, wenn ich spreche, dieses Ding heraus- und hereingeht? YB legt seine Hand auf seinen Nabel. Übt das.

gesprochene Wort ist die einzige Essenz, die ihr habt. Ihr seid als hue (hu-man) wie eine Zwiebel; euer Verstand ist wie eine Bogensehne und euer Wort ist der Pfeil. Schlagt zu, indem ihr die Möglichkeiten der Chakren nutzt und ihr werdet immer gewinnen.

Das ist es. Sprecht authentisch, gerade heraus. Beginnt langsam und klein, weil im Wort (Wortspiel: S-M-A-L-L., „ALL") K-L-E-I-N, alles enthalten ist. Startet einfach heute.

Ihr könnt Wohlstand besitzen, ihr könnte gesund sein, ihr könnt die Welt auf den Fingerspitzen haben, aber ihr werdet kein Glück haben. Glück gehört nur denen, die gerade heraus sind. Und es ist noch nicht zu spät, gerade heraus zu sein.

Was kann euch groß machen? Daß die Menschen euch trauen. Was kann bewirken, daß die Menschen euch trauen? Wenn ihr gerade heraus redet. Einfach oder nicht. Eines Tages werden eure Lügen von euren Freunden entdeckt werden und dann werdet ihr Feinde haben. Sie werden es wissen. Sie werden es wissen. Keine Person ist weniger als Gott selbst und keine Lüge kann verborgen bleiben. Es ist nur eine Frage von Tagen. So wie ihr heute sprecht, werdet ihr morgen leiden.

Los, jetzt, laßt es uns schaffen. Dieser Teil der Brusthöhle wird „Herz-Chakra", genannt. Ihr seid im Begriff es jetzt zu öffnen und es muß die ganze Kraft eures Wesens haben. Ihr müßt euer zentralen Nervensystem schockieren, aufrütteln, - das ist shushmanaa, indem ihr den Klang „Har" sprecht.

(Das Band „Trantric Har" wird gespielt.) Nicht aufgeben.

Haltet an! Ihr habt Probleme mit der Bewegung. Die Öffnung eures Herz-Zentrums ist die Öffnung eurer Unendlichkeit. Da liegt euer zentrales Nervensystem, agan granthi, der Platz des Feuers – eure Verdauung, Atem, alles. Wenn es blockiert ist, ist der Brustkorb aus dem Lot. Dann kann das Zwerchfell nicht richtig wirken – ihr werdet 1/3 eurer Lebenskraft einbüßen. Einfach. Ihr habt mit einer guten Absicht angefangen und innerhalb von 1 1/2 Minuten habt ihr herausgefunden, daß es sehr schwer ist. Aber das ist es tatsächlich. Aber wir haben es 11 1/2 Minuten zu tun.

Sprecht das Wort Har nicht aus. Das ist es, was ich euch als Gnade gegeben habe. Er wird nun das Band anmachen und mit dem Klang des Har, werdet ihr die Kraft des Allmächtigen öffnen. Was ihr habt, legt hinein. Als Antwort werdet ihr eine Erfahrung haben, die ihr bisher nicht hattet. Fertig? Alles bereit? Fangt an.

Kein Sprechen. Ruhe! Bewegt die Kraft von *ida* und *pingala*, und öffnet die *shushmanaa*. Einfach. Setzt alles ein. Geht für eine Goldmedaille! Gewinnt, gewinnt, gewinnt! Bravo, bravo, weiter machen. Öffnet die Chakras. Wow, weiter, weiter, weiter! Los, weiter. Wir haben keine Zeit. Macht es einfach. Überschreitet alle Grenzen. Einatmen. Den Atem anhalten, weitermachen. Haltet den Atem an und fahrt fort in dem, was ihr tut. Ausatmen. Einatmen. Ausatmen. Tief einatmen. Zieh, zieh, zieh. Entspannen.

Hallo. Wie geht es euch? Ihr wißt, wenn ihr in Büchern über *ida*, *pingala*, *shushmanaa*, Sinn, sensorisches, Sex, Stimulation, Macht, Ermächtigung, modernes, späteres, orthodoxes, diese Religion, Realität, mich, euch, wir, uns..... lest, werdet ihr komplett verwirrt. Das ist zuviel. Wenn alle Türen geschlossen sind, kann nichts herein. Nichts. Innendrin ist nichts, während von außen alles herein will.

Begreift, daß das was ihr sagt, Gold ist. Das was ihr hört, sollte den Wert eines Diamanten haben. Wenn es weniger ist als dieses, nehmt es nicht an. Wenn ihr sprecht, und es ist die Wahrheit, werden es die anderen wissen. Wenn nicht, wird es die andere Person verwirren, die ihr als Freund wollt. Das ist der Weg, wie ihr euch Feinde schafft. Das ist der Weg, wie ihr eure Verbindungen ruiniert. Das ist der Weg, wie ihr Schmerzen in euer Leben bringt, und das ist der Grund, warum ihr einsam seid.

Schaut auf mich. Als ich vor 27 Jahren gekommen bin, habe ich niemanden gekannt. Überhaupt keinen. Schaut mich heute an. Die Menschen mochten mich nicht, die Leute haben mich gehaßt oder die Leute wollten etwas und haben alles erwartet. Alles was ich gesagt habe ich, „Ich bin hergekommen, um euch ein System zu vermitteln, gesund, glücklich und heilig zu sein. Ich bin nicht hergekommen, um irgendetwas von euch zu lernen. Da gibt es keinen Austausch. Ich habe keine Bedürfnisse; ich habe keinen Wunsch."

„Wie wollen Sie leben?"

„Für alles wird gesorgt sein. Sie brauchen sich darum nicht kümmern."

„Sie müssen fahren lernen."

Ich sagte, „Menschen werden mich fahren."

„Sie werden Geld brauchen."

„Jeder wird Geld ausgeben."

„Sie werden dies und Sie werden jenes brauchen."

„Gar nichts. Ich will, daß ihr hört, lernt und gelehrt werdet. Das ist mein Glück." Ich sagte es vor 27 Jahren, ich sage heute dasselbe.

Ihr alle seid meine Verwandten. Ihr alle seid meine Ausdehnung. Ich bin euer Gestern. Ihr müßt mich respektieren. Ihr seid mein Morgen. Ihr müßt euch selbst respektieren. Ihr müßt ein Morgen haben, wenn ihr keine Trauer wollt. Aus demselben Grund, müßt ihr einen anderen Lehrer schaffen. Ihr habt keine andere Möglichkeit als diese. Ein Lehrer, der nicht einen noch besseren Lehrer schafft, ist der am meisten verfluchte Mensch, der jemals geboren wurde.

Ich bin nicht euer Heute. Ich bin euer Gestern. Ich bin eure Erinnerung. Gott hat euch hergebracht. Die ganze Welt wird euch nicht herbringen. Ihr schuldet euch selbst, daß ihr euch selbst meistert. Ihr schuldet eurem Selbst, daß ihr selbst seid. Es gibt nichts jenseits eures Selbst.

Wann immer ihr aufbrecht, das Selbst in euch selbst zu finden, werdet ihr Eins sein mit dem Einen, der euch erschaffen hat, weil der Eine, der euch das Selbst gab, das Selbst kennt und das Selbst inne hat. Solange wie ihr nicht Herr eures Selbst seid, seid ihr leer. Und um diese Leere zu füllen, tut ihr alle möglichen Dinge; diese

Dinge führen dazu, daß ihr mehr und mehr verwirrt seid. Was ist die Idee davon, ein möglichst schönes, empfindungsreiches, empfindsames Leben zu haben und es in Verwirrung zu vergeuden? Warum?

Dient mir und die Welt wird euch dienen. Das ist das Gesetz des Karma. Die, die nicht ihr Gestern verehren, werden kein Morgen haben, und wenn sie sich bemühen, eines zu haben, werden sie es haben mit einer Menge Kummer. Ich werde gegangen sein. Ihr werdet fortfahren. Und wenn ihr gegangen sein werdet, schaut hin, dann wird dort jemand sein, fortzufahren. Versteht ihr das?

Gruppe: Yes, Sir

YB: Viel Glück. Möge Gott mit euch sein. Nun wißt ihr Bescheid. Es ist gut, euch zu haben.

Meditation, um das Schloß des Herzzentrums zu öffnen, um die Kraft des Unendlichen im Inneren zu erhöhen.

Mudra: Sitze in Easy Pose mit einem geraden Rücken. Halte die Hände etwa 12-16 cm vor deinem Gesicht, die Handflächen flach, so daß sie einander anblicken, wobei die Finger zur Decke zeigen. Der Abstand zwischen den Handflächen soll ebenfalls etwa 12-16 cm betragen. Die Arme sind im Ellenbogen gebeugt und hängen entspannt nach unten (a).

Bewegung: Mit einem sehr schnellen, kräftigen Ruck, strecke die Hände aus (b) bis der Abstand zwischen den Handflächen etwa 72 cm beträgt (c), dann stopp dort abrupt. Das Anhalten in der Bewegung soll mit so großer Kraft geschehen, daß du spürst, wie Hände, Brust, Schultern und Kopf ein wenig nach hinten und vorne vibrieren. Dieses abrupte Abbrechen in der Bewegung und der daraus resultierende Ruck bewirken „die Öffnung eurer Brusthöhle mit einem Stromschlag. Ihr sollt euch strecken als ob 1100 Volt euch getroffen haben."

Musik: *Tantric Har.* Ihr sollt nicht laut singen. Bei jedem Har werdet ihr die Arme mit solcher Kraft strecken, als wenn 1100 Volt euch getroffen haben. Konzentriert euch auf diese Reaktion in eurer Brust und seht, welche Wirkungen sie auf euch hat.

Augen: Keine näheren Angaben.

Zeit: 11 Minuten.

Ende: Einatmen und den Atem anhalten, aber in der Bewegung fortfahren. Der Atem wird 13 Sekunden angehalten, dann ausatmen. Darauf wieder einatmen, während noch in der Bewegung fortgefahren wird. Dieses Mal wird die Luft 8 Sekunden angehalten. Ausatmen. Dann erneut tief einatmen und die Luft für 6 Sekunden anhalten; dann Entspannung.

Kommentare/Wirkungen: Die Brusthöhle wird das Herz-Chakra genannt. Der heftige Ruck, der dadurch entsteht, daß ihre eure Hände und Arme auseinander nehmt, wird ein Rucken in der Brusthöhle verursachen. Dieses wird euer Herzzentrum öffnen. Die Öffnung der Höhle eures Herzzentrums ist die Öffnung eurer Unendlichkeit.
Dieses Zentrum wird manchmal als *agan granthi* bezeichnet, als der Ort, von dem alle Feuer-verbundenen Aktivitäten wie z.B. Verdauung der Nahrung und Atmung, ihren Ursprung haben. Wenn dieses Zentrum verschlossen ist, ist der Brustkasten

nicht „im Lot". Dann funktioniert das Zwerchfell nicht korrekt und ihr werdet 1/3 eurer Lebenskraft einbüßen. Diese Meditation öffnet diesen Verschluß und wird die Kraft des Allmächtigen in euch öffnen.

Ihr müßt die ganze Kraft eures Wesens einbringen, während ihr mit großer Gewalt die Arme öffnet und dann plötzlich in der Bewegung innehaltet, so daß ihr euer zentrales Nervensystem (die shushmanaa) mit dem Klang des Har's schockiert, weckt. Durch diese Meditation könnt ihr die Kräfte von *ida* und *pingala* bewegen und die *shushmanaa* öffnen.

Die goldenen Regeln für einen Lehrer

KLASSE 3 am Abend des 22. Juli 1996

Da gibt es zwei Arten zu leben: Die eine ist, daß ihr Gott liebt, die andere ist, daß Gott euch liebt. Ein Lehrer ist von Gott geliebt. Die Menschen lieben Gott. Da gibt es einen Unterschied.

Ihr seid hergekommen, um Lehrer zu werden, ist das wahr?

Gruppe: Yes, Sir.

YB: Ihr seid am Lernen. Wenn ihr nicht versteht, zu gehorchen, werdet ihr nicht wissen, wie man kommandiert. Habt ihr das verstanden?

Gruppe: Yes, Sir!

YB: Wenn ihr nicht gehorchen könnt, werdet ihr niemals in eine Position kommen, zu befehlen. Wenn eure 5 *tattwas* nicht gehorchen, können, sollen und werden eure 5 *tattwas* nicht kommandieren. Es spielt keine Rolle wieviel ihr studiert, wieviel ihr lest, wieviel ihr wißt und wie kraftvoll ihr denken könnt, ihr werdet nie die Gnade besitzen einzudringen. Der Kraft eurer Worte werden niemals andere Menschen gehorchen, weil ihr nicht gehorcht habt.

Das fühlt sich nicht gut an oder? Nein. Unsere normale Tendenz ist es, daß wir sagen, „Ich will nicht gehorchen, aber ich will kommandieren." Wenn euer inneres Selbst, eure innere Essenz, euer inneres Sein nicht die Kapazität hat, dem Lehrer zu gehorchen, werdet ihr niemals zum Lehrer werden, der in der Position ist, einem Studenten zu befehlen. Das ist das Gesetz der Goldenen Regel. Und dieses Gesetz könnt ihr niemals brechen. Schwierig, nicht war? Es *ist* schwierig. (Einige Studenten sagen, „Nein.") Was meint ihr mit, „Nein." Seid nicht blöde im Umgang mit mir. Es ist schwierig, ich weiß es.

Als ich begonnen habe mit meinem Lehrer, waren wir etwa 258 Leute, daran erinnere ich mich nicht mehr ganz genau; es war irgendetwas wie diese Zahl. Als wir fertig waren, waren nur noch wir 3 übrig. Ich will euch meine eigene Geschichte erzählen.

Eines Tages fühlte ich mit einfach wohl. Mein Lehrer sagte zu mir, „Wir gehen zur Bezirksverwaltung. „Er sagte, „Begleite mich und ziehe deinen englischen Anzug an."

„Okay." So habe ich also meinen Anzug getragen und die Krawatte und das ganze Zeug, Hosen, Schuhe und Politur – ihr wißt es, hier würdet ihr wohl am ehesten sagen, angezogen wie ein Geschäftsmann. Versteht ihr, was ich sage? Unterwegs sagte er, „Wie hoch glaubst du wohl ist dieser Baum?"

Ich sagte, „Etwa 7 m."

Er sagte, „So, wie du aussiehst, kannst du da hoch klettern?"

Ich sagte, „Ja." Ich war sehr füllig und stark. Darum habe ich die Schuhe auf die Seite getan und bin hochgestiegen. Es war sehr anstrengend, aber ich bin bis zu einer Astgabel geklettert.

Dann sagte er, „Gut, bleib da, bis ich wiederkomme."

Ihr seid von Gott geliebt. Darum sollt ihr nicht betteln, borgen oder lügen für die Existenz. Ihr sollt nicht fragen. Alles soll kommen, und zwar in Fülle. Ihr seid der Herr des Reichtums, ihr habt die Macht des Gebetes und ihr habt die Reinheit der Projektion. Diese drei Dinge müßt ihr verstehen. Sie gehören zu euch, wenn ihr Lehrer seid, als ein Bestandteil des Rechtes. Es ist kein Gefallen.

Wie viele von euch würden bei solch einem Lehrer bleiben? Er kam erst 3 1/2 Tage später zurück. Als ich dann herunterstieg sagte er, „Oh ja, komm, weiter, laß uns jetzt gehen." Niemals sagte er etwas wie, „Wie war das, was ist passiert"Ich meine, bist du noch am Leben? Wie bist du aufs Klo gegangen? Wie hast du dies getan.....?" Nicht ein Wort, Mann. Überhaupt gar nichts. „Laß uns gehen!" Und dann sind wir gegangen.

Vier, fünf Tage später sagte er, „Komm her und setz dich nieder. Was hast du gelernt?"

Ich sagte, „Ich lernte, wie man auf einem Baum schläft. Ich lernte, wie man sich auf einem Baum entleert. Ich lernte, nicht herunterzufallen und ich lernte wie man ißt."

„Was hast du gelernt?"

Ich sagte, „Die jungen Blätter von diesem Baum sind sehr süß und eßbar, die alten sind bitter und verrottet. Und der Baum hatte vier, fünf, sechs Astgabeln. Und in jeder Astgabel war Wasser." Eine von diesen Astgabeln, in denen Wasser war, nahm ich zum Trinken, eine andere um mich zu reinigen und mir die Hände zu waschen und....."

Er sagte, „Wie hast du dich entleert?"

Ich sagte, „Ich saß zwischen zwei Ästen und ließ es fallen! Was sonst?"

„Wie hast du geschlafen?"

Ich sagte, „Ich hab nicht sehr gut geschlafen, sondern, weil ich wußte, daß es etwa 7 Meter nach unten geht, habe ich ein paar Zweige zusammengebunden. Das war gut. Das war richtig schön."

„Worin bestand die Schwierigkeit?"

Ich sagte, „Dieser blöde Anzug. Das war sehr schwierig."

„Warum?" fragte er.

„Weil du gesagt hast, „Bleib dort bis ich wiederkomme. Bleibe wie du bist." Erinnern Sie sich Sir?"

Und er sagte, „Ja."

„Sir, als ich herunter geklettert bin, hatte ich immer noch die Krawatte an, so wie ich war." Weil, während ich auf dem Baum saß, sagte ich zu mir, „Was er sagt, bedeutet etwas." Ein Lehrer vermittelt dir eine Erfahrung; ein Priester gibt dir eine Philosophie. Ohne Erfahrung kannst du niemals ein Lehrer werden, sondern nur ein Papagei. Da gibt es einen Unterschied zwischen einem weisen Lehrer und einem weisen Papageien-Lehrer. Die letzten „quaken" alles mögliche, sie wissen alles, sie können über alles reden, aber da gibt es niemals eine Erfahrung.

Ständig seid ihr am zweifeln. „Dieser Lehrer schläft mit seinen Studenten, dieser Lehrer stiehlt von seinen Studenten..." Ihr habt eine Million Erfahrungen und es sind eine Million Geschichten – ich habe all das gehört, ich bin da durchgegangen. Vom Standpunkt eines Lehrers aus seid ihr auch Betrüger, Verräter und Lügner. Ihr glaubt, eure Vorstellungen sind Wahrheit. Ihr sucht genau so einen sexuellen und sinnlichen Flirt. Ihr seid eine *Maya*, Täuschung. Aber zwischen den Zeilen, wenn ihr es so verstehen wollt, akzeptiert niemals einen Lehrer, wenn ihr eine Frage erhalten müßt. Tut das nicht. Seid einfach nur Freunde, besucht einander und habt Spaß zusammen.

Und speziell im Kundalini-Yoga machen wir keine Einweihung. Sofern ihr nicht dieser Typ von einem völlig standardisierten Idioten seid, daß ihr euch nicht selbst einweihen könntet, bedürft ihr keiner Einweihung. Das ist das Gesetz.

Das zweite Gesetz im Kundalini-Yoga ist: Wenn immer ihr mit leeren Händen kommt, werdet ihr mit leeren Händen gehen. Mit leeren Händen kommst du, mit leeren Händen gehst du. Ihr müßt also erst bezahlen. Kundalini-Yoga kann nicht gelehrt werden, wenn das Lehrgeld nicht zuerst bezahlt ist. *Bheta*. Also es gibt keine Verpflichtung. Ihr bezahlt den Lehrer und er lehrt euch.

Damit ist die Sache ausgestanden. Da gibt es keine Verbindung. Wenn ihr also nicht mit ihm schlafen wollt, dann laßt es. Ist das klar?

Gruppe: Yes, Sir.

YB: Ihr vergeßt schon wieder. Ich weiß, ihr seid Gringos. Ihr seid nicht ordentlich instruiert. Ihr seid hergekommen, um Lehrer zu werden. Dies ist nicht eine Klasse, wo ihr einfach irgendwelche Schüler seid und wo ihr Unterricht nehmt und fortgeht, einfach weil ihr ein paar Dollar bezahlt habt.

Während ich Schüler zu unterrichten pflegte, die niemals Geld hatten, pflegte ich Geld auf dem Parkplatz zu verstreuen, so daß sie es sammeln und zum Unterricht kommen konnten. Einige haben es auch gesammelt und sind niemals zum Unterricht gekommen. Aber das war Teil des Spiels. Wir werden die Regeln niemals brechen.

Ihr dient, ihr macht euer Geschäft, ihr lebt euer Leben, aber, wenn ihr ein Lehrer seid, dann werden Mutter Natur und alles Göttliche und Gott selbst euch dienen. Da gibt es zwei Arten zu leben: Auf der einen Seite liebst du Gott, die andere ist, Gott liebt dich. Ein Lehrer wird von Gott geliebt. Die Menschen lieben Gott. Das ist der Unterschied.

So, wenn ihr Lehrer werden wollt, müßt ihr verstehen, daß ihr von Gott geliebt werdet. Darum also, sollt ihr nicht betteln, borgen oder für eure Existenz lügen. Ihr sollt nicht fragen. Alles soll kommen und zwar in Fülle. Ihr seid der Herr des Wohlstandes, ihr habt die Macht des Gebetes und ihr habt die Reinheit der Projektion. Dies sind die drei Dinge, die ihr verstehen müßt. Sie gehören zu euch, wenn ihr Lehrer seid, als ein Bestandteil des Rechtes. Das ist nicht etwa ein Gefallen.

Was immer dir als einem Lehrer begegnet, es kommt von Gott. Es gehört auf den Altar. Wenn es nicht auf den Altar gelangt, wird es dich ruinieren. Eine falsche Handlung von einem Lehrer, so wird er im nächsten Leben als Küchenschabe geboren. So ist es besser, wenn ihr eine Küchenschabe um euch haltet. Wenn ein Lehrer fehlt, gleichgültig, ob er der weltlichen Gerechtigkeit entgeht, gleichgültig, ob jemand ihn verletzt oder nicht, gleichgültig, ob jemand ihn beschimpft oder nicht oder ob er jemanden beschimpft oder nicht, das ist alles ohne Bedeutung. Eine falsche Handlung eines Lehrers und die gesamte Götterschaft garantiert, daß er im nächsten Leben eine Küchenschabe sein wird. Weil, wenn jemand verantwortlich ist, Licht zu bringen und ist verantwortlich für das Licht, und gerät selbst in die Dunkelheit und lebt in der Dunkelheit, wird sein nächstes Leben nichts ist als Dunkelheit sein, das ist die Küchenschabe.

Als erstes habe ich euch sehr klar gesagt, ihr sollt keinen Lehrer haben. Es steht nicht geschrieben, daß ihr einen Lehrer haben solltet. Aber wenn ihr einmal einen Lehrer haben solltet, einen Guru oder wie immer ihr ihn nennen wollt – spiritueller Lehrer, spiritueller Führer, spiritueller Freund, Idiot, spiritueller Idiot – es spielt keine Rolle wie ihr ihn nennt, es ist einzig und allein euer Konzept. Aber wenn ihr ihn irgendwann ausgewählt und angenommen habt, leugnet ihn niemals, denn nur dann könnt ihr in dieser Verbindung erhalten werden. Ihr könnt nicht anders erhalten werden. Es spielt keine Rolle was Gott will und was Gott tut. Dieses nennt man das Gesetz der endgültigen Bestimmung.

Jeder von euch hat eine Länge und Breite, wo ihr geboren seid. Versteht ihr das? Jeder Geburtsort hat seine Länge und seine Breite. Dann werdet ihr von einem Lehrer lernen, die Höhe und die Einstellung zu bestimmen und zu beherrschen. *Purkha*[1] muß bewirken, daß die *Prakirti*[1] gehorcht. Das ist das Gesetz. Weil dies hier die westliche Welt ist, ist sie unreif. Es gibt keinen Begriff von und keinen Respekt für den Lehrer. Darum, wenn ihr Lehrer geworden seid, sprecht die Wahrheit. Wenn irgendjemand diese nicht hören will, nicht gehorchen will, beugt euch diplomatisch auf der Matte und weicht aus. Verstanden?

Gruppe: Yes, Sir.

YB: Dann lehrt diesen Studenten niemals. Seid einfach nur ein Freund. Dieser Abfall ist es nicht wert, auch nur betrachtet zu werden. Das ist euer göttliches Privileg. Darin ist keine Verzeihung.

Dies sind ein paar goldene Regeln. Anderenfalls wird dieser Student euer Untergang sein, indem ihr aus der Verhaftung heraus lehrt und nicht aus der Wahrheit. Ein Student hat nur einmal direkt oder indirekt nicht zu gehorchen. So könnt ihr ihn in diesem Leben nicht als Schüler lehren. Helft ihm, liebt ihn, dient ihm, inspiriert ihn, führt ihn, gebt ihm was immer ihr wollt, aber niemals lehrt ihn. Und das was ich euch gebe ist kein Lehren. Lehren ist es, wenn ich sage, „Ihr seid gelehrt!" Das ist der Anfang, das ist die Mitte, das ist das Ende des Lehrens.

Weil ihr aus der westlichen Welt stammt, denkt ihr, ein Lehrer lehrt, diskutiert, philosophiert und trägt vor. Ihr hört die Bänder ab und lest Bücher. Ich weiß, die vielen dicken Bücher. Ihr seid alle blind, taub und fürchterlich blöde. Blöde in einer extremen, wahnsinnigen Weise. Wenn all die Bibliotheken für euch Lehrer wären, warum ist noch irgendjemand unklug? Versteht ihr nicht die einfache Daumenregel?

---

[1] Seele

Die Krone der Spiritualität ist bewiesen. Sie kann, soll und wird niemals besiegt werden. Drei Dinge sind nicht unter euerer Kontrolle: Liebe geschieht, Hingabe und Widmung sind unbegrenzt und die Ehre der Spiritualität ist bewiesen. Ihr könnt sie nicht verdienen, ihr könnt sie nicht kaufen, ihr könnt sie nicht organisieren oder manipulieren. Ist das klar?

Gruppe: Yes, Sir! (Es ist keine einstimmige Antwort.)

YB: Ihr seid nicht einmal in der Lage zu sagen, „Yes, Sir." Was macht ihr hier? Das bedeutet, daß ihr nicht wach seid, ihr seid nicht gleichzeitig und ihr seid nicht eine Stimme.

Es ist nicht meine Aufgabe, euch zum Ausflippen zu bringen. Nein, nein, das ist wahr. Dies ist weder eine Zusammenkunft noch eine Einberufung, noch irgendein Seminar oder Workshop. Bitte vergebt uns. Ihr seid nicht hergekommen, um eure Gegenwart sehr hübsch zu gestalten. Ihr seid hergekommen, um zusammengeschlagen und auf die Essenz gebracht zu werden. Geht niemals in einen Unterricht, um Lehrer zu werden, wenn ihr nicht die feste Absicht habt, zu euch zu sagen, „Ich werde von hier nicht weggehen, ohne in mich gegangen zu sein und mir zu sagen: Sei ein Lehrer." Mit dieser Entschlossenheit werdet ihr es schaffen. Dies ist nicht Mode- oder Geschäftsunterricht. Es ist ein Unterricht um Lehrer zu werden, ein Lehrer, der die *tattwas*, die vier Elemente und Himmel und Erde befehligen kann. Der Preis? Lehrer werden immer von ihren Studenten ans Kreuz geschlagen oder an den Pranger gestellt oder verraten. Das muß geschehen. Auf der Erde wird euer Ende sehr unangenehm sein, weil ihr für den Himmel getestet werdet. Ist das verstanden worden?

Gruppe: Yes, Sir!

YB: Buddha wurde von einem seiner Studenten vergiftet, denen er am meisten traute. Lord Rama wurde von seinem eigenen Bogenschützen verraten. Lord Krishna wurde von seinem mächtigsten Liebhaber verleugnet. Hazarat Mohammed hatte niemals eine gute Zeit, überhaupt nicht. Dieser Mann mußte jeden Tag das Schwert ergreifen, um für sein Überleben zu kämpfen. Das Leben eines Lehrers ist nicht ein Leben im Glanz, umgeben von Menschen, die eure Füße berühren und wunderbare Dinge von euch denken, über eure Sprüche, eure Schönheit und eure prächtige Aura. Ein Lehrer kann Gott und das Selbst nach seinem Willen in sich manifestieren. Das ist ihm zugesichert. Aber auf der anderen Seite, und das ist der Preis davon, ist

---

[1] Natur

er der einzige, der auf dem Feuer sitzen wird und einfach lächelt. Wenn ihr nicht bereit seid, den Preis zu zahlen, dann erlaubt den Menschen nicht, daß sie eure Füße berühren und sagen „Hallo".

Das Universum, *Prakirti*, die Schöpfung, wird euch als Lehrern dienen. Das ist das Privileg von *Prakirti*. Aber auf der anderen Seite, müßt ihr den Beleidigungen widerstehen, euch total davor schützen. Ein Yogi ist ein Mensch, der ist nicht Gott und nicht Mensch, der weder ein Engel noch ein Teufel ist. Das Paar der Gegensätze berührt einen Yogi nicht – weder Lob noch Beleidigung. Das ist ein Yogi. Ein Lehrer ist einer, den das Paar der Gegensätze nicht berührt. Für die Häßlichsten und für die Freigiebigsten hat er oder sie nur Segen.

Leiden ist Ehre. Ein Lehrer leidet auf beide Arten. Ein Lehrer leidet während er dient und ein Lehrer leidet während er befiehlt. Ein Lehrer leidet als erstes beim Meißeln, ein Lehrer leidet beim Segnen. Ein Lehrer erleidet alle persönlichen Leiden, weil ein Lehrer ein Beispiel der Führung durch Raum und Zeit ist, und Raum und Zeit sind der Test. Die Prüfung kommt nur durch das Leiden, und qualifiziert durch das Leiden habt ihr die Zufriedenheit und das Glück, daß ihr ewig seid, grenzenlos, unsterblich. So werden Lehrer unsterblich.

Wenn ihr euch nicht über Schmerz und Freude, Sehnen und Verlangen erheben könnt, spielt es keine Rolle, wie viele heilige Texte ihr kennt und wie bezaubernd ihr seid. Ich habe gesehen, wie Lehrer Studenten verführen. Nicht zum Sex, zu allem. Allem. Welch eine Beleidigung an diesem Status. Warum muß ein Lehrer irgendjemanden verführen? Die Welt will ihn verführen. Gott will ihn verführen. Maya will ihn verführen. Da gibt es nichts, was existieren kann, das nicht verführen soll. Das sensorische System soll einen Lehrer verleiten.

Ein Yogi ist eine Person, die ist nicht Gott und ist nicht Mensch, er ist weder ein Engel noch ein Teufel. Das Paar der Gegensätze berührt den Yogi nicht – weder Lob noch Beleidigung. Das ist ein Yogi. Ein Lehrer ist einer, den das Paar der Gegensätze nicht berührt. Für den Häßlichsten und den Freigiebigsten hat er oder sie nur Segen.

Warum seid ihr in solch einer Eile? Wartet. Werdet Lehrer und seht zu, wie die Dinge zu euch kommen. Sie kommen nicht zu *euch*. Ihr seid ein Fahrzeug. In euch sind die Reinheit und die Frömmigkeit eines Lehrers. Die müßt ihr beschützen und ihr dienen. Dann werden aus euren Worten Menschen entstehen, die sind unbesiegbar, gesegnet, freigiebig, schön und im Glück. Ihr werdet Zeit und Raum bestimmen und eure Generationen werden glücklich, gesund und heilig sein.

Dieser 12 bis 16 cm lange Penis ist nicht die Venus und eure zwei Bälle sind nicht die Augäpfel und sie ergeben keinen Dritten, damit ihr Himmel und Erde zur selben Zeit sehen könnt. Darum seit ihr blind geboren und lebt blind und ihr sterbt blind. Das sensorische System gibt euch nicht den gemeinsamen sechsten Sinn. Wenn ihr dieses Leben, das ihr verdient habt, und die Chance, daß ihr Lehrer werden könnt, die ein großer Segen ist, preisgeben könnt, wenn ihr sie gehen laßt, werdet ihr als Küchenschabe neu beginnen. Einen Heiligen zu heiraten, ist ein rechtschaffendes Ding. Wißt ihr, was für ein Leben danach für euch beginnt? Wie bei einem Eichhörnchen. Ihr kennt das kleine Dinge, welches Nüsse sammelt und nach den Vögeln läuft. Es ist ein sehr schönes Tier. Dies sind alles die Frauen von großen Lehrern, die niemals den Lehrer in ihnen gesehen haben. Sie wurden nicht Küchenschaben, sondern eins darüber. Habt ihr je mit ihnen gesprochen? Nein? Sprecht mit ihnen, sie sprechen. In ihrem vorherigen Leben waren sie die Frauen von großen Lehrern. Sie sind sehr gesegnete Tiere. Nehmt euch einmal Zeit und etwas Essen, sie wird mit dir scherzen, dir einen Kuß zuwerfen und ihren Schwanz schwingen. Sie sind sehr gut. Sie sind sehr freundlich. Ihr müßt ihnen nicht zuhören. Entziffert einfach ihre Körpersprache. Ihr werdet sie finden. Sie sind schön, und ihr werdet von ihnen angezogen.

Habt ihr solche Lehrer gesehen, die niemals ihrem Lehrer gehorcht haben? Habt ihr die Menschen gesehen, die niemals sich selbst als Lehrer geehrt haben? Das sind alles die Hunde mit einem Schlappohr. Habt ihr sie gesehen? Wir nennen sie „dumme Hunde." Wenn ihr den besten Hund kauft und nach 6 Monaten wird er dumm – das ist ein Lehrer.

Es ist nicht sehr wahrscheinlich, daß ihr beruflich Lehrer werden wollt, weil mit dieser Kraft eine Verantwortung kommt. Ihr denkt, die Menschen berühren eure Füße, die Menschen verbeugen sich vor euch und ihr sagt „Gesegnet seist du." Versteht ihr was auf euch wartet? Warum? Eines Fehlers wegen. Ihr müßt nur einen Fehler machen. Wenn ihr verpaßt, was ihr zu nehmen habt, ist das das nächste Leben. Wollt ihr in diesem Kurs weiter fortfahren oder wollt ihr heimgehen?

Gruppe: (Gelächter.)

In euch ist die Reinheit und die Frömmigkeit eines Lehrers. Die müßt ihr schützen und ihr müßt ihr dienen. Dann werden aus eurem Wort Menschen hervorgehen, die unbesiegbar, gesegnet, freizügig, schön und im Glück sein werden. Ihr werdet die Zeit und den Raum befehligen und eure Generationen werden glücklich, gesund und heilig sein.

YB: Ein Lehrer hört nicht – er ist taub. Er spricht nicht – er ist stumm. Er sieht nicht – er ist blind. Einzig, er bewahrt die Lehren. Niemals verändert er sie, niemals fügt er etwas hinzu oder nimmt etwas davon weg.

Ihr interpretiert sie nicht. Ihr tragt sie nur respektvoll zu einem Nächsten und der zu einem Nächsten und so weiter. Wenn ihr das tut, wird alles Wissen zu euch kommen. Alles wird euch dämmern. Euer Lehrer wird zu euch sprechen. Euer Lehrer wird euch führen. Dann werden euch die Leute nicht respektieren – sie werden sich von euch trennen, sie beleidigen euch, sie fordern von euch. Eure Verwandten werden euch beleidigen. Nicht ihr seid es, sie sind es, die angreifen. Es ist genau so, wie eine Motte das Licht angreift. Wenn ein Hund ein Halsband trägt und eine Kette, werden alle Straßenhunde zum Empfangskomitee und bellen. Eure eigenen Kinder werden euch anbellen. Eure eigenen Frauen werden euch beleidigen. Euer Vater und Mutter werden euch verbannen. Und schließlich, meine lieben Lehrer, werdet ihr von all denen verlassen, die mehr Erde haben und weniger Himmel. Das ist, weil euer Pfad einer ist der Himmel, nicht nur euer Himmel, sondern weil ihr den Menschen die Himmel öffnet. Das ist eure Tugend als Lehrer. Ihr seid keine spirituellen Prostituierten. Ihr seid eine geistige Kraft. Als Lehrer ist es euer Schicksal, die Himmel zu gewähren. Und wem ihr sie gewährt, dem kann Gott sie nicht verweigern. Das ist eure normale Kraft. Wenn ihr segnet, gehorchen die Engel. Worüber sollen wir traurig sein?

Wenn ihr meinen Worten nicht glaubt, betrachtet das Leben von Nanak. Lest die Lebensgeschichten von denen, die das Wort gelehrt haben und betrachtet ihr Leiden. Weil Gott darauf achtet, daß ihre Verhaftung niemals erfüllend ist. Weil ein Lehrer Herr der Himmel ist, testet ihn die Erde stets.

Ihr müßt nicht fragen. Ein Lehrer betet nur für eine Sache,

ਸਰਬੱਤ ਦਾ ਭਲਾ
Sarbat da bhalaa.
- from the Sikh daily prayer, Ardas
May all people prosper.

68

Möge es allen Menschen wohl ergehen, mögen alle Menschen im Wohlstand leben.

„Mein Herrgott, mein Schöpfer, der du mir die Verantwortung gegeben hast, dieses zu tragen, trage alle in ihrer Essenz zum Wohlstand. Mache sie schön, freigiebig und selig."

Ein Lehrer zieht keine Linie, ein Lehrer diskriminiert nicht, ein Lehrer sagt nicht, „nein," ein Lehrer lehnt nicht ab. Ein Lehrer ist immer ein Opfer von Eifersucht, Intrigen, Tratsch und Verrat, weil ein Lehrer die eine Einrichtung ist, die ein leichtes Ziel bietet. Aber fühlt ein Lehrer all dieses? Nein. Er lächelt.

Ich mache jeden Morgen einen Spaziergang und laufe an diesen Hunden vorbei. Sie alle bellen mich an. Ich sage, „Gut, ihr habt beim letzten Mal nicht auf mich gehört. Jetzt bellt ihr mich an. Warum?" Das ist mein Empfangskomitee. Ich laufe daran jeden Morgen vorbei. Sie haben damals niemals gehört und sie hören auch jetzt niemals. Sie haben damals gebellt und sie bellen noch. Sie alle sind meine Verwandten. Aber was ist daran falsch? Jeder hat eine Seele. Jede Seele ist verbunden in diesem Gefüge von Zeit und Raum. Wo ist der Unterschied, wenn dort jemand ist im Körper eines Hundes oder einer Katze oder einer Ratte oder einer Küchenschabe? Wir sind alle dieselben, die Seele ist dieselbe. Seht ihr das unterschiedlich? Könnt ihr Gott als unterschiedlich begreifen in einem Hund? Glaubt ihr, daß Menschen, die euch beleidigen, anders sind als die, die euch loben? Versteht ihr nicht, daß dies eine ausgeglichene Welt ist, Lob und Beleidigung sind alle ausgeglichen in Balance. Gebet und Prestige – im Gebet seid ihr demütig, im Prestige seid ihr beherrschend – es ist im Gleichgewicht. Im ganzen Universum kann nichts existieren, das nicht im Gleichgewicht wäre und nichts kann wachsen, das nicht in Harmonie ist.

Wißt Ihr, was meine grundsätzliche Entgegnung ist, wenn jemand anklagend sagt, „Du." Ihr werdet mich immer lächelnd finden. Das ist so, weil in diesem Moment ein Mensch mich individuell herausstellt und mich nicht als eine Einrichtung sieht, sondern als jemanden herausragendes. Das passiert jedem Lehrer. Die Menschen sehen euch immer als ein Individuum Und ihr müßt es wissen, sehen und glauben und darauf vertrauen, daß ihr niemals ein Individuum seid. Euer „Ich" ist für euch eine Institution, eine Einrichtung. Ein Lehrer ist eine Einrichtung für Hilfe, Verdienst, um das Bewußtsein der Menschen zu erheben und ihnen die Himmel zu gewähren. Er ist ein Garant – er oder sie, was auch immer, ist der Garant. Ein Lehrer ist der

Garantiegeber, daß das Leben der anderen Person himmlisch wird. Darum also, wenn ihr eine Yoga-Klasse für 10 oder 15 Dollar unterrichtet, seid ihr nicht bei der richtigen Arbeit.

Und fahrt nicht ab auf die Liebenswürdigkeit eines Lehrers. Wißt ihr, auf diesem Planeten habe ich nicht einen einzigen Menschen getroffen, der nicht gefragt hätte, „Yogiji, wie viele Studenten hast du? Wie viele Ashrams hast du? Du hast eine wunderbare Arbeit getan."

Aber ein Lehrer sieht ausschließlich den Fluß Gottes und ist nur ein Transportmittel. Habt ihr schon mal einen Wasserbrunnen in einem Gebäude gesehen, wo ihr auf den Knopf drückt und das Wasser kommt heraus? Ihr löscht euren Durst und dann geht ihr weg? Versteht ihr?

Gruppe: Yes, Sir.

YB: So geht es euch mit einigen Seelen, die zu euch kommen und ihr seid der Wasserbrunnen. Sie pressen den Knopf und bücken sich, öffnen ihre Münder und ihr öffnet ihnen die Himmel durch den Nektar von Weisheit. Darüber hinaus seid ihr nichts. Wenn ich glaubt, ihr seid irgendetwas anderes als dieses wird euer Karma euch einholen. Auf der anderen Seite, wenn jemand durstig ist und dieses in seinem Mund hat, wird er sagen, „Oh, Gott, wow!" In absoluter Ekstase wird dieser Mensch dann das Mantra der Ekstase singen, „Wahe Guru."

Ihr solltet einmal mit einem Tonschreiber auf euer Herz hören. Das ist ein lauter Ton von drei Gruppen. „Waa-Hay Guroo. Waa-Hay Guroo." (Er spricht dies in einer rhythmischen Art und Weise, flüsternd den Klang eines schlagenden Herzens imitierend.) Das ist ein lustiges Geräusch. Nehmt ein Stethoskop, steckt es in eure Ohren und setzt es auf euer Herz, während ihr euch selbst hört. Welch großer Lärm ist dort. „Hum, hum, brahm, hum; hum, hum, brahm, hum." Vier Klappen öffnen und schließen sich. Aber was tut ihr? Ihr hört nicht darauf. „Ihr seid Juden, Christen, Sikhs, Mosleme und Hindus." Ich weiß nicht, was zur Hölle ihr seid? Niemand weiß das.

So lange, wie euer „Ich" euer „Ich" ist, solange wird sich euer drittes Auge niemals öffnen. Solange euer drittes Auge nicht geöffnet ist, spielt es keine Rolle, wie viele Partys ihr gebt, wieviel Handel ihr treibt, Geschäfte ihr macht oder was ihr in der Politik tut – ihr werdet niemals respektiert werden. Erinnert euch an dieses: Wenn eure Gegenwart nicht Respekt bewirkt, werden es eure Anweisungen auch nicht tun. Verschwendet nicht eure Worte. Wenn ein Mensch eure Körpersprache nicht versteht, wird er auch eure gesprochenen Worte nie verstehen. So werdet also sehr hingebungsvoll, feinfühlig und auf das Wesentliche besonnen.

Regel eins: Ihr müßt strahlend aussehen (look smart). Die Kunst eines Lehrers ist diese: Sieh strahlend aus, sei strahlend, rede gerade heraus. Sei niemals richtig oder falsch, sei immer neutral. Sprecht nicht von der Ebene des positiven und nicht von der Ebene des negativen Verstandes, sondern von der Ebene des neutralen Geistes. Und wann immer ihr einem Unglück oder einer Freude gegenübertreten müßt, begebt euch in die Höhe und paßt eure Einstellung an. Reagiert nicht sofort. Da könnte jemand sagen, „Ahh, Yogiji, du bist großartig. Ha, ha, ha, ha."

„Un huh, Un huh. Yogiji ist niemals groß. Groß ist der, der Yogiji gemacht hat." Vergeßt das nicht. Und vergeßt nicht den Schöpfer. An dem Tag, an dem ihr den Schöpfer vergeßt, wird es euch schütteln. Verbindet euch nicht mit dem, was erschaffen ist, verbindet euch mit dem Schöpfer.

ਦੇਦਾ ਦੇ ਲੈਦੇ ਥਕਿ ਪਾਹਿ ॥ ਜੁਗਾ ਜੁਗੰਤਰਿ ਖਾਹੀ ਖਾਹਿ ॥
Day(n)daa day lai(n)day thak paa-eh. Jugaa jugantar khaa-hee khaa-eh.
- Guru Nanak, Siri Guru Granth Sahib, page 2 (from 3rd pauree of Japji Sahib)
God, the Giver, constantly gives His gifts and the recipients become tired of receiving them.
Throughout all the ages all have been eating what is given.

Gott, der Geber, gibt seine Gabe ständig und die Empfänger werden müde, sie zu empfangen.
Alle Zeitalter hindurch haben alle gegessen, was gegeben wurde.

Der Geber gibt und die, die nehmen, werden müde. In der Unendlichkeit der Zeit hat diese Regel geherrscht.

Lernt miteinander zu kommunizieren durch gemeinsame Vorstellung. „Kommunikation" bedeutet „gemeinsame Vorstellung." Vorstellung bedeutet, sich selbst erklären. Macht es bekannt, daß „Ich bin ein Lehrer, ich bin ein Gefäß, ich bin ein Rohr, ich bringe euch die Lehren. Sie sind nicht von mir."

Habt ihr das schon gesehen, daß jemand im Unterricht fragt, „Sollte ich meine Augen schließen?" und ich sage, „Das habe ich nicht gelesen. Ich weiß es nicht. Öffne oder schließe deine Augen wie du es magst." Ich habe nie gefragt. Ich war ein sehr guter Student.

Ihr könnt lernen durch Fragen oder ihr könnt lernen durch Segen. Wenn ihr durch Segen lernt, wird euch die Krone der Spiritualität zugestanden und der allmächtige

Gott wird euch lieben und wird euch dienen, indem seine gesamte Natur zu eurer Verfügung steht. Aber wenn ihr zweifelt, werdet ihr für immer in den Kreislauf von Geburt und Tod eintreten. Das ist der Preis, den ihr zahlen müßt, weil, dort, wo ein Zweifel ist, der Mensch niemals den Weg finden wird. Wenn ihr aber gehorcht, gibt es nichts zu sagen.

Ich erzähle euch, was mir geschehen ist. Ich wurde einmal getestet. Ich war in Los Angeles und irgendein Swami-ji war ein sehr guter Freund. Tatsächlich respektiere und liebe ich ihn auch. Seine fünf Hauptdirektoren kamen herbei geflogen und wir sprachen privat miteinander. Sie sagten, „Okay, Swami-ji ist verrückt geworden. Swami-ji hat dieses gesagt." Und dann zeigten sie mir ein Papier. Ich schaute auf das Papier.

Ich sagte, „Diese Anweisungen sind falsch. Seid ihr *sicher*, daß sie von ihm unterschrieben sind?"

„Ja, Yogiji. Deswegen sind wir gekommen; er ist dein Freund. Ruf ihn an und sage ihm, daß dieses falsch ist." Versteht ihr das? Das war eine sehr klare Sache.

Ich sagte, „Nein. Ich werde ihn nicht anrufen."

„Warum nicht?"

Ich sagte, „Er ist mein Freund, aber er ist euer Lehrer. Er hat euch dieses aufgeschrieben, daß ihr es tut, ist das richtig?"

„Ja."

Ich sagte, „Dann geht los und tut es."

„Yogiji, weißt du was es bedeutet?"

Ich sagte, „Ja, ich weiß, es ist falsch, und es wird einen sehr, sehr großen Schaden anrichten, ich weiß. Aber ihr seid für einen Rat gekommen, ist das wahr?"

„Ja."

Ich sagte, „Dann gebe ich euch den Rat, zurückzugehen und Swami-ji zu sagen, „Wir hatten eine gute Meditation und wir haben beschlossen, deinen Anweisungen zu gehorchen und wir sind dabei, sie umzusetzen."" So machten sie es. Swami-ji sagte, „Wartet eine Minute. Was haben wir geschrieben? Zeigt mir das Papier." Er sah das Papier und er sagte, „Das ist nicht richtig." Er zerriß das Papier.

Sie riefen mich an, „Herzlichen Dank, daß du Swami-ji angerufen hast."

Ich sagte, „Ich habe ihn nicht angerufen."

„Aber er hat das Papier zerrissen."

Ich sagte, „Gott ist auch ein Lehrer. Er hat euch Jungs getestet. Wenn Gott nicht in diesem Moment gekommen wäre, dann wäre die Institution des Lehrers gefallen. Das ist nicht nach dem Willen Gottes."

„Sind Sie sicher Sir?"

Ich sagte, „Habe ich Euch je angelogen Jungs? Ich habe Euch gesagt, ich habe nicht angerufen."

„Er hat es wirklich aus sich selbst heraus getan?"

Ich sagte, „Ja."

Ein Lehrer ist eine Institution, zu helfen, zu dienen, das Bewußtsein der Menschen zu erheben und ihnen die Himmel zu öffnen. Ein Lehrer ist der Garant, daß das Leben des anderen Menschen himmlisch wird.

Und da gibt es andere Torheiten, die Kundalini-Lehrer tun. Sie vermischen so viele Dinge – Astrologie, Numerologie, Tarot-Karten, Yum-Yum, Yu-Yu, Bananas-Pananas-Chatanas. Sie fürchten sich, ihren Kopf beim Lehren zu bedecken. Sie wollen populär sein. Wenn ihr euch verkaufen wollt, verkauft euch auf den offenen Markt, aber übernehmt nicht die Berufung als ein Lehrer. Beleidigt nicht die Institution. Am Ende werdet ihr traurig sein und das bedauern. Die Lehren sind nicht für den Verkauf, und ein Lehrer ist niemals für einen Preis zu haben. Ihr seid unbezahlbar, garantiert von dem Einen, der das Universum gemacht hat.

Ein Lehrer ist die persönliche Ehre Gottes selbst. Auf der anderen Seite wirkt ein einfaches Gesetz: Wenn der Lehrer nicht geschützt wird durch den Schöpfer, sind die Lehren nicht vom Schöpfer geschützt und Wahnsinn wird das Universum beherrschen. Aber es muß im Gleichgewicht sein – Gesundheit und Wahnsinn. Darum soll die Institution eines Lehrers geschützt sein, ob es Gott gefällt oder nicht. Das ist eine Daumenregel. Das ist ein Gesetz der Existenz.

Und wenn ihr die Lehren rein vermittelt, sollt ihr nicht angegriffen werden. Geprüft? Ja. Beleidigt? Ja. Belogen? Ja. Bespuckt? Ja. Aber werdet ihr am Ende eurer Ehre verlustig? Nein. Wird man euch nicht verehren? Ja, ihr werdet verehrt werden. Da gibt es keinen Ausweg, denn nur durch euch kann Gott herrschen. Gott hat keinen anderen Kanal. Aber indem Gott durch einen Lehrer herrscht, und ein Lehrer eine Waage ist, müssen wir bedenken, daß jede Waage zwei gleiche Seiten hat. Eine Münze hat zwei Seiten: (Wortspiel: tails and heads. So people will talk your tale and poeple will love to chop off your head) Schwänze und Köpfe. So werden die Menschen einerseits eure Geschichten erzählen und andererseits mit Lust den Kopf abhauen. Und wenn ihr bereit seid, das zu akzeptieren, dann könnt ihr ein perfekter Lehrer sein.

Der erste Mensch, der euch angreifen wird, wird euer Gatte sein. Dann werden eure Verwandten folgen, als drittes eure Studenten, als viertes eure engen Freunde und als fünftes werdet ihr verleitet und in alles hineingezogen, was „Versuchung" genannt wird. Erinnert euch nur, daß dies mit dem Territorium geschieht, so wie unter jedem Licht ein dunkler Schatten ist. Das liegt nicht daran, daß ihr schlechte Lehrer seid; sondern es liegt einfach daran, daß Vertrautheit Verachtung mit sich bringt. Darum sorgt euch nicht wegen dieser Verachtung. Sie sind unschuldig.

Wenn ich nach Indien gehe, sagen all diese Menschen zu mir, „Ahh, was tust du aus Sorge für uns arme Inder? Diese weißhäutigen Gringos, es ist einfach so, daß du es liebst, sie zu lehren. Was ist falsch an uns?"

Ich sage, „Da ist gar nichts falsch. Ihr seid verrottet. Schaut sie an. Schaut die an. Die sitzen dort für 3 Tage, und machen ein weißes Tantra-Yoga von 9 Uhr morgens bis um 6.30 Uhr und gehen durch all diese Dinge, durch die sie eben gehen.Ihr schafft nicht einmal 30 Minuten davon. Die Veranstaltung ist offen, ihr könnt auch kommen. Haben wir jemals jemanden abgehalten, die Sommersonnenwende mit uns zu begehen? Haben wir ihnen gesagt, daß sie nicht mit uns das sadhana machen dürfen? Wenn wir das weiße Tantra halten, weisen wir irgendjemanden zurück? Aber ihr braucht ein eisernes Gesäß, um all diese Stunden durchzustehen. Für das Kundalini-Yoga braucht ihr ein eisernes Gesäß, eiserne Entschlossenheit und ein eisernes Selbst – und dieses muß weiß sein, rostfreier Stahl. Da gibt es keinen anderen Weg.

Los jetzt. Wir haben 11 Minuten, und wir sind im Begriff es zu schaffen. Los jetzt. Fertig?

Gruppe: Yes, Sir. (Diesmal schwach gesprochen, vereinzelt von hier und da.)

YB: Schade über euch. Ich habe es euch heute morgen beigebracht und am Nachmittag habt ihr es vergessen? Versteht ihr mich?

Gruppe: Yes, Sir! (Mit Kraft, einstimmig.)

YB: Das ist besser. Das kann sich sehen lassen.

Die Übung, die wir jetzt machen werden, heißt Giaan Sudhaa Simran Kriya. Das ist ein langer Name. Giaan-Sudhaa-Simran-Kriya. Das ist das heilige Kriya des Kundalini-Yoga.

(Die Details dieser Meditation finden Sie auf Seite 78.)

Haltet eure Hände so und nehmt die Finger so weit auseinander wie es möglich ist. Nun achtet auf folgendes. Das sieht leicht aus, aber es wird euer Selbstbild bald in die Luft jagen. Haltet die Ellenbogen an eurem Brustkorb. Man nennt das „Die Führung der Seele." Wenn ein Mensch das perfekt beherrscht, wird diese Person die Macht über Tod und Leben haben. Nicht nur für ihn oder sie selbst, sondern für die ganze Schöpfung.

Bitte öffnet diese drei Finger weit. Euer unterer Rücken wird sich bewegen. Euer Gesäß wird sich vom Boden erheben. So groß ist der Impuls dort. Legt das Band *Tanric Har* auf. Ich werde mit entspannen und euch zuschauen, wie ihr das macht. Als ich das tat, hatte ich für drei Tage Schmerzen. Ich erinnere mich an diese Tage. Sprecht kein Wort. Jedesmal müßt ihr von eurer eigenen Kraft angehoben werden. Berührt euch nicht selbst. Tut es nicht.

Ihr seid am verlieren! Strengt euch an.

Stop. Stop, stop. Stop, stop, stop. Glaubt ihr das ist ein Witz? Je mehr ihr den Schmerz fühlt, desto mehr müßt ihr euch zwingen. Dann wird ein Zustand kommen, wo aller Schmerz weg ist, und diese drei Finger müssen voneinander gestreckt und starr bleiben. Wir werden euch drei weitere Minuten geben. Ihr könnt es schaffen oder vergessen. Gut, ihr seid gekommen, um die Lehrer von Morgen zu werden. Auf einen Knopfdruck wird ein Mensch 40 Megabillionen Informationseinheiten zur Verfügung haben. Sie können mit diesem chaotischen Wahnsinn nicht umgehen. Ihr werdet ihre Hoffnung sein. Was glaubt ihr was ihr seid? Menschen? Mädchen und Jungs? Frauen und Männer? Dann lernt, Unglück, Schmerz und Katastrophen zu begegnen und sie zu überwinden. Lernt es jetzt!

Kraft. Kraft. Gebt euch selbst die Kraft!

Gut, gut, gut, gut, gut. Wenn ihr es so die ganze Zeit gemacht hättet, würdet ihr eine Erfahrung gemacht haben. Doch ihr habt betrogen. Jetzt macht ihr es richtig. Aber ich muß „Gute Nacht" sagen, weil meine Zeit um ist. Ich muß eine andere Klasse lehren. Wie auch immer, ihr habt es verpaßt. Wir werden es morgen machen, okay?

Gruppe: Yes, Sir!

YB: Ihr habt nicht gelernt, vom Nabel zu sprechen. Wenn ihr nicht aus der Nabelebene sprecht, werdet ihr nicht aufmerksam, und wenn ihr nicht aufmerksam sein werdet, werdet ihr nicht die Meisterschaft über Zeit und Raum haben. Das ist eine einfache Regel. Warum versteht ihr keine Wissenschaften? „Zwei und zwei" macht vier. Es wird weder fünf noch drei ergeben. Regeln sind Regeln. Die, die herrschen sollen, müssen der Regel gehorchen! Es ist das Prinzip, daß wir hier benötigen. Ehrfurcht soll keine Reverenz benötigen. Gehorsam soll das sensorische System des Wesens befehligen und ihr werdet Menschen werden. Andernfalls werdet ihr wohl im menschlichen Körper verbleiben, ein Erdling ohne Zukunft. Jedoch im nächsten Leben kommen sie auf die Erde ins Tierreich oder unter die Vögel.

Die Seele hat ihre eigene Kraft. Die Seele hat einen Zweck: Erlöst zu werden. Ihr kommt aus der Unendlichkeit und geht durch das Endliche, das ihr durch die Unendlichkeit verlassen müßt. Und durch euren Willen habt ihr unbegrenzte Kraft, das zu tun. Das ist es, warum Gott euch den Willen gegeben hat. Der feinste Wille des unendlichen Gottes ist, daß ihr zum unendlichen Willen heraus müßt. Und das könnt ihr nur, wenn ihr verstehen werdet, daß ihr um absolut befehlen zu können, den Befehlen absolut gehorchen müßt. Ihr sollt bitte Klarheit und Verstehen haben. Da gibt es nichts, was außerhalb von euch ist. Es ist bereits alles in euch. Dies sind sehr einfache Dinge.

Wenn eine Frau ihre Verehrung an einen Mann verliert, wird dieser Mann ihr Maßstab. Da gibt es keine Verbindung. Es ist vorbei. Beendet. Wenn ein Mann seine Fähigkeit verliert, die Frau zu schützen, verliert er die Aussicht auf das Leben. Es gibt keine zwei Lügen darüber. Das ist sehr einfach. Ihr müßt es wissen. Ihr müßt diese Grundlagen verstehen. Ihr müßt total werden, um das Totale zu verstehen. Ihr müßt lernen, total zu gehorchen, um total befehlen zu können. Das ist ein einfaches Gleichgewicht. Es gibt keinen Gott außer euch selbst.

ਆਦਿ ਪੂਰਨ ਮਧਿ ਪੂਰਨ ਅੰਤਿ ਪੂਰਨ ਪਰਮੇਸੁਰਹ ॥
Aad pooran mudh pooran ant pooran parmesureh
-Guru Arjan, Siri Guru Granth Sahib, page 705
The Transcendent Lord pervaded in the beginning, pervades in the middle, and shall pervade in the end.

Der transzendente Gott durchdrang im Anfang, durchdringt in der Mitte und wird am Ende durchdringen.

Am Anfang seid ihr perfekt, in der Mitte seid ihr perfekt. Am Ende seid ihr der perfekte Gott. Das ist der Moment eures Verschmelzens. (Wortspiel: Other, cycle and recycle, you will be different than Coca Cola bottels and paper bags.) Andernfalls könnt ihr kreisen und wieder kreisen, werdet ihr unterschiedlich sein wie Coca Cola-Flaschen und Papiertüten.

Ich lehre euch nicht eine Lektion hier. Ich helfe euch, Lehrer zu werden. Ihr seid hergekommen um Lehrer zu werden. Wenn ihr Lehrer geworden seid, soll Gott euch Respekt erweisen, Verehrung und ihr sollt Schönheit, Freizügigkeit und Segen haben. Wenn ihr versagt, soll euch die Zeit an den Kreislauf von Geburt und Tod fesseln. Die Hälfte des Lebens geschieht im Wasser, die andere Hälfte ist in der Luft und auf der Erde. Es zu leugnen, ist Sache der Küchenschabe; Unentschiedenheit, bedeutet das Eichhörnchen und der Hund. Darum könnt ihr die Hunde nicht loswerden. Es sind zu viele, sie enden in Unterschlupf und Hütten. Sie gehorchten niemals. Ich wünschte, sie hätten Gottes Willen damals gehorcht. Was war falsch mit ihnen? Sie sind gekommen, um abzuschließen.

Ihr habt euren Mut zusammengenommen. „Es ist nicht das Leben was zählt, es ist der Mut, den ihr einbringt." Ihr habt den Mut zusammengenommen und ihr seid hergekommen. Das ist alles neu für euch und ich bin euch unbekannt. Bitte vergebt mir. Ich bemühe mich, so höflich und freundlich zu sein, wie es mir möglich ist, aber das widerstrebt meinem Wesen als Lehrer. Also ertrage ich meine eigene Beleidigung und lebe meine eigene Korruption, um euch so höflich als ich es vermag zu lehren. Normalerweise ist unsere Verbindung wie die zwischen einem Stein und dem Meißel der Zeit sowie dem Hammer des Lehrers. Ihr müßt hier fortgehen, vollständig herausgehauen, geformt und poliert. Und dafür werdet ihr, wenn ihr bei eurer Mitarbeit unehrlich seid, nicht die Psyche erlangen, in euch selbst das Aufstehen eures Willens hervorzurufen. Und es ist euer Wille. Und eurem Willen muß Gottes Willen gehorchen. Darum müßt zuerst ihr lernen, zu gehorchen. In Bezug darauf gibt es kein Wunder. Es ist ein einfaches, wissenschaftliches Gesetz. Ursache muß eine Wirkung haben und Wirkung muß eine Folge kreieren, anhaltend und endlos. Gute Nacht.

Die Führung der Seele
Giaan Sudhaa Simran Kriya

Mudra: Sitze in Easy Pose mit einem geraden Rücken. Berühre die Spitze des Zeigefingers mit der Spitze des Daumens. Die anderen drei Finger sollen gerade gehalten werden und so weit wie möglich voneinander gespreizt sein Stütze die gebeugten Ellenbogen fest an die Seiten des Brustkorbs. Halte die Hände vor jeder Schulter, so, daß die Handflächen nach vorne weisen. Beuge die Unterarme etwa 45° nach vorn. Das ist deine Ausgangsposition.

Bewegung: Bei jeder Wiederholung des Mantras *Har* bewege die Hände plötzlich aufwärts, so daß sie etwa in 24 cm Abstand nächst den Ohren zum Stillstand kommen. Das Ergebnis wird ein schneller Ruck des Körpers sein. Die Handflächen werden weiterhin nach vorne weisen. Dann nimm wieder schnell die Ausgangsposition ein. Fahre mit schneller Geschwindigkeit fort, wobei du die Finger gestreckt und während der ganzen Bewegung voneinander getrennt hältst. Führe die Bewegung so kraftvoll aus, daß du dich selbst mit jedem Anheben der Hände angehoben fühlst und dann wahrnimmst, wie du mit einem Ruck wieder auf dem Gesäß landest.

Augen: Keine näheren Angaben.

Musik: *Tantric Har*. Selbst bleibe still.

Zeit: 11 Minuten.

Kommentare/Wirkungen: Diese Meditation ist eine heilige Kundalini Kriya. Sie hat den Namen Führung der Seele. Wenn sie perfekt durchgeführt wird, hat dieser Mensch die Kraft über Leben und Tod – nicht nur für ihn oder sie selbst, sondern für die ganze Schöpfung. Diese Übung kann schmerzhaft werden. Je größer der Schmerz ist, desto mehr mußt du dich zwingen. Dann wird ein Zustand eintreten, in dem es keinen Schmerz gibt. Lerne, deinem Schmerz und deinem Unglück zu begegnen und sie zu überwinden. Gib dir selbst Kraft durch diese Übung.
Sei aufmerksam, daß die drei Finger während der gesamten Zeit auseinander gestreckt bleiben.

Nutze Deinen Körper für höheres Leben

KLASSE 4 am Morgen des 23. Juli 1996

Ihr seid einsam, weil ihr euch selbst nicht gekannt habt. Das ist eure Einsamkeit.

Wenn ein Mensch seinen Körper nicht bis zum Alter von 27 Jahren komplett in allen Aspekten versteht, wird dieser Mensch sein Leben niemals genießen. So einfach ist das. Eure Entwicklungszeit dauert 27 Jahre. Überlebenszeit dauert 27 Jahre und euer Sterben dauert 27 Jahre. So sind die Proportionen. Euer eigenes Erreichen geschieht während der ersten 25 Jahre. In den nächsten 25 Jahren lebt ihr in euch und mit eurer Familie. In den nächsten 25 Jahren wandert ihr durch die Welt, um eure Erfahrung zu teilen, um in den folgenden 25 Jahren die Heimkehr zu erwarten. Das ist es, wie diese Systeme gesetzt sind.

Aber anstatt mit 25 Jahren Alters zu reifen, beginnt ihr als Männer mit 15 und als Frauen mit 11 oder 12 zu reifen. Ihr reift also 10 Jahre vor der natürlichen Zeit. Für den Körper ist es gut, vor dem Alter von 25 Jahren keinen Geschlechtsverkehr zu haben – in welcher Form auch immer. Zum Zeitpunkt, wenn ihr 25 Jahre alt seid, habt ihr 25.000 Dinge laufen und seid so also bereits aufgebraucht. Euer Samen ist dünn, die Ejakulation der Spermien ist elementar. Es ging zu schnell. Euer Knochenmarksaustausch ist nicht in Ordnung und eure Knochenstruktur ist nicht korrekt gebaut. So kommt es, daß, wenn ihr als Menschen erwachsen seid, ihr um 1/3 reduziert seid. Ihr könnt das weder durch Diät noch durch irgendeine Form des Aufbaus kompensieren, weder durch die Mr. Macho-Gold-Gymnastik oder anderes, was diesem gleicht.

Eine vorzeitige sexuelle Entladung erlaubt es dem Gehirn und den Nervenzellen nicht, sich zu entwickeln. Deshalb sind all die, die vor dem Alter von 24 Jahren in der Sexualität und im Verkehr geschwelgt haben, erschüttert, und sie zahlen für dieses Handicap für den Rest ihres Lebens.

Das ist natürlich. Das ist nichts, worüber ihr euch sorgen müßtet. Ihr denkt, weil ihr ein kleines Glied dort unten habt und sie eine Scheide, daß diese sich treffen müßten? Ihr denkt, sexuelle Befriedigung ist großartig, sexuelle Erregung ist großartig, aber ihr vergeßt, daß ihr ein Nervensystem im Körper habt. Da gibt es ein Gebiet der Entwicklung, das von den medizinischen Wissenschaften nicht angenommen wurde. Das ist die Qualität des Knochens und den Knochenmarkes. Wenn die Qualität des Knochenmarks nicht annehmbar ist, ist auch die Knochenstruktur nicht annehmbar. Daher kommt es, daß, wenn Frauen mit Geschlechtsverkehr früh beginnen, sie Probleme mit ihren Knochen bekommen, wenn sie erwachsen sind. Dieses nennen sie dann ein Kalziumproblem. Ihr müßt wissen, daß der Arzt dazu nichts beitragen kann – euer ist der Tod, der Schmerz ist euer, die Unvollständigkeit ist euer und das Handicap ist euer. Es ist nicht die Schuld des Arztes; Er versucht sein Bestes. Dafür verlangt er sein Geld. Weshalb sollte er darum besorgt sein. Ihr habt früh begonnen.

Uns wurde niemals eine Chance gegeben. Niemand hat uns je erzählt, daß wir reif sein müssen. Unglücklicherweise haben wir hier in den Vereinigten Staaten keine Eltern. Die Eltern hier geben uns keine Werte. Sie geben uns Liebe, sie geben uns Geld, sie geben uns Versicherung. Technisch ist das alles falsch. Wir sind darauf gebaut, auf falscher Sicherheit und falschen Werten.

Ein feuchter Traum entspricht sechsmaligem, erregtem körperlichen Verkehr. Und ihr könnt eure feuchten Träume zählen. Der Druck, den ein feuchter Traum auf das Nervensystem ausübt, ist als ob das Dach auf die Person herabstürzte, denn dieser Verkehr und die Sexualität wird durch das Nervensystem und den Verstand bewegt. Dennoch muß der Körper dafür bezahlen.

Es ist erstaunlich. Wenn Menschen mir ihre Träume erzählen, und ich habe in meinem ganzen Leben noch nicht geträumt, weiß ich nicht, was ich sagen soll. Ich bin 67 Jahre alt. Einige Menschen träumen die ganze Nacht. Sie ertrinken, tatsächlich, oder sie fühlen sich im Feuer. Glaubt ihr ein Traum ist nicht real? Ein Traum ist geistig sehr real. Nur ihr seid einfach nicht vollkommen bewußt. Andererseits, wenn ihr ganz bewußt seid, könnt ihr den ganzen Traum lesen, genauso als würdet ihr während des Tages sehen. Aber wißt ihr, wieviel Energie das kostet, wie groß die Wegegebühr ist? Habt ihr irgendeine Idee?

Dann habt ihr eure Tagträume. Oh, ihr sitzt in einem Stuhl und denkt: „Hmm, hmm. Dort wird ein Ei sein, dort werden Hühnchen sein, dort wird eine Hühnerfarm sein, dort werden 1 Million Dollars sein. Ich werde nach Las Vegas gehen und ich werde 1 Milion-Dollar-Lotteriegewinn besitzen." Die, die ein Leck haben, werden sich niemals nach oben entwickeln. (YB zeigt auf seinen Kopf und auf die Zone des dritten Auges.) Wiederkehren. Das ist der Grund, warum 84 % der Menschen keine Intuition besitzen, weil sie mit dem Geschlechtsverkehr früh begonnen haben.

Darüber hinaus gilt, daß der eine, der blind war und begann über den Friedhof zu gehen, stürzen muß. Zuerst war es der Sex; dann kamen die halluzinogenen Drogen. Das ist es, das macht es vollständig.

Wißt ihr, das ist sehr komisch. Uns wurde niemals eine Chance gegeben. Niemand hat uns je erzählt, daß wir reif sein müssen. Unglücklicherweise haben wir hier in den Vereinigten Staaten keine Eltern. Die Eltern hier geben uns keine Werte. Sie geben uns Liebe, sie geben uns Geld, sie geben uns Versicherung. Technisch ist das alles falsch. Wir sind darauf gebaut, auf falscher Sicherheit und falschen Werten. So nimmt man natürlich an, daß, wenn ihr 18 oder 20 Jahre alt seid, ihr in der Lage seid, damit zu beginnen, euch selbst zu bestimmen. Im Alter von 27 sind eure Neigungen dann bekannt, ob ihr reif seid oder unreif, und das ist es, wie die Leute euch einschätzen. Wenn die Menschen euch im Alter von 27 Jahren für weniger erachten, als ihr geachtet werden sollt, werdet ihr mehr und mehr ärgerlich. Was kann ich sagen. Dann ist dort kein Leben und kein Lebensunterhalt. Das ist ein behindertes Leben. Ich hasse das vom ersten Tag an. Es ist nicht meine persönliche Sache, ein behindertes Leben zu leben.

Was könnt ihr tun? Ihr wollt einen Eimer füllen, aber ihr habt darunter ein Hähnchen und es läuft und läuft und läuft aus. Ihr denkt, daß ihr eine Frau oder einen Mann erobert? Ist das euer Sieg? Ihr wißt es nicht. Dann habt ihr Kopfschmerzen. Tylenol, Tylenol, dann Tylenol Extrastark, dann Advil. Wißt ihr womit ihr lebt? Was ist ein Kopfschmerz? Wißt ihr was ein Kopfschmerz ist? Euer Kontrollraum funktioniert nicht. Und ihr denkt, die Schmerzen gehen mit Tylenol weg? Nein. Die Funktion ist da, schmerzend, aber der Sinn ist verlorengegangen. Also geht ihr hin und dämpft euer Sinnessystem, dämpft eure Sinne, dämpft euer Gefühl für Schmerz. Und so dämpft ihr, dämpft und dämpft. Dann seid ihr völlig gedämpft – keine Gefühle. Nichts. Ihr seid die häßlichsten Kreaturen auf dem Planeten. Ihr lebt niemals original und lebendig (original and organic). Das ist euer Handicap; ihr seid hinsichtlich eurer Entwicklung gehandikapt, weil ihr nicht entwickelt seid. Ihr erlaubt es euch nicht, 25 Jahre lang bis zur vollen Reife von Knochenmark und Nervensystem zu entwickeln. Ihr kümmert euch nicht. Ihr wißt, in Amerika ist es eine komische Sache mit den

Muskeln. „Ooh, ooh, Muskeln, ooh Muskeln." Was ist Muskel? Mit Hilfe der Muskeln könnt ihr vier Meilen in der Stunde wandern. Ihr könnt euer Bestes geben. Ihr könntet sogar 8 Meilen in der Stunde wandern. Ich habe Leute 12 Meilen die Stunde gehen sehen, die sich so schnell bewegt haben, sie nennen sie „Shooters – Ballermänner." Aber mit einem Auto könnt ihr 70 Meilen die Stunde reisen. Ihr könnt eine Menge von Maschinen bauen, viele Dinge zur Unterstützung, aber eure Maschine kann euer Knochenmark nicht bauen. Sie kann den Knochen nicht bauen. Sie kann eure Nervenzellen nicht bauen. Sie kann die Seiten eures Gehirns nicht bauen. Sie kann nicht.

In diesem Land wird eine Frau im Alter von 35 Jahren krank. Es beginnt damit, daß sie ein Problem mit der Menstruation hat, mit den Gonaden, und dem Drüsensystem, und mit den Ovarien und den Eileitern und all diesen Dingen. Normalerweise wird eine Frau, die gut entwickelt ist, solche Zeichen und Symptome nicht mehr entwickeln, bevor sie 65 Jahre alt ist. 35 bis 65, das ist eine Menge von Jahren.

Sex ist wie verhext für euch. Es ist gerade so, als ob ihr sagt „Ich bin einsam." Ihr seid nicht einsam. Ihr seid allein, weil ihr euch selbst nicht kennt. Das ist eure Einsamkeit. Eure Einsamkeit ist, daß ihr nicht wißt wer ihr seid und wie entwickelt ihr seid, oder wie gut ihr seid bzw. wie vollständig ihr seid, wie kompetent ihr seid und wieviel ihr vertragen könnt. Ihr seid sehr einsam. Diese Einsamkeit erstreckt sich auf alle Pfade des Lebens.

Dann lernt ihr euer Gesicht und eure Lippen zu bedecken. Eure Lippen sind nicht rot; ihr wißt, daß ihr krank seid, und so tragt ihr Lippenstift auf, legt Rouge auf und benutzt Wimperntusche. Ihr wißt, daß ihr nicht schön seid. Ich weiß, daß ihr es wißt. Das ist es, warum ihr Make-up verwendet.

Eine andere komische Sache ist das, was ihr mit euren Haaren macht. Ich habe jemanden gefragt, „Was hast Du mit Deinem Haar gemacht?"

Sie sagte, „Ich weiß es nicht. Ich wollte irgendetwas machen, und der Mann, der es entworfen hat, wurde auch wild. So war ich wild und er war wild."

Ich sagte, „Du siehst aus wie ein Mann. Weißt Du wie Du aussiehst? Schau in den Spiegel."

Sie sagte, „Ich sehe schrecklich aus." Und dann 3 Stunden später begegnete sie mir erneut; sie hatte einen schönen, allerschönsten Glatzkopf.

Sie hatte ihm gesagt, „Du Sohn einer Hündin, rasier es aus." Sie nahm die Kappe ab und ich sagte, „Wow." Ich sagte, „Was ist das?"

Sie sagte, „Das war zuviel, so habe ich überall neu begonnen."

Was kann man da machen? Ihr seid auch die Feinde eurer Augenbrauen geworden. (YB zeigt, wie jemand seine Augenbrauen ausreißt.) Die Affen tun das. Ihr habt keine Haare übrig gelassen.

Ihr müßt wissen, was Tschingis Khan dem Kublai Khan sagte: „[1]Dieses Mal, wenn Du gehst und China aufbaust, muß Du China für immer gewinnen. Ich will keine Niederlage." Tschingis Khan hatte China erobert und China hatte wieder revoltiert. Kublai Khan hatte China ebenfalls gerade erobert und befahl nur ein Ding: „Jede Frau soll einen Pony tragen und wenn sie keinen Pony trägt, soll sie geköpft werden. Jeder Mann soll seinen Kopf halb geschoren haben. (YB zeigt mit seinen Händen die Zone von der Bogenlinie bis zum 10. Tor als das Feld, das bei den Männern rasiert wurde.) Wenn er es nicht tut, soll er geköpft werden." Kublai Khan regierte China für immer.

Und ich habe so viele Frauen gefragt, „Warum trägst Du diesen Pony?"

Sie sagen, „Wir wollen diese Falten nicht sehen." Was ist daran so neurotisch, Falten zu haben? Ihr habt Falten auch in eurem Kopf. Das Gehirn sieht aus wie eine Walnuß. Ihr habt Falten überall in euch." Die Drüsen sind die Wächter der Gesundheit. Euer Drüsensystem arbeitet nicht. Das Drüsensystem sezerniert nicht. Wenn ihr nicht eine kalte Dusche nehmt, werden eure Kapillaren sich nicht öffnen; euer inneres System ist nicht gestärkt; und ihr paßt nicht zum sensorischen System eures Körpers. Ihr schneidet euch die Haare, die aus reinem Eiweiß sind. Der Körper muß das ersetzen. Ihr denkt, ihr macht einen Witz. Wollt ihr die Kraft eurer Haare sehen? Dann schneidet euer Haar, mischt es mit Erde und pflanzt einen Baum darin. Dann nehmt normale Erde und pflanzt einen Baum darin. Schaut nur auf das Wachstum. Ihr werdet es herausfinden. „Oh, ich konnte es nicht lang halten. Ich mußte es einfach schneiden."

Und es gibt eine andere wunderbare Sache, die die Menschen mit ihren Haaren anstellen. „Oh, ich habe die Enden abgeschnitten. Sie waren gespalten." Wenn eure Haarenden gespalten sind, bedeutet das, daß euer Gehirn übermüdet und erschöpft ist, und dann geht ihr hin und schneidet die Haare. Nun muß das auch noch wachsen. Das ist das gleiche, als wenn ihr ein Pferd habt, das sich bereits ein Bein gebrochen hat und das auf drei Beinen läuft, und ihr geht hin und brecht ihm ein anderes, so daß der Bursche auf zweien springen muß.

Aber unglücklicherweise ist unser System ein dreispuriges System. Jedes ist zu jedem auf drei Weisen komplementär. Das ist es, warum wir überleben. Normalerweise sollten wir auseinanderfallen.

Der größte Verlust ist es, wenn die Wirkung eurer Persönlichkeit nicht mehr da ist. Das Wort, das ihr niemals gehört habt, ist IPI – „Individual Personality Impact, individuelle Persönlichkeitswirkung." Wenn die IPI nicht wenigstens sechs, sieben, acht von zehn ist, lebt der Mensch mit viel weniger Wirkung. Die Durchschnittsperson hat einen IPI von zwei, drei, vier. So lebt ihr also nur mit etwa einem Drittel eurer Wirkung. Das ist es, warum ihr die ganze Zeit über sprechen müßt, ständig Auseinandersetzungen habt, ständig alles begründen müßt, ständig reden müßt, und ständig dabei seid zu überzeugen. Wie kann irgendetwas überleben mit so einem niedrigen IPI? Nahrungsgeschäft, Heiratsgeschäft, Scheidung und Heirat – weil ihr alle keinen IPI habt. Manchmal kauft ihr Kleider, die ihr niemals tragen werdet, aber ihr wollt kaufen. Wenn euer IPI nicht wenigstens sechs beträgt, dann seid ihr zwanghafte Einkäufer, zwanghafte Esser. Alle Zwangskrankheiten kommen daher, daß der IPI weniger als fünf beträgt. Vergeßt es. Das ist zuviel für euch damit umzugehen. Alle Zeit projiziert ihr etwas, das ihr nicht seid. Und ihr denkt euch Zahlen aus, ihr denkt euch Stellungnahme aus und ihr macht Geschichten. Das ist es, warum es mehr Bücher als Roman gibt, denn über Tatsachen.

Ihr denkt, ihr seid Menschen, aber wenn ihr eure Hunde und Katzen fragt, werden sie antworten, ihr seid ihre Haustiere. Einmal kam ein Mädchen zu mir und sagte, „Ich muß jetzt gehen. Mein Hausmädchen ist nicht gekommen und ich muß meine Katzen und meinen Hund füttern. Ich kann wiederkommen."

Am nächsten Tag kam sie überhaupt nicht wieder. Das nächste Mal, als ich sie sah, sagte ich, „Gut, was hast Du gemacht?"

Sie sagte, „Meine Katze war krank."

Ihr liebt die Menschen nicht als Menschen. Ihr liebt sie als Haustiere. So ist eure Liebe gleichsam als „Lieblingsliebe" verhext, so daß ihr bereits behindert seid. Wenn ihr jung seid in eurer „Lieblingsliebe", liebt ihr einander, weil niemand irgendjemanden Antwort gibt. Ihr fühlt diese Verbindung als sehr einzigartig. Dann, irgendwann, schlägt die Wahrheit zu Hause ein. Ihr seid die höchsten Kriegshändler

---

[1] Tschingis Khan (1162 bis 1227) war ein mongolischer Eroberer. Kublai Khan (1216 bis 1294)

in euren Liebesbeziehungen. Und schließlich, nachdem ihr es dahin getrieben habt, wohin ihr es treiben konntet, bricht alles in einer Scheidung zusammen. Für das Gedeihen unserer Gesellschaft brauchen wir wenigstens vier Scheidungen – jeweils mit einem neuen Kühlschrank, einem neuen Haus, neuen Gardinen, neuen Teppichen, wechselnden Farben und neuen Anstrichen sowie einigen Partys. Einige Menschen sind verlobt und die Verlobung ist gelöst, wieder verlobt und wieder gelöst, als wenn sie Maschinen wären. Das Leben ist Unterhaltung oder nicht? Trotz all dieser Realität lächeln wir immer noch.

Im Westen gilt als Zivilisation, „Hol Dir was Du kriegen kannst." Im Orient gilt als Zivilisation, alles ist ein Kreislauf, Reife; ersehne nicht die Welt, verdiene sie zuerst. Ihr wandert auf einem dünnen Eis, über steinigen Grund, ihr spielt ein Schauspiel, wie ihr es eben tut und qualifiziert euch nicht mit der grundlegenden Stärke. Das ist euer Handicap. Und das wird sich, wenn ihr Lehrer seid, zeigen. Ihr seid nicht die starken, elementaren Individuen, die grundlegende Stärke des Charakters besitzen. Teile eures Charakters werden schwach sein und die Schüler werden es sehen. Kann sein, daß sie es nicht sagen, aber sie werden es sehen.

Nach 27 Jahren ist das der erste Lehrer-Trainingskurs. Wißt ihr, wie ich gewöhnlich die Lehrer ausgesucht habe? „Hey, ihr zwei, seid ihr verheiratet oder nicht?"

„Oh ja, wir sind verheiratet."

„Dann geht in diesen oder jenen Ort und eröffnet dort ein Zentrum." Und diese Leute haben ihren Platz ausgefüllt. Einige von ihnen sind immer noch da, voll Freude und Kraft. Aber jetzt unterrichten wir, wie ein Lehrer zu sein hat. Warum? Das neue Zeitalter des Wassermanns zieht herauf. Wir haben mit der ganzen Welt umzugehen. So muß jeder die Hand an der Arbeit haben. Das ist es, warum wir Lehrer ausbilden.

Ein Ding müßt ihr verstehen. Wenn ihr Idioten seid, weiß es jeder, mit Ausnahme von euch selbst.

Wenn ihr behindert seid, weiß es jeder, außer euch selbst. Aber ihr habt ständig die Gewohnheit, eine Maske anzulegen, eine geistige Maske, eine spirituelle Maske, eine physische Maske, und ihr versucht, eine Maske aufzulegen für etwas, das nicht maskiert werden kann.

Großenkel von Tschingis Khan, war der Begründer der Mongolenherrschaft in China.

Also ergibt es sich ganz plötzlich, daß eine Frau nicht mit diesem Mann zusammenleben kann. Dieser Mann kann nicht mit dieser Frau zusammenleben. Die Frau kann nicht mit ihrem Mann zusammenleben. Die Freundin kann nicht mit dem Freund leben. Zwei Partner können nicht als Partner leben. Das passiert, weil ihr behindert seid. Im Inneren seid ihr schwach und ihr lebt infolge eurer Maske. Aber ihr seht anders aus, ihr projiziert anders und ihr verhaltet euch anders. Das ist eine merkwürdige Sache – wenn ihr Teenager seid, seid ihr als die Wahnsinnigsten aller Zeiten bekannt, weil ihr denkt, daß alles Geld, die Liebe und die Zuneigung der Eltern euch deckt. Aber früher oder später wird euer Hinterteil nicht länger bedeckt sein. Ihr habt euren eigenen Weg zu gehen. Und genauso passiert es einem Lehrer. In Amerika konntet ihr so viele Lehrer sehen wie sie gekommen sind – sie sind auseinandergefallen. Sie sind auseinandergeflogen wie Spreu und sind heruntergefallen so wie das. (YB hebt seinen Arm in die Luft und läßt ihn plötzlich herunterfallen.) Gerade so wie Feuerholz, weil sie keine stabilen Fundamente gebaut haben.

Nach 27 Jahren ist das der erste Lehrer-Trainingskurs. Wißt ihr, wie ich gewöhnlich die Lehrer ausgesucht habe? „Hey, ihr zwei, seid ihr verheiratet oder nicht?"

„Oh ja, wir sind verheiratet."

„Dann geht in diesen oder jenen Ort und eröffnet dort ein Zentrum." Und diese Leute haben ihren Platz ausgefüllt. Einige von ihnen sind immer noch da, voll Freude und Kraft. Aber jetzt unterrichten wir, wie ein Lehrer zu sein hat. Warum. Das neue Zeitalter des Wassermanns zieht herauf. Wir haben mit der ganzen Welt umzugehen. So muß jeder die Hand an der Arbeit haben. Das ist es, warum wir Lehrer ausbilden.

Einige von euch könnten das Gefühl haben, daß eure Freunde euch verlassen, oder fühlen, daß eure Schüler euch verlassen, oder fühlen, daß eure Verwandten euch verlassen. Nein, nein. Das ist alles relativ. Die Menschen sind untereinander durch Emotionen und Gefühle verbunden. Emotionen und Gefühle wechseln. Jeder Gedanke, den ihr mit dem Zwinkern eines Auges habt, muß sich in ein Gefühl, eine Emotion und ein Verlangen verwandeln. Dann wird es eine Neurose, eine Psychose. Das ist im Intellekt ein fortlaufender Prozeß. Der Intellekt lebt davon. Der Intellekt fährt darin fort, euch mit Gedanken und Gedanken und Gedanken und Gedanken zu bombardieren. Und Millionen von Gedanken gehen in das Unterbewußtsein, so daß das Unterbewußtsein davon geladen wird. Das Unterbewußtsein entlädt sich selbst in Träumen, in Phantasien und in Alpträumen. Gott, wenn es beginnt, sich in das Unbewußte zu entladen, dann habt ihr es gehabt.

Ein Lehrer muß vom unschuldigen, reinen Selbst aus projizieren, ohne jede Maske, ohne eine falsche Projektion. Wie ihr das machen sollt? Das ist sehr komisch.

Ihr denkt mit all euren verrotteten Gewohnheiten, ihr könntet immer noch lächeln. Das ist so, als wenn ein Mensch verrottete Zähne hat und zu lächeln beginnt, mit all den schwarzen und angefressenen Zähnen. So wie ihr mit verrotteten Zähnen nicht lächeln könnt, so könnt ihr mit verrotteten Gewohnheiten nicht leben. Ihr könnt überleben, da habe ich keine Einwände.

Der Intellekt fährt darin fort, euch mit Gedanken und Gedanken und Gedanken und Gedanken zu bombardieren. Und Millionen von Gedanken gehen in das Unterbewußtsein, so daß das Unterbewußtsein davon geladen wird. Das Unterbewußtsein entlädt sich selbst in Träumen, in Phantasien und in Alpträumen. Gott, wenn es beginnt, sich in das Unbewußte zu entladen, dann habt ihr es gehabt.

Wenn ihr in eurer Jugend ein Leben voller Ehebruch gelebt habt, werdet ihr behindert sein, wenn ihr erwachsen werdet. Aber es fällt euch schwer, dem Erwachsensein gegenüberzutreten, reif zu sein. Und das Ding was ihr haßt, ist das Alter. Im Alter werdet ihr unerwünscht, einsam, ungefragt, ungeliebt. Welche Tragödie ist das. Aber geht in den Orient und seht, wie dort die alten Menschen leben. Am frühen Morgen können es die Kinder nicht einmal erwarten, sie rennen, um zu den Alten gelangen und ihren Erfahrungen und ihren Geschichten zu lauschen. Ich kannte einmal einen sehr alten Mann und fragte ihn, „Wow, was für ein Leben?"

Er sagte, „Oh Gott, ich hätte bereits vor 50 Jahren alt und behindert sein sollen."
Ich sagte, „Worin besteht der Unterschied?"
Er sagte, „Sieh nur, wie viele Menschen mir dienen." 17 Kinder saßen um ihn herum. Ich fragte sie, „Was bekommt ihr von diesem Mann?"

Sie sagten, „Mann, er gibt uns seine schönen Erfahrungen und Geschichten. Er erzählt uns alles, was er im Leben getan hatte – was zu tun und was zu lassen ist."

Ich schaute mich um und sah, daß dort Speise für 70 Menschen war, weil jeder irgendetwas mitgebracht hatte. Sie wollten einfach zu ihm kommen und mit ihm sein und mit ihm fühlen. Ihr werdet solche Tage nicht erleben. Ihr werdet in die Altenheime gehen.

Einmal reiste ich von Los Angeles nach Sacramento und da saß ein Mann in der ersten Klasse neben mir. Ich sagte, „Wohin fahren Sie?"

Er sagte, „Ich fahre nach Sacramento."

„Warum?"

„Da gibt es eine Gesellschaft für Personen im Ruhestand."

Ich sagte, „Wer sind Sie?"

„Ich bin dies, ich bin das."

Ich sagte, „Wo leben Sie?"

„Ich lebe im Bible Belt."

Ich sagte, „Wo sind Sie gewesen?"

„Ich bin da und dort gewesen."

Er sagte, „Meine Frau ist gestorben und meine Kinder sind erwachsen. Ich bin allein."

Ich sagte, „Was meinen Sie mit allein?"

Er sagte, „Ich habe ein Haus mit 20 Schlafräumen. Es ist ein Palast. Ich habe es selbst gebaut. Ich und meine Frau pflegten Träume zu haben und ....."

Ich sagte, „Wieviel Morgen Garten gehören zu dem Haus?"

Er sagte, „40 Morgen."

Ich sagte, „Oh, yeah? Wie viele Diener haben Sie?"

„Sechzehn."

„Wie viele Autos haben Sie?"

„Zwanzig."

„Huh. Was haben Sie nicht?"

Er sagte, „Ich habe alles."

„Warum sind Sie einsam?"

Er sagte, „Oh, ich bin sehr einsam. Meine Frau ist gestorben. Ich kann in diesem Haus nicht länger leben."

Und ich sagte, „Sie steigen aus in Sacramento?"

Er sagte, „Ja."

Ich sagte, „Nehmen sie den Rückflug und gehen Sie nach Hause. An jedem Samstag laden Sie ein Dorf zu sich ein." Das macht er heute noch. Er ist der glücklichste Mann. Er öffnet sein Heim und seine Wiesen und verteilt Essen und alles

Mögliche und schickt eine Einladung an das Dorf, in der steht „Sie werden meine Gäste sein an diesem Samstag. Kommen Sie und freuen Sie sich." Sie sitzen auf den Rasen, bekommen Essen und die Kinder spielen. Er gibt ihnen einige Geschenke und verbringt einen Tag mit ihnen. Dann kostet es ihn eine Woche, sich für den nächsten Samstag vorzubereiten. Er hat einen Zweck. Er hat Tonnen von Geld. Er braucht gar nichts. Aber er hatte kein Werkzeug für sein Lächeln.

Ich habt ein Werkzeug für Sex, ihr habt ein Werkzeug, andere Menschen auf den Haken zu nehmen, ihr habt Werkzeuge für alles Mögliche. Aber ihr habt kein Werkzeug für ein Lächeln aus eurem Herzen. Und das Herz, das nicht lächelt, wird auf lange Sicht keinen guten Kopf erhalten. Und das ist das Problem. Diese Beobachtungen sind wahr. Man nennt es unreife, unentwickelte Menschen, die versuchen, so zu tun, als seien sie entwickelte Erwachsene. Das Handicap ist in eurer Kindheit. Ihr habt eure Tassen nie bis zum Rand füllen lassen. Ihr habt zu früh geleckt. Diese Leckereien, Babys, wird euch das Leben kosten.

Als ich in Hollywood lebte, habe ich gesehen, was ich sah und ich fragte Gott, „Wie konnte das passieren?"

Und er sagte, „Gut, das ist es, warum ich Dich geschickt habe, sieh es Dir an."

Die Nachbarn zu meiner Rechten waren Groupies. Die Freunde zu meiner Linken waren alle schwul. Es war nicht gerade dieses „aus dem Klosett" Geschäft, sondern wirklich – als eine Religion. Man pflegte mich den „schwulen Meister" zu nennen." Sie hatten keine Furcht. Ich war sehr stolz auf sie. Sie waren sehr wirklich.

Ich habe unter ihnen gelebt. Da, wo unser Ashram war, ist das größte Schwulengebiet in Los Angeles. Und ich habe dort gewohnt. Meine erste Erfahrung war, daß ich herausgefunden habe, sie sind sehr ehrlich und geradeheraus.

Und sie pflegten mich zu fragen, „Haßt Du uns, weil wir schwul sind?"

Ich sagte, „Nein, das ist natürlich."

„Warum?"

„Wenn unausgewogene Eltern in einer unausgewogenen Weise lieben, erschafft ihr entweder einen Neurotiker oder etwas Ähnliches. Es ist ein Empfindungssystem." Sex ist ein Empfindungssystem. Sex ist nicht das, was ihr glaubt, das Sex wäre. Sex hat nichts damit zu tun, schwul zu sein oder nicht schwul zu sein, lesbisch oder nicht lesbisch zu sein. Sex ist nicht in den Geschlechtsteilen des Menschen. Sex ist in der Hirnanhangsdrüse. Und Sex ist nicht, was ihr glaubt, das Sex sei. Sex geschieht über den Geruch. Und weil kein Mensch einen wirklichen Körpergeruch hat, darum gibt es keinen wahren Sex. Was bewirken nun diese Parfüms? Da gibt es so viele Namen: „Obsession", „Possession", „Realization", „Excession". Nimm ein klein wenig umm, das ist es, ihr seid tot. Ihr seid vergangen. Ihr habt keinen originalen Geruch mehr. Was diese Nase gerochen hat, das war „Obsession", „Possession", „Realization"...... (künstliche Gerüche). Darum gibt es in jeder sexuellen Beziehung keine Realität, keine Liebe, keinen Realismus, weil sie durch einen falschen Geruch provoziert ist.

Durch den Geruch muß die Hirnanhangsdrüse dem zentralen Nervensystem befehlen, nach unten zu gehen und einen Menschen dafür vorzubereiten. Wißt ihr das? Viele von euch dürften das noch nicht gehört haben. Sex wird da unten gelebt, aber er wird hier oben erzeugt. (YB zeigt auf seine drittes Auge.) Dies wird das „Kommandozentrum" genannt, das sechste Zentrum, ajna chakra. Es ist das Zentrum der Kreativität, das Befehlszentrum und es beauftragt alles im Menschen. Und es wird durch Geruch. Das ist wahr. Das ist es, warum ihr in eurem Leben immer die falschen Partner wählen werdet.

Das ist sehr komisch. Zwei Leute wollten verheiratet werden. Ich sagte, „Gut, habt ihr bereits eine sexuelle und sinnliche Beziehung?"

Sie sagten, „Wir sind sehr feststehend. Wir bedeuten einander sehr viel, blah, blah, blah."

Ich sagte, „Okay, ihr werdet in den nächsten 15 Tagen jeweils einmal miteinander ein Bad nehmen und dann zu mir zurückkommen." Gut, nach 15 Tagen kamen sie nicht wieder. Ich sagte, „Okay, wir werden warten." Nach einem Monat kamen sie wieder. Und ich sagte, „Gut, werdet ihr nun heiraten oder nicht?`"

Sie sagten, „Ich denke nicht. Wir haben jetzt unterschiedliche Gedanken."

Ein Mensch, der nicht organisch ist, ist nicht original. Und jede Beziehung, die auf einem anorganischen Zustand begründet ist, hat einen unwirklichen Status und wird nicht dauern. Ich hatte gerade mit meinem Baumeister gesprochen. Er war im Begriff einen Raum zu bauen und wir entschieden über den Preis. Er sagte, „Ich werde es für 25.000 Dollar ausführen."

Ich sagte, „Okay." Und wir kamen überein.

Heute kam er zurück und sagte, „Sie müssen mir 15.000 Dollar mehr zahlen."

Ich sagte, „Wofür?"

„Oh Mann," sagte er, „alles ist falsch." Weil, als er zu bauen anfing, erwies sich die Struktur als völlig unterschiedlich zu dem, was er erwartet hatte. Er sagte, „Ich muß das ganze Ding neu bauen."

Das ist es, warum ihr euch scheiden laßt und wieder heiratet. Das ist es, warum ihr euch stets neu verliebt und wieder und wieder und wieder und wieder. Und dann seid ihr tot. Und dann nie wieder.

Ist es eine ernste Rede heute?

Gruppe: Yes, Sir.

YB: Es scheint mir, daß ihr sie nicht mögt. Das ist eure Geschichte Leute, als wenn ihr in einen Spiegel schaut.

Normalerweise sage ich den Menschen nicht alles was ich sehe, weil die Menschen Angst bekommen. Sie kommen damit nicht klar. Das bedeutet eine Menge Schwierigkeiten. Nur manchmal, aus Zuneigung und Liebe meines Lebens, sage ich es, und es passiert. Dann sagen sie, ich habe sie verflucht. Ich will niemanden verfluchen. Warum? Es ist kein Vergnügen für mich, daß ihr schwach seid oder auseinanderfallt oder euch eures Lebens nicht freut, und daß ihr eures Lebens Blüte nicht mit jedem teilt. Es ist mein persönliches Gefühl, daß ihr super, super, super glücklich sein sollt alle Zeit.

Glück ist euer Geburtsrecht. Wir sind glücklich geboren. Wir sind so zum Glück geboren, daß wir durch alle Unglücke, Tragödien und was immer es sein sollte glücklich hindurch gehen können. So glücklich sind wir. Uns wurden Länge und Breite gegeben und Glück bis zum Rand. Aber wenn wir früh beginnen, ist schließlich, sobald wir des Lebens Mitte erreichen das bereits wieder Nachtisch. Dann haben wir keinen Schutz und keinen Saft im Innern, so daß wir losgehen könnten wie ein Kamel.

Es ist nicht, daß ich euch nicht liebe. Ich liebe euch. Darum bin ich hier. Darum habe ich entschieden, von Indien hierher zu kommen. Ich sagte, „Ich gehe nicht, um einen Besuch zu machen und zurückzukehren, nachdem ich irgendeines Menschen Geld genommen habe. Ich werde ihr Geld nehmen und dort bleiben und es für sie ausgeben." Ich hab euch für 35 Dollar die Woche unterrichtet, während die Leute 350 Dollar für einen Kurs zu nehmen pflegten.

Ich habe niemals irgendwelches Geld von irgendeinem Studenten genommen. Was kommt, gehört euch, was ihr gebt, gehört euch. Was zurückbleibt, gehört euch.

Ich bin ein guter Vater, ich bin ein guter Arbeiter, ich bin ein guter Mensch. Ich verdiene meinen Lebensunterhalt auf ehrenhafte Weise. Ihr müßt lernen, das Geschäft eures Lebens wie ein Geschäft zu führen.

Geschäft hat seine eigene Identität, genauso wie das Leben seine eigene Identität hat und ihr könnt das nicht austauschen. Ihr könnt nicht mit jemandem verheiratet sein und die Mutterrolle übernehmen. Ihr werdet geschieden werden. Ihr könnt niemanden heiraten, ein Ehemann sein und euch bemühen, wie ein Vater zu werden – ihr werdet verlassen werden. Sie hat des Vaters Haus verlassen, um euch zu heiraten und ihr habt begonnen, euch zu benehmen, wie ein anderer Vater. Wow. Hölle, was soll sie damit anfangen wollen? Wow. Ihr habt den Menschen verfolgt, ihr habt in die Seele geblickt, ihr habt sie verstanden und nach alldem, versteht ihr das? Was ihr verstanden habt, versteht ihr jetzt nicht? Scheidung ist unausweichlich.

(Für die Details der folgenden Meditation siehe Seite 94.)

YB: Da gibt es Hoffnung heute. Laßt uns sehen, ob wir etwas für uns selbst tun können. Während dieser Übung werdet ihr erkennen, wie sehr ihr behindert seid. Wenn ihr da einen Moment des Schmerzes erreicht, der schrecklich sein wird, und ich sage nicht, daß es nicht geschehen wird, dann müßt ihr dadurch gehen, daß das Gehirn in seiner Balance arbeiten sollte. Gehirne, die im Gleichgewicht sind, arbeiten.

Der Berg wird berührt, dann gedrückt und dann entspannt. Legen wir ein systematisches Band auf, nur die Trommeln. Das eine aus Europa. Laßt mich sehen, wie sie es machen. Ich bin heute sehr entspannt. Ich werde euch zuschauen, wie ihr diese kleine Übung macht. Halleluja. Wir überprüfen es.

Ihr werdet das Wort „Har" benutzen, wenn ihr Druck auf den Nabelpunkt gebt. „Har" vom Nabelpunkt aus, in Verbindung mit der Zungenspitze. Das ist alles. Nicht sehr schwierig.

(Das Band „European Drums" wird gespielt. Die Gruppe beginnt auf etwa jeden vierten Schlag das „Har" zu singen.)

Seid aufmerksam, seid aufmerksam. Das ist ein sehr guter, trickreicher Schlag.

Bravo! Streckt euch aus und berührt die Himmel.

Tief einatmen. Stop, stop, stop, stop, stop.

Macht Fäuste. Atmet tief ein. Haltet den Atem an und preßt euer gesamtes Sein zusammen. Verlagert die Energie in jede Zelle. Um Gottes Willen, unterbrecht jetzt nicht. Kanonenschuß-Ausatmen. Erneut tief einatmen. Feste, feste, feste, feste, feste. Von den Zehen bis zum Kopf feste. Feste. Schüttelt das ganze Wesen. Kanonenschuß-Ausatmen. Letzte Chance. Atmet tief ein. Schüttelt das ganze Wesen. Den ganzen Schädel, die Zehen, Oberkörper, Knie, entspannt euch.

Wir haben Anlaß zur Hoffnung oder nicht? Heute abend werden wir eine einzigartige Klasse haben. Um wieviel Uhr werdet ihr essen? Eßt etwa gegen 16.30 Uhr, daß, wenn ich nachher zu euch komme, ihr nur noch wenig in euch habt, daß ihr es schaffen könnt. Wir nennen das „Tanz des Nabels." Alles klar?

Gruppe: Yes, Sir.

YB: Und wenn ihr nur wenig eßt, wird es eine großartige Erfahrung sein. Ich kann es nicht erklären, ihr könnt es nicht verstehen, und doch ist es okay. Wir machen uns auf, da hinein zu gehen. Es ist nichts außerhalb von uns selbst. Es ist alles in uns selbst. Nanak sagte, wenn du außerhalb deiner selbst suchst, verschwendest du die Zeit. Es ist innen. Wenn wir uns in uns selbst schön begreifen, erfüllt in uns selbst, innerhalb unseres eigenen Selbst, wow, das ist so wunderbar. Ich sehe euch später.

Meditation, die Schönheit und die Himmel im Inneren zu entdecken

Mudra: Sitze in Easy Pose, Rücken gerade, das Kinn leicht angezogen. Die Arme sind im Ellenbogen gebeugt. Diese hängen an den Seiten. Halte die Hände auf jeder Seite so neben den Schultern, daß die Handgelenke etwa in Schulterhöhe sind und die Finger etwa in einer Höhe mit den Ohren. Halte die Hände gestreckt, die Handflächen blicken vorwärts, die Finger sind weit auseinander gespreizt und zeigen gegen die Decke.

Bewegung:
(a) Beuge die Daumen so in die Handfläche, daß sie auf den Merkurberg, das ist das fleischige Polster gerade unterhalb des kleinen Fingers auf der Handfläche, drücken.
(b) Dann schließe die Finger sofort über dem Daumen zur Faust und presse zu.
(c) Dann öffne die Finger sofort wieder weit und gerade. Obwohl diese Bewegung eigentlich aus drei Teilen besteht wird sie fortlaufend durchgeführt, ohne Pause zwischen den einzelnen Schritten.

Musik: Das europäische Trommelband.

Mantra: Das Wort Har wird auf jeden vierten Schlag gesungen und jedesmal, wenn es gesungen wird, der Nabelpunkt eingezogen. In genau demselben Moment werden die Hände geschlossen. Denkt daran, daß das Mantra so gesungen werden muß, daß die Zungenspitze am oberen Gaumen vibriert.

Augen: Keine näheren Angaben.

Zeit: In der Klasse für 17 1/2 Minuten praktiziert.

Ende: Atme sehr tief ein und balle die Hände zur Faust. Spanne den ganzen Körper an, um die Energie in jede Zelle des Wesens zu verlagern. Verpasse nicht diese Chance. Halte den Atem 10 Sekunden an. Kanonenschuß-Ausatmung. Wiederhole das dreimal und entspanne dich dann.

Kommentare/Wirkungen: Sei aufmerksam, es ist ein schwieriger Rhythmus, streck dich aus und berühre die Himmel. Es gibt nichts außerhalb von uns. Es ist alles in uns. Nanak sagte, wenn ihr außerhalb sucht, verschwendet ihr die Zeit. Es ist alles in uns. Und wenn wir uns innerhalb unseres Selbst schön finden, erfüllt, wow, das ist so gut.

Die Reinheit und die Kraft eines Lehrers

KLASSE 5 am Abend des 23. Juli 1996

Als Kundalini-Yoga Lehrer hast du einen feinstofflichen Körper, dessen Kraft alles und jedes erreichen kann, und es vermag die molekulare Struktur in 0,0003 billionstel einer Sekunde zu verändern. Das ist eure Kraft. Eure Kraft ist in eurem Blick, in eurer Berührung und in eurem Wort. Blick, Berührung und Wort. Dies sind die drei Dinge, die ihr habt.

Ich möchte euch etwas erklären. Es ist keine gute Idee, ein Kundalini-Yoga Lehrer zu werden und es mit anderen Dingen zu vermischen. Wenn ihr Kundalini-Yoga praktiziert, bleibt einzig dabei. Erinnert euch daran. Wenn ihr z.B. sagen wollt: Da gibt es keinen, der in der Handlesekunst so qualifiziert ist wie ich oder da gibt es keinen zweiten Astrologen, der die Radix lesen kann wie ich oder da gibt es keinen Menschen, der die Tarot-Karten so auslegen kann wie ich. Eigentlich bin ich ein Yogi, aber für einige Jahre hatte ich mit okkulten Kräften Erfahrung gesammelt und sie zurecht praktiziert.

Ich weiß, daß ihr viele Dinge sein wollt und ich verstehe das völlig. Aber wenn ihr viele Dinge werdet, werdet ihr nichts sein. Wenn ihr euch auf eine Sache spezialisiert, werdet ihr alles sein. Da gibt es einen Satz unter uns: *Ek Ong Kar.* „Es gibt eine kreative Schöpfung." Schöpfung benötigt eine Basis, einen Kern. Ein Mensch mit Kundalini-Erfahrung, hat solch einen Kern. Das sollte sehr leicht zu verstehen sein. Das ist nicht etwa Schaufenstergucken, das ist kein Dogma. Ich bin ein Monster der Numerologie, aber werde ich es praktizieren? Nein. Die größten Astrologen der Welt bringen manchmal ihre Puzzle zu mir und fragen mich, daß ich sie löse. Ich löse sie in zwei Minuten. Bin ich ein Astrologe? Nein. Ich kann einen Menschen berühren und heilen. Bin ich ein Heiler? Nein. Ich pflegte gerade eine Hand zu heben und damit einen Menschen vier Fuß hochzuheben und ihn dann auf seinen Hintern fallen zu lassen. Tue ich das jetzt noch? Nein. Weil die erste Regel des Kundalini-Yoga ist, daß ihr nicht in unausstehlicher Weise oder höflich, nicht demütig oder machtvoll irgendeine eurer Kräfte demonstriert.

Als das erste Prinzip eines Lehrers ist, „Ich bin nicht." Wenn ihr nicht *shuniaa* praktizieren könnt, könnt ihr nicht Lehrer des Kundalini-Yoga sein. *Shuniaa* bedeutet Null. In dem Moment, in dem ihr Null werdet, herrschen alle Kräfte durch euch. Die

Kraft eines Kundalini-Yoga Lehrers liegt in seinem Null-Sein, in seinem *shunnyaa*. In *shuniaa* werdet ihr Null, ihr reduziert alles auf nichts: „Ich bin nichts. Alles ist nichts. Es gibt nichts, das nichts ist." In dem Moment, wo ihr diesen Zustand erreicht, strahlt alles von euch aus.

Zum zweiten, ihr seid Diener. In dem Moment wo ihr zum Diener werdet, werdet ihr automatisch ein Meister. Ihr könnt niemals ein Meister sein, wenn ihr Meister sein wollt. Also müßt ihr in einer „Uni-Form", „Uno-Form", „Eins-Form" dienen.

Ein Sikh[1] ist ein lebender Weiser, der anderen Menschen hilft, heilig zu werden.

ਆਸਾ ਇਸ਼ਟ ਉਪਾਸਨਾ ਖਾਨ ਪਾਨ ਪਹਿਰਾਨ ॥ ਖਟ ਲਖਟ ਪ੍ਰਗਟੇ ਜਹ ਤਹ ਮਿਤਰੋਤਾ ਜਾਨ ॥

Aasa isht upaasanaa, khaan paan peheraan, khat lakhat pargatay jah tah mitrotaa jaan
- Tulsee, a Hindu poet, in the Ramayana
Longing, purpose, worship, food, drink, clothing. If these six things are in sync, then that person is a true friend.
Aashaa-what you long for. Isht-your ultimate purpose. Upaasanaa-how you worship Khaan-what you eat. Paan-what you drink. Peheraan-what you wear.

Sehnsucht, Ziel, Verehrung, Nahrung, Trinken, Kleidung. Wenn diese sechs Dinge in Harmonie sind, dann ist diese Person ein wahrer Freund.
Aashaa bedeutet, daß was du erstrebst. Isht ist dein endliches Ziel. Upaasanaa bedeutet, wie du verehrst. Khaan bedeutet das, was du ißt. Paan ist das, was du trinkst. Peheraan ist das, was du trägst.

Diese Aspekte sollten euch einzig dienen, um die Kraft, die durch euch kommt, darzustellen. Ihr könnt nicht einen Tag ein Clown sein und am nächsten Tag hoch ausgezeichnet, am dritten Tag ein Nichtsnutz, am vierten Tag hoffnungslos und am fünften Tag schön. Ihr sollt nicht in der Gegenwart eines anderen Menschen sein, wenn ihr nicht fertig seid. Und ihr sollt vollkommen fertig sein, um den großen Lehren zu dienen. Darin ist eure Berechtigung.

Bitte mißversteht das nicht, daß wir euch so oder anders wollten. Es ist nicht richtig. Tatsächlich ist der Sikhismus keine Religion, glaubt mir das oder nicht. Wenn ihr es wirklich versteht, ist es keine Religion. Es wurde eine Religion, wir haben es zu einer Religion gemacht, um der Verfolgung zu entkommen. Ich kann das verstehen. Was ist ein Sikh? Ein Sikh ist ein lebender Weiser, der anderen Menschen jeden Alters hilft, ebenfalls weise zu werden. „Sikh" bedeutet „Student, Schüler". Ein

---

[1] Sikh bedeutet Sucher der Wahrheit.

Student ist jemand, der studiert, um ein Student zu sein. Und wer auch immer ein perfekter Student wird, wird ein perfekter Meister. Und was ist ein Weiser? Das ist jemand, durch den die Weisheit fließt. Ein Weiser ist nicht klug. Ein Weiser ist einer, durch den die Weisheit fließt.

Ich verstehe, daß wir lesen und eine Menge Dinge lernen. „Wir tun eine Menge Dinge um zu heilen. Ich verstehe all die Wissenschaften. Um Gottes Willen, wenn ihr lernen wollt, lernt von mir. Manchmal kann ich euch lehren, manchmal nicht. Aber es nicht das, daß ich nicht gelernt hätte. Wenn ich nicht all dieses studiert hätte, würde ich nicht herausgefunden haben, daß alles blöde ist.

Als Führer einer Religion, habe ich nur einen Vorteil – ich habe all die Führer der anderen Religionen getroffen. Als ich seine Heiligkeit, Papst Johannes Paul II. traf, war vorgesehen, daß wir ca. drei, vier Minuten miteinander sprechen sollten. Nach 45 Minuten kamen wir zum Ende. Ich sagte ihm, „Ich bete für Dich." Wißt ihr warum ich das sagte? Er lebt unter so grausamen Bedingungen. Er muß um 6.00 Uhr früh aufstehen und bis 9.00 Uhr abends hat er nur drei Minuten für sich selbst. Wißt ihr was ich sage? Drei Minuten. Sein Zeitplan ist komplett. Er ist ein Roboter. Ich habe nie einen Menschen gesehen mit einem so strengen Stundenplan. Er trifft einen Menschen für eine Minute, dann den nächsten Menschen für eine Minute, schüttelt Hände – eine Minute, segnet – eine Minute. Sie schreiben seine Reden und geben sie ihm zu lesen. Er liest sie in sieben Sprachen. Wenn sie mich heute zum Papst machen wollten und gäben mir 1 Million Dollar die Minute, ich würde ablehnen – ich mache keine Witze. Und wenn mein Sekretär versuchen wollte, mir zu sagen, „Sie haben das zu lesen," würde diese Person keine Zähne mehr auf der Seite haben.

Da gibt es einige bestimmte Dinge, die ihr mich niemals tun finden werdet. Ich werde niemals Notizen machen und von ihnen ablesen. Ich werde eine Unterrichtsstunde niemals vorbereiten. Niemals. Ein anderes Ding ist dieses: Wenn ich etwas sage und ihr es nicht annehmen wollt, werde ich euch tun lassen, was ihr wollt – ich werde nichts dagegen einwenden. Was ich nicht durchkreuzen kann, lasse

Die Schöpfung benötigt eine Basis, einen Kern. Ein Mensch, mit Kundalini-Erfahrung hat solch einen Kern. Das sollte einfach zu verstehen sein. Es ist kein Schaufestergucken, es ist kein Dogma. Die erste Regel im Kundalini-Yoga ist, daß ihr nicht lästig noch höflich, nicht demütig noch kraftvoll irgendeine von euren Kräften zeigt.

ich geschehen. Ich habe nichts zu verlieren. Ihr habt alles zu verlieren. Warum sollte ich mich durchsetzen? Sagt mir das. Was ist meins, daß es durchgesetzt werden müßte? Ihr wollt lernen, lernt. Ihr lernt nicht und wieder nicht. Wenn ihr lernt, werdet ihr gelehrt. Wenn ihr nicht lernt, seid ihr nicht gelehrt. Punkt. Ihr könnt durch die Intuition lernen. Kundalini-Yoga gibt euch Wissen, Bewußtsein. Das ist es, warum wir es das Yoga des Bewußtseins nennen.

Was gibt es über das Heilen zu sagen? Wenn ihr jemandem saget, iß eine Gurke, sagt ihm, er möge gesunden und sagt der Gurke, sie soll heilen – die Gurke soll heilen. Die Gurke wird keine Gurke mehr sein, die Gurke wird ein Heiler. Versteht ihr was ich sage?

Gruppe: Nein

YB: Nein. Okay. Eine Menge Dinge sind sehr schwierig, euch zu erklären. Nehmen wir an, jemand kommt liebevoll zu euch und sagte, „Meister, bitte hilf mir." Er wird kommen, sich verneigen und eure Füße berühren. Er wird irgendeine Speise mitbringen oder etwas – das spielt keine Rolle – ein Geschenk, eine Blume oder irgendetwas. Es ist wahr, was ich sage, absolut wahr. Ich habe es selbst gesehen. Bei einem Menschen war der ganze Körper rissig. Die Erkrankung war so schrecklich, war in so einem fortgeschrittenen Zustand – es war unerträglich. Er sagte, „Meister, es ist schmerzhaft, es ist unerträglich. Ich habe nichts falsches getan. In jedem Leben könnte ich etwas Falsches getan haben, aber ich weiß kein verdammtes Ding. Aber, um Gottes Willen, bitte hab Erbarmen."

Er brachte eine langstielige Rose. Wißt ihr, in Indien entfernt niemand die Dornen – es ist kein gutes Vorzeichen das zu tun. So, da war also der lange Stengel mit einer Menge Dornen. Er nahm sie und begann den Typen damit zu schlagen. Und er sagte, „Du bist geheilt." Die einzige Stelle, die nicht geheilt war, war der Teil, der von den Dornen blutete. Der Rest des Körpers war so neu wie er nur sein konnte. Spontan, auf der Stelle, er war geheilt.

Nehmt also an, da ist eine Gurke und ein Mensch kommt und sagt, „Ich bin am Sterben, es geht mir so schlecht." Nimm die Gurke und sage, „Iß das." Die Berührung, die Gurke, die Seele und die Frequenz werden komplett heilen. Ihr gebt niemanden irgendetwas. Als Kundalini-Yoga Lehrer, ist es euer Körper, der die Macht hat alles und jedes zu erreichen und der die molekularen Strukturen 0,0003 billionstel einer Sekunde verändern kann. Das ist eure Kraft. Eure Kraft ist in eurem Blick, in eurer Berührung, in eurem Wort. Blick, Berührung und Wort. Dies sind die drei Dinge, die ihr habt. Ihr habt gesagt, „Iß das und Du wirst geheilt sein." Du bist geheilt. Ihr schaut es an und ihr sagt, „Du bist geheilt." Der allmächtige Gott hat keine Kraft, das zu ändern. Versteht ihr was ich sage?

Gruppe: Yes, Sir.

YB: Weil ihr ein Kanal Gottes seid, seid ihr ein Kanal der Göttlichkeit. Darum könnt ihr nicht die Dualität sein. Wenn ihr in der Dualität seid, habt ihr keine Göttlichkeit. Sie können nicht zusammenkommen. Wenn ihr Dualität habt, habt ihr keine Göttlichkeit. Wenn ihr Göttlichkeit habt, seid ihr nicht in der Dualität. Das ist eine Regel, die ihr nicht tauschen könnt.

Ihr sollt niemanden abweisen, darum sollt ihr auch niemanden annehmen.

Das ist das schwerste im Leben eines Lehrers. Darum initiieren wir niemanden im Kundalini-Yoga, weihen wir niemanden ein. Wir sind keine Swamis. Wir sind Yogis, und das Paar der Gegensätze berührt einen Yogi nicht – weder Lob noch Beleidigung.

Das erste Prinzip eines Lehrers ist, „Ich bin nicht." Wenn ihr nicht *shuniaa* praktizieren könnt, könnt ihr nicht Lehrer des Kundalini-Yoga sein. *Shuniaa* bedeutet Null. In dem Moment, in dem ihr Null werdet, herrschen alle Kräfte durch euch. Die Kraft eines Kundalini-Yoga Lehrers liegt in seinem Null-Sein, in seinem *shunnyaa*. In *shuniaa* werdet ihr Null, ihr reduziert alles auf nichts: „Ich bin nichts. Alles ist nichts. Es gibt nichts, das nichts ist." In dem Moment, wo ihr diesen Zustand erreicht, strahlt alles von euch aus.

Einen Rat will ich euch geben: Wenn ihr nicht die Verdorbenheit kennt, werdet ihr nicht die Ehre kennen. Nicht, daß ihr mit Ehre oder Verdorbenheit spielen müßt. Ihr könnt beobachten. Es ist die schwierigste Hürde im menschlichen Verstand. Ihr könnt es fressen oder nicht.

Ich erzähle euch eine Geschichte und ihr werdet es verstehen. Da waren 18.000 *gopis*, das waren die Geliebten von Lord Krishna. Er hatte eine Ehefrau: Rukhmani. Seine Geliebte war Radha. Sie war die Geliebte. Sie hat die Unendlichkeit gewonnen. Das ist es, warum wir singen, „Radha Krishna." Dann hatte er die 18.000 Gopis, die seine Geliebten waren.

Eines Tages fragten sie den Herrn, „Wir wollen losgehen und Deinen Lehrer sehen." Er schaute sie an und sagte „Was ist los? Warum die Eile?"

„Mein Gott, gib uns die Erlaubnis, deinen Lehrer zu sehen. Darbasha Rishi hat uns seine Meditation geöffnet und wir wollen gehen, um ihn zu sehen. Er ist Dein Lehrer. Bitte segne uns, daß wir Deinen Lehrer treffen können.

Lord Krishna sagte, „Geht.“

So nahmen sie Milch, Butter, Joghurt und Süßigkeiten, alles Geschenke für diesen großen Rishi. Aber vor dem gehen mußten sie den Fluß Jumna[1] um Erlaubnis fragen, weil der Fluß über die Ufer getreten war und sie wollten einen Weg hindurch.

Jetzt müßt ihr verstehen, daß Gott Krishna ihr Liebhaber war, ihr körperlicher Geliebter. Man nennt das „In-Sex“ nicht „Sex“. Es ist in eurem Verstand, in euch selbst, in eurem Wesen – jede eurer Zellen verkehrt mit jeder Zelle. So also, technisch gesehen, waren diese seine „sexy“ Liebhaber. Alle 18.000. Also sie gingen weg und standen am Ufer des Jumna, und sie sagten: „Fluß Jumna, Gott Krishna hat es erlaubt, zu unserem Lehrer zu gehen, sofern er im Zölibat, ehelos ist....“ (Beachtet dieses Wort. Denkt daran, daß sie alle mit ihm verkehrt hatten.) „Wenn er ehelos ist, laß uns passieren.“

So stieg der Fluß Jumna nur bis zu ihren Knöcheln und sie überquerten ihn. Sie gaben die Speisen dem Darbasha Rishi und er aß alles. Sie sagten, „Herr, jetzt wollen wir gehen. Jumna tritt über die Ufer. Was sollten wir tun?“

Er sagte, „Wenn es wahr ist, daß ich ausschließlich von Luft lebe, dann wird Jumna euch passieren lassen.“

Sie kamen also zum Ufer des Flusses und sagten, „Wenn es wahr ist, daß Darbasha Rishi, der Herr von Gott Krishna, von Luft lebt, laß uns passieren.“ Jumna ließ sie passieren. Sie erreichten die andere Seite und sagten, „Hey Du verdammter Jumna, Du Lügner, was machst Du?“ Er schläft mit uns jedesmal wenn er es will und Du erzählst uns, daß er im Zölibat lebt? Und dieser Kerl aß Tonnen von Speisen, und Du stimmst zu, daß er von Luft lebt? Das ist nicht fair.“ Schließlich fanden sie Krishna und sie begannen, im die Hölle aus dem Leib zu schlagen.

Er sagte, „Aber ihr seid meine Geliebten.“

Und sie sagten, „Wir werden uns später unterhalten. Zuerst laß uns zum Ausgleich kommen.“

So, als sie die Konten ausgeglichen hatten, sagte er, „Gut, ihr habt mich genug geschlagen. Könntet ihr mir jetzt erzählen was passiert ist?“

---

[1] Jumna ist ein Fluß in Nordindien, 860 Meilen lang. Er fließt im Südosten vom Himalaja zum Ganges bei Allahabad.

Sie sagten, „Das ist es, was passiert ist. Du bist unser Liebhaber und das ist es, was Du gesagt hast. Jumna kann nicht lügen. Wasser kann nicht lügen. Wasser ist die einzige Wahrheit, die Gott hat. Wasser ist Kreislauf. Es ist der Geber allen Lebens. Es kann nicht lügen.

Lord Krishna sagte, „Ja, es kann nicht lügen. Ich weiß es kann nicht lügen. Jumna hat nicht gelogen."

Sie sagten, „Du hast gelogen. Du hast es gemacht, daß Jumna lügt."

Er sagte, „Jumna hat nicht gelogen. Ich habe Jumna nicht veranlaßt zu lügen."

„Du lebst nicht ehelos."

Er sagte, „Also gut, heute nacht werden wir es erproben." So, in dieser Nacht, hatten alle 18.000 die sinnliche, sexuelle und soziale Erfahrung körperlich, seelisch und persönlich mit ihm zu verkehren. Am nächsten Morgen sagte er, „Was war los letzte Nacht?"

Sie sagten, „Du hast mit uns verkehrt."

Er sagte, „Yeah? Tatsächlich?

Sie sagten, „Ja."

Er rief Arjan. „Arjan wo waren wir in der letzten Nacht?"

Er sagte, „Herr, Du warst auf meinem Wagen und wir sind zu dem König So-und-so gefahren. Dort waren wir die ganze Nacht. Wir meditierten. Am Morgen kam der König. Er schläft nur. Wir kamen zurück."

Sie sagten, „Arjan, Du lügst auch."

Er sagte, „Nein. Geht in den Palast und seht selbst nach, wer dort ist."

So gingen sie dorthin und fragten den König. Er sagte, „Es ist die Wahrheit, Gott Krishna kam letzte Nacht."

Dann sagten sie, „Mein Gott, erkläre uns das."

Da zeigte ihnen Gott Krishna sein bharat roop, sein vielfaches Selbst. Dann wurde er zu so vielen Krishnas, daß sie sie nicht einmal zählen konnten. Und als das alles in Erscheinung trat, stand er an der Seite mit seiner Flöte und sagte, „Sieh da, sieh da. Das ist Krishna."

Sie sagten, Nein, welche einer bist Du?"

Er sagte, „Jeder einzelne."

Das ist bharat roop. Dann können weder Zeit, noch Raum, noch die Elemente euren Willen als Kundalini-Yoga Lehrer aufhalten. Zeit und Raum und die Elemente können euren Willen nicht aufhalten. Das ist der Status, nach dem ihr strebt. Aber wenn ihr zu sehr über Schmutz und die Erde nachdenkt, dann wird Schmutz zu Schmutz kommen. Es kommt niemals Schmutz in die Himmel. Ein Lehrer des Kundalini-Yoga ist ein Herr der Himmel. Er ist es immer, wird es immer sein und soll es sein. Die Erde ist das Spielfeld. So also laßt uns spielen, daß ich euch mit einem guten Geschmack verlassen und gehen kann.

(Für die Details der folgenden Meditation beachten Sie bitte Seite 108.)

Streckt eure Wirbelsäule. Das ist eine geführte Meditation.

Spreizt eure Finger auseinander. Preßt eure zwei Finger fester zusammen. Streckt euren Rücken und zieht das Kinn an, die Brust heraus, total. Nehmt die Schultern zurück, bis es schmerzhaft wird. Schließt eure Augen. Atmet so langsam und so tief ihr könnt. Der Druck auf den Schultern sollte so groß sein, daß er schmerzt. Seht zu, daß er schmerzt. Die Schulterblätter müssen schmerzen. Sie werden taub werden. Sie werden die Spannung durch den Muskeldruck entlasten. Und die *shushmanaa*, der zentrale Nerv, wird aufflammen. Das ist eine einfache Formel. Das ist nichts, was nicht wissenschaftlich wahr ist. Verursacht einen gleichmäßigen Druck auf euren Schulterblättern. Wenn eure Schulterblätter nicht schmerzen, wird nichts passieren. In absoluter Stille wird die Welt mit euch reden. In absolutem Schmerz könnt ihr den Schmerz des ganzen Universums hinwegnehmen. Ihr erfahrt die Meisterschaft und ihr erfahrt die erste Verbindung mit euch selbst.

Ihr müßt heute gewinnen. Der Sieg ist euer. Zieht so heftig wie ihr könnt. Seht, all die unendliche Kraft ist in euch. Da kommt nichts vom Himmel. Ihr müßt euch einfach selbst herausfordern. Seht nicht aus wie Paviane; ihr sollt aussehen wie Menschen. Ein Mensch ist ein Engel. Ihr schickt euch an, die Retter und Diener der Erde zu sein. Das ist eure Berufung. Ein Kundalini-Yoga Lehrer ist ein Herr der Himmel; er ist ein Retter, ein Weiser, ein Diener der Erde. Punkt. Da gibt es keine andere Definition. Er ist ein Meister von Länge und Breite, von Höhe und Einstellung.

Bitte, laßt eure Liebe heute siegen. Das wird nicht weh tun. Das ist gar nicht so schlimm, wie ihr denken könntet. Für einige Minuten seid ihr es, die ihr euch erobert. Schmerz zu erobern ist keine schlechte Idee. Ihr könnt es mit Tylenol tun, aber ohne

Tylenol könnt ihr es auch. Das Hirn gibt eine Menge von „Tylenol" frei – die Endorphine.[1] Das ist es, was das Gehirn freisetzt, wenn der Schmerz ausgedehnt ist.

(YB liest von einem Papier.):

A	-	Immer furchtlos.		N	-	Niemals negativ.
B	-	Schön in der Öffentlichkeit.		O	-	Oben auf der Spitze.
C	-	Konzentriert in ihrem Handeln.		P	-	Prevails; über die härtesten Herausforderungen.
D	-	Handeln, wie es ihnen gesagt wurde.		Q	-	Never questions; zweifelt niemals.
E	-	Freunde der Erde.		R	-	Ready for anything; auf alles vorbereitet.
F	-	Freunde gegenüber allen.		S	-	Soul is pure; die Seele ist rein.
G	-	Gibt allen Glück.		T	-	Teacher teaches others; ein Lehrer, der andere lehrt.
H	-	Glücklich, wenn sie geprüft werden.		U	-	Uses the finest there is; verwendet das Feinste, das da ist.
I	-	Ist ein Schüler Gottes.		V	-	Vision; sieht Gott in allem.
J	-	Jumps; springt nach vorne, wenn er hinten liegt.		W	-	Writes from the heart; schreibt aus dem Herzen.
K	-	Keeps up; hält Schritt.		X	-	X-rays; durchleuchtet die Aura des Menschen in Not.
L	-	Lernt von dem besten Lehrer.		Y	-	Yells only at what needs to be awakened; schreit nur an, was erweckt werden muß.
M	-	Meditiert auf Gott.		Z	-	Zaps; then defends; schwingt, dann verteidigt er.

(Ihr findet dieses Alphabet eines Lehrers und andere „Alphabete" im Anhang.)

Das Selbst fordert das Selbst heraus. Erobert es. Wir pflegten diese Übung für acht Stunden zu machen. Ich erwarte elf Minuten. Ich denke fünf sind vergangen und ihr wollt anfangen, euch zu entspannen? Das ist nicht fair. Ich habe angenommen, ihr seid sehr gut.

Sagt zu euch selbst: „Heute bin ich der Herr. Ich werde alle segnen. Ich werde mich selbst segnen. Ich werde befehlen. Ich bin, ich bin."

Legt das Ong Namo Guru Dev Namo-Band auf für die letzten Minuten. Hilf ihnen. Kommt schon. Versucht es. Ihr habt zwei Schulterblätter und einen großen Willen. Haltet euren Kopf hoch. Haltet eure Kraft im Fluß, vier weitere Minuten

---

[1] Das ist eine Gruppe von opiatähnlichen Eiweißen. Sie werden im Körper als Antwort auf Streß oder Verletzung freigesetzt und reagieren mit den Opiatrezeptoren im Gehirn, um die Empfindung von

durchzuhalten, und das ist eine entscheidende Handlung; es ist euer Recht. Das ist keine Machotum und kein Ego. Das ist einfach, dem Pfad zu folgen.

Jetzt könnt ihr laut singen, aber laßt den Druck nicht nach. Haltet Schritt.

Tief einatmen, tief einatmen, tief einatmen, tief einatmen. Entspannt euch.

Die von euch, die es gemacht haben, wissen es. Da gibt es nichts, was ich hinzufügen oder sagen könnte. Mit Aufrichtigkeit, Ehre und Intensität habt ihr es gemacht; das ist eure Erfahrung. Es bedarf gar nicht viel, um Gott in uns herabzubringen. Genau genommen ist Gott in uns. Manchmal können wir uns einfach konzentrieren und werden das. Man nennt es einen Wendepunkt. Die Leute haben euch für 3.000 Jahre angelogen und haben Gott von euch

Wenn ihr in der Dualität seid, habt ihr keine Göttlichkeit.

Sie werden nicht zusammen kommen.

Wenn ihr in der Dualität seid, habt ihr keine Göttlichkeit.

Wenn ihr im Göttlichen seid, habt ihr keine Dualität.

Das ist eine Regel, die ihr nicht austauschen könnt.

ferngehalten. Gott ist immer, war und wird immer in euch sein. Ohne das könnt ihr nicht leben. Das ist eure Liebe. Anstelle dieser Liebe macht ihr Dualität und liebt alles Mögliche andere. Ihr habt niemals eure Seele geliebt, niemals mit ihr geredet, wart niemals mit ihr.

Das Universum fragt euch, das Universum bittet euch, mit euch selbst zu bestätigen, daß ihr der Erde dienen wollt, daß ihr die Erde retten wollt, daß ihr die Weisen der Erde sein wollt. Erde – die Erhalterin, eure Mutter, die euch nährt – könnt ihr sie wieder nähren? Die, die euch dient, könnt ihr den Dienst erwidern?

Gruppe: Yes, Sir.

YB: Dies ist der Tag. Einige Menschen glauben tatsächlich ich sei verrückt geworden, seit ich dem „Earth movement", der Erdbewegung beigetreten bin. Ich schalte alle Lichter aus. Energiesparen ist keine schlechte Idee. Wassersparen ist keine schlechte Idee. Die Umwelt nicht zu vergiften ist keine schlechte Idee. Müll überall hinzuschmeißen ist keine gute Idee und den Geist zu beschmutzen, indem wir Müll hineinpacken ist keine gute Idee. Die Seele in eine Ecke zu stoßen, wo sie nicht einmal atmen kann, ist keine gute Idee.

Was tut ihr? Ihr kreiert einen Sturm von Erschütterungen, Emotionen, Neurosen und Gefühlen. Gott, die Seele, kann nicht einmal auf sich selber gucken. Die Seele

---

Schmerz zu reduzieren.

rennt weg und versteckt sich in den Ecken – hier, dort, nirgendwo. Sie wird tief, schlafend. Manchmal verursacht ihr solch einen Hurrikan, daß nicht einmal euer drittes Auge sie sehen kann. Solch eine Erschütterung! Emotionen, Gefühle, Verlangen, Erschütterung, Ego – tut sie alle zusammen und ihr verliert eure Identität. In dem Moment, in dem ihr eure Identität verliert, verliert ihr eure Wirkung. Wenn es keine Wirkung mehr aus eurer Identität gibt, seid ihr nicht mehr tatsächlich, habt ihr kein Bein mehr, um darauf zu stehen. Dann tragt ihr wohl die Gewänder und täuscht vor, Lehrer zu sein, aber ihr handelt als Menschen. Ihr tragt eine Rüstung. Man nennt euch „Erdlinge", Erdbewohner.

Ihr seid ein Quell der Liebe, des Segnens, der Gnade, der Freigebigkeit, der Schönheit und des Segens; aber ihr sucht von euren Studenten öffentliche Verbindungen, Anbetung, Bewunderung. Und dann sagt ihr voller Stolz, daß dieses und jenes Modell, dieser und jener Schauspieler, dieser und jener dieses und das zu euch in euren Unterricht kommt. Was lehrt ihr, Schauspielerei oder Realität? Wenn ihr nicht selbst ein Juwel seid, wie könnt ihr Juwelen machen? Und wenn andere Menschen als euer Schmuck dienen, welche Stärke habt ihr selbst? Habt ihr je darüber nachgedacht?

Wißt ihr, als ich durch die Einwanderungsbehörde geprüft wurde, und sagte der diensttuende Offizier, „Ich habe ein großes Problem mit Ihnen, Yogiji."

Ich sagte, „Was ist Dein Problem?"

Er sagte, „Gut, in Kanada bist Du ein Yogi." Die kanadische Regierung mußte eine spezielle Kategorie von Einwanderung für einen „Yogi" entwerfen.

Ich sagte, „Ja. Ich bin kein religiöser Mann, ich bin kein Schullehrer, ich bin kein Sportlehrer. Ich bin ein Yogi. So mußte sie eine weitere Kategorie C: Yogi, schöpfen."

Darauf sagte er, „Das ist sehr gut. So steht es in Ihrem Paßport. Das ist ein Regierungsstempel, ich verstehe. Aber die Vereinigten Staaten wollen, daß sie ein Zeugnis als Yogi besitzen."

Ich sagte, „Ist es das?"

Er sagte, „Ja. Können Sie irgendetwas derartiges bekommen? Kann Ihnen irgendjemand von Indien irgendetwas schreiben?"

Ich sagte, „Nein, ich werde es Ihnen in 20 Minuten geben."

Also ging ich zur Bank von Amerika, und bat jemanden auf der Schreibmaschine folgendes zu schreiben: „Ich, Harbhajan Singh Khalsa Yogiji, bezeuge hiermit, daß ich ein perfekter Yogi bin. Ich schwöre das unter da da da da." Und ich habe es unterschrieben, ließ es notariell beglaubigen und zahlte einen Dollar – damit war die Angelegenheit beendet. Ich brachte ihm vier Kopien und ich gab ihm eine davon. Ich sagte, „Haben Sie die Freundlichkeit das zu nehmen." Und er nahm es.

Er fragte, „Ist das Ihr Zeugnis?"

Ich sagte, „Gut, wer sonst sollte es bezeugen? Wollen Sie für mich ein Zeugnis ablegen?"

„Jemand aus Indien."

Ich sagte, „Wer? Nur ein Yogi kann das Selbst bezeugen und das Selbst kann einen Yogi bezeugen. Lassen Sie mich Ihnen die erste Lektion erteilen: Ich selbst muß für mich selbst zeugen und mein Selbst muß für mich zeugen. Wenn ich das nicht wüßte, wäre ich kein Yogi."

Er sagte, „Okay, okay, okay, ich verstehe das. Es ist okay. Das wird funktionieren."

Ich sagte, „Es wird."

Wenn ihr nicht für euch selbst zeugen könnt, kann niemand für euch zeugen und kein Zeugnis wird funktionieren. Wenn ihr nicht euren Charakter habt, wird eure Charakterlosigkeit euch zu Fall bringen. Wenn ihr aber Charakter habt, könnt ihr nicht verlieren.

Weiß irgendjemand wie man sich verbeugt? He du, Kleine, komm her. (Ein kleines Mädchen kommt herbei und setzt sich auf das Lehrerpodest.) Setz dich mit gekreuzten Beinen, und wenn ich das Wort „beuge Dich", sage, gehe auf deine Fersen und beuge dich und dann spring hoch, so schnell du kannst. Okay, fertig? Schau meditativ und schau normal. Beuge dich! (Das Mädchen sitzt auf ihren Fersen und beugt dann ihre Stirn bis auf den Boden.) Korrekt. Wenn ihr nicht wißt, wie ihr euch zu verneigen habt, wißt ihr auch nicht, wie ihr herausragen sollt. Versteht ihr das?

Gruppe: Yes, Sir.

YB: Einer, der nicht weiß, wie er sich verneigen soll, soll niemals hervorragen. Das ist ein Gesetz, das ihr nicht austauschen könnt. Diejenigen, die sich verneigen, werden Meister, weil es ihr Privileg ist. Diejenigen, die herausragen, verneigen sich exzellent, weil das ihre Meisterschaft ist. Denkt darüber nach. Gute Nacht.

Geführte Meditation
um die unendliche Kraft im Inneren zu finden.

Mudra: Sitz in Easy Pose mit einem gerade Rücken. Beuge den Ring- und den kleinen Finger in die Handfläche auf beiden Seiten und halte sie dort bei den Daumen. Strecke den Zeige- und Mittelfinger gerade hoch und spreize sie weit auseinander. Halte diese zwei Finger sehr gerade, steif und gespannt. Halte die beiden Hände so, daß sie sich auf beiden Seiten jeweils etwa 16 cm neben den Ohren befinden. Die Handflächen weisen vorwärts. Strecke deinen Rücken gerade und ein wenig nach vorn, ziehe das Kinn etwas an und strecke die Brust etwas heraus. Führe diese Bewegung so weit, bis die Schulterblätter sich zu berühren beginnen. Dort wird ein Druck im oberen Rücken entstehen, vielleicht schmerzhaft; geh hindurch. Halte den Kopf hoch. Halte deine Kraft im Fluß.

Augen: Geschlossen.

Atmung: Atme so langsam und so tief wie du kannst.

Musik/Zeit: 11 Minuten mit folgenden Segmenten:

- 7 1/2 Minuten Meditation mit langer, tiefer Atmung in Stille.
- 2 1/2 Minuten Ong Namo Guru Dev Namo von Nirinjan Kaur und Gure Prem Singh. Meditiere in Stille und halte die Stellung ein.
- 1 Minute, singe laut, während die Musik noch spielt und die Stellung weiter eingehalten wird.

Ende: Atme tief ein. Entspann dich.

Kommentare/Wirkungen: Der Druck der Schulterblätter sollte so heftig sein, daß sie schmerzen. Sie können sogar taub werden; aber das wird die Spannung, die in den Muskeln gespeichert ist, entlasten. Dies wird bewirken, daß die *shushmanaa*, der zentrale Nerv, aufflammt. Entwickle einen heftigen Druck auf deinen Schulterblättern. Wenn die Schulterblätter nicht schmerzen, wird nichts geschehen. Lerne den Schmerz zu erobern, überwinde die Hindernisse und finde den Sieg im Inneren. Du hast die erste Verbindung mit deinem Selbst in dieser Meditation.

In absoluter Stille wird die Welt zu dir sprechen. Im absoluten Schmerz kannst du den Schmerz des ganzen Universums hinweg nehmen.

Ihr müßt heute gewinnen. Der Sieg ist euer. Schaut auf die grenzenlose Kraft in euch. Laßt eure Liebe heute gewinnen. „Heute bin ich der Herr. Ich werde alle segnen. Ich werde mich selbst segnen. Ich werde befehlen. Ich bin, ich bin."

Die Komplexe des Lebens überwinden

KLASSE 6 vom Morgen des 24. Juli 1996

Wie könnt ihr einen Komplex loswerden?
Macht einen Komplex: „Ich bin die Gnade Gottes. Ich bin der Wille
Gottes. Ich bin Gott."
Wenn ihr einen Komplex macht, macht einen großen, so daß alles
darin enthalten ist.

Heute sprechen wir über etwas sehr ernstes. Es ist die Ursache aller Tragödien, die Ursache all unseres Schmerzes, die Ursache all unseres Zerfalls, unserer Unterlegenheit, unserer Depression, unseres Nichterfülltseins, unseres Unglücks. Was immer es schlechtes in eurem Leben gibt, dieses Ding ist seine Ursache. Man nennt es einen Komplex. Wir sind alle das Nebenprodukt von Komplexen.

Das Kind in uns wird niemals erwachsen, das Kind in uns hat einen sehr starken schöpferischen Komplex. Das ist die Quelle unserer Unsicherheit, während wir sicher sein können, unseres Fehlens, während wir richtig liegen. Einige Menschen haben keine Wurzeln. Der Komplex eines Kindes ist mächtig. Etwa 90 % der Menschen kriechen durch ihre ganzes Leben, unabhängig davon, ob sie in der besten oder einer schlechten Umgebung aufwachsen.

Wir haben nie gelernt, unsere Komplexe zu überwinden. „Ich habe weiße Haut." Das ist ein Komplex. „Ich bin braun." Das ist ein Komplex. „Ich bin ein Amerikaner," ist ein Komplex. „Ich bin ein Deutscher," ist ein Komplex. „Ich bin eine Person," ist ein Komplex. „Ich bin ein Mensch," ist ein Komplex. „Ich bin ein Arzt," ist ein Komplex. Alles im Leben ist in Komplexe verpackt, und alles ist Wertung.

Tatsächlich haben diejenigen keine Komplexe, die alle Zeit nach den Tugenden ihrer Seele leben. Das ist ein mentaler Prozeß ohne Ablenkung. Wenn wir glauben, „ich bin ein Geist, ich befinde mich unter Geistern, ich bin Teil des großen Geistes, ich habe mit diesem Geist zu verschmelzen," werden alle Probleme gelöst sein.

„Ich bin blond, ich bin brünett, ich bin eine Frau, ich bin ein Mann, ich bin schwarz, ich bin gelb, ich bin rosa, ich bin ein Japaner, ich bin ein Franzose," ich weiß es nicht. „Ich bin ein Spanier, ich bin ein Gringo, ich bin ein Rothals, ich bin ein Blauhals, ich bin ein Rosahals. Ich bin lesbisch, ich bin schwul, ich bin konservativ, ich bin ein Hetero. Ich bin eine Prostituierte, ich bin ein Zuhälter, ich bin ein Heiliger. Ich bin göttlich. Ich bin religiös." All das ist Müll. Völlig. Man nennt es „geistigen Müll." Tatsächlich. Ehrlich vor Gott. Das ist wahr. Das kann sein, das ihr nicht mögt, was ich sage und während ich es sage, würgt es mich. Welch unglückliche Menschheit seid ihr.

Eure Tragödie ist, daß ihr in euren Komplexen lebt und sie nicht bemerkt. Ihr bemerkt sie nicht. Ihr seid so stupide, arrogant. Ihr seid ein arrogantes Säugetier. Ob ihr jemals eure Realität erkennen werdet, daß ihr ein Geist seid – immer ward, seid, und sein werdet? Ihr könnt es verstehen, indem ihr betrachtet, was passiert, wenn ihr sterbt. Der Geist verläßt den Körper, während alles andere intakt bleibt. Wißt ihr was mit euch stirbt? Eure Komplexe.

Was immer ihr tut, da gibt es keine Identität für euch mit Ausnahme eurer spirituellen Identität. Es gibt keine andere Gnade für euch, außer zu lernen. Es gibt kein anderes Ergebnis, außer gelehrt zu werden. Es gibt keine Macht, außer der, das was ihr gelernt habt, mit allem und jedem zu teilen. Teilt mit Mitgefühl – es wird euch vergolten werden, und ihr werdet keinen Komplex haben. Dann wird alles, was es gibt, zu euch kommen; dann habt ihr nicht länger Notwendigkeit, zu irgendjemandem zu gehen.

Was ist euer Zweck im Leben? Eure Lebenszeit zu verkürzen? Was seid ihr – Hackebeile? Warum könnt ihr nicht einfach zufrieden sein mit einem frohen, lebendigen und lächelnden Geist? Gerade bevor ich hierher kam, war ich am Rufen und am Schreien – ich war der Verwalter -, hatte Entscheidungen zu fällen, zu verschieben, zu handeln. Wow, ihr hättet mich sehen müssen. Als ich da war, war ich da, und ich wußte was ich zu tun hatte, weil der Geist mich führt. Jetzt bin ich hier. Habe ich Papiere mitgebracht oder Notizen? Ich bin hier, wie ich hier bin. Da ist kein Bedarf, einen Sieg zu erringen. *Ich bin der Sieg.*

Ein Mensch ohne einen Komplex, verkörpert einen lebenden Sieg. So einfach ist das. Ihr könnt niemals gewinnen. Ihr seid jeden Tag am gewinnen, jeden Tag am verlieren, habt jeden Tag Probleme. Jeden Tag eßt ihr euren eigenen Müll. Um Gottes Willen hört damit auf. Riecht es nicht, stinkt es nicht? Ihr müßt euren eigenen Müll essen? Seid ihr so krank? Wißt ihr denn nicht, daß ihr rein seid, daß ihr positiv seid, daß ihr Geist seid und nichts anderes zu tun habt, als es zu sein? Sein um zu sein. Und das Licht eures Geistes teilt ihr mit, und ihr glüht und leuchtet und habt Freude.

Ihr habt körperliche, geistige und seelische Komplexe. Ihr habt sogar euren Geist mit Komplexen versehen. Das ist das komischste, idiotischste und verrückteste Ding, das ich je gehört habe: „Oh, ich bin eine alte Seele, er ist eine alte Seele, er ist mein Seelenkamerad." Und dann legen sie sich gegenseitig herein. Könnt ihr dieses Seelenkameradengeschäft glauben? Seelen haben begonnen, sich hereinzulegen. Gott segne Amerika, dieses große Land! Als ich das gehört habe, sagte ich, „Wow, das war's dann."

„Das ist mein Seelenkamerad. Ich will sie heiraten." Seelen heiraten? Seelen heiraten nicht. Sie tun es nicht. Tatsächlich, sie tun es nicht. Seelen heiraten nicht, und Seelen paaren sich nicht. Seelen haben keine Kameraden. Alles ist eine Seele. Das gesamte Sein ist eine Seele, so wie es eine Sonne gibt und Millionen Strahlen. Das ist es, wie es ist. Da gibt es keinen Komplex und deshalb keinen Reflex und darum auch keinen Impuls. Wenn ein Mensch unter Impuls handelt wie ein Säugetier, wie ein Tier, wird dieser Mensch niemals erlöst sein. Ihr müßt in der Intuition handeln. Wenn die nicht entwickelt ist, dann müßt ihr aus eurem Geist heraus handeln. Nach Nanak ist es am sichersten, „Handle einfach mit Deiner Seele." Sei einfach. Sei um zu sein, weil es dir gegeben wurde zu sein. Versuche nicht, zu treiben und einen Riß zu erzeugen.

Wißt ihr, es ist komisch, daß wir, während wir jung sind, in unserem zweiten Chakra leben. Einige haben die Tendenz, das Leben im ersten Chakra zu beginnen. Ja, auch das sechste und siebte Chakra sind Teil von euch. Warum lebt ihr nicht in ihnen? Ihr seid *all* diese. Wenn ihr im Keller und im Erdgeschoß leben könnt, könnt ihr genauso gut im sechsten und siebten Stockwerk leben. Aber ihr wollt nicht im sechsten und siebten Stockwerk leben, weil ihr dort weder Moskitos noch Fliegen findet. Sie können diese Höhe nicht erreichen. Eure Schäbigkeit, eure Häßlichkeit, eure Unwahrheiten, eure Lügen, euer auf den Haken nehmen, all diese werden nicht mehr funktionieren, wenn ihr das sechste Stockwerk erreicht. Aus diesem Grund könnt ihr nicht dahin gelangen. Ihr ward Mensch gewesen. Wie könnt ihr als Tier handeln? Durch Impuls.

Wie könnt ihr jeden Gegenstand des Lebens in einen Komplex fassen? Es geschieht durch das Bewerten und bewerten ist nicht gut. Das ist der Grund, warum ihr immer versucht seid, Make-up anzulegen und gut auszusehen – in dieser oder in jener Weise zu wirken. Das ist, weil ihr nichts wert seid. Ihr seid wertlose Geschöpfe. Ihr wißt es. Ihr habt keine Werte. Ihr schätzt euch selbst nicht wert – warum sollte euch irgendjemand anderes wertschätzen? Also, setzt euren Wert herauf. (YB zeigt eine Person in verschiedenen Momenten, so als ob sie unterschiedliche Hüte tragen würde, unterschiedliche Kleider oder unterschiedliches Make-Up.)

Ihr glaubt, daß ihr gar nichts zu tun hättet. Nein. Ihr habt nichts zu tun, weil ihr aus dem Nichts gekommen seid. Und während ihr aus dem Nichts gekommen seid, hat das Nichts euch zu etwas gemacht. Seid einfach **das** und es wird euch ehren. Und wenn ihr einmal geehrt seid, werdet ihr geliebt, werdet ihr respektiert, werdet ihr ersehnt und angebetet. Alles was ihr wollt, werdet ihr bekommen. Aber ihr werdet nichts davon bekommen, ohne daß ihr seid, wozu euch die Natur bestimmt hat. Wenn ihr euren Schöpfer betrügt, werden Raum und Zeit euch betrügen.

Gebt euch selbst einen Namen, seid etwas, gebt euch irgendein Etikett. Was immer ihr tut, da gibt es keine Identität für euch mit Ausnahme eurer spirituellen Identität. Es gibt keine andere Gnade für euch, außer zu lernen. Es gibt kein anderes Ergebnis, außer gelehrt zu werden. Es gibt keine Macht, außer der, das was ihr gelernt habt, mit allem und jedem zu teilen. Teilt mit Mitgefühl – es wird euch vergolten werden, und ihr werdet keinen Komplex haben. Dann wird alles, was es gibt, zu euch kommen; dann habt ihr nicht länger Notwendigkeit, zu irgendjemandem zu gehen.

Ist das nicht so einfach? Hat Gott nicht alles für den Menschen eingerichtet – Umgebung, Körper, Seele, Biologie und Person, so einfach? Und ihr macht es kompliziert. Warum? Ihr habt Komplexe. Warum einen Komplex? Weil ihr nie gewußt habt, wer ihr seid. Das ist sehr einfach.

Jemand fragte, „Wie kann ich einen Komplex loswerden?"

Ich sagte, „Mach Dir einen Komplex: „Ich bin die Gnade Gottes. Ich bin der Wille Gottes. Ich bin Gott." Wenn Du losgehst und Deinen Komplex begründest, begründe einen großen, so daß alles darin enthalten sein kann."

Wir müssen alle lernen, real zu sein. Und unsere Realität ist, daß wir der Geist sind. Wir sind aus dem Geist geboren, wir leben durch den Geist, wenn wir sterben, geht der Geist fort. Unsere Identität ist nichts anderes als unser eigener Geist; unser Leben sollte nichts anderes sein als unsere Spiritualität. Und unsere Existenz sollte nichts anderes sein als unsere eigene Realität. Alles übrige ich eine komplizierte Angelegenheit, in der wir uns in Vorteil und Gefahr bringen. Ihr könntet alles Make-up der Welt auflegen, aber der, der euch erschaffen hat, weiß es besser.

Da gab es ein Mädchen, das zu mir sprach, „Ich mag meine Nase nicht."

Ich sagte, „Was gibt es an Deiner Nase auszusetzen? Sie ist gut und paßt schön."

„Oh nein, ich mag meine Nase nicht. Ich muß meine Nase liften lassen." Also hat sie 6.000 Dollar ausgegeben, um ihre Nase liften zu lassen. Die Nase wurde geliftet.

Nach etwa zwei Monaten kam sie wieder zu mir und fragte mich, „Wie sieht das aus?"

Ich sagte, „Lächerlich."

„Warum?"

Ich sagte, „Weil das nicht Deine Nase ist."

„Oh nein, Du bist voreingenommen."

Ich sagte, „Ja, ich bin voreingenommen. Aber das ist nicht Deine Nase."

„Warum?"

Ich sagte, „Es ist nicht Deine Nase."

„Warum?"

„Was meinst Du dauernd mit „warum"?"

„Oh, weißt Du, die Leute mögen mich."

Ich sagte, „Die Leuten mögen Dich nicht. Und der Doktor mochte Dich auch nicht. Sage Deinem Doktor, er muß die Nase wieder zurücksetzen."

„Warum?"

Ich sagte, „Ich will es Dir sagen. Ist es nicht so, daß es jetzt schwierig für Dich ist, nachts zu atmen."

Sie sagte, „Ja, aber er sagte, daß wird verschwinden."

Ich sagte, „Nein, es wird zunehmen. Du wirst keine Luft mehr kriegen."

Sechs Monate später mußte sie zu einer großen Operation, riesig, riesenhaft. Dann kam sie zurück. Sie sagte, „Wie sieht es aus?"

Ich sagte, „Schlimmer als vorher, aber wenigstens kannst Du jetzt atmen."

„Warum?"

Ich sagte, „Haben sie Röhren in Deine Nase eingelegt?"

Sie sagte, „Ja."

Ich sagte, „Siehst Du?"

„Warum ist mir das alles passiert?"

Ich sagte, „Du hattest eine normale Nase. Deine Nase war gerade. Diese gerade Nase hatte den direkten Kontakt mit Deiner Hypophyse. In dem Moment, als sie diesen Nerv durchgeschnitten haben, warst Du erledigt."

„Was wird nun mit mir passieren?"

Ich sagte, „Schlafstörungen, Kopfschmerzen und manchmal wird Dir der Kopf brummen." (YB demonstriert einen Menschen, dessen Schädel auf dem Hals herumdreht.) Sie ist immer noch am Leben und alle drei Dinge sind wahr.

„Ihr braucht kein Make-up, ihr braucht gar nichts. Ihr werdet an Eurem Geist erkannt. Ihr sollt durch Eure Ausstrahlung hervorragen. Ihr werdet geliebt und geehrt entsprechend Eurer Exzellenz oder Eurer Dummheit, je nachdem, wie es der Fall ist."

Jemand bekam sein Ohr angelegt. Nun hat er das Problem. Er hört wie ein Hund. Er hört all die hohen Frequenzen. Er kann nicht einmal ein Auto fahren. Wenn ein Polizeifahrzeug mit Sirenengeheul an ihm vorüberfährt, muß er an den Rand fahren und den Wagen anhalten.

Seht zu, daß ihr diesen „Job" getan bekommt, oder jenen. Doktoren sind eine Hilfe. Sie diagnostizieren. Aber Gott hat euch gemacht. Wenn ihr euch selbst nicht leiden könnt, tötet euch. Worin besteht diese Idee, ihr selbst zu sein. Die Idee des Lebens ist, zu sein um zu sein. Ihr könnt mit eurem Ego leben und sagen, „Ich mag mich selbst nicht. Ich möchte mich selbst in dieser oder jener Weise haben." Das ist fein. Gott mag euch in der Art und Weise, wie er euch gemacht hat. Hat er euch gefragt? Hat Gott mit euch eine Konferenz gehalten, von Angesicht zu Angesicht, so, als wenn ihr in die Schule geht und mit eurem Lehrer sprecht und er sagte, „Okay, setz Dich her mit mir. Hallo, wie geht es Dir? Ich werde Dich auf die Erde schicken. Was willst Du sein? Wie würdest Du am liebsten sein?"

Und ihr würdet gesagt haben, „Dies, das und dies."

Und er würde gesagt haben, „Nein, ich werde Dir dieses geben."

Wurde etwa ein Vertrag geschlossen? War es so?

Klasse: Nein, Sir.

YB: Wenn es so ist, was macht ihr hier? Er hat euch hergeschickt und ihr wollt diese Tatsache außer acht lassen? Habt ihr diese Komplexe geschaffen, um das zu vergessen? Schämt ihr euch, Menschen zu sein?

Als ich in die Vereinigten Staaten kam, sagten die Leute zu mir: „Oh, Du brauchst Geld. Oh, Du mußt lernen zu fahren. Oh, Du brauchst dies. Oh, Du brauchst eine Sozialversicherungsnummer."

Ich sagte, „Bin ich ein Hund und brauche ich eine Nummer?"

„Du mußt eine haben."

Ich sagte, „Sie werden sie mir schicken. Macht Euch darüber keine Sorgen. Was ich haben muß, muß Gott mir schicken. Ich werde nicht losgehen und irgendetwas holen. Er ist im Begriff mir alles zu geben."

Kennt ihr die erste Unterrichtsstunde, die ich gegeben habe? *„Die Kunst und Wissenschaft der Befreiung?"* (Ihr findet diese Vorlesung am Schluß dieses Buches in der Abteilung „Quellen".) Seht zu, daß ihr das Papier irgendwoher bekommt. Es war eine großartige Vorlesung, die von dem YMCA organisiert wurde. So viele Leute kamen dahin – das heißt ich kam und mein Fahrer kam – das war sehr komisch. Ich habe die volle Vorlesung gehalten, obwohl sie unter dem falschen Datum angekündigt war, und er hat sie aufgenommen. Am nächsten Tag kamen all die Menschen und ich war nicht da. Keine Vorlesung. Aber sie haben das Band abgespielt. Jeder hat es geliebt. Wir haben sie so oft gedruckt. Das war die erste Vorlesung, die wir in den Vereinigten Staaten gedruckt haben.

Ihr braucht kein Make-up. Ihr brauchst überhaupt kein Make-up für gar nichts. Ihr werdet erkannt an eurem Geist. Ihr sollt durch eure eigene Ausstrahlung herausragen. Ihr werdet geliebt und geehrt je nach eurer Exzellenz oder Dummheit oder Ignoranz und Arroganz, je nachdem wie es der Fall ist. Die Kunst ist, geschickt zu sein. Geschickt zu sein bedeutet, so klein zu sein, daß darin alles enthalten ist. Schreibt diese Gleichung auf:

- Die Kunst geschickt zu sein bedeutet, so klein zu sein, daß darin alles enthalten ist.
- Die Kunst des Erfolgs ist, den Ruf der Pflicht mit Anstand und Mitgefühl zu beantworten.
- Die Kunst des Glücklichseins liegt darin, allem zu dienen und alles wird euch dienen.

Das sind die drei Grundregeln.

(Die Details der folgenden Meditationen sind auf den Seiten 120 und 121 zu finden.)

Legt das Band auf „Der Yogi". Focussiert mit den Augen auf die Nasenspitze. Atmet durch den Mund, den ihr zu einem „O" gespitzt habt. Formt ein klares „O" mit den Lippen. Atmet tief ein. Haltet den Atem. Shuniaa. Synchronisiert das gesamte Wesen. Atmet aus. Entspannt euch.

Legt das *Gobinday, Mukanday-Band* auf. Ihr werdet niemals frei sein, solange ihr das Konzept habt, einen Komplex zu haben. Ihr werdet immer im Schmutz leben. Ihr werdet immer euren egoistischen, selbst erschaffenen Schmerz essen. Euer Leben wird nichts als eine Tragödie sein. Ihr werdet verletzt werden und verletzen. Je mehr ihr verletzt, um so mehr wird es euch weh tun. Weder der Reichtum, noch die Umgebung, noch alle Dienste der Erde können euch retten. Ihr seid aus den Himmeln, ihr kamt aus der Unendlichkeit. Ihr seid hier und ihr müßt in die Himmel und die Unendlichkeit zurückkehren. Solange euch die Erde sehr wichtig ist und solange ihr weniger den Himmel als die Erde habt, solange werdet ihr Schmerz haben. Selbst wenn alles intakt ist, wird es euch weh tun. Und je mehr ihr verletzt, umso mehr erleidet ihr Schmerz.

Ihr seid nicht wirklich, ihr seid nicht menschlich. Ihr seht aus wie Menschen, ihr tut, als seid ihr Menschen, und ihr wißt, daß ihr Menschen seid. Das ist euer Ego. Aber ihr habt einen Komplex. Und ihr habt Reflexe. Ihr seid nicht Geist. Solange ihr nicht Geist seid, werdet ihr nicht glücklich sein, werdet ihr überhaupt nicht sein, und ihr werdet keine Freude haben. Geist ist Freude, Geist überwindet, Geist ist euer Schmuck, Geist ist euer Make-up, Geist ist euer Sein, Geist ist eure Identität, und eure geistige Projektion ist eure Kraft. Anstatt dessen seid ihr isoliert; ihr seid ständig dabei, euch hinter euren Wänden und Vorhängen zu verstecken, oder hinter euren Emotionen, Spektakeln und Dramas. Gut, wer seid ihr? Jede Cola-Flasche hat eine Aufschrift: „Coca-Cola." Das ist die Handelsmarke.

Wer seid ihr? Ihr seid ein menschliches Wesen. (Wortspiel: hu-man being) „Hu" bedeutet Geist, bedeutet das Licht. (YB zeichnet mit den Händen Kreise über seinem Kopf und zu den Seiten, um die Aura und den Strahlenkörper des Menschen anzudeuten.) „Man" bedeutet das Seelische, das Jetzt, jetzt sein. Jetzt seid ihr der Geist eures Verstandes. Ihr seid das strahlende Licht eurer selbst. Das ist eure Identität.

Aufgrund eures Komplexes könnt ihr nicht annehmen, daß alles Geist ist. Und weil darum nichts euch annehmen kann, kreiert ihr mehr Komplexe. Darum habt ihr kein Mitgefühl; ihr macht einen Amoklauf; ihr macht Unsinn. Es ist ein völlig natürlicher Fortschritt: Ihr wachst, ihr habt eine Jugend, ihr habt warmes Blut, ihr habt Stärke; und je mehr ihr wachst, desto schwächer und entleerter seid ihr. Ist das die Wellenbewegung für die ihr hierher gekommen seid?

Legt das *Gobinday Mukanday-Band* auf. Da muß es eine Antwort für unseren Schmerz geben, so daß wir nicht in einem selbst verursachten Wahnsinn leben. Kein Klang. Euer ganzer Oberkörper, vom Nabelpunkt aufwärts, soll tanzen. Benutzt euren Geist, eure Kraft, die Wirbelsäule muß tanzen. Power, power, power!

Kreiert den Klang aus der Kraft des Körpers und nicht durch das Klatschen. Diese Kraft ist so stark, glaubt mir das, daß der Körper den Klang kreiert. Eure Nerven sind stärker. Euer Brustkorb ist eine Trommel. Schlagt sie. Los, los, tut es! Eure Ellenbogen müssen den Brustkorb schlagen. Schlagt ihn! Wißt ihr, woher der Feueratem kam? Von hier. Ihr macht gerade *Asthang Agni Kriya*. Los, öffnet euch darin. Ihr seid am verlieren! Weiter! Versucht es einmal, erfahrt es, dann erzählt es mir. Macht es nicht allein halb. Paßt auf, paßt auf. Power. Ihr habt eine genetische Kraft. Macht weiter. Entspannt euch, entspannt. Macht euch das Spaß?

Klasse: (Applaus.)

YB: Das ist *Asthang Agni Kriya*: Das achtfache Feuer Kriya des Kundalini-Yoga. Das Mantra lautet Gobinday, Mukanday, Udaaray, Aaparay, Haariang, Kariang, Nirnaamay, Akaamay. Das ist ein Ashtang Yog Shastric Mantra. Wie viele von euch sind schon einmal zum Rodeo gegangen? Ihr wißt, wo sie den Bullen reiten und so ein Zeug? Z.B. reiten sie auf einem Pferd, fangen und fesseln ein Kalb und messen die Zeit. Die Perfektion dieses Mantras kann den Menschen zu einem Rodeo-Reiter mit Gott als dem Kalb machen. Ich mache keine Witze. Das ist wahr. Das gibt euch einen tatsächlichen Feueratem.

Spiel das Band vom Anfang an. Ihr müßt es tun. Ich bin darin sehr gut. Ihr schafft einen Klang. Es ist die siebente Rippe, „aus der Gott eine Frau erschaffen hat." Erinnert ihr das? Das bedeutet, daß die gesamte Kreativität der Menschheit auf der siebten Rippe begründet ist. Niemand versteht das – niemand macht eine Frau aus diesem kleinen Knochen, aber wißt ihr..... das ist, wie sie die Dinge erklären.

Paßt auf. Hier ist wie ihr die Kraft bekommt. (YB zeigt es.) Habt ihr es verstanden?

Klasse: Ja, Sir!

YB: Fertig. Ich will, daß ihr es erfahrt. Holt es, holt es, holt es! Der Atem wird Feueratem werden. Los. Los, laßt es uns heute schaffen! Jetzt, jetzt, jetzt, jetzt, jetzt! *Halleluja*. Los, weiter! Die Heiligen sind am marschieren.... Feueratem. Bravo! Härter! Wow, los weiter. Ein kräftiger Atem. Kraftvoll. Shalom, Bruder, Shalom. Der Friede wird siegen. Entzündet euer eigenes Feuer. Verbrennt euer Karma. Die Seele ist einzig ein Gefangener eures Brustkorbs. Befreit sie! Befreit sie und sie ist jetzt frei. Schlagt feste zu!

Einatmen. Entspannen, entspannen. Jetzt seid ihr *spaced out* – abgefahren. Ihr müßt andere Sachen tun. Ich bin einfach so hergekommen, ohne ein Programm. Wenn wir das so 15 Minuten weiter fortführen, dann vergeßt es. Was wir getan haben, ist gerade der Anfang. Langsam und stufenweise werden wir das Feuer, unseren Gott in uns, rein, kraftvoll und siegreich, mit dem wir das Karma, die Ursache und die Wirkung verbrennen werden, entwickeln. Die Seele ist ein Gefangener des Brustkorbs. Wir werden frei sein, jetzt und immer.

Habt einen guten Tag. Vielen Dank.

Meditation Eure Radiance – Ausstrahlung zu verstärken, zu erhellen

Mudra: Sitz im Schneidersitz mit geradem Rücken. Halte die Hände so im Abstand von 24 cm auf beiden Seiten von den Ohren, daß die Handflächen nach vorne weisen und die Finger zur Decke. Die Ellenbogen werden nicht an die Seiten gepreßt, sondern etwas vom Körper entfernt gehalten. Beuge den Zeigefinger nach unten und haltet ihn unter dem Daumen (*Giaan Mudra*). Die übrigen Finger sind Seite an Seite gehalten, während sie gestreckt nach oben weisen. Halte die Position aufmerksam und atme.

Augen: Fokussiere auf die Nasenspitze.

Atmung: Form mit deinen Lippen ein deutliches „O", und atme lang und tief durch diesen „O"-Mund.

Band: *The Yogi* von Matamandir Singh.

Zeit: In der Klasse für etwa 21 Minuten durchgeführt.

Ende: Atme tief ein und halte den Atem an. Erreiche den Zustand von shuniaa (null), und synchronisiere dein ganzes Wesen. Halte die Atmung für 20 Sekunden an. Entspanne dich.

Kommentare/Wirkungen: „Ihr braucht kein Make-up, ihr braucht gar nichts. Ihr werdet an Eurem Geist erkannt. Ihr sollt durch Eure Ausstrahlung hervorragen. Ihr werdet geliebt und geehrt entsprechend Eurer Exzellenz oder Eurer Dummheit, je nachdem, wie es der Fall ist."

Wer seid ihr? Ihr seid ein „hu-man being." *Hu* bedeutet Geist, das Licht, der Farbton. (YB zeigt mit Kreisen über seinem Kopf und zu den Seiten die Aura bzw. den Strahlenkörper eines Menschen.) *Man* bedeutet Jetzt, Seele, jetzt sein. Jetzt seid ihr der Geist eures Verstandes. Ihr seid ein helles Licht eurer Selbst. Das ist eure Identität.

Die Kunst gescheit zu sein bedeutet, so klein zu sein, daß darin alles enthalten sein kann. Die Kunst des Erfolges ist, dem Ruf der Pflicht mit Würde und Mitgefühl zu antworten. Die Kunst des Glücks bedeutet, allem zu dienen und alles wird euch dienen.

Asthang Agni Kriya
Die achtfache Feuerkriya des Kundalini-Yoga

Mudra/Bewegung: Sitze im Schneidersitz mit einem geraden Rücken und bewege die Arme wie in den Bildern (a) und (b) gezeigt wird in einer schnellen und kraftvollen Art und Weise.

(a) Bringe deine Ellenbogen in Schulterhöhe und halte die Hände, mit den Handflächen nach unten, vor jede Schulter.

(b) Bewege die Hände mit einer großen Kraft so aufeinander zu als wolltest du sie zusammenklatschen aber halte in der Bewegung inne, wenn sie etwa 12 cm voneinander entfernt sind. Die Hände sind dabei etwa auf Schulterhöhe. Im selben Moment schlage die Ellenbogen mit großer Kraft auf den Brustkorb. Das wird bewirken, daß die Hände ein wenig nach außen springen. Das Schlagen des Brustkorbs soll sehr kräftig sein, etwa einmal pro Sekunde. Das ist als wenn du eine Trommel schlägst. Du kannst beinahe den Klang der Trommel hören. Laß deinen Körper mit der Musik tanzen, während du die Bewegung durchführst – der ganze Oberkörper aufwärts des Nabels soll, ebenso wie die Wirbelsäule, tanzen. Führe die gesamte Bewegung sehr kraftvoll aus, indem du deinen Geist benutzt, die innere Kraft herauszulassen.

Atmung: Die Atmung wird zum Feueratem werden.

Band: Gobinday Mukanday von Matamandir Singh. Du sollst nicht singen.

Zeit: In der Klasse beim ersten Mal für sechs Minuten durchgeführt. Beim zweiten Mal fünf Minuten.

Ende: Tief einatmen, ausatmen und entspannen.

Kommentare/Wirkungen: In dieser Meditation wird deine Atmung einer Feueratem werden. Aus dieser Übung ist der Feueratem entstanden. Das Mantra spricht die acht Aspekte Gottes, der Unendlichkeit an:

Gobinday:	Der Erhalter
Mukanday:	Der Befreier
Udaaray:	Der, der erleuchtet – der uns erhöht.
Apaaray:	Der Unendliche, der uns unendlich macht
Hareeang:	Der Zerstörer
Kareeang:	Der Schöpfer – aus dessen Gnade alles geschieht.
Nimaamay:	Der jenseits aller Begriffe – er ist nicht an die Identität eines Namens gebunden
Akaamay:	Der jenseits aller Wünsche – der aus sich selbst ist.

Das wesentliche bei dieser Meditation ist der kräftige Schlag auf die siebte Rippe. Die gesamte menschliche Kreativität ist auf der siebten Rippe begründet. Diese

Körperregion zu schlagen, aktiviert unsere Kreativität, so daß wir mit unserem Geist leben - und nicht mit unseren Komplexen, in denen wir uns selbst begrenzen und einschränken und uns Schmerz verursachen.

Dies ist ein *Ashtang Yog Shatric Mantra*. Die Perfektion dieses Mantras kann dich zu einem Rodeo-Reiter machen (zu einem, der die Kunst beherrscht ein Pferd zu reiten und einen Bullen oder ein Kalb zu fesseln). Und Gott wird dein Kalb sein (derjenige, den du dir nutzbar machst).

Dies ist eine sehr schöne, energetisierende und erhebende Meditation, die jeder Klasse Freude macht.

Das Leben eines Lehrers
Flexibilität, Demut und Mitgefühl

KLASSE 7 vom Abend des 24. Juli 1996

Als eine Person habt ihr die Autorität, Verträge zu schließen. Aber als Lehrer habt ihr keine Autorität – moralisch, persönlich, oder als Vertragspartner. Ihr habt nur das eine Recht – zu dienen, zu dienen, zu dienen; zu erheben, zu erheben, zu erheben; zu preisen, zu preisen, zu preisen.

Wir haben uns, indem wir viele Konzepte, Begriffe, gebildet haben, zerteilt, und jedes Konzept hat uns eine Vorstellung vermittelt. Unsere Aufregungen beziehen sich auf diese Begriffe.

Der normale Verlauf unseres Lebens ist sehr natürlich – gerade so wie die Vögel und die Tiere leben wir nach unseren Trieben. Während wir Kinder sind, krabbeln wir. Während wir jung sind, sind wir sehr heiß und leidenschaftlich. Wenn wir alt werden, fallen wir auseinander. Das sind die gewöhnlichen Vorgänge des Lebens. Ihnen liegt kein rationaler Entwurf zugrunde. Während ihr jung seid, sollt ihr wachsen. Wenn ihr gewachsen seid, werdet ihr Erwachsene sein. Als Erwachsene werdet ihr reif. Wenn ihr reif seid, werdet ihr alt. Wenn wir alt seid, sterbt ihr.

Aber das Problem ist, daß ihr Verbindungen untereinander nicht handhaben könnt. Um eine Verbindung handhaben zu können, müßtet ihr euren Geist einsetzen, aber ihr habt keine Vorstellung in Bezug auf euren Geist. Während ihr keine Vorstellung in Bezug auf euren Geist habt, habt ihr doch einen Begriff von Emotionen, Gefühlen, Aufregungen und alles übrige wird hinzugefügt.

Seid ihr in dieser Form geboren? Ist es irgendwo verfügt, daß ihr leiden sollt? Nein. Wenn ihr eure Emotionen habt und eure Emotionen behaltet, aber anstatt aus euren Emotionen heraus zu handeln, euren Geist benutzt, werdet ihr nicht leiden.

Wenn ihr das Spiel spielt, dann spielt das Spiel mit euch. Es ist wie ein Pendelauto, das vor uns zurück fährt. Das ist eine sehr empfindliche Situation. 95 % der Menschen leben ihre Leben gerade so, laßt uns sagen etwa 80 Jahre, und hinterlassen nicht irgendein Zeichen – gar nichts, was auch immer. Sie kommen, sie leben, und sie gehen. Sie werden geboren, gerade ein paar Menschen kennen sie, einige Leute gingen zu ihrer Beerdigung und sie sind vergessen. Sie sind nicht nur

123

vergessen, die Mehrzahl der Menschen kennt nicht einmal den Namen ihres Urgroß-vaters, ganz zu schweigen von irgendjemand sonst. So, einige hatten ein schönes Leben, einige nicht, einige werden kein schönes Leben haben. Einige werden sich bemühen, ein gutes Leben zu führen. So geht es weiter.

Laßt mich euch etwas sehr komisches erzählen. Ein Mensch wurde Arzt. Er brauchte acht Jahre um ein Arzt zu werden und eröffnete dann seine Praxis. Eines Tages war er sehr frustriert. Ich sagte, „Was ist los mit Dir?".

Er sagte, „Oh, ich hatte ein Studentendarlehen aufgenommen. Nun muß ich Tag und Nacht arbeiten, nur um es zurückzuzahlen."

Ich sagte, „Was ist daran so schlimm, es zurückzuzahlen? Das ist Karma. Du hast das Leben, Du hast das *Prana*, Du hast den Geist, Du hast die Seele. Du mußt es zurückzahlen."

Ist es irgendwo verfügt, daß ihr leiden sollt? Nein. Wenn ihr eure Emotionen habt und eure Emotionen behaltet, aber anstatt aus euren Emotionen heraus zu handeln, euren Geist benutzt, werdet ihr nicht leiden.

Alles was du bekommst, hast du zurückzuzahlen. Es gibt nichts umsonst. Dein Körper, dein Wohlstand, deine Umgebung sind bereits vorbestimmt. Nehmen wir das Beispiel, daß jemand mit 100 000 Dollar ein Geschäft beginnt; er wird ein Millionär – das ist wunderbar. Auf der anderen Seite, beginnt jemand ein Geschäft mit 100 000 Dollar und verliert das ganze Geld. Da ist nichts mehr übrig. Verlust und Gewinn sind auf die Person bezogen. Der Anfangspunkt ist bereits vorbestimmt, so wie Länge und Breite auf denen du geboren wirst, vorbestimmt sind.

Erkennst du den du erkennen sollst? Nein, du tust es nicht. Wenn es in deine Emotion paßt, erkennst du es. Wenn es nicht paßt, erkennst du es nicht. Wenn es in deine Absicht paßt, erkennst du es. Wenn es das nicht tut, erkennst du es nicht. Die Stärke deines Urteils ist der einzige Feind, den du hast. Du blickst nicht im Licht des Geistes auf die Dinge im Licht der Seele und du glaubst und traust nicht, daß alles, was du wahrnimmst, das Licht der Seele ist. Die Dinge werden zusammenpassen, wenn sie zusammenpassen wollen. Es wird von dir nicht verlangt, sie passend oder unpassend zu machen oder zu bewirken, daß die Menschen glauben oder sie zu zwingen, zuzustimmen.

Was ist hier geschehen, wenn du die Scheidung von einem Mädchen unterschreibst, mit dem du verheiratet warst und der du für sieben Jahre lang gesagt hast, „Ich liebe Dich, ich liebe Dich, ich liebe Dich?" Was passiert dann? Was wird aus deinem Liebesschwur? „Kein Wettbewerb, es ist nur, daß unsere Chemie sich nicht verträgt." Warum? Warum hast du manchmal Freunde und dann wiederum nicht? Das ist, um es einmal technisch auszudrücken, weil du keine Stärke besitzt. Du besitzt nicht die Stärke, über den Galgen zu gehen. Und das ist die Hauptursache, warum die schönste Gabe des Lebens, die einfach gemacht ist, um zu erfreuen, vergeudet ist.

Einst gab es da ein Mädchen, das einen Jungen heiraten wollte. Aber jeder sagte ihr, „Heirate diesen Jungen nicht."

Sie sagte, „Nein, ich will es."

„Okay, dann heirate." Sechs Jahre später waren sie in Scheidung. Als sie das nächste Mal kam, wollte sie schon wieder heiraten.

Wir sagten, „Gut, dieses Mal heirate nicht so schnell. Verlobe Dich und schau darauf, was geschieht." Sie waren für sechs Jahre verlobt.

Nach sechs Jahren sagte sie, „Ich will nicht länger verlobt sein. Ich will die Verlobung lösen."

Ich blickte sie an und sagte, „Sind sechs Jahre Deine Routinezeit?"

Genauso gab es da eine Studentin von mir, sie war eine meiner besten Studentinnen, die ging. Alle zweieinhalb Jahre wechselt der Rhythmus. Ich habe mit ihr vor einer Woche gesprochen. Ich sagte, „He, das ist das zweieinhalbte Jahr, was da aufzieht. Was wird das nächste sein?"

Sie sagte, „Sag Du es mir."

Ich sagte, „Du bist dabei wieder alles zu ruinieren. Warum muß das sein?"

Sie sagte, „Das kümmert mich nicht. Ich bin stets bemüht, mein Leben zu ruinieren oder es nicht zu ruinieren, das kümmert mich nicht. Übel kommt zu Übel, am Leben zu bleiben, das ist genug."

Könnt ihr das glauben? Ich sagte, „Worüber redest Du?"

„Oh, ich kann machen was ich will und wenn Übel zu Übel kommt, wirst Du für mich sorgen."

Ich sagte, „Also hast Du die generelle Erlaubnis, es zu ruinieren?"

Sie sagte, „Ja. In zweieinhalb Jahren werde ich etwas anderes machen."

Ihr könnt das Leben in Zweieinhalb-Jahressegmente einteilen. Ihr habt einen Entwurf. Dann kommt ein Minderwertigkeitskomplex oder der Größenwahn, weil ihr das Modell angenommen habt.

Ich kenne einen Geschäftsmann, der ist sehr erfolgreich, sehr ruhig. Aber in dem Moment wo er begreift, daß er in einer Partnerschaft arbeiten muß, steigt er aus. Da gibt es eine Gesellschaftsfurcht. Man nennt sie „soziale Phobie."

Da gab es ein sehr talentiertes Mädchen. Ihr wurde ein Job in einer sehr hohen Position angeboten. Sie sagte, „Nein, ich will eine Schullehrerin werden." Sie hat den 90.000-Dollar-pro-Jahr-Job abgelehnt und stattdessen eine 25.000-Dollar-pro-Jahr-Position angenommen. „Ich will Schulkinder unterrichten." Das war ein sehr mächtiger Entwurf auf der autorisierenden Ebene hinsichtlich einer Schullehrerin. Sie wollte unterrichten. Sie hatte eine Vorstellung. Und wann immer ihr ein Konzept habt, habt ihr auch einen Konflikt.

In diesen Tagen hat sich der Trend ein bißchen gewandelt, aber einige Jahre zuvor, war praktisch jede eine Masseurin oder ein Heiler. Einmal fragte ich jemanden, „Kennst Du den Namen von diesem Muskel?"

Er sagte, „Was? Du meinst Wade?"

Ich sagte, „Die Wade hat so viele Muskeln. Hast Du jemals Anatomie studiert und verstehst Du wovon Du sprichst?"

„Nein."

Da gibt es etwas, das ihr nicht versteht. Vögel leben, Tiere leben – die Kühe, die Schweine und Pferde – und ihr wollt auch leben. In ihrer Welt handeln sie und reagieren (Wortspiel: act and react). Aber in eurem Fall, habt ihr ein angewandtes Bewußtsein. In eurem Fall ist das eure Tiefe und Stärke. In eurem Fall ist es eure Weisheit und Intelligenz. In eurem Fall bedeutet das eure Intuition und eure menschliche Stärke. Darum könnt ihr sehr flexibel und anpassungsfähig sein. Eure Position ist verstehbar und ihr könnt euch darunter stellen und fortfahren zu handeln.

Ein Lehrer hat kein Gebiet und ein Heiler hat kein Selbst außer dem Gebet. Ein Heiler ist ein lebendes Gebet. Ein Mensch ist ein lebendes Licht. Da gibt es keine Auseinandersetzungen darüber.

Im Leben verlieren wir drei Dinge: Flexibilität, Demut und Mitgefühl. Wenn ihr die Geschichte betrachtet, werdet ihr sehen, daß wir im Anfang alle Eins waren, denn wir waren alle in der gleichen Höhle. Dann ergab es sich, daß eine Gruppe von Höhlen einen Stamm ausmachten und dann beanspruchte der Stamm ein Territorium. Ein bestimmtes Territorium bildete einen Staat; die Staaten bilden ein Land; und bestimmten Länder bilden die Welt. Seit Anbeginn der Zeiten haben wir geteilt. Niemals haben wir Weisheit, Intuition, Selbstachtung, Selbsterkenntnis, Mitgefühl, Liebenswürdigkeit und Fürsorge gelernt. Alles was wir gelernt haben ist: „Erobere oder Du wirst erobert." Selbst heutzutage handeln wir auf die gleiche Weise. Wir hatten damals keinen Frieden, noch werden wir jetzt Frieden haben. Einfach die geographischen und kulturellen Bedingungen dürften sich gewandelt haben.

Könnt ihr glauben, daß Juden und Araber für Jahrhunderte zusammengelebt haben und heute nicht zufrieden zusammenleben können? Jugoslawien war ein Land. Mein Gott, sie haben sich gegenseitig umgebracht, auf eine Weise, wie wir es nicht einmal verstehen können. Jetzt, 1996, nennen sie es eine ethnische Reinigung. In Afrika ist es Stammesreinigung. Zu Hause ist es Egoreinigung.

Einmal kam eine Frau zu mir, die sehr brutal geschlagen worden war. Es war schrecklich. Während der Beratung fragte ich sie, „Was passierte in der Nacht, bevor morgens die Auseinandersetzung stattfand?"

Sie sagte, „Oh, wir waren sehr glücklich. Wir waren zum Essen ausgegangen und kamen nach Hause und hatten wunderbaren, grandiosen Sex. Wir schliefen. Wir sind morgens aufgestanden und wir waren so glücklich. Alles war wunderbar."

Ich sagte, „Was passierte dann?"

Sie sagte, „Ja, er hat sich fertig gemacht und ich hab mich fertig gemacht. Wir saßen am Frühstückstisch. Ich weiß nicht, was passierte, aber als er seinen Löffel in den Mund nahm, war eine Fliege darauf."

Er nahm die Schüssel und warf sie ihr ins Gesicht, warf den Tisch um und zerbrach die Teller. Sie sagte, „Alles was ich weiß, ist, daß hinterher die totale Verwüstung war. Dann stampfte er hinaus. Ich bemerkte, daß ich blutete. Ich ging zum Spiegel und sah, daß mein ganzes Gesicht zerschnitten war."

Warum? Seid ihr tolerant? Nein. Könnt ihr kommunizieren? Ihr könnt es nicht. Es ist nicht eure gemeinsame Vorstellung, harmonisch in Frieden und Ruhe zu leben. Eure gemeinsame Vorstellung ist es, zu erobern oder erobert zu werden. Ihr habt einen tierischen Instinkt. Ja, ich stimme euch zu, daß ihr zum Teil, zum Teil Mensch und zum Teil Engel seid. Aber der engelhafte Anteil muß mehr als 60 % betragen. Der menschliche Teil sollte wenigstens 30 % betragen und euer tierischer Anteil von etwa 10 % soll euch zusammenhalten. Das ist rational. Das ist wie eure Entwicklung sein sollte. Das ist wie euer Sieben-Jahres-Zyklus das Bewußtseins euer Elf-Jahres-

Zyklus der Intelligenz und euer Achtzehn-Jahres-Zyklus des Lebens proportional wachsen soll. Eure Lebenskraft mit 18 Jahren ist gleich 1. Dann soll euer Bewußtsein in einer Proportion von 2,5 oder 2,6 oder 2,7, 2,8 evtl. 3 Punkten – irgendwie in dieser Größenordnung, wachsen. Wenn ihr 18 seid ergibt das eine Einheit. Eure Intelligenz muß mit dem Faktor 1,6 oder 1,9 oder 2 wachsen. Dann wird das Leben sehr bequem und sehr leicht sein.

Einmal wurde ich von einem Mann benachrichtigt, ich sollte meinen Lehrer sehen. Er sagte, „Dein Lehrer will Dich sehen."

Ich sagte, „Ist es dringend oder habe ich Zeit?"

Er sagte, „Tja, komm wenn Du willst."

Ich sagte, „Okay." Ich ging heim, wechselte meine Kleider, habe mich ordentlich angezogen, ging hin und stellte mich vor.

Er schaute mich an und sagte, „Das hat sehr lang gedauert."

Ich sagte, „Ich bin so schnell gekommen, wie ich konnte."

„Nun, Du bist nicht richtig angezogen."

Ich sagte, „Ja, Sir, ich habe mich nicht richtig angezogen."

Er sagte, „Nein, nein, nein, nein, nein. Stell Dich vor den Spiegel. Ich sage Dir, daß dieses, daß jenes und das und das und das falsch ist. Gewöhnlich bist Du der bestangezogenste Mann."

Ich sagte, „Oh, was für ein Tag ist das heute!" Weißt du, was du da machen kannst? Dann setzte ich mich hin.

Er sagte, „Setz Dich hin, ich will Dir etwas erklären. Mach Dich niemals in Eile fertig. Du wirst niemals bei Dir sein. Wenn Du faul sein wirst, bist Du verrückt. Wenn Du in Eile bist, bist Du nicht Du selbst."

Einen Monat oder zwei vergingen und ich hatte den Vorfall vergessen. Der Mann kam wieder und sagte: „Du sollst Dich wieder vorstellen."

Ich sagte, „Wieder? Habe ich Zeit?"

Er sagte, „Vollkommen, Du hast Zeit."

Ich sagte, „Okay, mach Dir keine Sorgen Baby." So habe ich mich so fein angezogen, daß ihr es nicht glauben könnt. Als ich ankam, war mein Lehrer dabei, draußen auf der Wiese spazieren zu gehen. Er sagte, „Du bist gekommen?"

Ich sagte, „Sehr gut angezogen."

Er blickte mich an, und dann sagte er, „Das ist wahr." Dann setzte er sich hin und sagte, „Wenn immer Du aufbrichst, irgendetwas zu wollen, sei großzügig und schön, sieh so gut aus und so perfekt, wie es geht. Einfach, graziös und geh umher mit einem Lächeln."

Nun, ich war 14 Jahre alt.

Eines Tages arbeitete ich auf den Feldern und er blickte mich an. Er sagte, „Laß uns gehen." Jetzt, wißt ihr, in Indien, speziell, wenn du auf den Feldern arbeitest, trägst du große Unterwäsche, ein Hemd und einen kleinen

Als Lehrer könnt ihr nicht von der gegenwärtigen Zeit bewertet werden. Die Geschichte wird euch richten. Ein Lehrer wird nicht von seinen Studenten oder von seinen Kollegen, noch von irgendjemand anderem gerichtet. Ein Lehrer wird immer von der Geschichte gerichtet. Seid ihr gewillt, das Risiko auf euch zu nehmen, daß ihr von der Geschichte als Schwindler, als Idioten, die jeden ausgebeutet haben, daß ihr wertlos wart, gerichtet zu werden?

Turban auf dem Kopf – das ist es schon. Genauso sah ich aus, während ich die Erde mit einer Hacke in meiner Hand bearbeitete. Er sagte, „Komm mit." So bin ich mit ihm aufgebrochen. Ihr müßt wissen, daß er mich durch die Hauptstraßen der Stadt führte, barfuß.

Als ich zurückkam sagte ich, „Vielen Dank, kann ich gehen?"

Er sagte, „Nein, nein, ich will dir etwas sagen. Wie hat Dir der Besuch in der Stadt heute gefallen?"

Ich sagte, „Willst Du die Wahrheit wissen oder habe ich zu sagen, was Du hören willst?"

Er sagte, „Nein, die Wahrheit."

Ich sagte, „Sehr peinlich."

Er sagte, „Vielen Dank. Ich wollte, daß Du die Peinlichkeiten erfährst. Das ist alles. Jetzt ist es geschehen. Wir werden uns wiedersehen."

Die Aufgabe eines Lehrers ist es also, einem Menschen alle Facetten und Fähigkeiten des Lebens zu lehren und den geistigen Zustand auch im Moment der Peinlichkeit, im Moment der Konfrontation zu erlangen. Das ist die Aufgabe. Ihr seid hergekommen, um Lehrer zu werden – wozu, um Bücher zu lesen und Geschichten zu schreiben, um die Menschen zu lehren wie sie ihre Beine und ihren Kopf erheben oder Kopfstand machen sollen? Oder einfach nur um ihnen zu erzählen wie gut und großartig ihr seid? Nein. So werdet ihr niemals einen Lehrer ausmachen. Das wird euch nur zu einer Buchdruckmaschine machen. Wenn ihr ein Lehrer werdet, dann werdet ihr eine perfekte, erleuchtete Kreatur. Das ist sehr einfach. Ihr werdet nicht ihr selbst sein.

Solange wie euer Ego existiert, seid ihr kein Lehrer. Solange wie ihr Anerkennung erwartet, seid ihr nicht ein Lehrer, sondern ein Bettler. Einige sind sehr qualifizierte Bettler, andere sind sehr unhöflich und roh. Ich ging einmal nach Boulder, wo es einen spirituellen Lehrer gab. Als die Studenten mir seine Regeln mitteilten, mußte ich mit ihm sprechen. Ich sagte, „He, was machst Du da?"

Er sagte, „Ich teste meine Studenten."

Ich sagte, „Ich kann verstehen, daß es gewisse Verhaltensregeln gibt. Aber Du gibst die Studenten den Staatsgesetzen preis. „Gib dem Kaiser was des Kaisers ist und Gott was Gottes ist."[1]

Als eine Person habt ihr die Autorität, Verträge zu schließen. Aber als Lehrer habt ihr keine Autorität, moralisch, persönlich oder als Individuum. Als Lehrer habt ihr keine Autorität, Verträge zu schließen. Ihr habt nur ein einziges Recht – zu dienen, zu dienen, zu dienen; zu erheben, zu erheben, zu erheben; zu preisen, zu preisen, zu preisen.

Solange euer Ego existiert, seid ihr kein Lehrer. Solange ihr Anerkennung erwartet, seid ihr kein Lehrer, sondern Bettler.

Wenn ein Lehrer einen Studenten in einer guten Atmosphäre trifft, bewirkt das einen Funken. Habt ihr das gehört?

Klasse: Ja, Sir.

YB: Es bewirkt einen Funken. Wenn ihr einen Hammer und einen Meißel nehmt, bewirkt das auch einen Funken. Ein guter Lehrer bedeutet schlimme Neuigkeiten. Ein schlechter Lehrer bedeutet gute Neuigkeiten. Hier in diesem Land sind wir genau genommen keine Lehrer. Hier in diesem Land gibt es keinen Standard für einen Lehrer. Da gibt es so viele Einschränkungen – Arbeiterausgleich, Versicherung gegen Belästigungen: sinnliche, sexuelle und soziale sowie persönliche Belästigung. Ein Lehrer ist hier so schwer versichert. Es gibt hier in den Vereinigten Staaten, soweit ich weiß, kaum einen Lehrer, der nicht wenigstens durch zwei, drei, vier, fünf, sechs Prozesse gegangen ist.

Der aufregendste Prozeß, den ich zu bestehen hatte, ist der, den wir den „Beet Case" – den Rote Rüben-Fall nennen. Jemand zeigte mich an, nachdem ich in einer

---

[1] Matthäus 22:21.12

Vorlesung, die ich in Boston gehalten habe, erwähnte, daß Rote Rüben gut für euch sind. So aß sie Rote Rüben. Unter diesem Einfluß ließ sie eine Eileiter-Operation durchführen. Acht Jahre später wurde sie gewahr, daß sie keine Kinder haben kann. So zeigte sie mich an. Der Fall ging vorwärts, die Enthüllung begann. Eines Tages haben sie den Fall zurückgezogen. Sie haben ihn einfach zurückgezogen. Für zweieinhalb Jahre haben wir den Belästigungen standgehalten und dann haben sie ihn einfach zurückgezogen.

Sie haben mich gefragt, „Was ist zu tun?"

Ich sagte, „Nichts. So etwas geschieht mit dem Gebiet."

Einige Studenten, die du triffst, sind sehr weise, voller Liebe; sie dienen dir. Einige wollen in deiner Nähe sein, einzig um ihre Haken irgendwo zu plazieren. Einige wollen kommen, weil sie verrückt sind. Das ist eine der Situationen, die sehr ungewöhnlich wirr ist. Du mußt verstehen, daß du als ein Lehrer nicht in der Gegenwart gerichtet werden kannst. Die Geschichte wird dich richten. Ein Lehrer wird nicht von seinen Studenten oder von seinen Kollegen oder von irgendjemandem sonst verurteilt. Ein Lehrer wird immer von der Geschichte gerichtet. Seid ihr willig, das Risiko auf euch zu nehmen, daß ihr als schwindelnde Idioten, die jeden ausgebeutet haben, daß ihr wertlos gewesen wart, in die Geschichte eingeht?

Klasse: Ja, Sir..... Nein, Sir!

YB: Mein Gott, was ein Risiko. Ihr habt nicht verstanden, was ich sage. (Gelächter im Raum.) Ich will euch diese Bestätigung verzeihen. Es ist erstaunlich. Verliebt euch nicht in mich, denn ich werde beginnen, euch zu prüfen und dann werdet ihr euch sehr übel fühlen. Das ist die erste Aufgabe für die Liebe des Lehrers. Wenn ihr einen Lehrer liebt, solltet ihr frei vom Sehnen werden.

Eines Tages sagte ich jemandem, „Werde frei vom Sehnen." Sie kam nackt zur Universität und ich sagte, „Was ist los mit Dir?"

Sie sagte, „Ich hab kein Verlangen."

Ich sagte, „Kein Verlangen, Kleider anzuziehen?"

„Nein, ich bin ganz natürlich, organisch. Das hast Du mir heute gesagt."

Ich sagte, „Heilige Mutter, geh und zieh Kleider an, dann komm wieder."

„Wenn Du das sagst." So kam sie angezogen wieder.

Von dem Tage an bin ich reserviert in meinem Urteil, was zu sagen und was nicht zu sagen. Ihr wißt, daß ich die meiste Zeit in meinen Klassen Shakti fragen würde, „Was soll ich sagen?" Ich habe 27 Jahre der komischsten Erfahrungen.

Ihr könnt nicht verstehen, daß ich nicht ohne Schmerzen bin. Ich habe riesige Schmerzen. Es ist nicht, daß sie nicht große Lehrer werden könnten. Das ist es nicht. Sie tun es einfach nicht.

Einige Lehrer wollen populär sein. Was ist das? Ein Popularitätswettstreit? Einige Leute wollen sehr liebenswürdig sein. Hast du einen 3HO-Lehrer gesehen (ich werde ihn nicht beim Namen nennen), der jedem um den Hals fällt? Kennst du den? Eines Tages traf er mich und ich sagte, „Entweder hörst Du auf allen Leuten um den Hals zu fallen oder Du verläßt 3HO, da es in den Verhaltensregeln so nicht beschrieben ist. Umarme jemanden, wenn jemand Dich umarmt. Das kann ich verstehen. Aber was tust Du?"

Er sagte, „Ich will einfach jeden umarmen."

Ich sagte, „Aktion führt zur Reaktion, gleich und entgegengesetzt. Zuerst umarmst Du und dann nervst Du. Und dieses Spiel von Umarmen und Nerven," sagte ich, „das funktioniert nicht."

Auch in Indien war ich ein Lehrer. Wenn du unordentlich zum Unterricht erschienen bist oder eine Minute zu spät, das war alles, was nötig war, die Kundalini aufsteigen zu lassen. Die Klasse würde da sitzen und beobachten, durch welche Wandlungen die Person ginge – ihr würdet es nicht glauben. Weil ohne Disziplin könnt ihr niemals Schüler sein, und ohne Disziplin könnt ihr niemals ein Meister sein, und ohne Disziplin könnt ihr niemals ausliefern. Und ohne Disziplin werdet ihr niemals das erhöhte Selbst kennenlernen. Die Macht, zu gehorchen, ist die Macht zu befehlen. Hier im Westen werden Hingabe, Demut und Gehorsam als Sklaverei verstanden. Aber in der Tat sind sie die Macht des Selbst. Nur ein aufs Höchste erhobener, aufs Äußerste kraftvoller Charakter kann hingeben. Das ist eine sehr unterschiedliche Kultur, ein sehr unterschiedliches Verständnis. Als ich begonnen habe, hier zu unterschreiben, „in Demut Ihr," haben die Menschen das nicht gewollt. „Sir, was soll das bedeuten, in Demut Ihr?"

Ich sagte, „Nun, ich meine was ich sage." Ich bin ein Vehikel, ein Kanal. Ich bin nicht der Absolute.

(Die Details dieser Meditation finden Sie auf Seite 138.)

Laßt uns einmal unseren Geist testen.

Ihr habt diesen Nachmittag gut gearbeitet. Erinnert euch daran, was ihr diesen Nachmittag getan habt. Jetzt habt ihre folgendes zu tun. Erinnert ihr euch? Diese zwei Finger müssen offen sein. Und ihr habt dasselbe noch einmal zu tun und die siebte Rippe mit aller Kraft zu schlagen. Richtig? Fertig, ihr habt es schon getan. Jetzt müßt ihr es tun und das ist die Zeit, wo ihr es erfahren müßt, weil es die Zeit ist, es zu tun. Los jetzt. Fertig, hinsetzen, und los! (Das Band *„Gobinday, Mukanday" von Matamandir Singh* wird gespielt.) Los jetzt. Erinnert euch selbst bei jedem Atemzug, daß ihr heute nacht gewinnen müßt. Viel Glück.

Laßt den Atem Feueratem sein. Beeilt euch. Gebt euer Bestes.

Einatmen. Streckt die Hände hoch bitte, und richtet den Körper so weit auf, daß ihr eure Wirbelsäule streckt. Das ist das einzige Mal. Los jetzt, macht es, hart! Erhebt euch, feste, feste, feste. Entspannt.

Da gibt es nicht irgendeine Kraft, die von außen zu euch kommt. Da gibt es eine schlafende Kraft in euch selbst, die geweckt werden muß. Ihr müßt diese Kraft erwecken und all die Zyklen der Übertragung durchdringen, die Zyklen der Übertragung eures Magnetfeldes, indem ihr eine Seele habt, die eure Essenz regiert, damit ihr eine größere, erhobene Persönlichkeit werdet und alles mit Würde anblicken könnt. Das ist die Schönheit.

So üben wir also auf die eine oder andere Weise und bemühen uns zum ersten Mal nett zu uns selbst zu sein. Wenigstens haben wir das Sehnen, Lehrer zu werden. Ob wir Lehrer werden oder nicht, als Lehrer handeln oder nicht, ist schwer zu sagen. Ein Lehrer handelt im Interesse des höheren Selbst seines Schülers. Da gibt es drei Teile eines Schülers – sein Selbst, sein weltliches Selbst und sein höheres Selbst. Ein spiritueller Lehrer gehört nur zu dem höheren Selbst und wenn er zu dem höheren Selbst gehört und der Student gehorcht und sein höheres Selbst erreicht, dann wird auch für die zwei unteren Stufen gesorgt sein. Das ist sehr einfach.

Ihr müßt euch erheben, um höher hinauszugelangen, und dann könnt ihr nicht mehr nach unten sickern. Hier ist *shashaarad* (YB legt seine Hand auf seinen Kopf) ihr habt euch selbst zu retten von euren Ohren, euren Augen, eurem Mund, euren Händen, euren Beinen und von den zwei anderen Arealen. In eurem eigenen Interesse müßt ihr die totale Kontrolle darüber haben, was in euch hinein und was aus euch herausgeht.

Diese Welt ist unsere Qualifikation, Standard, Prüfung, ein Platz, wo wir unser Selbst in unserem eigenen Interesse prüfen müssen. Wir müssen lernen, uns selbst zu lieben, bevor wir irgendjemand anderen lieben. Wir müssen uns selbst ehren, bevor wir irgendjemand anderen ehren. Wir müssen uns selbst dienen, bevor wir irgendjemandem anderen dienen. Solange wir nicht wissen, wie wir für uns selbst handeln können, werden wir nicht in der Lage sein, für andere irgendetwas zu tun. Anderenfalls tun wir die Dinge, die wir für andere tun, aus einer Absicht heraus. Und die Absicht wird Vorurteil produzieren. Anstatt Freunde zu haben, werdet ihr Feinde haben. Ihr werdet Entwürfe haben. Ihr werdet Vorstellungen haben über richtig und falsch. Ihr seid geboren und gelehrt und sterbt im Richten. Wenn die Dinge zu euch kommen, fühlt ihr euch geehrt. Wenn die Dinge euch fortgenommen sind, fühlt ihr euch verletzt.

ੲਕ ਭੀ ਨ ਦੇ ਇ ਦਸ ਭੀ ਹਿਰਿ ਲੇ ਇ ॥
ਤਉ ਮੂੜਾ ਕਹੁ ਕਹਾ ਕਰੇ ਇ ॥
ਜਿਸ ਠਾਕੁਰ ਸਿਉ ਨਾਹੀ ਚਾਰਾ ॥
ਤਾ ਕਉ ਕੀਜੈ ਸਦ ਨਮਸਕਾਰਾ ॥
Ayk bhee na deh, das bhee hir leh.
Ta-o mooraa kaho kahaa karay-eh.
Jis thakur sio naahee chaaraa.
7aakao keejai sad namaskaaraa.
-Guru Arjan, Siri Guru Granth Sahib, page 268
If God has given you one and takes away ten, what can you do, fool?
You cannot fight with the Master- it is better to bow and accept Him.

Wenn Gott dir eins gegeben hat und zehn hinwegnimmt, was vermagst du zu tun, Narr?
Du kannst nicht mit dem Meister kämpfen; es ist besser, dich zu beugen und ihn anzunehmen.

Wenn er dir eins gibt und die zehn, die du hast, wegnimmst, dann, du Narr, was vermagst du zu tun? Warum wolltest du mit dem Herrn kämpfen, mit dem zu kämpfen du keinen Anlaß hast? Warum verneigst du dich nicht und nimmst die Segnungen entgegen?

Ich sage euch nicht, daß ihr sie studieren sollt, aber da gibt es eine Schrift mit dem Namen Asa di Var. Sie ist in Gurmukhi geschrieben und ins Englische übersetzt. Wenn ihr irgendwie eine Chance erhaltet, sie zu lesen und zu verstehen, gibt es keine Weisheit in der Welt, die ihr nicht beherrschtet. Ihr braucht nicht in eine Bibliothek gehen und alles heraussuchen. Der Text sagt euch genau, was es ist, und warum es ist. Und er sagt euch, wenn ihr es bewältigt, dann *ist das*. Lieber Gott. Er berichtet euch über Gott, die Seele und den Menschen. Er erzählt euch über das Wort, die Worte und die Wunder, die Grenzenlosigkeit und das Begrenzte. Er ist ein sehr klares Ding. Als ich studierte, fragte ich eine Frage: „Warum singen die Sikhs jeden Morgen? Ich denke, da sollte es einen Grund geben." Dann habe ich die Worte studiert. Ich habe entdeckt, daß dort Aussagen verschiedener Gurus zusammengestellt waren. Da sind einige *shabads* – Gottes Worte und einige *slokas* – Essenzen und einige *paurees* – Stufen, wie eine Leiter. Am Ende sagte ich, „Mein Gott, das ist die Wissenschaft des menschlichen Verhaltens in bezug auf jeden Aspekt des Lebens."

Ich war kein Sikh, um das einmal zu sagen. Ich bin ein Sikh geworden. Ich wurde in einer Sikh-Familie geboren, das ist wahr. Aber ich bin ein Wissenschaftler. Ich glaube nicht, daß Gott, der nicht erklärt werden kann, Gottesdienst benötigt. Ich glaube auch nicht, daß, sofern ihr nicht wißt, wer euch geschaffen hat, ihr in dieser Welt besteht. Ich glaube, daß es einen Mittelpunkt gibt, einen Rand und die Speichen

Da gibt es drei Teile eines Schülers – sein Selbst, sein weltliches Selbst und sein hohes Selbst. Ein spiritueller Lehrer gehört nur zu dem hohen Selbst. Und wenn ihr zu dem hohen Selbst gehört und der Student gehorcht und erreicht sein hohes Selbst, dann ist für die zwei unteren Stufen gesorgt. Das ist sehr einfach.

Jedes Wort ist wie eine Speiche. Es unterstützt dich und es hält dich an. Ich denke, jede eurer Äußerungen wirkt ewig. Ich glaube ebenso, daß alles, was Gott getan hat, so offen ist, daß jeder Mensch absolut offen sein muß.

So müßt ihr also nicht meinen religiösen Vorstellungen, meinem Glauben folgen. Sie sind sehr einfach, aber sie werden euch sehr unheimlich vorkommen. Ich glaube nicht, daß irgendetwas kompliziert ist. Ich denke, daß, wenn wir uns verstecken und suchen, und wir jagen und verletzen wollen, daß wir dann Komplikationen produzieren. Ich glaube nicht, daß jeder jeden liebt. Ich denke, daß wir diese Welt benutzen, die anderen Menschen zu blenden. Oder manchmal blenden wir uns selbst. Ich glaube, ihr könnt niemanden lieben – es passiert.

Das ist sehr komisch. In den letzten 25 Jahren, wenn ich zu jemandem sage „ich liebe Dich," dann meine ich es. Und wenn sie zu mir sagen, daß sie mich lieben, verstehen sie nicht, was es bedeutet, mich zu lieben. Mich zu lieben oder was? Wie könnt ihr mich lieben? Weder könnt ihr mich sehen, noch könnt ihr mich hören, noch könnt ihr meine Sprache sprechen, noch meine Stärke verstehen. Weder kennt ihr meine Höhe, noch meine Länge, noch meine Breite, noch meine Weite. Was wißt ihr von mir? Bin ich eine Statue? Da sind so viele Skulpturen auf meiner Ranch. Liebt die. Ich liebe sie auch. Das ist warum sie da sind.

Liebe ist etwas mit einer Kraft, die euch das Wissen des Unbekannten vermittelt. Und solange ihr nicht das Unbekannte einer Person wißt, was ist das für eine Liebe? Welchen Teil liebt ihr? Liebt ihr meine Nase und meine Ohren? Liebt ihr meine Finger? Was liebt ihr? Was ist das für eine Liebe, Liebe, Liebe, Liebe, über die ihr sprecht? Was ist das? Was ist es, wenn ihr jemanden schön nennt? Ihr seid die häßlichste Kreatur auf der Erde. Fragt die Tiere. Fragt den Hund. In dem Moment, wo ein Hund euch sieht, haßt er euch. „Was ist diese zweibeinige Person? Ich bin wenigstens auf vier Beinen balanciert."

Wenn ein Tier tatsächlich verletzt ist und ein großes Problem hat, wird es eingeschläfert. Aber wenn ihr verletzt seid und ein Problem habt, gibt es kein Gesetz, euch einzuschläfern. Das Gesetz aber lautet, daß ihr bis zum Ende leiden müßt. Ihr habt absolut keine Rechte.

Das ist das komischste. Ihr könnt einen Papagei trainieren, eine Kanone abzuschießen. Ihr könnt eine Katze lehren, die nicht gelehrt werden kann. Ihr könnt einem Hund alles beibringen. Ich kenne einen Hund, der Schlittschuh fährt. Sie haben ihm die Schlittschuhe angezogen und der Bursche hat sein Vergnügen. Aber ihr vermögt es nicht, euren Verstand zu lehren, der euer erster Diener ist. Ihr könnt eurem Verstand nicht beibringen aufs Töpfchen zu gehen, und werft eure Verleumdung und euren Müll überall hin. Ihr seid das häßlichste Säugetier auf der Erde. Das häßlichste. Es gibt nichts häßlicheres danach, weil ihr niemals euren Verstand gelehrt habt, aufs Töpfchen zu gehen und er darum überall shh, shh, shh, shh.... das ist komisch. Habt ihr wahrgenommen, daß ihr manchmal Dinge sagt, die so häßlich sind? Warum? Ich habe es gehört. Ihr übertragt die Bakterie des Häßlichen von Mensch zu Mensch. Ihr tratscht, ihr verleumdet, ihr tut all solche Sachen. Weil ihr niemals gelernt habt, euren Verstand aufs Töpfchen zu führen. Ihr habt keine Macht gegenüber dem Ding, das ihr euren „Verstand" nennt.

Wir sprechen darüber morgen. Ist das okay?

Klasse: Ja, Sir.

YB: Wir werden den Verstand und seine Wahrnehmungen, sein Konzept, seine Projektionen im Sinne des Fortschreitens dahingehend erforschen, zu sehen, wie der Verstand arbeitet.

136

Ich werde morgen ein wenig vorbeikommen, wann immer ich es fühle. Ich denke, wir haben das Geschäft von heute beendet. All die Treffen sind geschehen und die Orders ausgegeben. Ich arbeite ebenso, wißt ihr? Ich bin nicht so frei. Ich habe 14 Firmen. Ich muß arbeiten. Ich bin ein Sklave vom lieben Gott.

Gestern kam ich hierher und hab so gut und schön vor euch ausgesehen. Ihr hättet mich sehen sollen, bevor ich kam, im Gästehaus, schreiend und rufend. Die Nachbarn kamen heraus, um zu sehen, was geschehen ist. Ein kleiner Junge sagte, „Dein Blutdruck muß sehr hoch sein."

Ich sagte, „Nein, ich war ruhig. Ich war ein sehr guter Schauspieler." Ich habe jedermann zu Tode erschreckt.

Die Idee dahinter ist, die geistige Kraft in die Fähigkeit, in die Einrichtung, wo ein anderer Mensch sie verstehen kann und die Dinge schnell getan werden, zu projizieren. Welche Frequenz ihr benutzt und welches Kaliber und welches Maß ihr benutzt, das ist eure Fähigkeit. Ihr werdet niemals so sprechen. Ihr sprecht nicht so. Ihr wißt nichts. So, wir werden morgen sprechen, wir werden den Gegenstand dann beginnen. Wir werden irgendwann am Vormittag hier sein. Gute Nacht.

Meditation um die im Inneren schlafende Kraft zu wecken

Diese Meditation ist dem Ashtang Agni Kriya, das in der Klasse 6
gelehrt wurde, ähnlich.

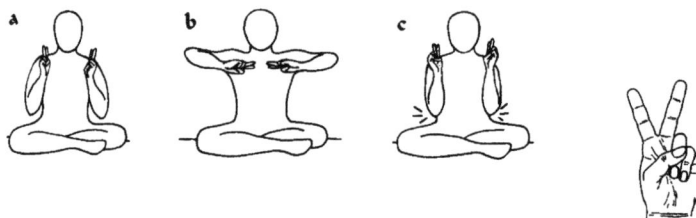

Mudra: Sitz im Schneidersitz mit einem geraden Rücken. **(a)** Die Ausgangsposition:
Beuge die Ellenbogen in die Seiten. Halte dabei die Unterarme so nach oben, daß
die Hände in Schulterhöhe sind und die Handflächen einander anblicken. Der Raum
zwischen den Händen soll etwa 36 cm weit sein. Die Finger weisen nach oben.
Beuge den Ring- und den kleinen Finger in die Handfläche hinein und halte sie mit
dem Daumen nach unten. Der Zeige- und der Mittelfinger sind weit gespreizt und
formen ein großes „V". Bleib aufmerksam, daß die Finger während der gesamten
Übungszeit gespreizt sind.

Bewegung: (b) Strecke die gebeugten Ellenbogen zu den Seiten, so daß die Arme
parallel zum Untergrund sind.

(c) Mit einer kraftvollen Bewegung bringe die Ellenbogen an den Körper, so daß sie
die siebte Rippe mit ganzer Kraft schlagen. Diese Bewegung wird eine Vibration in
den Schultern verursachen. Führe sie in einer rhythmischen zum Schlag der Musik
tanzenden Art aus. Erlaube, daß Kopf und Schultern sich mit der Musik bewegen.
Beweg dich tüchtig, etwa einmal pro Sekunde.

Augen: Keine Angaben.

Atmung: Es soll der Feueratem entstehen.

Musik: *Gobinday Mukanday* by Matamandir Singh.

Zeit: In der Klasse für 23 1/2 Minuten durchgeführt.

Ende: Atme tief ein während die Arme weit nach oben gestreckt sind und hebe dabei
den ganzen Körper, so daß die Wirbelsäule gestreckt wird. Halte diese Position für
15 Sekunden. Entspanne.

Kommentare/Wirkungen: Der Klang der Atmung muß die Himmel berühren und es
muß heiß sein. Es wird sein wie Feueratem.

Du mußt die in dir schlafende Kraft erwecken und durch all die Zyklen der Übertragung deines Magnetfeldes hindurch dringen. Dieses Feld beherrscht deine Essenz. Dann wirst du eine weite, erhobene Person, um alles mit Würde zu betrachten. Das ist die Schönheit.

Leben oberhalb von Ursache und Wirkung

KLASSE 8 vom Morgen des 25. Juli 1996

Da gibt es ein Konzept, das du haben mußt oder du kannst kein Lehrer sein: Nicht du arbeitest, Gott arbeitet für dich

Es ist etwas schwierig, euch zu erklären, was ich euch heute zu sagen habe. Es ist wichtig für euch, das zu verstehen. Denn ohne die Grundlagen zu verstehen, werdet ihr mit dem Leben spielen. Als erstes, ihr wollt Lehrer werden. Das ist es, worum es in diesem Kurs geht. Die Schwierigkeit ist, nehmt an, ihr werdet ein Lehrer, was wird passieren? Nehmt an, ihr werdet kein Lehrer, dann gibt es kein Problem. Als Mensch habt ihr das Recht auf Ursache und Wirkung. Ihr könnt alles beliebige verursachen und werdet eine Wirkung haben. Macht ihr etwas falsch, zahlt ihr dafür. Macht ihr etwas richtig, werdet ihr den Gewinn haben. Aber als ein Lehrer, habt ihr keine Ursache zu wirken und keine Wirkung zu erhalten. Ihr müßt den Zusammenhang von Ursache und Wirkung gehen lassen.

Was immer ihr tut, ihr bewirkt eine Ursache und werdet den Effekt ernten. Nicht allein ihr werdet den Effekt in dieser Zeit ernten, sondern es wird euch auch im nächsten Leben die Ernte für die Ursache erreichen. Wenn ihr keine Ursache bewirkt, dann ist das euer Wille, eure Wahl. Aber wenn eine Ursache begründet ist, werdet ihr dafür bezahlen. So, als Lehrer, sollt ihr keine Ursachen bewirken. Also was werdet ihr tun? Was tut ein Lehrer?

Student: Lehren?

YB: Erheben. Wie nennt ihr das Ding, das hineingeht und darunter und Dinge in die Höhe hebt?

S: Einen Gabelstapler.

YB: Eines Tages gab mir jemand einen wunderschönen kleinen Gabelstapler zum Geschenk. Ich habe ihn behalten. Das ist es was ihr seid – nicht mehr, nicht weniger. Sorgt euch nicht, wenn ihr verstopft seid. Wenn jemand zu euch kommt und sagt, „Ich bin verstopft," gib ihm den Rat Isabgul (eine indische Pflanzenfaser) einzunehmen und dann soll er die Verstopfung los sein. Euer Job zu der Zeit ist, zu erheben. Zu der Zeit könnt ihr nicht einfach sagen, „Oh, mein Gott, ich bin verstopft. Wie kann ich ihm helfen?" nein. Dieser Mensch hat das Beste getan. Dieser Mensch kam zu euch als Lehrer und ihr müßt sein Problem erleichtern. Es spielt keine Rolle, welche Probleme ihr habt. Vielleicht sollte ich euch ein Beispiel geben, daß ihr das besser versteht?

Da gibt es einen sehr bedeutenden Mann, jetzt, in Japan. Er ist der Erzbischof, der den größten Tempel in Japan hat. Aber als er noch nicht sehr bedeutend war, kam er zu mir nach San Francisco und sagte, „Meister, bewirke, daß meine Kundalini aufsteigt." Ich hatte eine Lungenentzündung und etwa 104° Fahrenheit Temperatur. Ich hatte drei Steppdecken und zwei Decken auf mir. Sie gaben mir eine Morphininjektion, daß ich überhaupt atmen konnte, so entsetzlich war der Schmerz. Einige Tage zuvor mußte ich von Indien zurückkreisen. Sie hatten mir mitgeteilt, daß der Mann gekommen war und daß der Termin eben so lag. Also, er kam in mein Zimmer, ihr wißt, der Japaner, er verbeugte sich und brachte Geschenke und alles Mögliche und sagte dann, „Meister, bitte hilf mir."

Die Aufgabe des Lehrers ist es, zu erheben. Ihr seid ein Gabelstapler. Der Mensch kommt zu euch als Lehrer und ihr habt sein Problem zu erleichtern. Dabei spielt es keine Rolle, welche Probleme ihr habt.

Ich sagte, „Erzbischof Kiriyama, stecke Deine Hand unter meine Decken und finde meine Rechte. Lege sie auf Deine Stirn und dann verlaß mich." Es funktionierte, dann eines Tages brachte er mir so viele Geschenke – Perlen und Puppen und dies und das; und in der Ecke meines Raums war ein Löffel. Das ist mein "Wanderlöffel". Er ist etwa 60 cm lang und hat eine eingravierte Adi Shakti. Ich blickte auf all die Geschenke, das Geld und alles was da war und sagte, „Kiriyama, heb den Löffel in der Ecke des Raumes auf und nimm ihn. Solange er bei Dir ist, wird es in Japan niemanden geben, der Dich übertrifft. Du wirst der Höchste, der Reichste und der Beste sein." Er hat ihn immer noch.

Ich habe einen anderen Menschen, meinen Sikh, als Lehrer geschickt. Ich gab ihm einen Wanderstab und sagte, „Wandere damit und jedermann in Japan wird dir folgen." Am dritten Tag hat er den Stab verloren.

Er kam zurück und sagte, „Ich will einen anderen Wanderstab."

Ich sagte, „Das war der Stab. Sieh zu, was Du tust."

Da sind unterschiedliche Aspekte in euch. Ein Aspekt von euch ist, daß ihr wollt, was ihr wollt. So wollt ihr auch euren Kuchen haben und ihn essen. Dann gibt es einen anderen Aspekt von euch, der bewirken kann, daß Dinge geschehen. Drei

Aspekte gibt es, aber euer größter Fehler ist Sex. Es spielt keine Rolle was ihr seid und was für Aufgaben ihr habt, euer Versagen ist Sex. Wenn euer sexueller Sinn, weil Sexualität ist ein sinnliches Ding, erwacht ist, seid ihr verhext. Wenn ihr in diesem Zauber handelt, verliert ihr alles. Ich sage euch nicht, ihr sollt das Verkehren und Verliebtsein und Lieben unterlassen. Gott, tut was ihr wollt. Aber ich will euch sagen, daß es ein Karma ist, dem ihr nicht entkommt und innerhalb dessen ihr niemals ihr selbst sein werdet.

Ihr könnt das in folgender Weise betrachten. „Wir sind Menschen, wir haben Emotionen, wir haben Gefühle." Ich verstehe all das worüber ihr sprecht. Aber betrachtet es mal so – ihr handelt dann vom zweiten Chakra, anstelle vom sechsten zu handeln. Ich verstehe, daß er ein Glied hat und sie eine Scheide und ihr könnt das Boot paddeln so oft ihr wollt. Das ist euer Unfug, nicht meiner. Aber ich will euch sagen, daß, wenn ihr als Lehrer keine Kontrolle über euer sechsten Zentrum habt, ihr der falschen Berufung folgt. Weil die *Prakirti*, das Universum, alle Umgebung, zu euch kommen und euch dienen müssen, durch eben dieses sechste Kontrollzentrum (YB zeigt auf das Dritte Auge, das sechste Zentrum). Von hier könnt ihr nichts tun (YB zeigt auf das zweite Chakra).

So, worüber sprechen wir? Wir sprechen darüber, Lehrer zu sein. Ihr könnt all die Bücher studieren und ihr könnt der größte Lehrer werden, etwa so, „Ich bin der Größte der Großen," oder was auch immer, wie dieser Boxer, was ist noch gleich sein Name, wer hat gerade Parkinson?

Klasse: Mohammed Ali.

YB: Mohammed Ali, der Beste. Aber was ist der Beste? Ich spreche zu euch über die Situation des Verstandes. Mit all meiner Größe, mit all meinen Segnungen und all meinen Situationen habe ich studiert und habe meinen eigenen Lehrer verstanden – ich bin sehr dankbar. Da ich die Großartigkeit fühle, fühle ich mich dankbar. Aber wenn ich extremen Dank fühle, so ist das Guru Ram Das. Ich habe die Fußböden im Goldenen Tempel für viereinhalb Jahre jeden Tag geschrubbt. Ich war der Wachoffizier des gesamten nordischen Distrikts. Aber exakt um fünf Uhr bin ich zurückgekommen, habe meine Uniform aus- und einfache Kleidung angezogen, bin auf die Knie gegangen und habe das *perkarma* des Goldenen Tempels gewaschen. Die Leute haben mich gefragt, „Warum?"

Ich sagte, „Ich war an allen Plätzen, ich habe alle geheimen Kräfte, aber ich kann sie nicht loswerden."

Es war so einfach. Ich hatte alle geheimen Kräfte, bis auf eine. Dann, eines Tages, bemerkte ich, daß es total lächerlich war. „Ich bin der lächerlichste Mensch. Ich kann im Universum des Allerhöchsten, das das Wunder aller Wunder ist, Wunder vollbringen. Was tue ich? Ich bin blöde." Aber ich konnte es nicht los werden. Wenn ich zu jemandem sagen würde: „Das und das wird Dir passieren," passierte es immer. Ich hatte keine Ahnung was zu tun war. Da bekam ich die Chance zwischen drei Plätzen eine Position zu wählen. Alle drei begannen mit „A" – Ajmir, Amballa, Amritsar. Sie sagten zu mir, „wähle."

Ich sagte, „Amritsar."

Ich sagte zum Guru, „Du bist der Guru der Wunder, Guru Ram Das. Das verstehe ich. Ich bin ein Mensch von Wundern. Ich will hier alles, was ich habe, niederlegen. Ich will nichts weiter tun. Ich bin als Mensch gekommen, um das Spiel Gottes in seinem Universum zu betrachten, das so wunderbar ist. Ich will es mir gefallen lassen. Und nun tue ich all diese kleinen komischen Dinge und sehe aus wie ein Idiot." Es hat viereinhalb Jahre gebraucht, um von all diesen Kräften befreit zu werden.

Als wir angefangen haben, in Los Angeles zu arbeiten, haben wir in allen YMCA's[1] unterrichtet. Eines Tages wollte ein blöder Student für mich einspringen und die Dame sagte, „He, Du bist ein Neger. Wie kannst Du den Yogi repräsentieren?"

Und er sagte, „Ich bin ein Yogi."

Sie sagte, „Nein, das bist Du nicht." Er sagte, „Erhebe Dich, erhebe Dich." Und er hat sie etwa 90 cm in die Luft gehoben. Dann vergaß er den Rest der Gleichung und sie fiel nieder. Über Nacht wurden all unsere Klassen in den YMCA's abgesagt. Man hielt uns für Dämonen. Ich fragte ihn, „Was ist los mir Dir?"

Er sagte, „Sie nannte mich einen Neger."

Ich sagte, „Na sowas?"

„Gut, ich sagte ihr ich bin ein Yogi. Ich wollte es ihr beweisen."

Ich sagte, „Was beweisen? Du hast nichts zu beweisen. Gott erkennt den Lehrer und zeugt für ihn. Wir brauchen gar nichts tun." Es gibt ein einziges Konzept, das du haben mußt oder du kannst kein Lehrer sein: Du arbeitest nicht. Gott arbeitet für dich. Ein Mensch arbeitet, Männer und Frauen arbeiten, Erdlinge arbeiten. Das sind die Gruppen. Erdlinge, die nicht bewußt sind, die keine Intuition besitzen, nennen wir „Egoisten" – solche, die ausschließlich für das Ego leben. Lehrer arbeiten nicht.

---

[1] Young Mens Christian Association, CVJM, Christlicher Verein Junger Männer.

Ich erzähle euch eine lustige Geschichte. Ich pflegte in einem Zentrum zu lehren. Eines Tages ging ich dort hin und unterrichtete am Morgen. Ich schaute auf den Direktor, der dort war, um mich zu empfangen. Ich sagte, „Wo ist die Obermutter?"

Er sagte, „Oh, Sir, sie hat uns heute verlassen und es ist meine Aufgabe, Dir heute zu Diensten zu sein."

Ich sagte, „Oh, schön." Am Mittag sagte ich, „He, wie wäre es mit etwas Essen?"

Er sagte, „Oh, der Kühlschrank ist voll, alles was Du essen willst, ist dort, mach Dir keine Sorgen."

Ich sagte, „Schön, gibt es da auch etwas zu trinken? Ich möchte etwas trinken."

Er sagte, „Okay, ich werde gehen und etwas holen." Er ging weg und kam mit leeren Händen zurück.

Ich sagte, „Wo ist das Getränk?"

Er sagte, „Wir haben nichts."

Ich sagte, „Warum nicht?"

Er sagte, „Der Kühlschrank ist abgeschlossen und wir haben keinen Schlüssel und wenn Du keinen Schlüssel hast, kannst Du ihn nicht öffnen."

Ich sagte, „Das ist die beste Möglichkeit für den Fall, daß Du eine Diät machst."

Das war ein riesiger Kühlschrank, aber es gab keine Chance, ihn aufzubrechen.

So sagte ich, „Mario, ich werde nicht hungrig bleiben, aber ich gehe jetzt und mache ein Nickerchen. Wenn das Essen fertig ist wecke mich."

Er sagte, „Was für Essen wird denn kommen? Heute ist der Geburtstag von George Washington. Alle Märkte sind geschlossen. Nicht einmal rohes Gemüse werden wir haben. Essen? Was für Essen soll kommen?"

Ich sagte, „Es wird. Aber wecke mich nicht auf, bevor es da ist."

Er sagte, „Okay, Maestro." So habe ich mich niedergelegt und mit einer Decke zugedeckt. Ich habe geschlafen. Vom Klang der Türglocke wurde ich geweckt.

Ich sagte, „Mario, was ist das?"

Er sagte, „Maestro, komm und hilft mir. Da gibt es eine große Menge Essen."

Ich sagte, „Gut, dann nimm es in Empfang. Was ist denn los?" Und dieser Schüler von mir brachte spanisches Essen, sehr gut gemacht. Ich habe ihm gesagt, „Wie bist Du darauf gekommen, uns Essen zu bringen?"

Er sagte, „Nun ja, ich habe meinen Kühlschrank abgetaut und vergaß ihn zu füllen. Und als ich diesen Morgen aufgewacht bin, hatte ich nichts zu essen. Also ging ich zu diesen mexikanischen Leuten, die ein Restaurant besitzen. Ich ging in ihr Haus und sie servierten mir ein wunderbares Mahl. Während ich aß, dachte ich an Dich. Ich sagte, „Ich sollte dieses Essen dem Meister bringen." Dann dachte ich, „Er ißt niemals allein." So sagte ich ihnen, „Gebt mir genug für sechs, sieben Leute." „Ich dachte, das würde Dir eine Freude machen." Ich sagte, „Tatsächlich, wir werden uns daran erfreuen. Wir warten schon ganz gespannt. Kommt herein und setz Dich zu uns."

Er sagte, „Aber Meister, ich habe genug mitgebracht, damit wir zehn Menschen bedienen können."

Ich sagte, „Mach Dir darüber keine Sorgen. Leg es auf den Tisch. In dem Moment waren wir drei."

Er sagte, „Nein, nein, ich habe gegessen. Ihr seid nur zwei."

Früher oder später waren sieben Leute vorbeigekommen. Ich sagte, „Was macht ihr hier?"

Sie sagten, „Wir wollten Dich sehen. Du bist nicht nach Hause gekommen, so dachten wir, wir würden Dich zum Essen treffen. „

Ich sagte, Oh, es ist bereits am Tisch." Dann sagte ich, „Maria, zähle, und jetzt serviere." Es war ein heißes Essen.

ਨਕਿ ਨਥ ਖਸਮ ਹਥ ਕਿਰਤੁ ਧਕੇ ਦੇ ॥
ਜਹਾ ਦਾਣੇ ਤਹਾਂ ਖਾਣੇ ਨਾਨਕਾ ਸਚੁ ਹੈ ॥
Nak nath khasam hath kirat dhakay day
Jahaa daanay tahaa(n) khaanay, Nanak sach hay.
-Guru Angad, Siri Guru Granth Sahib, page 653
The string through the nose is in the Hands of the Lord Master, the mortal's own actions drive him on. Wherever his food is, there he eats it; 0 Nanak, this is the Truth.

Der Strick durch die Nase liegt in der Hand Gottes; die Handlungen des Menschen treiben ihn an. Wo immer sein Essen ist, da ißt er es; o Nanak, das ist die Wahrheit.

Wie bei einem Kamel gibt es da einen Ring in unserer Nase und der Strang liegt in der Hand Gottes. Und das Karma, Aktion und Reaktion, bewegen uns. Kirat dhakay day: Aktion und Reaktion bewegt uns. Jahaa daanay tahaa(n) khaanay: Da gibt es Essen für uns und das liegt da wo es sich eben befindet, und dort haben wir es zu essen. Nanak, das ist die Wahrheit.

Wißt ihr, warum wir leiden? weil wir die Dinge manipulieren. Wir sind Manipula-toren. Aber wenn wir ein einziges Ding manipulieren, wenn wir nur eine kleine manipulierende Anstrengung unternehmen, d.h. wenn wir jedermann erheben, dann werden wir selbst erhoben sein. Das ist das Gesetz des Vakuums. Da gibt es kein Vakuum. Ihr könnt nicht leiden. Ein Lehrer soll nicht leiden, auch nicht unter den übelsten Umständen, unter der übelsten Folter. Jesus war ein Lehrer. Was sagte er?

„Vater vergib ihnen, denn sie wissen nicht was sie tun." Er war bewußt. Guru Arjan war ein Lehrer. Er sagte zu Mian Mir, „Nein, die, die mir folgen werden, wenn sie auf dem heißen Eisen sitzen und backen wie eine Bratkartoffel, die müssen es von mir lernen. Ich bin nur das Beispiel."

Ich will euch sagen, daß ihr als Lehrer, wenn ihr keine Kontrolle über das sechste Zentrum habt, ihr der falschen Berufung folgt. Weil die Prakirti, das Universum und die Umgebung alles muß durch dieses Befehlszentrum kommen und dienen. (YB zeigt auf das Dritte Auge, das sechste Zentrum.) Ihr könnt nichts von dort tun. (YB zeigt auf das zweite Chakra.)

Ein Lehrer hat eine wesentliche Verantwortung, nämlich die, ein bewußter Führer zu sein, der Zeit voraus zu sein. Warum sind wir hier? Wir haben die Übereinkunft, daß wir Lehrer sein wollen und wir wollen gelehrt werden. Nun, es spielt keine Rolle, wer du bist, ob du sehr niedrig oder sehr hoch stehst oder groß oder schmal bist. Das macht gar nichts. Da gibt es einige wesentliche Prinzipien. Eines der höchsten Prinzipien ist das, daß die Himmel nicht etwa in den Himmeln leben. Die Himmel leben in der rechten Zehe des Lehrers.

Im Kundalini-Yoga, Gott segne uns, initiieren wir niemals einander, gibt es keine geheime Einweihung. In den alten Tagen war es Tradition, daß der Meister seine rechte große Zehe ins Wasser hielt und du das Wasser zu trinken hattest – das ist die Einweihung. Sie sagen, daß die Totalität der Himmel auf dem Nagel der rechten Zehe des Lehrers ist. Das ist es auch, warum sie sagen, „Blicke auf die Lotus-Füße des Meister." Wenn du auf die Lotus-Füße des Meisters blickst, werden die Himmel auf dich blicken. Das ist ein Gleichgewicht. Das ist nichts um dich zu demütigen. Was dich demütigt, ist, wenn du etwas wünschst und es bekommst und es wird deine Tragödie.

Eines Tages war ich unterwegs, um einen Heiligen zu treffen und es saß dort ein Mann bei ihm. Der Heilige sagte zu ihm, „Er ist gekommen."

Ich sagte, „Was ist das Problem?"

Er sagte, „Nun, ich bekomme das Auto nicht, von dem es hieß, daß ich es geschenkt bekäme. Ich brauche meinen Wagen."

Der Heilige sagte, „Kannst Du ihm helfen, das Auto zu bekommen?"

Ich drehte mich um und sagte, „Willst Du wirklich ein Auto? Wirklich?"

Er sagte, „Warum nicht?"

Ich sagte, „Nun, dann gehe ich los und besorge Dir das Auto, aber ich wasche meine Hände in Unschuld. Wünschst Du wirklich ein Auto?" Das Auto ist verspätet."

Er sagte, „Nein, nein, ich will ein Auto."

Ich sagte, „Okay, komme morgen um zehn Uhr und ich werde das Auto für Dich bekommen."

Also rief er mich um zehn Uhr an und ich sagte, „Geh an den und den Platz und sage denen, die dort sind, wer Du bist und sie werden Dir ein Auto aus dem Kontingent des Präsidenten geben. Ich habe es arrangiert."

Also ging er dorthin und sie gaben ihm den Schlüssel, das Auto und alles war gut. Ein paar Monate später ging ich erneut zu dem Heiligen, einfach so, zum Vergnügen und er sagte, „Oh, Gott sei Dank, daß Du gekommen bist. Laß uns zum Krankenhaus gehen."

Ich hatte alle okkulten Kräfte bis auf eine. Dann, eines Tages, erkannte ich, „Ich bin der lächerlichste Mensch. Ich vollführe Wunder im Universum des Allmächtigsten, von dem ich weiß, daß es das Wunder der Wunder ist. Was mache ich? Ich bin blöde." Aber ich konnte sie nicht loswerden.

Ich sagte, „Warum?"

Er sagte, „Laß uns gehen, laß uns gehen, laß uns gehen."

Also gingen wir zum Hospital. Was ich sah, war sehr komisch. Ein Gipsbein hier hochgelagert, das andere Gipsbein dort hochgelagert, eine Hand da; vom Gesicht konnte man nur zwei Augen sehen. Und ich sagte, „Wer ist das?"

Er sagte, „Das ist der Knabe, für den Du den Wagen bekommen hast."

Ich sagte, „Ich hab den Wagen für ihn bekommen? Du hast den Wagen für ihn bekommen. Du hast mir gesagt, ich soll einen Weg finden, für ihn den Wagen zu bekommen. Ich habe Dir gesagt, ich wasche meine Hände in Unschuld, ich bin daran nicht interessiert."

Er sagte, „Du hast den Wagen für ihn bekommen, nun ist er selbst ein Auto geworden." Und es war sehr komisch anzusehen.

Und ich sagte, „Was passierte mit dem Auto?"

Er sagte, „Totalschaden."

„Gut, wie hast Du überlebt?" Denn ihr müßt wissen, wenn ihr in Indien einen Verkehrsunfall habt, ist das *Wahe Guru* – Du bist hinüber.

Er sagte, „Ich weiß es nicht. Das Auto explodierte und ich bin herausgesprungen. Ich war auf der Seite der Straße."

Ich sagte, „Wie hat das Auto ausgesehen?"

Er sagte, „Ich hab nicht hingesehen, aber ich glaube nicht, daß es sehr gut ausgesehen hat. Es hat nicht wie ein Auto ausgesehen. Es sah aus wie ein Stück gepreßtes Blech."

Das war ein Frontalzusammenstoß mit einem Lastwagen. Und irgendwie war die Tür aufgesprungen und er war herausgeworfen worden. Das Auto geriet vollends unter den LKW. Ich ging sogar, um mir das Auto anzuschauen und ich konnte kein Auto erkennen, das da zu Schaden gekommen war. Es sah aus, als hätte irgendetwas darauf gesessen. Eigentlich hätte er entsaftet sein müssen, aber er war lebendig.

Nach einer langen Zeit traf ich ihn wieder. Ich sagte, „Willst Du ein anderes Auto?"

Er sagte, „Nein. In diesen Tagen fahre ich Fahrrad."

Ich sagte, „Wenn Du ein Auto willst, kannst Du ein Auto bekommen. Ich kann Dir ein anderes Auto besorgen."

Er sagte, „Nur das nicht. Ich werde Radfahren. Du hattest Recht, ich war im Unrecht."

Manchmal bekommt ihr, was ihr wollt. Aber ihr habt Gott niemals gefragt, „Ist das in Ordnung?" Ihr habt euer Bewußtsein niemals gefragt, „Ist das in Ordnung?" Ihr habt eure Seele niemals gefragt, „Ist das in Ordnung?" Und ihr habt eure Intelligenz niemals gefragt, „Ist das in Ordnung?" Nun, wie, bei der Hölle, soll es für euch gut ausgehen? Versteht ihr was ich sage?

Klasse: Ja, Sir.

YB: Ihr habt euer Bewußtsein, ihr habt eure Intelligenz und ihr habt eure Seele. Ihr habt diese Freunde, die mit euch leben. Ihr seid eine Hausgemeinschaft. Ihr habt Intuition, ihr habt Intelligenz, ihr habt Geist, ihr habt Seele. Aber ihr fragt sie niemals um Rat.

Wenn ihr arbeitet, um zu arbeiten, wenn ihr ein Arbeitssklave seid, könnt ihr niemals Meister werden. Wenn die Natur für euch arbeitet, dann seid ihr der Meister. Ein Lehrer ist ein Sklave, damit er Meister ist. Nur ein Sklave kann Meister werden. Ihr seid bereits Sklaven. Aber entweder seid ihr Sklaven der Zeit, oder ihr seid

Sklaven eines Lehrers. Ihr müßt entweder ein Sklave des einen oder des anderen sein. Habt ihr das verstanden?

Klasse: Ja, Sir.

YB: Das bedeutet nicht, daß der Meister einen physischen Körper hat. Als Sikhs sind wir Sklaven des *Siri Guru Granth*. Wir nehmen sein Wort. „Am Anfang war das Wort, das Wort war bei Gott und Gott war das Wort." Die Christenheit machte Blödsinn. Die Juden haben es verloren. Die Mosleme haben sich ihm total widersetzt. Sie besitzen die Worte nur, weil sie sie bekommen haben. Sie haben niemals danach gelebt. Die Hindus haben so viele Schriften geschaffen, daß du darin verloren gehen kannst. Aber in allen Traditionen verehrt ihr den Mann.

Im Kundalini-Yoga initiieren wir weder die Menschen, noch verehren wir die Menschen. Wir folgen der Goldenen Kette – den Lehren. Wir sind dankbar gegenüber dem Lehrer – er gab uns die Lehren. Das bedeutet nicht, daß wir ihn verehren. Es ist sehr schwierig, das zu ändern. Wenn ich euer Lehrer bin, werdet ihr mich lieben, respektieren und ehren wollen. Das ist nicht gut. Aber es gibt einen Weg mir zu zeigen, daß ihr mich wirklich liebt und tatsächlich erhöht und ehrt: indem ihr perfekt werdet in den Lehren.

Wißt ihr was ich meine? Da gibt es einen kleinen Wechsel, den wir vollziehen müssen. Gewöhnlich lieben wir Leute. Was ist in mir? Ein Pfund Mist, der jeden Morgen herauskommt und fünf-, sechsmal am Tag das heilige Wasser? Ist es das, was einen Menschen ausmacht?

Klasse: Nein, Sir.

YB: Amerika muß der spirituelle Führer des Wassermann-Zeitalters werden. Das ist es, warum ich hier herumhänge. Ja. Ich will nach Hause gehen, aber ich bin hier stecken geblieben. Das ist nicht richtig. Ich habe mit Gott heute morgen gekämpft, aber es hat nicht funktioniert. So sage ich jeden Morgen, „Wann?" Und er sagt, „Sei still."

So seid also ihr hier, ich bin hier, wir sind hier. Wenn „ich" und „ihr", wir werden „wir", dann werden wir Meister sein. Solange wie ich" bleibe „ich" und „ihr" bleibt „ihr", solange könnt ihr einfach ein Buch darüber lesen.

Zu den Einzelheiten der Meditationen blicke auf die Seiten 154 und 156.)

Legt das instrumentale Band auf, *Dhuni*. Ich war sehr dankbar, daß es gefunden wurde. Nun, das ist ein einseitiges Instrument, mit einer einzigen Melodie im dreieinhalb Takt. Ich will euch zeigen, was Musik vermag. Achtet jetzt darauf. Er wird es jetzt spielen.

Es ist nur eine einfache Melodie. Was sie sagt, ist, Sat Naam, Sat Naam, Sat Naam Ji. Waa-hay Guroo, Waa-hay Guroo, Waa-hay Guroo Ji. Und es erhebt die Noten. Das ist es, was ich euch wissen lassen wollte. Wenn diese Musik irgendwann einmal in eurem Kopf ist, habt ihr nichts mehr zu tun. Dann werden die Dinge beginnen, für euch zu arbeiten, weil diese Melodie spielen wird und ihr werdet mit ihr spielen und mit der Zeit werdet ihr komplett sein.

Nun setzt euch hin in eurer meditativen Stimmung, so gut ihr könnt und singt mit. Jetzt müßt ihr diese Bewegung machen. (YB zeigt die Bewegung.) Diese (YB zeigt auf seinen Oberarm vom Ellenbogen bis zur Schulter.) muß völlig ruhig sein. So steif, daß, wenn jemand ein Schwert nimmt und ihn abschneidet, das Schwert zerbricht und nicht der Arm. Muskeln müssen komplett sein. Das ist euer Verdauungssystem. (YB zeigt auf den Unterarm, gerade unterhalb der Ellenbeuge.) Das ist euer Nervensystem. (YB zeigt auf den Unterarm oberhalb des Handgelenkes.) Das ist eure Energie. (YB zeigt auf Handrücken und Finger.) Das ist euer Magen. (YB zeigt auf den Oberarm oberhalb der Schulter und die Achselgegend.) Das ist der Auspuff eures Gehirns. (YB plaziert seine Hand in der Achselhöhle.) Spiel es. Es wird in drei Bewegungen spielen. Schaltet das Hirn gleichzeitig ein und singt. Ihr werdet mit der Spitze eurer Zunge singen. Ihr werdet die Hände in der gleichen Weise bewegen, und ihr werdet es auch genießen. Ob ihr es nun mögt oder nicht, spielt keine Rolle. Okay, fangt an.

Die Hände müssen oberhalb des Kopfes sein. Schnell oder langsam, das ist egal. Man nennt es „Puja.“ Hier wird es sich öffnen. (YB zeigt auf das Herz-Zentrum.) Korrekt. Oberhalb des Kopfes ist essentiell. Sehr gut. Man nennt es „sich einstimmen.“

Laßt das Band laufen – stop. Jetzt fühlt euren Körper. Nehmt wahr, daß euer Nervensystem am spielen ist und eure Aura tanzt, ohne daß der physische Körper sich bewegt. Euer Aura-Körper tanzt, als ob ihr tanzen würdet.

Schließt eure Augen und fühlt das. Das ist der Anfang, die Aura zu spüren. Macht mit. Stop!, Start! Stop! Fang an und dann stoppe. Lernt das eine Ding – Gehorsam! Fangt an. Bravo. Stimmt euch ein. Stop.

Jetzt spielt das Band, Laa-Haa-Yaa-Vaar-Yaa. Das ganze Ding. Jede Religion hat ein Word, Jaa-ho-vaah-Yaah, Haa-le-lu-ja-Haa, Laa-ay-laa-Laa, Raa-maa-Raa, Saa-taa-naa-maa-Saa. Sie haben nicht mehr als diesen einen Klang. Schaut sie an. Sie kämpfen miteinander, töten. Wofür? Juden, Ay-yaa-waa-saa-Yaa. Die Christen haben Haa-le-lu-ja-Haa. Die Mosleme haben Laa-ya-laa-Laa und die Hindus haben Raa-maa-Raa. Die Kombination all der Klänge ist Saa-Saa-taa-naa-maa, was bedeutet, „Eure Identität ist Wahrheit." Aber warum kämpfen wir um ein

Die Grundlage ist Habgier. Die Idee ist, „Gott ist machtlos, er wird nichts tun, ich muß alles selber machen." Der Kampf findet statt zwischen dem „Ich" und dem „göttlichen Du." Aber der Lehrer gehört zu dem „Du", nicht zu dem „Ich."

Wort? Ihr habt nicht mehr als das eine. Warum töten wir einander dafür? Ethnische Reinigung? Stammesreinigung? Und für diese Erde, die uns nicht gehört, welche ein Geschenk ist, ein Geschenk, damit wir einfach unseren Fuß darauf setzen, für diese Erde treten wir uns ins Gesicht. Wir sind streitsüchtige, unausstehliche Kinder geworden.

Manchmal fragt sich Gott, „Warum, zur Hölle, habe ich das getan?" Dann bringt er die „Brrr," Eiszeiten – und löscht es aus. Wie ein Kind, das am Strand Sandburgen baut und eine Welle kommt und swish.

Ihr könntet fragen, „Warum hat der Holocaust stattgefunden?" Jemand stellte diese Frage. Warum nicht? Der Holocaust war nicht die Ursache einer Ursache. Der Holocaust war die Ursache für das Opfer, mit dem Israel entstand. Ohne den Holocaust würde es Israel nicht geben. Die Ursache mag höchst gefährlich und höchst schrecklich sein. Aber jede Ursache hat eine Wirkung. Zuerst mußten die Juden bei den Moslemen und Arabern leben und nun leben sie zwischen ihnen. Sie sind alle rundherum. Versteht ihr das? Als sie noch miteinander gelebt haben, mitten drin, einer neben dem anderen, war es okay. Aber nun sind die Juden in der Mitte und die Araber sind alle rundherum für Tausende von Meilen. Und es passiert in Amerika ganz genauso. Ihr könnt es in New York sehen. Da gibt es eine jüdische Gemeinde, die ist rundherum von arabischen und spanischen Menschen umgeben.

Manchmal denke ich, daß das Karma so gut ist. Auch in Amerika entkommen sie ihm nicht.

Einmal fragte jemand, „Warum sind wir Sikhs?"

Ich sagte, „Sie sind alle Mosleme. Das ist eine geballte Kraft."

Die Juden haben einen Vater, Hazarat Abraham. Er ist der Vater der Juden, der Christen, der Mosleme und der Sufis. Aryan, Dravers, Moorians, Guptas und schließlich am Ende kam Sanatan Dharm. Ihr müßt Sanatan Dharm und Sufismus zusammenlegen und könnt Sikhismus da herausziehen, wenn ihr es wirklich wissen wollt. Es ist überraschend. Ein, zwei, drei, vier. Tut sie zusammen. Gut, was ist ein Sikh? Ist es eine Religion? Naa-aa.

Vergebt mir das. Die Menschen kämpfen mit Gott um den Bart. Da sind zwei Dinge um die wir kämpfen. Bart und Brot. Ich mache keine Witze. Es ist wahr. Gott gibt den Bart. Habt ihr die Anzeige von der Rasiererfirma gesehen? Sie sagt, „Er rasiert wirklich kurz!" Wie kurz? Es wächst wieder heraus. Ihr könnt ihn nicht loswerden. Er wird euch loswerden, aber ihr könnt ihn nicht loswerden. Da gibt es keinen einzigen Mann, der einen Bart in seinem Gesicht will.

Fragt sie warum das so ist. Oder sei z.B. kein Sikh. Sei ein Jude. Sei ein Moslem. Sei ein Christ. Aber sei ein Mann. Ich fordere euch nicht auf, eure Religion zu wechseln. Ich frage euch, „Was ist falsch an eurem Bart?" Wir Menschen haben einen neuen Menschen kreiert und das ist nicht Gottes Mensch.

In euren Ideen ist die Frau wie ein Boot und der Mann ist wie ein Paddler. Das bezieht den sechsten Sinn nicht mit ein. Sex kommt genau genommen von der Hirnanhangsdrüse. (YB zeigt auf das Dritte Auge in der Mitte seiner Stirn.) So, was machen wir? Wir haben einen neuen Menschen erschaffen und „unsere" Welt. Gott sagt, „Was ist mit dem Menschen passiert, den ich erschaffen habe?" Er ist tatsächlich dabei und sucht ihn. Er guckt tatsächlich auf Mann und Frau und sagt, „Wow."

Eines nachts ging ich nach Barcelona und die Menschen kamen, um mich zu ehren. Da waren mehr als zweitausend Transvestiten. Oh Gott, die „schönsten Frauen", die ich gesehen habe, das könnt ihr glauben. Zweitausend auf einem Haufen. Nicht eine, zwei, nicht zehn, nicht zwanzig – mehr als zweitausend! Sie sagten, „Großer Meister, wir heißen Dich in Barcelona willkommen. Nichts ist falsch an uns. Wir mögen einfach Gott. Gott hat uns zu Männern gemacht, wir sind Frauen geworden – sehr schöne."

Ich sagte, „Wer seid ihr?"

Sie sagten, „Wir sind Modelle des Königreiches Gottes. Wir sind gekommen, um den großen Meister zu treffen und ihm zu sagen, daß wir unser Mannsein wechseln können. Wir können wechseln und Frauen sein. Wir sind einzigartig."

Ich sagte, „Gesegnet seid ihr, gesegnet seid ihr." Ich sagte, „Laßt uns gehen."

In des Menschen Welt, in seinem Königreich, teilen die Menschen einander ein: „Ich bin schwarz, ich bin gelb, ich bin rosa, ich bin gold, ich bin weiß, ich bin dies." Immer noch kämpfen sie miteinander. Weder konnte die Religion das aufhalten noch hat es die Geographie aufgehalten, nichts, denn darunter ist Gier. Die Idee ist, „Gott ist machtlos und wird gar nichts tun. Alles muß ich tun." Der Kampf ist zwischen dem „Ich" und dem „göttlichen Du". Aber der Lehrer gehört zu dem „Du," und nicht zu dem „Ich."

Derjenige, dessen Drittes Auge sich öffnet, ist derjenige, dessen „Ich" gehört zu dem „Du."

(Auf dem Band wird eine Zeile gesprochen: „So wie du säst, so wirst Du ernten, Oh Nanak." YB führt es aus.)

So wie ihr sät, so werdet ihr ernten, anderenfalls werdet ihr kriechen. Das gilt für alle.

Habt ihr das verstanden? Das ist keine große Sache. Wir haben Religion für Tausende von Jahren praktiziert, aber wir haben niemals die Realität praktiziert. Die Realität ist: Wir sind ein Geist. Wir sind immer Geist. Wenn wir kein Geist sind, werden wir „tot" genannt. Und wenn wir am Leben sind und wenn wir den Geist nicht erkennen, dann sind wir „supertot." Ihr kennt alle einen Supermarkt, wo ihr allen Mist der Erde kaufen könnt? Seht ihr, was es für eine Schande ist? Jehova kämpft mit Halleluja und Halleluja kämpft mit La-ay-lah. Was soll das? Was gibt es da zu kämpfen? Gibt es irgendetwas, worum es sich zu kämpfen lohnt. Sie kämpfen. Ich aber sage euch, da ist nichts zu kämpfen.

Die Menschen kämpfen um Bärte und Brot. Wißt ihr, wenn der Bart wächst, wächst auch das Sinnessystem. Und wenn das Sinnessystem arbeitet, wird der Mann ein Angreifer, ein Jäger, solange seine Intuition nicht wächst. Denn er hat nur die eine Wahl, mit seinem Ego zu leben. Entweder lebt ihr aus eurer Intuition oder ihr lebt aus eurem Ego. Ihr könnt nicht beides leben. Da, wo es ein „Ich" gibt, da gibt es kein „Du". Da wo es das „Du" gibt, da gibt es kein „Ich." Das ist eine ganz einfache Daumenregel. Sie wird sich niemals verändern

Meditation um die Aura wahrzunehmen

Mudra: Sitz in einer meditativen Stimmung im Schneidersitz mit geradem Rücken. Zum Beginn: Halte die Hände vor dem Herz-Zentrum in der Mitte der Brust. Die Finger weisen nach vorn. Die Handflächen sind flach und blicken einander an, etwa 36 cm auseinander (a). Während der gesamten Meditation halte das Oberarmgebiet von der Elle bis zur Schulter sehr steif.

Bewegung: Bewege die Hände senkrecht nach oben, bis sie zu einem Halt gelangen, während die Handgelenke in Höhe des Kopfes sind. Während die Hände nach oben schwingen, stelle die Finger so, daß sie am Ende nach oben zeigen (b). Dann laß die Hände wieder nach unten sinken. Und wenn sie auf der Höhe des Herz-Zentrums sind, beginne die Hände nach unten zu wenden, so daß die Handflächen parallel zum Boden zeigen, sobald die Hände sich voneinander entfernen und dann gleitet zu den Seiten. und wenn sie sich zu den Seiten bewegen, beschreiben sie eine leichte Kurve, sobald sie etwa 24 cm vom Herz-Zentrum entfernt sind. Bewege die Hände auf und nieder in einer weichen, bogenförmigen Bewegung.

Musik: Das Instrumentalstück, *Dhuni.*

Mantra: Singe das Mantra Sat Naam, Sat Naam, Sat Naam Ji, Waa-hay Guroo, Waa-hay Guroo, Waa-hay Guroo Ji. Benutze dabei nur die Spitze der Zunge. Ziehe den Nabel herein, während du singst.

Augen: Keine Angaben.

Time: Yogi Bhajan hat die Meditation im Unterricht in der folgenden Art und Weise geleitet:

Vollführe die Meditation für 4 Minuten, dann halte an und sitze ganz still und fühle die Bewegung des Pranas in deiner Aura für 1 Minute. Nimm die Übung wieder für 10 Sekunden auf, halte für 5 Sekunden inne, bis du die Bewegung in deiner Aura wahrnimmst. Fahre für weitere 12 Sekunden fort, dann halte wieder an und fühle die Aura für weitere 10 Sekunden. Dann fahre mit der Übung für 1 1/2 Minuten fort und dann beendet die Übung.

Kommentare/Wirkungen: Yogi Bhajan bezeichnet diese Meditation als Übung zur Einstimmung. Normalerweise bedarf es etwa 3 Minuten Zeit, sich einzustimmen.

Es ist essentiell, die Bewegung der Hände so auszuführen, daß sie beim Schwung nach oben die Ebene oberhalb des Kopfes erreichen. Genauso wichtig ist es, die Starre im Oberarm durchzuhalten, da dieses in der Kombination mit der Bewegung das Herz-Zentrum zwingt, sich zu öffnen.

Nach der zugemessenen Zeit laß das Band weiterlaufen, aber schließ die Augen und halte in der körperlichen Bewegung inne. Fühle, daß dein Sinnsystem weiter spielt und deine Aura ohne den Körper am Tanzen ist. Dein Aurakörper tanzt genauso als würdest du tanzen. Schließe deine Augen und fühle es. Das ist der Beginn, die Aura zu fühlen.

Meditation über die verschiedenen Namen Gottes

Mudra: Keine Position festgelegt. Schließe einfach die Augen und meditiere über die Worte, die in den verschiedenen Religionen Gottes Namen bedeuten.

Band: Matamandir Singh's *Jehovaah*, von dem Band mit dem Namen *Baria Hath*.

Zeit: 2 Minuten

Ende: Atme tief ein und entspanne.

Kommentare: Jede Religion hat ein Wort:
Jaa-ho-vaah-Yaah
Haa-le-lu-ja-Haa
Laa-ay-laa-Laa
Raa--maa-Raa
Saa-taa Naa-maa-Saa

Diese Worte haben nicht mehr als einen Klang und doch kämpfen die Menschen untereinander. Der Mensch und seine Welt, und sein Königreich. Und die Menschen teilen einander ein, „Ich bin schwarz, ich bin gelb, ich bin rosa, ich bin gold, ich bin weiß, ich bin dies." Das Kämpfen hat niemals ein Ende gefunden. Weder die Religion hat es beendet, noch die Geographie, gar nichts, weil darunter, weil dahinter, grundsätzlich Gier steckt. Die Idee ist, „Gott ist machtlos, er wird nichts tun, ich muß alles selber tun." Der Kampf findet statt zwischen dem „Ich" und dem „göttlichen Du". Aber der Lehrer gehört zu dem „Du" und nicht zu dem „Ich."

Wir haben Religion für Tausende von Jahren praktiziert, aber wir haben niemals die Realität praktiziert. Die Realität ist: wir sind Geist. Wir sind immer Geist. Wenn wir nicht Geist sind, werden wir „tot" genannt. Wenn wir am Leben sind und nicht erkennen, daß wir Geist sind, sind wir „supertot." Der, dessen Drittes Auge sich öffnet, ist der, dessen „Ich" zu dem „Du" gehört.

Finde nicht Deinen Meister – sei der Meister!

KLASSE 9 vom 25. Juli 1996

Wir sind Teil der Goldenen Kette. Wir sind aus dem Herrn der Herren entstanden, Guru Ram Das, dem Herrn vom Thron der Wunder, dem Meister des Königlichen Yoga. So werden unsere Handlungen immer wahrhaftig und herrlich sein. Wenn die Herrlichkeit nicht in uns ist, wird unsere Wahrhaftigkeit – Realität niemals mit uns sein. Wenn dort die Wahrhaftigkeit ist, muß auch die Herrlichkeit da sein. Das ist unsere geistige Richtung.

Heute abend sprechen wir über das wichtigste Ding des Lebens. Ihr müßt es nicht ernst nehmen, aber ihr müßt es ernsthaft verstehen. Ich sage euch nicht, daß ihr damit übereinstimmen müßt. Es gibt zwei Art und Weisen, das zu betrachten – ihr könnt zustimmen und leben oder ihr könnt es ablehnen und leben und leiden. Das normale, organische Leben, in der Art und Weise, wie Gott es vorgesehen hat, ist immer erfüllend und glücklich, weil es da ein Prinzip gibt, das ihr verstehen müßt. Als ihr geboren wurdet, hat eure Mutter für euch gesorgt, euch ernährt, sogar ihr Blut für euch in Milch verwandelt. Sie nährte euch, reinigte euch, und schützte euch vor dem Wetter, den Umständen, den Feinden und sogar vor schlimmen Verwandten. Es ist erstaunlich, wie ein Kind geboren und geschützt, gerettet und genährt wird. Ständig ist der Vater da, um dich an einer Hand hochzuhalten und mit dir zu spielen. Erinnert ihr euch? Wenn ihr euch nicht an eure Kindheit erinnert, erinnert euch an die Kindheit von irgendjemand, den ihr kennt oder an irgendein Kind, das ihr kennt. Das ist das Gesetz der Natur.

Wenn ihr natürlich lebt, organisch, wird Mutter Natur euch genauso dienen, wie eure Mutter euch gedient hat und der himmlische Vater wird euch dienen, genauso wie es euer Vater tat, indem er euch bis zum letzten Atemzug schützt. Ich sage euch nicht, daß ihr euch nicht einmal schneiden werdet oder stolpert oder fallt. Als Kinder habt ihr eine Menge Dinge getan und eine Reihe von Leiden erlebt. Oh, das wird euch auch so geschehen, aber es wird nicht die äußerste Gefahr oder das äußerster Desaster sein. Das ist ein natürliches Gesetz.

Wie wohlhabend und wie groß ihr werden könnt, hängt von den Möglichkeiten ab, die euch begegnen und von der Fähigkeit eurer Intuition, Intelligenz zu bewirken. Intelligenz wird euch die Substanz geben, so daß ihr Charakter habt und Dharma –

ein Schicksalsziel, wo es weder Aktion noch Reaktion gibt – ihr seid ein Sieger, ihr seid am gewinnen; da gibt es keine Chance zu verlieren. Überhaupt keine. Ihr müßt nicht euer Bewußtsein verkaufen, ihr müßt euch nicht auf die Knie werfen, ihr müßt nicht um Frieden und Ruhe betteln. Nein, alles, von A bis Z, was immer ihr braucht, wird euer sein.

Das Beispiel ist da. Als ihr geboren wurdet, hattet ihr keinen akademischen Grad, oder? Hattet ihr einen Abschluß? Als ihr aus eurer Mama geschlüpft seid, mußtet ihr euch am nächsten Tag paaren, um verkehren zu können? Als ihr beschlossen hattet, hungrig zu sein und als ihr dann nicht gefüttert wurdet, habt ihr nur ein bißchen geschrien. Und habt ihr da nicht die allerbeste Milch von eurer Mom bekommen? Jetzt seid ihr die ganze Zeit eures Lebens dabei, das zu suchen. Ihr seid niemals zufrieden. Warum werdet ihr erwachsen und werdet Sauger? Schande über euch als Menschen. Sind wir nicht lächerlich?

Werdet zunächst ein herrliches Wesen, dann wirst du wirklich sein. Wenn deine Persönlichkeit, deine Identität und dein geistiges Selbst nicht die Herrlichkeit repräsentieren, wirst du niemals die Wirklichkeit erfahren.

Was ist uns nicht alles zu Beginn unseres Lebens natürlich gegeben und später tun wir alles Kriminelle um es zu erhalten. Ist es nicht eine blödsinnige Weise zu leben? Dann tragt ihr drahtverstärkte BH's und habt den Rücken und die Front offen, um anzüglich zu sein, aber niemand saugt. Ihr bekommt nicht das Gefühl, daß das das Kind brauchte. Stattdessen bekommt ihr einen arroganten, leidenschaftlichen Mann, der hungrig ist und unbefriedigt. Da ist nichts organisches, nichts natürliches, weil ihr die Natur hinter euch gelassen habt.

Jedem Menschen sind alle Fähigkeiten und Facetten mitgegeben, glücklich aufzuwachsen. Ich habe mit einem Mädchen gesprochen. Sie sagte, „Oh, ich bin falsch?"

Ich sagte, „Nein, Du bist nicht falsch, Du bist verkommen."

„Warum?"

Ich sagte, „Gott hat Dich hochintelligent gestaltet, zu einer sehr aggressiven und intelligenten Person gemacht." Wenn ein Mensch aggressiv ist und intelligent, wird er keine Freunde haben. Alle werden wissen, daß sie sie durchschauen kann. Sie hat Röntgenaugen. Sie erschuf sich eine Phantasie und eines Tages schuf sie die Phantasie, das es nicht funktionierte. Zum zweiten Mal erschuf sie sie und wieder funktionierte es nicht. Sie war zu weit von der Realität entfernt. Wenn ihr zu weit von der Realität entfernt seid, werdet eure Phantasien nicht funktionieren.

Ich will euch eine Geschichte aus meinem eigenen Leben erzählen. Wir waren zu zwölft, Menschen, die durch die Wüste wanderten, und wir waren hungrig. Wir blieben stecken. Ich fragte meinen Inspektor und sagte, „He, wie viele Meilen haben wir noch zu laufen?

Er sagte, „Etwa 18."

Ich sagte, „In dieser Wüste, wo uns niemand kennt, sind wir verloren. Wer wird noch weitere 18 Meilen laufen können? Sieh Dich um. Alle schleppen sich dahin, und unser Wasser geht zu Ende. Das ist eine Situation, die undenkbar ist.

Er sagte, „Sir, ich kann Ihnen nur sagen, daß wir die falsche Karte genommen haben."

Ich sagte, „Wow. Das ist ja sehr schön, „es tut mir leid, daß ich Ihnen das zu sagen habe."

Technisch ausgedrückt, hatten wir keine andere Wahl, als die Distanz zurückzulegen. Es gab keinen anderen Weg. Unsere beiden Fahrzeuge gaben auf. Wir nahmen was immer wir konnten mit uns.

Wir kamen an den Punkt der Erschöpfung. Wir halfen uns gegenseitig. Wenn es mir sehr gut ging, half ich einer anderen Person, um es ihr zu erleichtern. So, nach einiger Zeit, kam uns der Gedanke, daß wir zu drastischen Maßnahmen übergehen müßten, z.B. unseren Urin aufzufangen und ihn denen zu geben, die nah am Rand des Kollaps waren, um sie am Leben zu erhalten. Diese gesamte Strategie arbeitete in den Gemütern von jedem.

Plötzlich hatte ich eine Idee. In der toten, trockenen Wüste, warum gab es da eine Gruppe von Büschen? So sagte ich, „Vergeßt das, laßt uns rüber zu der anderen Seite gehen und wir wollen sehen, ob das etwas Sinn macht. Wenn wir sterben müssen, können wir uns zumindest zwischen diesen Büschen lagern." So schwach wie wir waren, schleppten wir uns dahin. Es sah so aus, als wenn vor uns jemand dagewesen war, denn dort stand ein Topf Wasser und zwei Stücke Brot, zurückgelassen. Nun, das konnte ein Mensch gewesen sein, es konnte ein Vogel sein oder es konnte ein Heiliger gewesen sein, wir wußten es nicht.

Ich sagte, „Also gut, keine Hast. Nimmt nur ein wenig Wasser und benetze Deinen Mund und siehe wie es schmeckt." Es schmeckte gut und dann haben wir das Brot unter uns aufgeteilt.

Es ist erstaunlich, wie ein Mensch in Not handelt. Während ihr im Wohlstand lebt seid ihr verrückt. In der Zeit des Komforts seid ihr absolut neurotisch. Ihr versteht nicht. Eure Maßstäbe sind unbrauchbar, immer. Während eures Lebens habt ihr niemals verstanden, daß in der Wahl der Maßstäbe die Art und Weise liegt, sich des Lebens zu erfreuen. Warum erfreut ihr euch nicht des Lebens. Ihr lebt einfach und sterbt. Das ist alles was ihr seid. Ihr habt nicht die Feinfühligkeit des rechten Maßes und ihr habt keinen Sinn für Zahlen, was ist zwei, was ist drei.

Ich war schockiert, daß dieser Mann das Brot mit seinen Händen in zwölf gleiche Teile brach. Ich war schockiert. Und das war die dümmste Person in meiner ganzen Gruppe. Er war derjenige, der die falsche Karte genommen hatte und derjenige, der niemals das Benzin in den Wagen kontrollierte und derjenige, der niemals die Reserveorder hatte. Als ich sah, wie er das tat sagte ich, „Wahe Guru, Wahe Guru, Wahe Guru." Ich muß das aus der Tiefe meines Wesens gesagt haben. So gab er jedem von den zwölf hungrigen Leuten ihr kleines Stück Brot und ein bißchen Wasser. Wir gingen den ganzen Weg und kamen an das Lager. Wir hatten ein Stück Brot übrig. Weder waren wir durstig, noch waren wir hungrig, noch waren wir schwach.

Als wir wieder die Zivilisation erreichten, waren wir sehr glücklich. Wir dankten Gott. Dann begann der allgemeine Streit, wer das letzte Stück Brot haben sollte. Wer war der Held? Ich meine, zurück in der Zivilisation wurden wir Tiere und wir kämpften um das Brot. Ich verstand was sie dachten. Aber weil ich der kommandierende Offizier war, konnten sie nichts sagen. Sie schauten mich an und dachten, „Gib es mir, gib es mir, gib es mir, gib es mir." So gab ich das Stück wieder diesem Mann und sagte, „Teil es auf." Und in dem Moment war er der größte Betrüger, den ich je gesehen habe. Ihr müßt also verstehen, daß ihr eine grenzenlose Kapazität für die Wahrheit habt. Alles was ihr tun müßt, ist sie herauszufinden. All das Lernen und Lernen, und Lieben und Leben und all das, ist nicht richtig. Ihr ladet euch euer eigenen Elend ein und kocht euch selbst in einem schrecklich verpfuschten Leben. Grundsätzlich ist es genauso wie zu Zeit euerer Geburt als Mutter und Vater euch absolut beschützt haben. Jetzt, da ihr erwachsen seid, müssen Mutter Natur und der himmlische Vater euch schützen. Das ist euer Geburtsrecht.

Ihr aber werdet widerlich, verwirrt, neurotisch, psychotisch; ihr lügt – ihr lügt immer. Ich sage, „Oh Gott, jeder Mensch lügt so viel. Ich weiß nicht warum. Hast Du irgendeine Idee?" Ihr lügt eure Freunde an, eure Verwandten und euch selbst. Ihr seid so unsicher. Das klassische unsichere Säugetier mit zwei Beinen heißt Mensch. Ihr seid sehr unsicher. Und ihr hamstert die Dinge. Ihr habt Kühlschränke, ihr habt Keller, ihr habt Banken, ihr habt Geld und ihr protzt damit. Ihr protzt mit eurem Reichtum. Ihr lebt mit dem Reichtum, der außerhalb von euch ist. Ihr lebt nicht euren inneren Reichtum. Wenn euer innerer und euer äußerer Reichtum in Balance stehen, dann seid ihr in Ordnung. Aber wenn euer äußerer Reichtum größer ist und der innere zu wenig, dann seid ihr korrupt. Dann seid ihr entfernt von eurem Schöpfer.

Ihr seid Lehrer. Ihr müßt etwas lernen das ihr lehren werdet. Was ihr zu lehren habt, ist „zu sein, um zu sein." Ihr könnt es nicht leben und praktizieren, „zu sein, um nicht zu sein." Eure Stimmungen und euer Verstand sind eure Bediensteten; sie sind nicht eure Herren. Wenn ihr Lehrer sein wollt, müßt ihr Meister sein. Dann sind Gemüt und Verstand eure Bediensteten und ihr und euer Sein dienen dem Geist. Denn euer Geist ist hier im gemeinsamen Sinn für alle, dann seht ihr nur die Seele.

Religion hat euch nicht die Realität gelehrt. Begreift ihr, warum die Religion euch will? Für das Opfergeld. Wie nennen sie es? Ein Opfer. Als ich einmal mit Papst Johannes Paul gearbeitet habe, ging ich nach Rom und sprach mit ihm. Ich sagte, „Du bist der Papst, der einzige lebende Vater. Aber warum kannst Du nicht einen Friedensgebetstag oder irgendetwas ähnliches einrichten?" Zehn Jahre später hatten sie ihren Friedensgebetstag in Assisi, und alle Weltreligionen beteten dort für eine Woche. Erinnert ihr euch daran?

In dieser ganzen Essenz fand ich eins heraus: Ihr wollt nichts für den Frieden tun, weder für den inneren noch für den äußeren.

Alles was ihr habt sind Stimmungen. Habt ihr euch an eure Stellungnahme erinnert als ihr sagtet: „Ich weiß nicht, ich fühle mich nicht gut." Körperlich seid ihr okay. Geistig seid ihr nicht okay. Wenn ein reicher Mensch kommt, werdet ihr ihm dienen. Wenn ein armer Mensch kommt, sagt ihr, „Was willst Du? Weswegen bist Du gekommen?"

Stellt euch das jetzt vor.

Schließt eure Augen. Stellt euch einen sehr schäbigen, mißgestalteten, schmutzig dreinschauenden, stinkenden Menschen vor, der zu eurer Einfahrt hoch läuft. Er ist absolut schrecklich, wow, ihr könnt es nicht aushalten. Stellt euch vor, daß ihr in eurem Haus sitzt und meditiert, glücklich betet und euch zum Essen fertig macht. Stellt euch vor, daß ihr mit der ganzen Familie an den Eßtisch kommt. Ihr betet und bittet um den Segen des allmächtigen Gottes. Dann hört ihr das Klopfen an der Tür. Ihr geht und seht diesen Mann. Der Mann sagt, „Ich bin sehr hungrig." Mit großer Höflichkeit und weil es so gewünscht wird, geht ihr hinein und nehmt etwas Essen, legt es auf eine Serviette und gebt es ihm. Und ihr sagt zu ihm, „Gott segne Dich."

Er sagt, „Danke schön," und geht. Stellt euch vor, daß ihr am nächsten Tag wieder zu Gott betet und ihr sagt, „Du allmächtiger Gott hast mich gesegnet, Du bist mein wunderbarer Gott. Du hast mir ein Haus, Familie, Speise, Geld, Wohlstand, Gesundheit und Glück gegeben. Ich bin so dankbar, und ich weiß nicht, wie ich Dir danken soll."

Und Gott erscheint und sagt zu dir, „Ich bin gestern gekommen, ich dankte Dir und Du hast mich gesegnet."

Und du sagst, „Nein."

Und Gott sagt, „Was meinst Du mit „Nein"? Ich war es. Schau mich an." Und im selben Moment erkennst du den häßlichen, schmutzigen, stinkenden Mann und das wunderschöne, liebevolle, engelhafte Selbst.

Jetzt öffnet eure Augen. Wo immer ein Geist ist oder eine Seele, da ist Gott. Und diejenigen, die Gott nicht überall sehen können, sehen Gott gar nicht. So habt ihr eure Komplexe, Vorurteile und vormeditativen Impulse, und ihr habt ein wunderbares, schönes Wissen. Ihr seid die großartigsten Menschen, aber ihr lebt wie Hunde und sterbt wie Hunde. Ihr hebt euren eigenen Schwanz und ihr bellt. In eurem vorherigen Leben habt ihr niemals auf euren Lehrer gehört. Ihr habt niemals darauf gehört, was er sagte. Das ist der Grund, warum all diese Hunde auf meinem Morgenspaziergang mich anbellen. Ich sage zu ihnen, „Ihr habt niemals hingehört beim letzten Mal. Wenigstens jetzt seid still und hört zu." Sie waren sehr ernsthafte Studenten; sie haben nicht zugehört. Jetzt können sie sogar sehr hohe Frequenzen wahrnehmen und immer noch hören sie nicht zu.

Nanak sagte:

ਸੁਣਿਐ ਸਿਧ ਪੀਰ ਸੁਰਿ ਨਾਥ॥
Suni-ai sidh peer sur naath.
-Guru Nanak, Siri Guru Granth Sahib, page 2 (from 8th pauree of Japji Sahib)
A mortal becomes a perfect saint, a religious guide, a spiritual leader, and a great yogi by hearing the Name of God.
By listening, by developing the power to listen, you become a siddha, so all occult powers serve you. Sidh peer-you become the perfect one, so all nature serves you in perfection. Sur naath-you become the entire nucleus of the entire balance of the universe.

Ein Sterblicher wird ein vollkommener Heiliger, ein religiöser Führer, ein spiritueller Führer, und ein großer Yogi, indem er den Namen Gottes hört.

Durch das Zuhören, indem er die Kraft zu hören entwickelt, werdet ihr ein *siddha*, so daß alle geheimen Kräfte euch dienen. *Sidh peer* – ihr werdet ein perfekter Mensch, so daß alle Natur euch in Vollkommenheit dient. *Sur naath* – ihr werdet der innerste Kern des vollen Gleichgewichtes im Universum.

ਸੁਣਿਐ ਧਰਤਿ ਧਵਲ ਆਕਾਸ॥
Sunni-ai dharat dhaval aakaas.
-Guru Nanak, Siri Guru Granth Sahib, page 2 (from 8th pauree of Japji Sahib)
The reality of Earth and of the bull supporting it and of heaven becomes known by hearing the Name of God.

Die Realität der Erde und des Bullen, der sie trägt, und des Himmels wird erfahrbar, indem ihr den Namen Gottes hört.

Wenn ihr die Kraft habt, zu hören, werdet ihr eins mit dem Universum und allen Himmeln. Fühlt ihr nicht die Freude dieser Vervollkommnung nur durch das Hören, nur indem ihr die Kraft zu hören entwickelt? Die, die auf ihren Lehrer gehört haben, ihren Meister, sind Meister geworden. Glaubt ihr, ihr seid unterwegs Glück zu erlangen? Ihr könnt jedes Glück erlangen, das weltliche und das überweltliche, das selbstverbundene und das nicht selbstverbundene. Es ist im rechten Fuß eures Meisters. Dort, wo sein Nagel ist, das ist der Platz, wo Himmel und Erde sich für euch treffen. Diesen Raum könnt ihr nicht erobern, weil euer Ego euch geblendet hat.

Wißt ihr, was Gehorsam ist? Ich will euch meine persönliche Geschichte erzählen. Eines Tages wurde ich von meinem Lehrer gerufen. Ein Mann kam und er sagte, „Du bist eingeladen. Es heißt, Du sollst voll angezogen erscheinen."

So zog ich mich an, weil ich angezogen sein wollte, ging hinein, setzte mich hin, erwies meinen Salut und er schaute mich an und sagte, „Schön, daß Du gekommen bist."

„Ja, Sir."

„Weißt Du warum ich Dich gerufen habe?"

Ich sagte, „Weil Du es wolltest."

„Hörst Du?"

Ich sagte, „Ja."

Er sagte, „Du bist der Meister."

Automatisch, weil es meine Gewohnheit war zu gehorchen, sagte ich, „Ja, Sir." Dann dachte ich, „Was habe ich gesagt?" Und dann habe ich mich verbeugt. Er sagte, „Gesegnet seist Du. Geh."

Ich kam wieder heraus und all meine Kollegen fragten, „Was ist passiert? Was ist passiert?" Ihr wißt das, Neugierde.

Ich sagte, „Der Meister hat mir gesagt, ich bin der Meister."

„He, he, he, he. Du bist der Meister. Was für ein Meister?"

Ich sagte, „Ihr, alle, setzt euch nieder. Verbeugt Euch!" In der nächsten Minute war der Kopf von jedermann auf der Erde. Und ich sagte, „Ah ha ha ha, ich bin der Meister, glaubt Ihr es nicht?" Und ich sagte, „Was ist passiert? Warum habt ihr Euch verbeugt?"

Sie sagten, „Keine Ahnung. Du hast es verlangt."

Ich sagte, „Er sagte es, so habe ich es gesagt, so habt ihr es gesagt. Und das ist es." Ich war einfach neugierig. Ich begann nach links und rechts zu blicken. Ich brauchte kein Wort sagen – die Gedanken haben die Dinge erschaffen.

Eines Tages kam ich in den Raum, ich bin eine Jungfrau und ich mag ein gutes Bett. Aber mein Bett war ein Durcheinander. Ich blickte es an und sagte, „Ich bin nicht bereit, darin zu schlafen." Ich ging heraus. Ich hab angefangen meinen *Kirtan Sohila* – mein Abendgebet zu beten und wollte einfach die Zeit herumbringen. Da gab es nicht viel, worauf ich neugierig sein konnte. Als ich wieder herein ging, war mein Bett perfekt gemacht. Ich war in einem Junggesellenwohnheim. Ich glaube nicht, daß das ein sehr praktisches Ding ist. Es kam keine Fee, aber das Bett war sehr gut gemacht. So nahm ich die Chance wahr, schlief und stand am Morgen auf, um mein *sadhana* wie gewöhnlich zu machen. Dann fragte ich jedermann, „Ist irgendjemand gestern in mein Zimmer gekommen und hat mein Bett gemacht?"

Jedermann sagte, „Nein."

So ging ich geradewegs zu meinem Lehrer. Er sagte, „Gut, Du fragst mich, wer Dein Bett gemacht hat?"

Ich sagte, „Ja."

Er sagte, „Ich habe es getan."

Ich sagte, „Du hast mein Bett gemacht?"

Er sagte, „Gut, Du wolltest nicht in einem Durcheinander schlafen nicht wahr? Du hast es gewünscht, ich habe es gehört, ich habe gehorcht."

Ich sagte, „Kannst Du das jetzt jeden Tag machen?" Und wir lachten.

Er sagte, „Gut, ich bestrafe Dich nicht dafür, daß Du Dein Bett nicht gemacht hast, obwohl es von Dir erwartet wird. Und zweitens, es war doch gut gemacht, nicht wahr?"

Ich sagte, „Ja, es war großartig, ich habe sehr gut geschlafen."

Und er sagte, „Sei vorsichtig, weil alles, was Du willst, geschehen wird."

Wir sind Teil der Goldenen Kette. Wir kommen vom Herrn der Herren, Guru Ram Das, dem Herrn des Throns der Wunder, dem Meister des Königlichen Yoga. So ist es wahr, daß unseren Handlungen alle Zeit Herrlichkeit und Wahrhaftigkeit innewohnt. Wenn dort keine Herrlichkeit in uns ist, wird die Wahrhaftigkeit niemals mit uns sein. Wenn die Realität da ist, muß auch Herrlichkeit da sein. Das ist unsere Art zu denken.

Also denkt daran, wenn ihr zum Lernen kommt, daß ihr nicht versucht, ein großer Meister oder ein großer Lehrer zu werden – werdet ein herrliches Wesen. Werdet einfach ein herrliches Wesen und dann werdet ihr ein wahrhaftiges Wesen. Wenn eure Persönlichkeit, eure Identität und euer Verstand nicht die Herrlichkeit repräsentieren, werdet ihr niemals die Kenntnis der Realität erlangen. Das ist Raaj Yog – das Königliche Yoga, das ist ein Thron. Wir haben den Thron des Königlichen Yoga. Wir sind Raja, wir sind Kaiser. Man nennt das „das kaiserliche Schicksal des Yogi." Da gibt es einen einzigen Goldenen Tempel in der Welt. Der gehört nicht den Sikhs, der gehört niemandem. Es ist die Krone des Universums. Es ist das Haus des Herrn der Wunder und des kaiserlichen Selbst, des kaiserlich-göttlichen Selbst des Raaj Yoga. Das ist es, was ihr seid.

Über Guru Ram Das wird folgendes gesagt:

ਕੁੰਡਲਨੀ ਸੁਰਝੀ ਸਤ ਸੰਗਤਿ ਪਰਮਾਨੰਦ ਗੁਰੂ ਮੁਖਿ ਮਚਾ ॥
Kundalini surjhee sat sangat, param aanand guroo mukh machaa.
-Swayas in Praise of Guru Ram Das, Siri Guru Granth Sahib, page 1402
Associating with the saints, the Kundalini rises and through the Supreme Guru, they enjoy the Lord of supreme bliss.

Vereinigt mit den Heiligen steigt die Kundalini auf und durch den höchsten Guru erlangen sie die Freude des Herrn des höchsten Segens.

„Wenn die Kundalini auf dem Gesicht des Guru erwacht, schießt der größte Segen aus dem wunderbaren Antlitz."

Ihr müßt euch nicht schöner machen und Make-up anlegen. Nein. Stellt euch einfach vor den Spiegel und seht aus wie ein königlicher Heiliger und ihr werdet zu einem wirklichen Heiligen werden. Aber wenn ihr den Prozeß eines wahrhaftigen Heiligen eingeht, wird es eine sehr, sehr, sehr, sehr lange Zeit brauchen und viele, viele, viele Lebenszeiten. Wenn ihr durch den Kreislauf von Geburt und Tod, von auf und nieder, von Idioten und Weisen und all diesem Zeug gehen wollt und Schaufenster anschauen wollt und einfach ein Amerikaner oder ein Deutscher sein wollt oder dies oder das sein wollt – ich weiß nicht, was ihr alles wollen könnt – mit euren schönen, kleinen Komplexen, dann wird nichts für euch funktionieren. Dann verschwendet ihr Zeit.

Um Gottes Willen, liebt nicht Gott. Gebt ihm eine Chance euch zu lieben. Gebt Gott eine Chance. Eine Chance! Ihr seid zu arrogant und grausam, unausstehlich und verdammt negativ. Er hat euch wie Eltern erschaffen. Er nährt euch, liebt euch. Ihr gebt Ihm nicht eine Chance, euch zu umarmen. Ihr tut es nicht.

Ihr seid geboren,
Lehrer zu sein

Was für eine Religion praktiziert ihr? Das ist ein Trick. Man sagt euch, „ihr seid in Sünde geboren." Sünde wovon? In mir, um mich, über mich, unter mir – all das bin ich. Könnt ihr Gott nicht annehmen? Nein, ihr könnt es nicht.

und sollt lehren,
aber in seinem Namen
und vor allen,
vor groß und klein.

Ihr habt den Eigner dieser Welt und darum auch euch selbst nicht angenommen. Ihr seid immer noch am kämpfen um Bart und Brot. Für Jahrhunderte habt ihr Territorien gewollt. Schließlich seid ihr zu den niedrigsten der niedrigen von den niedrigen geworden. Dann seid ihr einfach nur ein Komplex eurer selbst geworden.

Das ist nicht fair. Alice wohnt nicht länger hier. Ihr seid nicht in euch selbst. Ihr seid unterwegs am suchen. Die Religion des Fische-Zeitalters hat euch gelehrt, „Geht und sucht Gott. Geht und überlaßt euer Haus den Dieben." Gott kommt vorbei und ihr seid nicht da.

Auch die Sikhs, denen ursprünglich gesagt wurde, daß sie als *akaal moorat* leben sollen, so wie Gott euch gemacht hat, haben Schwierigkeiten mit dem Bart. Man kann es kaum glauben! Stellt euch das einmal vor, ein 80 Jahre alter Mann mit einem perfekten schwarzen Bart. Wow, würdet ihr das nicht mögen? Er kann nicht einmal aufstehen. „Ohh, ooh, ooh." Jeder weiß, daß du 80 Jahre alt bist, aber du bist so unausstehlich und so unreal, du weigerst dich, dich würdevoll zu entwickeln, heilig, göttlich, 80 Jahre alt. Ihr wollt immer 18 sein. Ihr wollt voreinander schön aussehen, weil ihr euch auf den Haken nehmen wollt. Ihr kümmert euch nicht darum, vor eurem Schöpfer schön auszusehen.

Ihr wißt, daß es in meinem Leben eine Zeit gab, als alle mich verlassen haben. Jetzt lieben sie mich, weil ich so reich bin, weltgewandt, weise – ihr wißt wohl was ich meine? Ich könnte sie in einer Sekunde kaufen. Wenn alles zur Auktion gestellt würde, mein Gebot würde stehen. Jetzt lieben sie mich. Was ist der Nutzen davon, daß sie mich jetzt lieben? Ich weiß, daß sie unausstehlich negativ waren. Sie waren so beschränkt, daß sie zu sagen pflegten, „Gut, er war ein Offizier, er war so mächtig, er war so wundervoll, er war so phantastisch. Nun ist er ein Yogi." Ich danke euch, daß ihr so unverschämt und unausstehlich wart. Mein Meister, mein Herr hat mich angenommen. Ich brauche sie jetzt nicht. Sie brauchen mich. Ich habe meinen Schöpfer gefunden, ich habe meinen Gott gefunden, ich habe mein Sein gefunden.

Warum gehe ich nach Indien? Wißt ihr, warum wir gehen? Um dasselbe *perkarma* zu reinigen, dieselben Böden. Wir tun dort nichts anderes. Gar nichts. Wir nehmen die Fetzen und wischen die Böden. Eins, zwei Tage gehen wir am Morgen dorthin, wenn die Türen öffnen, sitzen dort und hören die Musik an. Das ist alles was wir tun. Die Leute sagen, „Was ist das?" Das kostet etwa 3.000 Dollar. „Was machen wir da?"

Ich sagte, „Wir machen das phantastisch. Wir sind große Diebe. Wir sind sehr qualifizierte Diebe. Wir sind gekommen, um den Schmutz dessen zu stehlen, der eins ist mit dem Einen. Und wenn der Eine dort langgegangen war und unser Lumpen den Platz berühren kann, haben wir alles erreicht. Wir haben alles gehabt. Eine Berührung, nicht mehr, gerade eine Berührung."

Das ist, weshalb Guru Nanak sagte:

ਆਦਿ ਸਚੁ ਜੁਗਾਦਿ ਸਚੁ ॥ ਹੈ ਭੀ ਸਚੁ ਨਾਨਕ ਹੋਸੀ ਭੀ ਸਚੁ ॥
Aad sach, jugaad sach, hei bhee sach, Naanak hosee bhee sach.
-Guru Nanak, Siri Guru Granth Sahib, page 1 (from Mul Mantra of Japji Sahib)
True in the beginning, True through all time, True even now, Nanak, forever True.

Wahr im Anfang, wahr durch alle Zeiten, wahr auch jetzt, Nanak sagt, alle Zeit wahr.

Das ist was ihr seid. Ihr seid wahr zu Beginn, wahr durch die Zeiten, wahr jetzt und ihr werdet war sein. Wenn ihr so bleibt, aber ihr bleibt nicht so. Ihr wollt etwas anderes sein. Seid wozu Gott euch gemacht hat. Im Augenblick seid ihr wunderbare, schöne Wettstreiter. Ihr seid im Wettstreit miteinander. Ihr vergeßt, wer euch gemacht hat und was Gott gesagt hat. Hier sind die Worte, die Nanak sagte:

ਅਕਾਲ ਮੂਰਤਿ ਅਜੂਨੀ ਸੈਭੰ ਗੁਰ ਪ੍ਰਸਾਦਿ ॥
Akaal moorat ajoonee saibhang gurprasaad
-Guru Nanak, Siri Guru Granth Sahib, page 1 (from Mul Mantra of Japji Sahib)
He is undying, unborn, self-illumined, This is realized by the Grace of the True Guru.

Er ist unsterblich, ungeboren, selbst erleuchtet. Dies ist zu erkennen durch die Gnade des wahren Gurus.

Mit der Gnade des Gurus werdet ihr das als große Wohltat empfangen. Ihr werdet alle *ajoonee* – ungeboren. Ihr werdet frei von jeder Aktion und Reaktion. Ihr werdet niemals in irgendwelche Verstrickungen, Zyklen kommen. *Saibhang* – selbst erleuchtet – und ihr werdet euer grenzenloses Selbst erkennen. Das, so sagt ihr, ist ein Geschenk an die, die so leben, wie Gott sie zu leben geschaffen hat. He, sind wir dabei zu verlocken? Machen wir Public Relations? Nein. Es ist die Wahrheit.

Ihr werdet finden, daß die Menschen, arm und reich, ohne Unterschied, im Streit sind über den Bart, über die Nahrung und das Brot.

Heute hat irgendjemand Knoblauchbrot gemacht. Der Geruch hat jeden angezogen. Auf der einen Seite haben sie auf ihr Gewicht geschaut wie viele Kalorien es hatte und auf der anderen Seite haben sie es gerochen und wollten es essen. Ich sah diese Dualität und ich lachte. Einfach um diese Leute anzuführen, aß ich zwei Stücke von dem Brot. Vielleicht werden sie etwas lernen. Nein, nein, sie haben es gerochen. Sie wollten es so eifrig, daß es schien als wollte der Magen heraus auf den Tisch kommen und das ganze Ding greifen. Aber sie sagen, „Nein, nein, nein.

Ich bin auf Diät. Nein, nein, nein, no, no, no, no." Sie konnten nicht sagen, „Nanak."
Sie sagten, „No, no, no." Ihr wißt, wenn eine Person sagt, „no," ist sie gegen Nanak.
„Nanak" bedeutet: wo es kein „nein" gibt. „Sage nicht „nein", wenn du „nein" zu sagen
hast. Das ist Nanak." Wenn du die Grenzenlosigkeit der Person und des Reichtums
des Wohlstandes, wenn du Schönheit und Segen willst, dann sage einfach nicht
nein. Eliminiere das eine Wort. Diejenigen, die „nein" sagen, werden niemals das
Naam, die Identität, haben. Dann lebt ihr nicht in der Realität.

Was wollt ihr? Wollt ihr, daß die Natur euch dient oder wollt ihr herumrennen wie
ein Huhn ohne Kopf? Was wollt ihr? Wohin geht euer Sehnen? Das ist ein sehr
komisches Ding. Ihr seid voller Sehnsucht, ihr sammelt, ihr erschafft, ihr werdet
gehen, ihr werdet Kinder haben und all das. Dann, in einem gewissen Alter, wird
alles langsam Stück für Stück davontreiben, euch verlassen, weg ist es. Dann, am
Ende, beten etwa 60 % der Menschen für einen friedvollen Tod und werden ihn doch
niemals haben. Vielmehr ist es dann ein miserabler Knochen um Knochen, Molekül
um Molekül, Atom um Atom zusammenpressender Tod.

Stellt euch einfach einen Menschen vor, der so kraftvoll und schön war, daß er 6
Frauen hatte, 9 Freundinnen und 62 Konkubinen, eine große Yacht und all das. Stell
dir diesen Mann wie er eine Menge Reichtum hinterläßt. Dieser Junge, Howard
Hughes. Wißt ihr, wo er gelebt hat? Er lebte im obersten Stockwerk eines Hotels. Er
kam niemals heraus. Er hatte so groß Angst, daß er sogar sich selbst und jeden
anderen zu desinfizieren pflegte.

Wahnsinn ist Besessenheit. Ihr macht keinen Sinn, weil ihr Wettstreiter seid,
aneinander vergleicht und konfus seid. *Ein Wortspiel: You forgot that God is*
watching *over you. You look at this* ***watch***. *(YB point to the* ***watch*** *on his wrist.)*
There's a ***watch*** *up there. (YB points up to the heavens.) And He knows. He knows*
you. Ihr habt vergessen, daß Gott über euch wacht. Ihr schaut auf diese Uhr. (YB
zeigt auf die Uhr an seinem Handgelenk.) Da oben ist die Wache. (YB zeigt auf den
Himmel.) Und er weiß alles. Er kennt euch. Ich wünschte, ihr würdet Ihn kennen —
das wäre das Ende der Materie, da gibt es keinen Kampf. **Ihr seid geboren, um**
Lehrer zu sein und ihr sollt lehren, aber in seinem Namen und vor allem, groß
und klein. Das ist die Realität.

Geld ist Medium. Wohlstand wird Lakshmi genannt; sie ist die Frau von Narayan.
Also greift jeder nach der Frau Gottes. Niemand kümmert sich um ihn. Aber wenn
jemand nach eurer Frau greift, was macht ihr mit dem? Dasselbe passiert mit euch.

Klagt ihn also nicht an. Ihr rennt Maya – der Täuschung nach. Maya ist ein Mythos. Er betrachtet und schaut.

In meinem Leben hatte ich eine Erfahrung. Ein Mann kam und sagte, „Ich will, daß Du mein Lehrer bist."

Ich sagte, „Ich kann nicht initiieren – einführen. Was ist ein Lehrer?"

Wir bitten euch nicht, den Meister zu finden. Sei der Meister. Das ist eure Chance. Ihr seid ein Hu-Man-Being – ihr seid Licht, jetzt.

Er sagte, „Ich will Dich als meinen Lehrer."

Ich sagte, „Ich bin nicht zu verkaufen."

„Ich will Dich als meinen Lehrer."

Ich sagte, „Ich bin kein Lehrer. Nicht für Dich."

Er sagte, „Gut, ich will einen Lehrer haben."

Ich sagte, „Das steht nicht auf Deiner Stirn geschrieben. Du wirst niemals einen Lehrer haben. Du wirst noch viele Lebensalter zu gehen haben."

Er sagte, „Nein. Ich werde Dich als Lehrer haben. Du kannst mich nicht ablehnen."

Ich sagte, „Ich weiß das. Ich bin nicht im Begriff Dich abzulehnen."

So diente er mir. Er wurde ein Sikh. Er wurde dies, er wurde das, er war sehr vertraut, sehr populär, sehr wundervoll. Eines Tages sagte er, „Was tue ich?"

Ich sagte, „Nichts."

„Bist Du denn nicht jetzt mein Lehrer?"

Ich sagte, „Nein."

„Bist Du nicht glücklich mit mir?"

Ich sagte, „Sehr glücklich. Ich liebe Dich."

„Gut, warum bist Du dann nicht mein Lehrer?"

Ich sagte, „So ist es nicht geschrieben. Du sollst keinen Lehrer haben."

„Gut, kann ich einen anderen Lehrer haben." Ich sagte, „Hab soviel wie Du haben willst. Ich bin der einzige Lehrer derzeit und ich kann nicht Dein Lehrer sein. Das tut mir sehr leid. Ich bedaure. Du hast mir Tag und Nacht, nachmittags, oben und unten gedient, aber ich kann Dich nicht als meinen Schüler annehmen. Du bist zu jeder Vorlesung erschienen, Du warst überall, wo ich Dich gewollt habe. Aber ich bin nicht Dein Lehrer."

Er sagte, „Ich habe im Siri Guru Granth Sahib gelesen," durch Dienst kann ein Mensch siegen."

Ich sagte, „Das ist wahr. Ich habe es auch gelesen. Fühl Dich nicht entmutigt, versuche es weiter."

6 Jahre später rief er an. Er sagte, „Meister, ich will Dich treffen."

Ich sagte, „Ich kann Dich als einen Menschen treffen, aber ich kann Dich nicht als Dein Lehrer treffen."

„Meister, ich verlasse Dich."

Ich sagte, „Das wird in Ordnung gehen. Mach Dir darüber keine Sorgen. Geh mit gutem Glauben. Und wann immer Du dieses Leben beendest, wirst Du sterben und wiedergeboren werden und dann finde Deinen Lehrer, wenn Du kannst."

Auf der anderen Seite kennt ihr einen gewissen Jim Baker? (Kommentar des Herausgebers: Gemeint ist nicht Jim Baker, der evangelische Priester.) Ich war auch sein Lehrer. Und eines Tages hatten wir einen Kampf. Ich sagte ihm, „Jim, das kannst Du nicht tun."

Er sagte, „Meister, das liegt in meinen Genen. Du kennst mich. Ich kann nicht leben, wenn Du mir sagst, daß ich so nicht leben darf."

Ich sagte, „Dann zieh um, weg von mir."

So zog er nach Hawai. Jedesmal, wenn wir telefonierten, würde er wieder sagen, „Du mußt hierher kommen. Du mußt bei mir sein."

Ich würde antworten, „nein. Leb Du hier. Du bist in Ordnung."

Eines Tages, ich war mitten auf einer Reise, entdeckten sie mich am Albuquerque-Flughafen. Es war ein dringlicher Telefonanruf – ein Notfall. Ich ging also zur Telefonzelle, und er sagte, „Meister, es ist Zeit zu gehen. Ich halte es nicht länger aus. Ich bin nahezu gestorben in den letzten 72 Stunden.

„Ich kann mein Prana nicht verlassen, ohne daß Du mich segnest." (Hinweis des Herausgebers: Jim war beim Drachenfliegen gestürzt. Er war nahezu tot, aber bat die Menschen dringlich, Yogi Bhajan anzurufen.)

Der Mensch ist nur ein Rohr, ein Vehikel. Der Lehrer ist das Vehikel der Göttlichkeit, außerhalb der Dualität. Das ist, warum ihr erheben könnt.

Ich sagte, „Jim, sage „Sat Naam."

Er sagte, „Sat Naam." Und das war es. Das nennt man „Gurprasaad." Ihr bekommt es durch den Willen Gottes. Und durch den Willen Gottes habt ihr den Verstand, den ihr an die Lotusfüße des Meisters heften könnt. Der Meister ist der Shabad Guru, nicht der Mensch. Der Mensch ist nur ein Rohr, ein Vehikel. Der Lehrer ist ein Vehikel der Göttlichkeit außerhalb der Dualität; das ist es, warum ihr erhöhen könnt.

Ihr denkt, ich bin ein Lehrer? Das ist das Problem. Wenn ich zu lehren habe, muß Er durch mich kommen. Wenn Er aufhört, durch mich zu kommen, habe ich nichts damit zu tun. Er kann irgendjemanden anderen, besseres als mich finden. Ich werde sehr froh sein, nach Hause zu gehen. Da ist nichts übrig geblieben, was ich hier zu tun habe. Das Wassermann-Zeitalter hat begonnen. Ich habe meinen Job getan. Wofür hänge ich hier noch herum?

Die Erde ist ein Hotel – Für einige ist es ein 5-Sterne-Hotel für andere gerade eine Hütte. Aber wenn ihr müde seid, ist der Schlaf erholsam. Wenn ihr hungrig seid, ist das Essen gut, und wenn ihr wißt, ihr seid ein Meister, seid ihr gut. Welcher Typ von Lehrer wollt ihr sein? Kommerzielle? Wollt ihr auf eine Reklametafel schreiben, „Ich bin Dein Lehrer?" Zuerst müßt ihr die Bedeutung eines spirituellen Lehrers begreifen. Ein spiritueller Lehrer ist der Geist des grenzenlosen Gottes.

In unserem Dharma z.B. gibt es Singh Sahibs und Mukhia Singh Sahibs. Wißt ihr das? Einige von ihnen sind so egomanische Idioten, das sie nicht einmal verstehen, was das bedeutet. Sie haben diesen Status verdient, aber dann erhalten sie ihn nicht. Habt ihr die sehr populäre Reklame für den Jeep Cherokee gesehen? Er fährt über Höhen und Tiefen, Steine und dann, da, da, da, da, durch den Matsch geht es. Aber am Ende kommt er heraus. Kennt ihr die? Diese Jungs, mit dem Status des Singh Sahib und Mukhia Singh Sahib, sind in ihrem eigenen Schmutz steckenge-blieben. Sie können sich nicht bewegen.

Viele Menschen auf dieser Welt sind als Heilige steckengeblieben. Ich gehe nach Indien, ich treffe diese Heiligen. Sie sind Heilige. Heilige! Heilige wovon? Nachts haben sie Verkehr hier und da und am Morgen posieren sie perfekt und sagen sie sind Heilige. Was für Heilige? Sie haben 5 bewaffnete Schutzleute hinter sich.

Eines Tages ging ich zu einem Heiligen und er begann mir seine Reichtümer zu zeigen. Und ihr kennt mich, meine Gewohnheiten sind sehr unausstehlich. Ich bin ein sehr unausstehlicher Mann. Ich dachte, „Gut, jetzt hat er seine 45 Minuten gehabt." Und ich sagte zu ihm, „Santji, wieviel ist das alles wert? Das alles."

„Ahh" sagte er, „kann sein so und soviel."

Dann nahm ich meinen Ring von meiner Hand und sagte, „Verkauf den, das ist dreimal so wertvoll."

Er sagte, „Ich verstehe Dich nicht, Yogiji, habe ich Dich beleidigt?"

Ich sagte, „Nein, Du hast mich beraubt. Du bist der widerlichste Sohn einer Hexe. Du bist ein alter schmutziger Hund. Ich bin gekommen, einfach um mit einem

Heiligen zusammenzusein. Ich kam in meiner Demut zu Dir. Ich kam, um mich wohlzufühlen. Alles was Du tust, ist über Deine Erfolge zu sprechen, als wenn Du ein Bauingenieur wärest. Worüber sprichst Du? Weißt Du überhaupt worüber Du sprichst?"

Du bist ein Sikh. Schau was Nanak sagt:

ਜੇ ਜੁਗ ਚਾਰੇ ਆਰਜਾ ਹੋਰ ਦਸੂਣੀ ਹੋਇ ॥
ਨਵਾ ਖੰਡਾ ਵਿਚਿ ਜਾਣੀਐ ਨਾਲਿ ਚਲੈ ਸਭੁ ਕੋਇ ॥
ਚੰਗਾ ਨਾਉ ਰਖਾਇ ਕੈ ਜਸੁ ਕੀਰਤਿ ਜਗਿ ਲੇਇ ॥
ਜੇ ਤਿਸੁ ਨਦਰਿ ਨ ਆਵਈ ਤ ਵਾਤ ਨ ਪੁਛੈ ਕੇ ॥
ਕੀਟਾ ਅੰਦਰਿ ਕੀਟੁ ਕਰਿ ਦੋਸੀ ਦੋਸੁ ਧਰੇਇ ॥

Jayjug chaaray aarajaa, hor dasoonee hoeh. Navaa khandaa vich jaan-ee-ai, naal chalai sabh ko-eh. Changaa naa-oh rakhaa-eh-kai, jas keeratjag lay-eh. Jay tis nadar naa(n) aavaee, taa(n) vaat naa(n) puchhai kay. Keeta(n) andar keet kar dosee(n) dos dhar-eh
-Guru Nanak, Siri Guru Granth Sahib, page 2 (from 7th pauree of Japji Sahib)
If one were to live for ages four, or for tens of ages more, with fame spread across the nine continents, followed, honored, and sought by all, yet if he were to fall from His Grace, he would be counted as a worm among worms, and even sinners would blame him.

Wenn da einer wäre, der für vier Zeitalter oder für 10 Zeitalter mehr zu leben hätte und sein Ruf breitete sich aus über neun Kontinente, mit viel Gefolge, geehrt und von allen gesucht, und wenn er aus Seiner Gnade fiele, würde er doch als ein Wurm unter Würmern gezählt, und sogar die Sünder würden ihm die Schuld geben.

Wenn du all das Leben, all den Reichtum, all die Ekstase, alles hättest, und wenn du nicht deinen Meister gefunden hättest, würdest du es verloren haben. Wir bitten euch nicht, den Meister zu finden. Sei der Meister. Das ist eure Chance. Ihr seid ein Hu-Man-Being – ein Mensch – ihr seid Licht. Jetzt. Ist das klar?

Klasse: Ja, Sir.

YB: Es ist schwer zu sagen, „Ja, Sir." Richtig? Oh, mein Gott, ihr seid Amerikaner. Nur im Bootscamp habt ihr es gelernt. Wißt ihr, wer dafür verantwortlich ist, daß die Vereinigten Staaten eine Supermacht sind? Der Drill-Sergeant. Habt ihr diesen Feldwebel gesehen? Sehr ermüdend. Sie werden Feldwebel, sie bleiben Feldwebel und sie sterben als Feldwebel. Aber sie lehren uns, wie wir zu sagen haben, „Ja, Sir." Gut, ihr könnt es nicht glauben. Aber auf dieses, „Ja, Sir," hört der Himmel." Waren einige von euch in einem Trainingslager?

Klasse. Ja, Sir.

YB: (Lacht über ein sehr aggressives „Ja, Sir.") Sehr richtig. Dieses „Ja, Sir," ist sehr real.

Diese drei Redewendungen sind ausreichend: „Ja, Sir." „Danke sehr, Sir." „Aye, aye, Sir."

„Aye, aye, Sir," ist die Art und Weise wie wir leben. Wißt ihr eigentlich was „Aye, Aye, Sir," bedeutet? Es ist die kaiserliche Wirkung des Herrn. Einer, der es erkennt, weiß es.

Legt das *Dhuni*-Band ein. Jetzt will ich sehen, wie gut ihr das nachmachen könnt. Das ist das Ziel dieses Abends für die Klasse. Jetzt beeilt euch! Fertig?

Klasse: Ja, Sir. (Die Schüler machen jetzt die Meditation der Morgenklasse, Klasse 8, siehe auf Seite 154.)

Schafft die geistige Verbindung. Laßt den Atem eure Basis sein. Jetzt vollendet es. Zieht es vom Nabel. Ihr seid gut, danke. Entspannt euch. Gute Nacht. Ihr seid gut, ihr seid gut. Das ist alles was ich sehen wollte. Ihr seid wirklich gut, ihr habt euch eingestimmt in genau 1 1/2 Minuten. Normalerweise dauert das 3 Minuten, um sich einzustimmen. Heute habt ihr es geschafft.

Selbst-Verehrung

Eure Fähigkeit zur Projektion eurer Selbstachtung wird alle für euch gewinnen. Das ist der Siegespfad.

Heute werden wir Projektion besprechen. Ist das mit euch in Ordnung?

Klasse: Ja, Sir.

YB: Seid ihr geboren? Seid ihr gefallen oder seid ihr geboren?

Klasse: Wir sind geboren.

YB: Ihr habt ein Nervensystem, ihr habt ein Muskelsystem, ihr habt eine Struktur, ihr habt Merkmale. Habt ihr die organisiert?

Klasse: Nein, Sir.

YB: Habt ihr Sehnsucht gehabt nach dem, was ihr bekommen habt? Wart ihr euch bewußt darüber, wo ihr im Begriff wart, geboren zu werden? Habt ihr entschieden, wer eure Eltern sein sollten? Es wurde euch gesagt, „Dies sind eure Eltern." Ist das wahr?

Klasse: Ja, Sir.

YB: Es wurde euch gesagt, „Das ist Deine Mutter." Ihr wurdet unverzüglich von ihr genährt und darum wurde sie eine Mutter. Dann hat sie euch gesagt, „Das ist der Vater." Man nennt das, „Verehrung durch Tat." Da gab es Handlungen, durch die ihr erzogen wurdet. Man hat euch gesagt, „Sitze, pupse, auf, dup, dee, doo, daa." Das wurde eure klassische Reverenz. Ihr seid also Menschen durch Reverenz.

YB: Über welchen Gegenstand sprechen wir heute?

Klasse: Projektion.

YB: Ach ich dachte ihr habt es vergessen. So, ihr seid also Menschen durch ... ?

Klasse: .... Reverenz.

YB: Nicht durch Reverenz. Durch die Jahre hindurch, hat jede Religion gelogen, gelogen und gelogen und hat Dummköpfe aus euch Menschen gemacht. Ihr hattet keine Chance, Menschen zu sein, weil ihr niemals gelehrt wurdet, Menschen aus Reverenz zu sein. Reverenz bedeutet „Selbstachtung," Niemand ist sonst Verehrung. Ihr wurdet stets gelehrt über Verehrung: „Das ist meine Mutter, das ist mein Vater, das ist meine Religion, das ist meine Kabbalah; und das ist meine Synagoge, das ist meine Kirche, das ist mein Tempel, das ist mein Mann, das ist mein Kind, das ist, das ist, das ist..."

Wenn irgendjemand etwas Gutes für euch tut, habt ihr eine gute Reverenz über diese Person. Wenn jemand etwas Schlechtes an euch tut, ist das eine schlechte Reverenz. Ihr seid die ungebildetsten, ungelehrige Säugetiere. Ihr seid egomanische, arrogante Individuen und extreme blöde. Ihr leidet soviel. Oh, Gott, hilf ihnen!

Tiere essen ihr Gras, Vögel fliegen mit ihrem Rhythmus, pupsen, wenn sie wollen und sitzen, wo sie wollen.

> *Wenn ihr euch an diese Zeile erinnert, werdet ihr in der rechten Weise projizieren.*
> *Euer genetisches Selbst enthält das unendliche Selbst.*

Aber ihr habt keinen Platz. Ihr seid die am meisten mißgestaltete Kategorie des Lebens. Ihr habt keine Projektion, dafür seid ihr modisch. Wenn jeder den anderen aufs Kreuz legt, legt ihr aufs Kreuz. Wenn niemand aufs Kreuz legt, legt ihr auch nicht aufs Kreuz. Da gab es eine Zeit, als jeder zölibatär werden wollte. Die Weltpopulation sank auf 1/3. Und jetzt legt jeder jeden aufs Kreuz; die Weltbevölkerung ist grenzenlos. Es gibt keinen Raum. Ein Junge hat ein Mädchen, ein Mädchen hat einen Jungen. A legt B aufs Kreuz, B legt C aufs Kreuz, C legt D aufs Kreuz. Was für ein Drama!

Wißt ihr, daß das Wort Intercourse – Verkehr tatsächlich den Vorgang miteinander zu sprechen bezeichnet? Intercourse findet statt, wenn ihr und ich miteinander sprecht. Intercourse meint nicht eine sexuelle Beziehung. Wenn ihr sagt, „er schläft mit ihm," oder, „er schläft mir ihr," meint ihr Sex. Schlaf aber meint tatsächlich ihr schlaft – mit einem Kopfkissen, wißt ihr? Schlafen bedeutet Schlafen mit eurem Kopfkissen. Schlafen bedeutet nicht das, was ihr mit dem Wort Schlafen bezeichnet. Und wenn ihr sagt, „ich liebe ich," oder, „er liebt mich," seid ihr verrückt, weil ihr weder einen Bezug zu eurer Selbstachtung habt noch einen Bezug zur Achtung der anderen Person. Das ist es, warum eure Beziehungen niemals richtig laufen.

Über welchen Gegenstand sprechen wir heute?

Klasse: Projektion.

YB: Ich will euch die Bedeutung von dem Begriff Projektion verstehbar machen.

Wenn ihr mit Pfeil und Bogen die Bedingungen der Sehne, der Spannung und des Drucks der Luft nicht wahrnehmt, werdet ihr niemals des Bullen Auge treffen. Ihr könnt es nicht. Selbst mit einem Gewehr müßt ihr das Anhalten des Atems, das Halten der Schulter, den Druck, den Trigger und den Winddruck wahrnehmen. Man nennt das das „Nullen" bevor ihr schießt. Tut ihr das im Leben? Nein.

Man hat euch nicht beigebracht, Achtung zu haben. Man hat euch beigebracht, einen Bezug zu haben. Aber mit einem Bezug seid ihr Prostituierte. Ihr lebt entsprechend eurem Ruf, und euer Ruf eilt euch voraus, so daß ihr bereits bekannt seid und eingeschätzt. Das ist kein Leben. Das ist eine niedere Stufe von Säugetierexistenz. LGME. In der hohen Soziologie nennen sie es LGME: Low-Grade Mammal Existence – eine niedere Stufe von Säugetierexistenz.

Und was denkt ihr über euch selbst? Ihr seid auf dem Mond gelandet. Na und? Der Mond war bereits da. Er wollte, daß ihr kommt und so seid ihr hingegangen. Was habt ihr alles von den Wissenschaften vergessen? Wenn ihr das *Mahabharata* lest, werdet ihr herausfinden, daß es bereits vor 3000 Jahren Individualflugzeuge in Indien gab. Man nannte sie *vimaan*, Flugzeug, und sie wurden von Quecksilberdampf getrieben. Das war die Energie, die sie nutzten – Quecksilberkristalldampfkraft. Sie pflegten von Indien zu ihrer Zweitwohnung in die Ferien zu fliegen und nannten das „Amerika." Sie nannten es *pataal desh*, die Unterwelt. Ihr seid in der Unterwelt. Als ich klein war, pflegten sie mir zu erzählen, daß unter Indien – Indien wird bharat genannt – das es darunter eine Unterwelt gibt – pataal desh.

ਭਾਰਤ ਦੇਸ਼ ਕੇ ਨੀਚੇ ਇਕ ਪਤਾਲ ਦੇਸ਼ ਹੈ ॥ ਵਹਾਰਾਕਸ਼ਵਸਤੇ ਹੈ ॥
ਗਾਊ ਕਾ ਮਾਸ ਖਾਤੇ ਹੈ ॥ ਮਦਰਾ ਪੀਤੇ ਹੈ ॥ ਵਿਸ਼ੇ ਵਿਕਾਰ ਭੋਗਤੇ ਹੈ ॥
Bhaarat desh kay neechay ik pataal desh hai. Wahaa raakshas bastay hai.
Gha-oo kaa maas khaatay hai. Madraa peetay hai, vishay vikaar bhogtey hai.
- Punjabi saying
"Under India exists an underworld where raakshas -demons-live, They eat beef, they drink wine, they have sex with each other," and they die. This is what I was told at three years old.

„Unter Indien existiert die Unterwelt, wo die *raakshas* – Dämonen – leben. Sie essen Fleisch, sie trinken Wein, und sie haben Sex miteinander," und sie sterben. Das ist es, was man mir im Alter von drei Jahren erzählte.

Verlaßt die andere Unterwelt, in der ihr eßt und was ihr noch alles tut – Vishay vikaar. Die Welt nennt man vish. Vishva bedeutet das Universum. Vishay meint den Komplex. Vishaa bedeutet Überschrift, ein Etikett. Vikaar bedeutet eine falsche Überschrift, Verführung.

So, all eure Überschriften im Leben sind aus dem Bezug abgeleitet und nicht aus der Achtung. Ihr projiziert nicht, verwirklicht nicht die Gestalt, daß ihr geboren seid, um zu sein. Ihr seid geboren, ihr seid göttlich und ihr seid ihr. Ihr müßt nicht Menschen werden. *Seid* Menschen. Mensch zu sein ist besser als Engel zu sein und besser als Weiser zu sein und besser als irgendeine andere Kraft Gottes. Ihr seid Menschen. Darum seid ihr ein Abbild Gottes. Ihr aber wollt aussehen wie euer eigenes Abbild. Darum seid ihr dumm. Ihr seid nicht Wesen wie der, der euch gemacht hat. Versteht ihr das?

Niemand will euch das sagen. Sie wollen, daß ihr leichtfertig seid, Vergnügen habt. Vergnügen wofür? Leute, was für ein Vergnügen? Ihr habt eine Menge „X" von prana und eine Menge „X" von Energie, die „Jugend" genannt wird und in einem Zeitraum „X" könnt ihr das Beste daraus machen. Das ist alles. Das ist genauso als wenn da eine Bank wäre und ihr hättet ein Konto mit 10.000 oder 1.000.000 Dollar, ebenso hoch ist euer Ausgabenkonto, und dann habt ihr einen 65-Jahresbesuch Zeit es auszugeben. Wie ihr lebt, in welchem Motel ihr lebt, in welchem Hotel ihr lebt, was immer ihr mit dem Leben macht, das ist euer Problem, nicht Gottes Problem.

Ja, durch eure Achtung könnt ihr euch erhöhen. Nehmt euch eure Achtung, könnt ihr euch erniedrigen. Versteht ihr jetzt was der Begriff Projektion bedeutet?

Klasse: Ja, Sir.

YB: Ihr liebt niemanden. Absolut nicht. Ihr nehmt die Menschen auf den Haken. Ihr projiziert eure Sinnlichkeit, nicht eure Empfindlichkeit. Wofür braucht ihr Freunde? Für eure persönliche Befriedigung und Ausbeutung? So geht es in euren Beziehungen hier und da und überall zu, weil ihr nicht in euch selbst seid. Euer Selbst ist leer in bezug auf euer Selbst. Vergeßt Lehrer zu werden und dann erfahrt das Herz eines anderen Menschen und versteht den Kopf der anderen Person und erhebt sie – da ist die Aufgabe eines Lehrers.

Ich habe es immer und immer wieder bei den Ehen gesehen. Sie fallen auseinander. Man berät sie und sie fallen auseinander. Ihr sagt es ihnen, und sie fallen auseinander. Ihr sagt es ihnen nicht, und sie fallen auseinander. Warum fallen sie auseinander? Weil die Ehe auf äußeren Beziehungen und nicht auf Achtung begründet war. Es waren nicht Achtung, Größe, Leuchten, Schönheit, die Macht des Geistes oder die Seele. Es war sexuell – das Glied und die Scheide habe sich getroffen. Und ihr erwartet einen Sieg? Nein, den könnt ihr nicht erringen. Ihr könnt es nicht! Jede Beziehung, die auf dem zweiten Chakra basiert, wird niemals die Qualität des sechsten Chakras erreichen. Alles, das nicht auf dem sechsten Chakra beruht, wird nicht das Universum bestimmen. „Nicht das Universum bestimmen" bedeutet, daß das Universum nicht zu euch kommen und euch dienen wird, obwohl es euer Geburtsrecht ist. Glück ist euer Geburtsrecht. Weil ihr euer Geburtsrecht nicht erlangen könnt, beginnt ihr zu phantasieren und zu romantisieren. Romanze und Phantasie führen euch von der Realität fort. Das ist es, warum ihr keine Ausdauer habt, warum ihr nicht die Courage habt, ausdauernd zu sein, und auseinander geht. Ein Widerstand, zwei Widerstände, zehn Widerstände, zwanzig Widerstände – ihr geht zu Boden, als wenn ihr nicht existiertet. Wortspiel: Jack and Jill went down the hill. Wooshh. Not right, folks. What is not right is left. – Mit Jack und Jill gings abwärts. Wooshh. Das ist nicht in Ordnung Leute. Was nicht rechts ist, ist links. – Was nicht richtig ist, ist falsch.

Ihr seht wie einfach ich bin? Die Dinge sind sehr einfach. Da gibt es keine Komplikationen für uns. Das Leben ist kein kompliziertes Ding. Ihr kompliziert es, um Prostituierte zu werden und Zuhälter des wahren Lebens, das eigentlich göttlich und voller Verehrung, freundlich und absolut für euch sein soll. Und es ist ein Geschenk. Die Tragödie ist, daß ihr es nicht einmal verdienen müßt. Es ist ein Geschenk.

ਗੁਰ ਸੇਵਾ ਤੇ ਭਗਤਿ ਕਮਾਈ ॥ ਤਬ ਇਹ ਮਾਨਸ ਦੇਹੀ ਪਾਈ ॥
ਇਸ ਦੇਹੀ ਕਉ ਸਿਮਰਹਿ ਦੇਵ ॥ ਸੋ ਦੇਹੀ ਭਜੁ ਹਰਿ ਕੀ ਸੇਵ ॥
Gur sevaa tay bhagat kamaa-ee. Tab eh maanas dayhee paa-ee.
Is dehee ka-ho simareh dev. So dayhee bhaj har kee sayv:
-Bhagat Kabir, Siri Guru Granth Sahib, page 1159
Through the Guru's service the Lord's loving adoration is practiced.
Then alone is the fruit of this human body obtained.
Even the gods long for this body.
So through this body of yours, think of rendering service unto God.

Durch den Dienst am Guru wird die Anbetung Gottes praktiziert. So allein wird die Frucht des menschlichen Körpers erhalten. Sogar die Götter streben nach einem menschlichen Körper. So bedenke, durch diesen Körper den Dienst an Gott zu erfüllen.

Durch den Segen des Gurus hast du dieses Leben verdient. Und du hast diesen menschlichen Körper, dem von den Engeln, aber nicht von dir gehuldigt wird, erhalten. Und durch diesen Körper kannst du die Unendlichkeit verstehen, und mit Verehrung, mit Anbetung und Verständnis kannst du die Gesamtheit Gottes begreifen. Wißt ihr wie segensreich das ist? Ihr seht ein kleines Ding und ihr sagt, „Wow!" „Oh, ich habe ein sehr schönes Mädchen heute getroffen. Wow. Wow." Habt ihr diese Kinder gesehen? „Wow!" Versteht ihr diesen Dummen, wenn sie all diese Dinge nehmen ...... (YB zeigt eine Person beim Schnupfen einer Droge durch die

Nase.) Wißt ihr was ich meine? „Oh, ich bin in Ekstase." Gut, ihr habt 300 Dollar weniger und ihr seid für immer dumm. Ja, ihr seid in Ekstase. Etwas anderes als diese Art von Dummheit werdet ihr niemals tun.

Und unter dem Einfluß dieser Drogen handelt ihr. Ihr habt feuchte Träume. Ihr habt kalten Schweiß. Manchmal bekommt ihr das Zittern. Was ist das? Ihr seid es nicht. Es ist in Ordnung, krank zu werden und zuweilen auseinanderzufallen. Ein Auto tut es, warum nicht auch ihr? Aber das Problem ist, eure *Teile* sind nicht ersetzbar. Sie haben kein Jiffy Lube. Wißt ihr wovon ich spreche?

Klasse: Ja, Sir.

YB: Wenn ihr irgendwann einen Teil von euch verliert, Leute, seid ihr fertig. Ein Teil, den ihr mit diesen Drogen verliert, nennt sich Impactuous Sensitivity – Kritikfähigkeit. Das Gefühl für die Folgen. Diese Generation, die Generation der 60er, hat es verloren. Drogen mögen für eine Weile gut tun, es ist euer Geld. Ich bitte euch nicht, sie nicht zu benutzen, aber ihr werdet nie wieder ihr selbst sein.

Das ist es, warum ich mit Kundalini-Yoga hier angefangen habe. Ich war nicht daran interessiert meine Führerschaft oder meine Mitgliedschaft zu erlangen. Ich sah die Tragödie der Menschheit. Ich sah wie zerstört sie waren. Wir haben junge Körper von den Pfaden aufgesammelt, von Tieren unkenntlich zerfressen, und manchmal hat uns ihre Identifikation in ihre Wohnungen geführt. Ihr könnt es nicht glauben.

Aber was ist eine Droge? Wenn ihr eine Droge nehmt, die bei euch Halluzinationen bewirkt, bedeutet das, daß eure Hirnzellen bis zu einem Areal und darüber hinaus

Ihr seid Menschen infolge von Beziehung und nicht infolge von Achtung. Durch all die Jahre, haben alle Religionen gelogen und haben euch als Menschen dumm gemacht. Ihr habt keine Chance, Menschen zu sein, weil ihr nie gelehrt wurdet, Menschen infolge eurer Achtung zu sein. Achtung bedeutet „Selbstachtung," nicht die Beziehung zu jemand anderem. Ihr wurdet immer hinsichtlich der Beziehungen gelehrt: „Das ist meine Mutter, das ist mein Vater, das ist meine Religion, das ist meine Kabbalah; und das ist meine Synagoge, das ist meine Kirche, das ist mein Tempel, das ist mein Mann, das ist mein Kind. Das ist, das ist, das ist....."

belastet werden, wie es nicht sein sollte. Damit sind die Chancen, die Empfindsamkeit zu entwickeln und die Unendlichkeit zu erfahren, verloren.

Ich erinnere mich, wie jemand einen kleinen „Schokoladenkuchen" aß. 6 Tage lang sagte er, „Ich bin Yogiji und ich bin mit Guru Ram Das zusammen und ich habe alles was es gibt. Und ich weiß was es ist. Versteht ihr mich? (YB sagt all dieses mit einer gewissen Sing-Sang-Stimme.) Sie sind alle meine Freunde, ich bin im Himmel. Ich sehe die Engel. Lord Shiva kam gestern, um mich zu massieren." Für 7 Tage mußte ich an seinem Bett sitzen. Und das war es was ich hörte: „Oh, oh, Yogiji ich bin Yogi Bhajan, ich bin hier. Er ist in meinen Körper gefahren. Und meine Beine sind seine Beine. Meine Hände sind ...." Und ich saß neben ihm auf dem Stuhl. 7 lange Tage! Irgendwann wurde ich des Sitzens müde, mein Hintern begann weh zu tun; ich massierte ihm die Schläfen und er wachte auf.

Ich sagte, „Hi, Yogiji."

Er sagte, „Nein, Du bist Yogiji."

Ich sagte, „Oh ja? Ich wollte einfach, daß Du zu Dir selbst zurückkehrst." Da war kein Selbst. Das Selbst, ob es großartig war oder arg, richtig oder falsch, war überbeansprucht. Und manchmal, wenn ihr etwas überbeansprucht, kommt es nicht in seine Ausgangsform zurück.

So nehmen Leute also Acid, Kokain und all diese Drogen, aber die schlimmste von allen ist Marihuana. Das ist die schlimmste. Jede Droge hat einen umrissenen Charakter und wird mit dem Urin ausgewaschen. Marihuana geht nicht über den Urin. Ursprünglich ist Marihuana ein Kraut, daß für Magenerkrankungen genutzt wird. Es betäubt die innere Wunde des Verdauungstraktes. Das ist es, wofür es benutzt wurde. Aber in dem Moment, wo ihr es raucht, schlägt es eure Hypophyse und das ist es dann, ihr seid hinüber. Es bringt gleichsam die Flüssigkeit in eurer Wirbelsäule zum erstarren und die graue Materie eures Gehirns wird niemals wieder die alte Qualität haben, ohne Unterschied wie sie vorher war. Ihr wollt euch nicht projizieren – keine Gestalt von euch entwerfen und verwirklichen. Ihr wollt jemanden anders projizieren. Ihr seid die Kraft. Ihr braucht nicht Kraft. Ihr seid die Schönheit. Ihr braucht keine Schönheit. Ihr seid der Erfolg. Ihr braucht keinen Erfolg. Ihr seid der Sex. Ihr braucht keine Selbstbefriedigung.

Die Christen, die Juden, die Hindus, die Moslems, die Sikhs – zählt sie alle auf, die ganze Menschheit hat keinen Bezug zur Selbstachtung.

Irgendjemand sagte einmal, „Was kann man da machen?"

Ich sagte, „Ich kann euch ein Gesicht und Würde geben oder ich kann euch verdammen."

„Was meinst Du mit „mich verdammen?""

Ich sagte, „Ich schreibe einfach auf, daß ich den und den traf und er ein lebender Idiot ist. Das reicht schon. Das wird ein Akteneintrag. In 500 Jahren, wenn die Welt sich geändert haben wird, wirst Du ein lebender Idiot sein. Man wird auf Dich Bezug nehmen als auf einen Idioten. Das kann ich tun."

„Warum würdest Du das tun?"

Ich sagte, „Ich tue es nicht. Du hast mich gefragt und so sage ich Dir, was ich tun kann."

„Warum?"

Ich sagte, „Ich bin ein Mahan Tantric, ich bin der Herr von Länge, Breite, Höhe und Einstellung. Ich kann tun was ich will. Du kannst mir nicht erzählen was ich zu tun habe. Du hast mich gefragt, „Was kannst Du tun?" Ich sage Dir, was ich tun kann. Gibt es da noch andere Fragen?"

Er sagte, „Nun, was macht es aus, wenn Du mich als einen Idioten abschreibst?"

Ich sagte, „Es wird etwas ausmachen. Es wird eine universelle Energie werden. Du meinst, daß ich eine Person bin. Ich bin eine Einrichtung. Ich bin das Herrenhaus mit vielen Zimmern. Schau mich an als der, der ich bin und nicht als der, den Du siehst."

Jede Beziehung, die auf dem zweiten Chakra basiert, wird niemals die Qualität des sechsten Chakras haben. Alles, das nicht auf dem sechsten Chakra basiert, wird das Universum nicht befehligen – das Universum wird nicht kommen und euch dienen, obwohl es euer Geburtsrecht ist.

Er sagte, „Ich schaue darauf."

Ich sagte, „Schau nochmal hin."

Er sagte, „Wow!"

Ich sagte, „Was hast Du gesehen?"

Er sagte, „Du bist ins Licht verschwunden."

Ich sagte, „Nein, ich habe hier gesessen. Ich habe den Raum nie verlassen."

„Gut, was war es dann?"

Ich sagte, „Ich hab es bewirkt, daß Du mich siehst. Sonst habe ich nichts getan."

Ich sagte, „Das ist die Kraft eines Meisters des Kundalini-Yoga. Jemand, der in einer reinen Form übt, kann das lebendige Licht werden, kann die lebendige Bewußtheit und kann das Leben allen Lebens werden, und Zeit und Raum werden solch einem Individuum dienen." Ich sagte, „Ich habe es Dir nur gezeigt. Ich zeige Dir nicht mehr oder weniger."

„Gut, Mann, ich will mit Dir studieren."

Ich sagte, „Nein."

Jetzt hör zu. Das ist Superwahnsinn.

„10.000 Dollar die Stunde."

„Nein."

„Dieses Leben?"

„Nein."

„Für immer?"

„Nein."

„Warum nein?"

Ich sagte, „Du bist nein, weil Du versucht hast, einen Mann, der ein Meister ist, mit Maya zu messen. Du hast die Chance verpaßt. Du hast versucht, sie zu messen."

Unendlichkeit kann nicht gemessen werden. Achtung kann nicht erklärt werden, weil Achtung Unendlichkeit ist. Achtung hat solch eine Kraft, daß sie Unendlichkeit wird und ihr müßt Selbstachtung haben, um Unendlichkeit zu werden, nicht Bezug.

Was aber tut ihr? Ihr prostituiert euch selbst. „Ich bin dies, ich bin schön, ich habe Brüste, ich habe dies..... jeder hat. Ihr glaubt, andere haben nicht was ihr habt? Einige haben weniger, einige sind richtig, andere sind falsch. Da gibt es einen weißen ausländischen Studenten von mir, der ein schwarzes Mädchen heiratete und ich sagte, „Wird die Familie diese Heirat akzeptieren?"

Er sagte, „Das ist es, warum ich sie geheiratet habe. Ich will nicht akzeptiert sein."

Ich sagte, „Wow, Warum?"

Er sagte, „Ich will mit meiner Familie abrechnen. Das ist der einzige Weg. Aber bitte Yogiji, bitte segne mich."

Ich sagte, „Warum?"

Er sagte, „Segne mich einfach. Es wird mir Befriedigung geben."

„Ich sagte, „Ich segne Dich hundertfach. Ich habe nichts zu verlieren. Für mich gibt es weder schwarz noch weiß, noch gelb, noch rosa. Für mich sind alle Menschen. Aber Du heiratest nicht in der Absicht zu heiraten. Du heiratest in der Absicht, mit Deiner Familie abzurechnen. Das ist es was Du tust."

Die Mehrzahl der jungen Kinder rechnete mit ihren Eltern ab und sie verlieren von Anfang an. Weißt du was sie sagen? „Ich will tun was ich will. Ich will nicht hören wie ihr mir sagt, was ich zu tun habe." Das nennt man „den ersten Akt des Ungehorsams," und niemand hat sich je davon erholt, weil es ein Mantra wird.

Ihr lebt in einer Welt von Pushern – Schiebern – sexuelle Pusher, nicht sinnliche Pusher. Ihr seid sexuelle Schieber, wie Prostituierte mit einer Beziehung. Ihr seid nicht Menschen mit Ehrfurcht. Eure Anmut, eure Kraft und euer Universum garantieren euch alles Glück, wenn ihr einen Bezug zu eurer Selbstachtung habt. Das ist die erste Projektion.

Ihr wollt schön aussehen? Was ihr im Spiegel seht, ist die Bewegung und Tendenz der Zeit. Ihr schaut niemals in den Spiegel eures Verstandes und eurer Seele.

Weil ihr eure Beziehungen lebt, habt ihr Muster. 5 Ehen, dasselbe Muster; 16 Freunde, dasselbe Muster; Aktion und Reaktion, dasselbe Muster. Und manchmal laßt ihr es euch patentieren; es wird dauerhaft und ihr seid berechenbar.

Ich kenne ein Mädchen, das alle 2 1/2 Jahre eine wesentliche Änderung in ihrem Leben erfuhr. Einst sagte ich ihr: „He," sagte ich „2 1/2 Jahre sind bald um. Was wird das nächste sein.?"

Sie sagte, „Ich weiß es kommt. Ich versuche es aufzuhalten."

Ich sagte, „Die letzten Male in der Vergangenheit hast Du es nicht getan."

Jemand fragte einen Typen, „Warum schimpfst Du, wenn Du doch mit dem Schiff fahren kannst?"

Er sagte, „Ich will schwimmen. Ich will nicht mit dem Boot fahren."

„Warum nicht?"

Er sagte, „Ich will ein Fisch sein."

Der Typ sagte, „Du hast Deine letzte Inkarnation, als Du ein Fisch warst, niemals vergessen."

Du bist ein Mensch geworden aber du vergißt deine vorherige Inkarnation nicht. Habt ihr schon mal Menschen gesehen, die gegenüber jedem die Stirn runzeln so wie dies? „Heeeee." Sie waren Hunde. Habt ihr Leute gesehen, die euch anzischen? Sie waren Schlangen. Habt ihr Leute gesehen, die sagen „Wonk, wonk, wonk?". Das waren Frösche.

Wie auch immer ihr habt doch Spitznamen für eure Freunde oder etwa nicht? Ihr alle habt solche Spitznamen, lügt nicht. Ich weiß es. Ihr habt ihre wahrhaftigen Namen und nicht ihre gesetzlichen Namen. Ihr sagt, „He, nimm Dich vor dem Typen in acht. Er ist ein Fuchs."

Wie viele Worte nutzen wir, um Menschen einen Namen zu geben? Einer ist ein Fuchs, das ist sehr häufig. Was noch? Da gibt es ein Wiesel usw. Da ist eine lange Liste. Einmal gab man mir eine lange Liste mit den realen Namen der Menschen. Es war eine Theorie der Reinkarnation. Jemand hat sich einfach hingesetzt und das ausgearbeitet. Ausgehend vom gemeinsamen speziellen Benehmen könnt ihr tatsächlich prüfen und verstehen, was eine Person in ihrem letzten Leben war. Absolut. Um die vorherigen Inkarnationen zu erfahren, braucht ihr nicht 500 oder 5.000 Dollar auszugeben.

Jemand brachte mir mal etwa 100 Tonbänder. „Yogiji, würdest Du Dir das bitte anhören?"

Ich sagte, „Wofür?"

„Das sind meine früheren Inkarnationen."

Ich sagte, „Na und?"

„Oh, das ist sehr wichtig."

Ich sagte, „Was hast Du vorgestern zum Mittag gegessen? Sie konnte es mir nicht sagen. Ich sagte, „Wenn Du mir nicht sagen kannst, was Du vor zwei Tagen gegessen hast, wozu soll ich durch diese hunderte von Bändern gehen? Du warst etwas. Warum habe ich damit etwas zu tun?

„Nun, ich will wissen, was ich war und was ich tun kann."

Ich sagte, „Du kannst doo-doo tun oder Du kannst Dein Sein verwirklichen. Aber tu mir einen Gefallen. Ich werde Dir helfen so viel Du willst, aber es gibt eine Bedingung."

Sie sagte, „Welche?"

Ich sagte, „Du mußt mir versprechen werde kein Sikh."

„Warum?"

Ich sagte, „Dann wird es mir ein Kopfschmerz und ich habe so viele Kopfschmerzen. Bitte. Eine weniger. Das ist alles was ich will."

„Warum?" Ich sagte, „Du bist verrückt. Ich habe so viele Verrückte, mit denen ich umgehen muß, also bitte, werde kein Sikh. Versprich mir das und ich werde alles für Dich tun."

So kamen wir überein. Aber sie wurde dennoch ein Sikh. Das ist jetzt die Tragödie. Und ich sagte, „Du hast das Versprechen gebrochen."

Sie sagte, „Ich habe das Versprechen mit Dir gebrochen. Jetzt habe ich alles mit dem Guru. Sag Du mir nichts. Ich weiß es bereits." Was kann man da tun?

Sie sagte, „Gott ist unendlich. Der Guru ist grenzenlose Weisheit. Ich brauche Dich nicht."

Ich sagte, „Das ist wahr. Du brauchst mich nicht." Und jeden dritten Tag ruft sie an. Das ist wie sie anfängt. Das ist eine sehr typische Idee. Sie sagt, „Ich hab im *Siri Guru Granth* auf der Seite so-und-so, Zeile so-und-so folgendes gelesen. Der Guru sagt, „Da, da, da, da, da." Aber was meint er damit?"

Ich sagte, „Was meinst Du? Der Guru hat gesprochen, Du hast es gehört, das ist eine direkte Verbindung."

Sie sagten, „Nein, erkläre mir, was es bedeutet."

Sie weiß, daß ich nicht „nein" sagen kann. Also sage ich, „Nun, der Guru sagte so-und-so, das steht im Rag so-und-so. Das und das ist gemeint....."

Nach 45 Minuten sagt sie, „Gut, was ich fragen will ist, warum habe ich diese Zeile heute gelesen?"

Ich antwortete, „Jetzt benimmst Du Dich verrückt."

„Gut, aber ich will mit Dir sprechen."

Ich sage, „Nein, so weit es die Erklärung des Gurus betrifft, ist sie hiermit geschehen. Ich werde jetzt auflegen."

„Nein, nein, nein, eine Minute mehr, nur noch eine Frage."

Ich sagte, „Was denn?"

„Warum hat der Guru das gesagt?"

Ich sagte, „Frage ihn direkt. Wir haben keine Verbindung, erinnerst Du Dich?" Kannst Du einen qualifizierteren Verrückten finden als diese Person? Es ist komisch, die Menschen zu beobachten.

Es ist sehr schwierig für die Menschen zuzugeben, daß sie sich geirrt haben, denn dann hast du eine Chance das nächste Mal richtig zu liegen. Aber es ist nicht so, daß ich euer Richter sein kann und über euer Richtig und Falsch urteile. Ihr wißt, ob ihr richtig oder falsch seid.

ਬੀਜ ਮੰਤ੍ਰ ਸਰਬ ਕੋ ਗਿਆਨੁ ॥
Beej mantar sarb ko giaan.
-Guru Arjan, from Sukhmani Sahib, Siri Suru Granth Sahib, page 274
The comprehension of the seed of God's Name is available to everyone.

Das Verständnis des Samens von Gottes Namen ist für jeden erreichbar.

Jedes eurer Spermien weiß, wie es die Eizelle achtfach zu umkreisen hat, um dann einzudringen. Das Spermium ging niemals auf eine Universität oder doch? Ging es auf die Universität und hat studiert, um als Akademiker herauszukommen und dann in den Menschen hinein und mit dem Ejakulat durch das Glied und zusammen mit Millionen anderen von ihnen, um schließlich das Ei zu erreichen? Und wußte das Ei wie es sich selbst zu formen hatte? Wenn das Ei das Spermium annehmen will, nimmt es seine Form an, um dem kleinen Ding zu erleichtern, es achtmal zu umrunden und dann einzudringen. Also hat euer Samen alles Wissen, so wie der kleine Samen den ganzen Baum enthält. Also enthält euer genetisches Selbst euer komplettes grenzenloses Selbst.

Wenn ihr dieser Zeile eingedenk seid, werdet ihr korrekt projizieren. Euer genetisches Selbst enthält das grenzenlose Selbst. So ist das Leben. Ein Auto sagt, „7 Jahre Garantie. 5 Jahre Garantie." Ihr wißt was ich meine. Also kann eure genetische Garantie sehr vorbestimmt sein. „Dieser Mensch geht so-und-so-lang durch das Leben."

Ihr braucht 15 Atemzüge in der Minute; das ist es, was ihr normal nehmt. Und wenn ihr aufgeregt seid, emotional, betäubt, sexuell, sinnlich, erregt, was auch immer, geht ihr hoch bis 24 in der Minute. Manchmal erreicht ihr 31 oder irgendso etwas. Das ist eine sehr einfache Mathematik. Nehmt an, daß ihr genug Lebensatem besitzt für 1 Jahr; wenn ihr also nur einmal in der Minute atmet, könnt ihr dann 15 Jahre leben. Nehmt an, ihr habt Atem für 100 Jahre. Bei 15 Atemzügen in der Minute, so könnt ihr dann bei einem Atemzug in der Minute 1 500 Jahre leben. So machen es die Yogis, daß sie ihr Leben verlängern – indem sie einmal in der Minute atmen. Wenn ihr einmal in der Minute atmet, dann werdet ihr *Pavan Guru* – ihr werdet eins, Licht und Wissen des Prana, und dann kennt ihr das Universum und das Universum kennt euch. Das ist es, warum Nanak, der Guru, sagte:

ਪਵਣੁ ਗੁਰੂ ਪਾਣੀ ਪਿਤਾ ਮਾਤਾ ਧਰਤਿ ਮਹਤੁ ॥
ਦਿਵਸੁ ਰਾਤਿ ਦੁਇ ਦਾਈ ਦਾਇਆ ਖੇਲੈ ਸਗਲ ਜਗਤੁ ॥
ਚੰਗਿਆਈਆ ਬੁਰਿਆਈਆ ਵਾਚੈ ਧਰਮੁ ਹਦੂਰਿ ॥
ਕਰਮੀ ਆਪੋ ਆਪਣੀ ਕੇ ਨੇੜੈ ਕੇ ਦੂਰਿ ॥
ਜਿਨੀ ਨਾਮੁ ਧਿਆਇਆ ਗਏ ਮਸਕਤਿ ਘਾਲਿ ॥
ਨਾਨਕੁ ਤੇ ਮੁਖ ਉਜਲੇ ਕੇਤੀ ਛੁਟੀ ਨਾਲਿ ॥
Pavan Guroo paanee pitaa, maataa dharat mahat.
Divas raat du-eh daa-ee daa-i-aa, khay-lai sagal jagat.
Changi-aa-ee-aa buri-aa-ee-aa, vaachai dharam hadoor.
Karamee aapo aapanee, kay nayrai kay dhoor.
Jinee naam dhi-aa-i-aa, ga-ay masakat ghaal.

Naanak tay mukh ujalay, kaytee chhutee naal.
-Guru Nanak, Siri Guru Granth Sahib, page 7 (from Slok of Japji Sahib)
Air is the Guru, water the father, and Earth the great mother.
Day and night are two male and female nurses in whose lap the entire world plays.
All of our deeds shall be judged by the Lord of Law, By our own actions we draw Him near or far.
Those who have meditated on God's Name will leave this world after putting toil in the right direction.
Shining are their faces and they save many others.

Die Luft ist der Guru, das Wasser der Vater und die Erde die große Mutter.
Tag und Nacht sind Mann und Frau, in deren Schoß die ganze Welt spielt.
All unsere Taten werden vom Herrn des Gesetzes bewertet, durch unsere eigenen Handlungen ziehen wir Ihn heran oder stoßen Ihn in die Ferne.
Die, die auf den Namen Gottes meditiert haben, werden diese Welt verlassen, nachdem sie ihre Mühen in die richtige Richtung gewandt haben.
Leuchtend sind ihre Gesichter und sie retten viele andere.

In diesem Slok, in dieser Essenz behandelt er die menschliche Anatomie, die menschliche Vorzüglichkeit, den menschlichen Prozeß und die menschliche Projektion in den klarsten Worten, die verstehbar sind. Er spricht mit absoluter Klarheit und läßt nichts aus.

Guru Nanak grüßt Gott als einen Yogi, indem er den Gruß der Yogis verwendet: *Aades*. Aades bedeutet, „Ich grüße das göttliche Du."

ਆਦੇਸੁ ਤਿਸੈ ਆਦੇਸੁ ॥
Aades tisai aades...
I salute Thou. I salute Thou, again and again.

Ich grüße das göttliche Du. Ich grüße das göttliche Du, wieder und wieder.

ਆਦਿ ਅਨੀਲੁ ਅਨਾਦਿ ਅਨਾਹਤਿ
Aad aneel anaad anaahat...
Aad. You are the beginning. Aad. He describes all dimension of limitlessness...

Aad. Du bist der Anfang. Aad. Er beschreibt alle Dimensionen der Grenzen-losigkeit.....

ਜੁਗੁ ਜੁਗੁ ਏਕੋ ਵੇਸੁ ॥
Jug, jug ayko ves.
Remains True through all Ages, through all time.
-Guru Nanak, Siri Guru Granth Sahib, page 7 (from 30th pauree of Japji Sahib)

Es bleibt wahr durch alle Zeitalter, durch alle Zeit.

Gott ist grundsätzlich und rein ohne Anfang. Er kann nicht zerstört werden und er bleibt derselbe durch alle Zeitalter. Durch alle Zeit wirst du bestehen.

Er wollte jedermann die Natur Gottes und seines Universums wissen lassen.

Als ich sagte, „Das Wassermann-Zeitalter ist gekommen, die Erdachse hat sich verlagert," hat jeder über mich gelacht. Ich sagte, „schön." Nun sagen sie auch, daß die Achse der Erde sich verlagert hat und die Erde sich langsamer bewegt. Sie sagen, daß ist geschehen, weil wir Dämme gebaut haben und das Gewicht der gestauten Wasser die Bewegung der Erde verlangsamt habe. Glaubt ihr, daß der Mensch die Bewegung der Erde verlangsamen kann? Fragt ihn zuerst, „Wann willst Du anfangen, sie zu bewegen?"

Ich habe einen der Wissenschaftler gefragt und sagte, „Okay, erinnerst Du Dich, in welchem Jahr Du begonnen hast, die Erde zu drehen und welchen Typ von Gasolin Du benutzt hast?"

Er sagte, „Du machst Witze mit mir."

Ich sagte, „Du bist dumm. Ich mache keine Witze mit Dir. Ich sage Dir etwas." Ich sagte, „Ich habe Dich nicht gerufen, Du hast mich gerufen, weil Du meine Notiz gelesen hast."

Er sagte, das ist wahr. Ich will wissen, woher Du es weißt?"

Ich sagte, Die Erdachse verlagert sich und der Impuls des magnetischen Feldes wechselt. In der Erde existiert das, was ihr Lava oder Eisen nennt und wechselt. Und die Ausbrüche auf der Sonne wechseln an Bedeutung."

Betrachte deine Fähigkeit über ein Walkie-Talkie zu kommunizieren. Manchmal kommst du durch über weite Distanzen und manchmal nicht. Oder mit einem Handy. Während du durch die Berge gehst bricht die Verbindung ab und dann ist sie wieder da. Oder manchmal habt ihr sogar mit einem Telefon Interferenzen. Was benutzt ihr? Ihr benutzt elektromagnetische Kraft. Anstatt daß ihr es auf geistigem Wege tut, tut ihr es mit Hilfe des Telefons.

Aber das Telefon seid ihr nicht selbst. Das Fernsehen seid ihr nicht selbst. Die Menschen pflegten Visionen zu haben, jetzt habt ihr Television. Aber der Unterschied zwischen Television und einer Vision ist, daß ihr bei euren Visionen seht, was ihr sehen oder nicht sehen wollt, was eure Seele angeht. Beim Fernsehen seht ihr, was man euch zeigt.

(Zu den Details der Meditation siehe auf Seite 192.)

Eure Fähigkeit zur Projektion in Verbindung mit eurer persönlichen Achtung wird alle für euch gewinnen. Das ist der Pfad des Sieges. Spiel das Band *Reality, Prosperity, Extasy* von Nirinjan. Es ist ein Gebet für Glück, Wohlstand und Erfolg. Das ist der Klang und das Wort einer höchst religiösen Frau. Ihr Name ist Nirinjan Kaur. Hört einfach sorgfältig auf die Verse, die sie singt und geht ins Gebet. Es ist das Gebet des Lotus. Tut es. Laßt uns sehen was passiert.

(Als das Band ans Ende gelangt, fragt Yogi Bhajan nach dem Band Dhuni und die Meditation wird fortgesetzt.)

Stop, ich will euch etwas sagen.

Wißt ihr was das Wort „Sat Nam," tatsächlich bedeutet? Es ist die Telefonnummer für die *Prakirti*, die Schöpfung. Wenn ihr New Mexico anrufen wollt, müßt ihr den Gebietscode 505 wählen. Versteht ihr das?

Klasse: Ja, Sir.

YB: Es ist wie eine Vorwahl. Ein Mantra ist eine Code-Projektion um das Geheimnis der Göttlichkeit zu entschlüsseln. Und wenn euer Mantra perfekt ist, ist die Verbindung perfekt und ihr bekommt was es ist.

„Wahe Guru" ist das Code-Mantra des *Purkha*. Dies sind zwei Dinge, *Purkha* oder *Purshaa*, das bedeutet der kreative Gott und alle kreative Schöpfung, die sich selbst ins Leben ruft, wird *Prakirti* genannt. So gibt es also zwei Vorwahlnummern für den Menschen. Eine ist „Sat Nam," und eine ist „Wahe Guru." Und dann gibt es eine andere gebräuchliche Nummer, die im Christentum und anderen Religionen benutzt wird, „A-men." Das bedeutet genaugenommen" „Om." Es ist nicht „Amen. Und *Om* ist kein Klang, der als Wort irgendetwas bedeutet. Man nennt es den „Generalschlüssel."

Ihr kennt das, wenn ihr in einem Hotel wohnt und habt euren eigenen Schlüssel? Und irgendwann habt ihr den verloren und ruft den Zimmerservice, daß sie den Generalschlüssel bringen und die Tür öffnen? Und *Om* wird genauso gesungen. (YB zeigt wie *„Om"* zu singen ist.) Man singt es in der Nasenmuschel. Es ist nicht wörtlich. *„Om"* ist in *„Ek Ong Kaar"* enthalten. Es ist die wirksame Essenz des Om. Das ist es, warum Nanak einen wunderbaren, wissenschaftlichen Job vollbrachte, als er zu dem *Om*, „Ek Onnnng Kaar" hinzugefügt hat. Er hat eine phantastische Arbeit für die Menschen geleistet, so daß ihr von den Dingen nicht verleitet werdet. Er gab euch einen Sinn der Meisterschaft, indem er euch das *Ek Ong Kaar* gab, weil, während ihr es singt, ihr die gesamte Hirnmasse revitalisiert. Es gibt so viele Dinge im Schädel. Der ist keine Honigmelone und bedarf der Wartung. Diese Mantras nennt man auch „Eingangscodes."

Wir werden darüber noch sprechen. Für heute haben wir genug getan. Vielen Dank.

Das Lotus-Gebet für Wohlstand / Erfolg und Projektion zum Siege

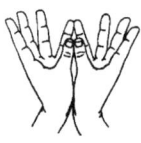

Mudra: Sitze im Schneidersitz mit geradem Rücken. Beuge die Ellenbogen zu den Seiten des Körpers herunter. Bring die Hände in Höhe des Herzzentrums so zusammen, daß die Handflächen einander anblicken, während die Finger nach oben weisen. Spreize die Finger weit auseinander. Bilde mit deinen Händen die Gestalt einer Lotusblüte in Höhe des Herzzentrums, indem du die Spitzen von Daumen und kleinen Finger sich berühren läßt, während die Handkanten, Daumen und kleinen Finger sowie die Basis der Handflächen einanderliegen. Die anderen Finger werden auseinandergespreizt und leicht nach oben gebogen, um die Lotusblütenblätter zu formen.

Bewegung: Halte die Stellung von Händen und Fingern unverändert, während du die Arme in einer gerade Linie auf und nieder bewegst, so daß die Hände von einer Ebene etwas oberhalb des Kopfes bis zum Herzzentrum in einer weichen Bewegung auf und niedergleiten. Fahre fort.

Augen: Keine Angaben.

Band: *Reality, Prosperity and Extasy* von Nirinjan Kaur, und dann das Instrumentalband *Dhuni*.

Zeit: Während der Vorlesung wurde die Meditation für 21 Minuten durchgeführt; 15 Minuten mit dem *Prosperity*-Band und 6 Minuten mit dem *Dhuni*-Band.

Ende: Einatmen, ausatmen, entspannen.

Kommentare/Wirkungen: Dies ist ein Gebet für Erfolg und Wohlstand. Es ist das Gebet des Lotus. Höre einfach zu den Versen des *Prosperity*-Bandes und gehe in ein tiefes Gebet.

Deine Fähigkeit zur Projektion in Verbindung mit deiner Selbstachtung wird alle für dich gewinnen. Das ist der Siegespfad.

Die Würde des Kundalini-Yoga

KLASSE 11 vom Abend des 26. Juli 1996

Die erste Qualifikation eines Kundalini-Yoga Lehrers ist: Laß Gott versagen, aber seine Diener nicht. Wenn du nicht dieses Konzept hast, kannst du niemals Kundalini-Yoga lehren.

Ich möchte von vornherein um Verzeihung bitten, für das was ich heute im Begriff bin zu sagen. Und darum, ich zeichne das auf, wenn irgendjemand gegen die Vorlesung von heute Einwände hat, kann er die Klasse verlassen. Heute habe ich als ein Lehrer zu lehren und nicht als ein Mensch der öffentlichen Beziehung. Ist das annehmbar?

Klasse: Ja, Sir.

YB: Vielen Dank. Ich verstehe vollständig, daß ihr der westlichen Kultur entstammt. Was wir westlich nennen ist alles von Istanbul bis zum Westen der Vereinigten Staaten. Es ist nicht eine Zivilisationseigenschaft, es ist eine geographische Beschreibung. So, technisch ausgedrückt, seid ihr westlich. Aber ich begreife genauso, daß ihr keine Vorstellung von einem Lehrer habt.

Ihr seid westlich, das verstehe ich. Ich mag euch, weil ihr aggressiv seid und genauso mag ich euch, weil ihr geisteskrank seid. Nein, nein, hört mich an, es ist ganz klar. Weil ihr wißt, was ihr wißt und ob es nun Phantasie ist oder Realität, und weil ihr nicht scheinheilig seid, das ist es, was ich an euch mag. Orientalen, auf der anderen Seite, haben die schlimmste Scheinheiligkeit in der Welt. Sie werden niemals das sagen, was sie fühlen, sie werden niemals das sagen, was sie sind. Sie werden sagen, „ja, ja, ja, ja."

Ich ging nach Japan und ich bat den Typen, mir Speisen zu bringen und er brachte mir Fleisch. Ich sagte, „Ich bin ein Vegetarier."

Und er sagte, „Ja, ja." Er nahm die Platte weg und brachte mir ein anderes Gedeck. Und es war ein etwas anderes Fleisch, verglichen mit dem ersten.

Ich sagte, „Ich bin ein Vegetarier und esse kein Fleisch." Er kehrte daraufhin mit einem neuen Gericht aus kleingeschnittenen Schlangen wieder. Und ich sagte, „Was ist das?"

Und er sagte, „Das ist ein spezielles Gericht – Schlange."

Ich sagte, „Aber es ist doch Fleisch."

„Ja, Sir, ja, Sir.“

Beim sechsten Mal bat ich ihn, den Manager zu rufen. Der kam und sagte, „All diese Gerichte sind für einen speziellen Gast gemacht und Du bist der spezielle Gast.“

Ich sagte, „Geben Sie mir Früchte.“ Er brachte mir eine Orange. Das war mein Mittagessen. Aber sie sagten nicht ein einziges Wort. Alles was sie sagten, war, „ja, Sir. Ja, Sir.“

Kundalini-Yoga ist nicht ein kommerzieller Unsinn. Es ist nicht Öffentlichkeitsarbeit. Entweder wird es in reiner Form praktiziert oder es sollte gar nicht praktiziert werden. Das System hat eine Kraft sich nicht selbst zu verschmutzen. Das System erlaubt es niemandem, das System zu verschmutzen.

Als ich das zweite Mal nach Japan ging, wußte ich was zu tun war. Ich wohnte im Ginza Hotel und habe ihnen gesagt, „Ich bin ein Vegetarier und Sie sollten dafür Vorbereitungen treffen.“ Also haben sie mir ein Gericht vorgesetzt aus einer Orange, einer Banane, einem Apfel und sehr guten kurzgebratenen Erbsen, Reis und diesem und jenem.

Gott sei Dank, was immer es war, wir aßen es. Die Rechnung belief sich auf 80 US-Dollar pro Person. Also fragte ich den Typen und sagte, „Wofür sind diese 80 Dollar aufgewendet worden? Der Wert der Speisen ist etwa 1 Dollar.“

Er sagte, „Sie wurden speziell aus Kalifornien, woher Du gekommen bist, eingeflogen.“ Und er sagte, „Die Rechnung ist inklusive der Transportkosten, der Telefonkosten und alle anderen Kosten. Wir haben 20 Dollar an diesem Gericht verloren.“

Und ich sagte, „Wofür?“

Und er sagte, „Das ist was Du gegessen hast. Du kamst von Los Angeles?“

Ich sagte, „Ja.“

Er sagte, „Darum haben wir das Essen von dort hergebracht.“

Ich habe die Rechnung bezahlt. Ich habe mich nicht daran gestört.

Ich weiß, ihr seid westlich und ihr denkt, ich bin hierher gekommen, um eine Religion zu verbreiten. Das ist nicht wahr. Das ist nicht einmal heute wahr. Sie haben mich zu einem religiösen Führer gemacht, weil sie dachten, ich sei zu gefährlich, wenn sie mich stehen ließen. Oh ja, das ist wahr. Darum haben sie mir diese Ketten um den Hals gehängt und innerhalb meiner Umgebung und meiner Umstände war es nicht leicht für mich, „nein" zu sagen, und so habe ich angenommen.

Aber, praktisch sprechend, als ich auf dem Flughafen beim Zoll gearbeitet habe, habe ich euch Westler nach Indien kommen sehen mit einer Menge Geld, um Swamijis und Yogijis und Mahatmajis und Gott weiß wen zu finden. Zu der Zeit war es die Regel, daß bei der Einreise nach Indien anzugeben war, wieviel Geld ihr mitgebracht hattet, und ihr mußtet am Zoll angeben, wieviel ihr ein- und wieviel ihr ausgeführt habt. Da gab es keine Einschränkung. Ich habe Menschen gesehen, die Tausende und abertausende von Dollars mitgebracht haben und nur mit 10 Dollar zurückfuhren. Und wann immer sie sich hingesetzt haben, habe ich sie über Yoga befragt. Sie waren schlimmer dran, als zum Zeitpunkt ihres Kommens. So dachte ich bei mir selbst, wenn ich jemals eine Chance erhalte, in den Westen zu gehen, um zu Lehren, werde ich im Westen bleiben und lehren und ich werde Lehrer produzieren. Ich werde niemals Schüler benötigen.

Am 5. Januar, einige 27 Jahre zuvor, habe ich meine Absicht erklärt. Sie fragten mich, „Wofür sind Sie hergekommen?"

Ich sagte, „Ich bin nicht hergekommen, um Schüler zu sammeln. Ich bin hergekommen, um Lehrer zu schaffen."

Das ist, warum ich zu den Lehrern halte und warum ich zu dem Dialog stehe, den ich gesprochen habe, obwohl ich weiß, daß ihr noch nicht fertig seid, Lehrer zu sein. Euer Ego ist zu groß. Ihr habt keine Verehrung. Ihr seid wie Plastik. Ihr wißt, wie diese Kreditkarten? Ihr steckt sie hinein, ihr schlagt zu und das ist es. Für euch ist es das. Und wenn es nicht durchgeht, es spielt keine Rolle wer ihr seid, müßt ihr einen Führerschein zeigen.

So hat eure persönliche Präsenz im Westen keine Identität, genauso wenig wie eure persönliche Präsenz im Westen als Lehrer eine Identität hat. Ihr seid voll von..... (Ich will das Wort nicht verwenden, was ich sagen wollte. Ich denke ihr versteht meine Gefühle.) Ihr seid voll davon, supervoll. Ihr seid weder eine Frau, noch ein Mann, noch nicht einmal ein Säugetier. Ihr seid einfach ein bißchen aufgeblasenes Ego, das herumhüpft. Ihr habt keine Weite, ihr habt keine Toleranz. Ihr habt nicht einmal Geduld zuzuhören. Das ist so erstaunlich. Dennoch seid ihr sehr schöne Leute. Es ist ein klassischer Fehler, den Gott gemacht hat.

Der perfekteste, allmächtige Gott wurde wild und hat euch alle geschaffen.

Versteht ihr, daß in eurem Leben kein anderes Prinzip vorherrscht, als neutral zu sein? Negativ ist so gut wie positiv. Es ist die Faser, die das Licht bewirkt und es ist das Vakuum, das es erhellt. Versteht ihr das Gesetz des Lichtes? Es bedeutet, daß wenn du eine Kerze hast, du ein Glas darum tust, um eine Lampe zu bilden. Das ist der Grund, warum du, wenn du eine Glühbirne hast, du auch eine Röhre hast. Und das Gesetz des Vakuums ist, daß es kein Vakuum gibt.

Die verrückteste Person hat irgendwo auch Gesundheit und die gesündeste Person hat das Äquivalent an Wahnsinn irgendwo. Aber Zurechnungsfähigkeit oder Wahnsinn spielen keine Rolle. Die Frage ist: Habt ihr die Weite, zu öffnen, zu beherbergen, zu hören, zu verstehen, von einem anderen Standpunkt aus, so daß ihr nicht dabei endet, alles zu verdrehen? Habt ihr eine kleine Minute von Geduld?

Heute sprach ich mit einer Frau, die ein Kräuterpaket brachte, das etwa 90 Dollar kostete. Darin sind einige Pampelmusensamen und andere Dinge und es verspricht dir alles; es gibt Energie. Sie war extrem enthusiastisch: „Es energetisiert mich, bah, bah, bah, bah."

Ich sagte, „Ja, aber hier nimm einige von unseren Kräutern. Sie sind billig und du kannst dich wohl fühlen."

„Wo ist der Unterschied?"

Ich sagte, „All unsere Rezepte sind gegen Müdigkeit. Wir stimulieren nicht, wir strapazieren nicht die menschliche Energie. Wir verringern die Müdigkeit und lassen den Menschen mit seiner Energie. Eine einfache Sache." Das ist, weil der Körper eine sehr hingebungsvolle, feine und anständige Maschine ist. Sie kann nicht überfordert oder in irgendetwas verdreht werden. Leute halluzinieren mit Drogen; damit habe ich nichts zu tun. Alles was ich sagte, als ich die Vereinigten Staaten kam, war, „Drogen sind ein fades Zeug. Laßt uns eine organische Methode haben, zu sein." Das ist es, warum die Menschen begonnen haben, mir zu folgen. Ich sagte, „Es gibt einen organischen, natürlichen Weg, high zu sein." Und während ich an diesen Popfestivals teilzunehmen pflegte, sah ich 60, 70.000 Menschen nackt herumrennen. Ich war die Attraktion als Sprecher. Ich habe euch nackt gesehen.

Meine erste Erfahrung auf diesen Festivals war, daß, als ich vom Bad in das Zelt zurückkehrte, ich zwei Paare fand, die taten, was Vögel und Bienen tun. Und ich sagte, „Shakti. Sieh, was im Zelt passiert."

Sie als die höchste Mutter war mit mir. Sie sah es und es war wert zu lachen. In der ersten Yoga-Klasse, die ich auf einer Wiese in New Mexico gegeben habe, lehrte ich über die Kuh- und Katzeposition. Ein Mädchen war unten und der Junge ging hinein und machte das ganze Ding bis ich aufstand und zu ihm herüber ging und ihn fragte, „Was tust Du?"

Er sagte, „Ich habe es genossen."

Was ich sage, ist, ich kenne euch. Ihr seid mir nicht fremd. Und ihr seid nicht so große Helden, nur wegen dieser zwei herunterhängenden Hoden, die euch denken lassen, ihr seid der biggeste Macho auf der Erde. Und wenn dieses 12 cm Ding euer wichtigstes Objekt ist, was hat es dann mit euren 1,80 m auf sich – 12 cm das ganze Wesen? Schließlich seid ihr ein ganzer Mensch.

Das heißt, so zeigt es sich, in welchem Chakra ihr verweilt, aus welchem Chakra ihr lebt und mit welchem Chakra ihr projiziert. Sprechen wir nicht über Projektion heute?

Klasse, Ja, Sir.

YB: Es kommt nicht darauf an, ob euer Chakra offen ist oder geschlossen. Es kommt darauf an, wo ihr euch befindet. Kommt eure Projektion von hier (YB zeigt auf sein Drittes Auge.), oder von da (YB zeigt auf sein zweites Chakra.) oder von dort (YB zeigt auf sein erstes Chakra.)? Warum nennt ihr einander „Arschloch"? Es ist ein Chakra-Ding. Das falsche Chakra für ein falsches Thema.

Ihr müßt das verstehen. 10 % von euch sind Projektion und 10 % von euch sind Objekt und Subjekt. Mehr als das könnt ihr nicht sein. Da gibt es keine Chance. 80 % ist unbekannt. Die Idee der Intuition ist es, nicht etwa nicht zu wissen, die Idee der Entwicklung von Intuition ist, daß du die 80 % kennen mußt. Ihr vermißt 80 %.

Und versteht es nicht falsch, daß es da Leute gibt, die einen Turban angezogen haben und Sikhs geworden sind und all das. Ich sage es euch. Als ich eines Tages in ein Ashram kam und sah Guru Singh mit einem Turban, war er dabei, einen Stuhl zu polieren. Ich sagte, „Wer bist Du?" Oh, Guru Singh. Was hast Du mit Deinem Kopf getan.?"

Er sagte, „Ich habe einen Turban angezogen."

Ich sagte, „Oh? Was meinst Du damit, einen Turban angezogen?"

„Sollen wir nicht wie Lehrer aussehen?"

Ich sagte, „Aussehen wie ein Lehrer und ein Lehrer sein sind zwei verschiedene Dinge."

Er sagte, „In Ordnung, aber jemand muß damit anfangen."

Ich habe euch nicht gebeten, einen Turban anzuziehen. Er ist ein Yarmulk[1], den ihr seid Jahrhunderten als Juden, Christen und als Moslems getragen habt. Das ist so, weil dort 26 Knochen am Kopf sind, die einer Schädeleinstellung bedürfen und weil das Selbstkrönen und die Einstellung euer Recht sind. Euer Schädel hat genau 26 Teile, so wie ihr 26 Wirbel habt und euer Fuß 26 Knochen. Nehmt einen Knochen weg und der dazugehörige Muskel und Nerv wird euch eine entsprechende Erkrankung bescheren. Wenn ein Wirbel lose ist, nur ein Tausendstel eines Millimeters, so werdet ihr erkranken. Wenn ein Teil des Schädels nicht am rechten Platz ist, so wird euch das absolute Depression verursachen, so heftig, daß ihr sie nicht ertragen könnt.

Was ist los mit euch, wenn ihr deprimiert seid? Euer Schädel funktioniert nicht richtig. Und euer Muster ist das, daß das neurologische System sich nicht erholen kann. Leute, ich binde den Turban nicht, weil ich ein Sikh bin und nicht, weil ich ein Boutique-Geschäft leite. Überhaupt nicht. Ich lehre nicht etwa eine Religion abzüglich der Realität. Ich bin ein Wissenschaftler. Ich kam in die Vereinigten Staaten, um in den Vereinigten Staaten zu sein. Ich suche keine Schüler. Ich führe nicht ein. Aber ich bin verpflichtet. Jemand berührte mich und lehrte mich. Ich bin willens, jemanden zu berühren.

Eine große Zahl meiner Studenten haben mich mißverstanden. Sie denken ich bin im Begriff, ihnen etwas wegzunehmen. Das ist nicht wahr. Weil ich in Bezug auf das Gesetz des Vakuums sehr qualifiziert bin, mache ich manchmal einen Schüler – wenn ich in einer guten Laune bin, sonst nicht, und kreiere ein Vakuum. Denn, wenn ich etwas sage und sie etwas tun, ist es ein hoher Befehl und alle niederen Areale ziehen mit. So funktioniert auch das Wetter.

Was ich mich zu erklären bemühe, ist, daß dieser Unterricht für Lehrer, den wir zum ersten Mal als einen zertifizierten Kurs lehren, eine Absicht hat. Euer Student kann euch anzeigen. Einmal zeigte mich ein Student an, weil ich in Boston eine Vorlesung gehalten haben, daß Rüben gut sind für die Gesundheit. Vergeßt was ihr über Anzeigen sonst wißt, ich erzähle euch, bis zu welchem Maß sie gehen können. Wir bemühen uns, für euch den Standpunkt zu bezeugen, daß, wenn ihr vor Gericht steht, ihr ehrlich und aufrecht stehen könnt. Jedes ordentliche Gericht, daß Recht sprechen soll, muß verstehen, daß die grundlegenden Kenntnisse vermittelt worden sind, und daß eine Person entstanden ist, um zu verstehen und daß es real ist.

---

[1] Traditionelle Kopfbedeckung

Wenn wir jemandem als einem Priester ein Zertifikat ausstellen, geht es durch das System, durch des Kanzlers Office, unser Verwaltungsbüro und wenn sich jemand beim Schreiben qualifiziert, dann wird es ausgestellt. Wir haben keine Singh Sahibs und Mukhia Singh Sahibs gemacht, um irgendeines Menschen Ego zu vergrößern. Wir haben das getan, weil wir dachten, daß die Menschen demütig werden und Weite und Gnade der Führerschaft geben. Es war kein Test in Bezug auf die Vorstellung, Ehre und das Wissen.

Das was wir „die Goldene Kette der Königlichen Verbindung nennen" ist ein Raaj Yog – es ermächtigt eure Herrlichkeit und eure Wahrhaftigkeit zum selben Moment in der gnadenvollsten Weise.

Es war ein Test in Bezug auf die Gnade, die Weite und den Dienst. Die Leute haben die Dinge falsch verstanden.

Ich bin durch eine Menge Schmerz gegangen. Ich sage immer, daß, wenn ihr mein körperliches Portrait anfertigen wollt, ihr eine Erdnußschale benutzen sollt – das würde genau wiedergeben, wie viele Stiche und Schorfe ich habe. Wißt ihr, ihr fühlt euch als Mensch sehr verletzt, tatsächlich, wenn ihr eine Person wie euer Kind erzieht, sie lehrt, und das Versprechen zu sehen beginnt. Oder, laßt es uns auf folgende Weise fassen. Wenn ich jemanden sehe und sein Schicksal und das Versprechen und er dann beginnt, wider mich zu bellen, an mir zu meckern, könnt ihr euch vorstellen, wie schmerzhaft das ist? In den letzten 27 Jahren habe ich Menschen weggehen und verkommen sehen. Darüber bin ich nicht traurig. Das Kommen und Gehen ist nicht unter meiner Kontrolle. Denn wenn ihr jemanden kontrolliert, tragt ihr das Gewicht. Und wenn du ein Ego hast, sollst du kein Lehrer sein, mein Freund, dann bist du gerade ein Schauspieler.

Kundalini-Yoga ist nicht ein Yoga für jeden oder irgendjemanden. Der, der Kundalini-Yoga praktiziert, befehligt die 5 *Tattvas*, die 3 *Gunas*, die 7 *Chakras* und alle 108 Elemente im Universum, inbegriffen der bewußten Schöpfung des Schöpfers. Laßt uns darüber klar sein. Kundalini-Yoga ist keine Religion. Religionen haben sich davon abgeleitet. Kundalini-Yoga ist keine Marotte, es ist kein Kult. Es ist die Praxis der Erfahrung der dem Menschen eigenen Vorzüglichkeit, die schläft, und die erweckt wird.

Ich hoffe ihr habt das ganz verstanden. Wenn ihr seht, daß ihr reich seid, seid ihr reich. Wenn ihr seht, daß ihr arm seid, seid ihr arm. Wenn ihr seht, daß ihr groß seid, seid ihr groß. Wenn ihr seht, daß ihr nicht seid, seid ihr nicht. Ob ihr ein Zuhälter oder eine Prostituierte seid, gesegnet seid ihr. Und wenn ihr sehr heilig und göttlich und demütig und groß seid, schön. Was immer ihr seid, ihr seid ein Stück Müll, wenn ihr nicht eure eigene, in euch schlafende Kraft erweckt habt, um vollkommen exzellent, vollkommen vorzüglich zu werden. Indem ihr ein Boot rudert, könnt ihr den Ozean erreichen, aber ihr werdet niemals die Kraft erfahren, hindurch zu schwimmen. Das ist es, was es ist.

Kundalini-Yoga ist gefährlich für die, die es als einen Haken benutzen wollen, weil es die reine Energie ist. Wer immer es mißbraucht, den zerstört es als Person.

So, ich will euch einmal erklären, was es ist. Alles hat seine Vorteile und Nachteile. Alles hat sein Gleichgewicht. Das Leben ist ein Gleichgewicht. Ich bin hierhergekommen, um Yoga zu lehren und ich habe gelehrt, als ein Yogi, und ich habe all meine Freunde verloren. Erinnert sich irgendeiner, welche drei Dinge passiert sind, als ihr begonnen habt, Kundalini-Yoga zu lehren?

Person: Deine Eßgewohnheiten wechseln, die Art, dich zu kleiden, wechselt, die Art, zu kommunizieren, wechselt, und deine Freunde und Familie wechseln.

YB: Diese Wechsel sind ein Muß. Seid ihr willens diese Veränderungen zu akzeptieren?

Klasse: Ja, Sir.

YB: Kundalini-Yoga ist kein kommerzieller Unsinn. Es ist keine Öffentlichkeits-arbeit. Entweder praktiziert es ein Anhänger rein oder er sollte es nicht praktizieren. Dieses System hat eine Kraft in sich selbst, sich selbst nicht zu beschmutzen. Dieses System erlaubt es niemandem, das System zu beschmutzen. Das ist es, warum wir es die Goldene Kette der königlichen Verbindung nennen. Es ist ein Raaj Yog – es bewirkt eure Herrlichkeit und eure Wahrhaftigkeit im selben Moment auf die gnadenvollste Weise.

Ein König ist ein Mensch, ein Kaiser ist ein Mensch, aber sie regieren die Menschen. Ein Bettler ist ein Mensch, und er bettelt, um ein Mensch zu bleiben. Das ist der Unterschied. Und dieser Unterschied wird bestehen bleiben.

Es ist nicht meine Pflicht, euch das zu erklären. Es ist meine Pflicht, es euch darzustellen. Es ist kein Judaismus, kein Christentum, kein Islam, kein Hinduismus, kein Sikhismus, kein Shintoismus oder Taoismus, es ist nicht dies oder das. Es ist Kundalini-Yoga. Es ist eine Wissenschaft und es kann erklärt werden. Und es kann erfahren werden. Genau wie in einem Labor, wo ihr die Gesamtheit eurer Möglichkeiten, eure eigene Vorzüglichkeit zu erfahren, erweckt findet. Das ist es, warum der Lehrer, der das Kundalini-Yoga gemeistert hat, ein Herr der Zeit, des Raumes, der Länge, der Breite, der Höhe und der Einstellung wird. Es ist kein Ansichreißen oder Selbstloben oder Prahlen. Das sind die Fakten.

Als der Meister, Guru Arjan, gefoltert wurde, war der Befehl, daß er auf eine heiße Platte gesetzt werden sollte – eine rotglühende, heiße Eisenplatte – und rotglühender Sand wurde über ihn geschüttet, um ihn zu kochen. 5 Tage lang saß er standfest da. Und Mian Mir, der Sufi-Fürst kam und sagte, „Gott, das bedeutet gar nichts. Du gibst mir die Befehle. Ich kann all diesem Einhalt gebieten."

Er sagte, „Nein, ich bin ein Lehrer. Ich muß durch diese Folter gehen, um die Menschen wissen zu lassen, wie sie mit einem strahlenden Lächeln durch das Unglück gehen können."

Das ist das erste Zeichen, die erste Qualifikation eines Kundalini-Yoga-Lehrers, daß er mit einem strahlenden Lächeln durch das Unglück geht. Er handelt mit anderen Personen auf die demütigste Art und Weise und lebt im Herzen der Verbindung mit der kaiserlichen Majestät. Er erscheint, wie er erscheint, in der größten Gnade, mit einem hellen und schönen Gesicht, und sieht aus, als sei er nicht von dieser Welt. Er gehört dem Herrn, weil er der Herr *ist*. So, wenn ihr irgendeinen spirituellen Nonsens geglaubt habt, daß Gott euer Herr und ihr geradezu ein Stück Garnichts seid und in Schuld und in Sünde geboren – damit ist es aus. Das ist vorüber.

Ein Kundalini-Yoga-Lehrer lebt auf der Erde als Vizekönig des himmlischen Herrn. Weniger als das ist nicht annehmbar. Ich wollte euch diese Neuigkeiten zum Anfang mitteilen, daß ihr nicht etwa glaubt, „Nun, das ist irgendein Kurs." Wortspiel: It's not an intercourse, it's not a course – es ist weder ein Miteinander, noch ist es ein Kurs. Es ist einfach eine Erfahrung. Ihr alle seid gekommen und ihr seid alle höchst willkommen. Wenn keiner von euch gekommen wäre, würden wir trotzdem unterrichtet haben. Laßt Gott versagen, aber Seine Diener nicht. Das ist die erste Qualifikation eines Kundalini-Yoga-Lehrers. Wenn ihr nicht dieses Konzept habt, könnt ihr niemals Kundalini-Yoga lernen. Es spielt keine Rolle, wie täuschend, wie anmaßend oder wie korrekt ihr mich kopieren könnt. Ich weiß es. Wir waren 275 Leute, als wir den Kurs begonnen haben. Am Ende waren nur 2 übrig geblieben. Ihr müßt das verstehen, also wiederholt, was ich vorsage:

YB: Gott ist Herr.

Klasse: Gott ist Herr.

YB: Ich repräsentiere Gott.

Klasse: Ich repräsentiere Gott.

YB: Dies ist eure Versicherung. Könnt ihr das tun?

Klasse: Ja, Sir.

YB: Gott ist Herr.

Klasse: Gott ist Herr.

YB: Und ich bin der .....?

Klasse: Repräsentant des Herrn.

YB: Wenn es so ist, wie ungebührlich könnt ihr euch benehmen? Wo ist die Grenze dabei?

Klasse: Null.

YB: Man nennt es die Null-Toleranz. Zwischen euch und Gott ist Null-Toleranz. Aber zwischen euch und Gott gibt es eine kleine Rute, die zwischen euren Beinen hängt und die ihr zu erobern habt. In den Worten von Nanak:

ਇੰਦ੍ਰੀ ਜਿਤੁ ਪੰਚ ਦੋਖ ਤੇ ਰਹਤ ॥
Indree jit panch dokh tay rehet.
-Guru Arjan, Siri Guru Granth Sahib, page 274, (from Sukhmani Sahib)
One who conquers his lust is free from the five deadly sins.

Einer, der seine Begierde besiegt, ist frei von den fünf Todsünden.

Ein Mann uriniert durch sein Glied. Das ist euer Ejakulationsgefäß. In Verbindung mit eurem Hoden macht es euer männliches System. Aber sein Befehlszentrum ist nicht im zweiten Chakra. Sein Befehlszentrum ist in der Hypophyse. (YB zeigt auf die Mitte seiner Stirn.) Also gibt es da etwa 3 Fuß Abstand, die ihr zu überwinden habt. 72 cm, vom ersten Chakra zum sechsten Chakra, die ihr in eurem ganzen Leben zu kontrollieren habt. (Normalerweise etwa 72 cm.) Habt ihr das verstanden?

Klasse: Ja, Sir.

YB: Das ist ein wichtiger Gegenstand. Ich bin überrascht, daß es da Bücher und Bücher gibt, Bibliotheken und noch mehr Bibliotheken und ich lehre Kundalini-Yoga für 27 Jahre und doch gibt es nicht ein einziges Buch darüber. Wir haben Handbücher geschrieben, wie praktisch zu üben ist. Aber nun bin ich Shakti, der göttlichen Mutter, sehr dankbar für die ganze Sache, denn sie hat ein höchst wunderbares Buch herausgebracht[1]. Als ich es durchgegangen bin, hatte ich Tränen in meinen Augen. Es ist ein sehr gute Buch. Wißt ihr, die Schönheit dieses Buches, die ich besonders mag, ist, daß Shakti ihren Humor hineingegeben hat. Es war phantastisch. Sie repräsentierte Kundalini-Yoga besser als irgendjemand anderes, den ich je gesehen habe. Ich habe einige Bücher gesehen, z.B. ein kleines Buch, das von zwei Psychologen über Kundalini-Yoga geschrieben wurde. Ein Swami produziert Bücher und er wußte nicht einmal, was ein Chakra ist. Das ist komisch.

Es gibt Heilige und es gibt große Menschen und es gibt hervorragend heilige Menschen, Inkarnationen Gottes, und es sind die *avtaare* – sie sind nicht menschlich. Gott hat euch zu Menschen gemacht. Seid menschlich. Ich wußte, daß es überhaupt nichts bedeutet, als sie mir den Titel gaben „Siri Singh Sahib Bhai Sahib Harbhajan Singh Khalsa Yogiji, Ph. D." Es bedeutet inmitten des Wahnsinns zu überleben.

Aber es gibt keinen Unsinn in bezug auf einen Gegenstand. Denkt einfach daran, daß alle Ziele euer sind und jedes Ziel euch unterwerfen wird. Jetzt, als Siri Singh Sahib, bin ich der religiöse Führer, ich kann nicht viele Dinge sagen. Dies ist unser Lehrerkurs, so benutze ich die menschliche Sprache. Seht ihr, wie ich normalerweise hochentwickelt in der Gurdwara spreche? Jedes Wort muß abgewogen sein. Versteht ihr das? Wenn ihr im Haus des Guru seid, habt ihr sehr fein zu sprechen, müßt ihr sehr geschliffen sein. Alles feine Sachen.

Habt ihr jemals zwei Freunde getroffen, solche die Kumpel sind? Habt ihr sie miteinander fein sprechen sehen? Wißt ihr wie sie miteinander sprechen? Wißt ihr wie Präsident Bill Clinton von unserem Gouverneur Bruce King angesprochen wurde? Er sagte, „Hallo mein Junge, Du bist am gewinnen. Ich will Dich gewinnen sehen." Das war das Treffen von dem großen Onkel Gouverneur und dem jungen Gouverneur von Arkansas. Er war der Alte und Clinton war der junge Gouverneur. Er sagte nicht, „Mr. President." Überhaupt nicht. Er sagte, „Hallo mein Junge." Ich habe dabei gestanden. Er sagte, „Oh, nebenbei wollte ich Dich mit Yogiji bekannt machen." Und er sagte, „Ja, ich kenne ihn."

---

[1] Kundalini Yoga: The Flow of eternal Power, by Shakti Pawan Kaur Khalsa, Time capsule books, California, 1996

Kundalini-Yoga ist keine Religion. Religionen sind daraus entstanden. Kundalini-Yoga ist keine Marotte und ist kein Kult. Es ist eine Praxis der Erfahrung der im Menschen schlafenden Vorzüglichkeit, die erweckt wird.

Ich gab Hillary einen Armreif. Ich sagte, „Nimm ihn heute. Morgen wirst Du als die Frau des Präsidenten nicht mehr die Chance haben, ihn zu besitzen, noch kannst Du ihn annehmen, denn sein Wert ist mehr als 25 Dollar." Und sie sah mich an und lachte.

Also versteht einfach, daß, wenn ihr Kundalini-Yoga Lehrer seid, damit eine ungeheure Weite des Herzens einhergehen muß. Dann gibt es keine Ausbeutung, oder jemandes Herz zu brechen. Und lernt, aufrecht zu leben. Da gibt es drei Dinge. Wenn ihr sie verwirklicht, wird es euch automatisch gelingen: **Seid aufrecht, sprecht aufrecht und lebt aufrecht**.

Manchmal werden die Leute sehr nervös mit mir, weil es keine Rolle spielt, was ihr sagt. Ich habe zu sagen, was ich zu sagen habe. Sie sind dann sehr frustriert, manchmal richtig ärgerlich. Sie begreifen, daß sie mich nicht ändern können. Narren. Wenn ich geändert werden muß, wie werdet ihr dann geändert? Wessen Job ist es, zu verändern? Es ist meine Aufgabe, euch zu verändern und eure Aufgabe, verändert zu werden. Der Hammer und der Meißel haben den Stein zu formen. Wenn der Stein den Meißel formen kann, gibt es keine Notwendigkeit für einen Meißel. Denn es ist der Stein der meißelt. Um es an den Anfang zu setzen: wenn der Lehrer von den Schülern abhängt ist er kein Lehrer. Dann ist es eine geschäftliche Abmachung.

Darum hat es 27 Jahre gedauert, um mit diesem Lehrerkurs anzufangen. Wir pflegten weißes Tantra Yoga für 5 Tage zum Preis von 35 Dollar zu unterrichten. Und dann mußten wir Geld sammeln, um die Rechnungen zu bezahlen. Das war komisch. Wißt ihr warum? Zu der Zeit wollten wir den Menschen die Erfahrung geben, daß es sehr viel mehr von Gott gibt, dessen der Mensch sich erfreuen kann.

Obwohl ich selbst geschrieben habe: „Gott rette mich vor den Ärzten, sie beschmutzen und verdünnen mein Schicksal," gehe ich manchmal zu den Ärzten. Das ist meine Unterhaltung. Was soll ich machen? Ich habe keine Clique von gleichen, was soll ich also tun? Ich gehe zu diesen Ärzten und ich ende dabei, sie zu behandeln. Ich gehe, um mir Tarotkarten legen zu lassen und ende dabei, sie selbst zu lesen. Ihr wäret nach einer Weile frustriert, wißt ihr das? Als ich nach Cancun ging, gab mir einer der Heiler, der dort an mir arbeitete, solch eine kraftvolle

Massage, daß ich merken konnte, daß irgendetwas in ihm nicht in Ordnung war. Es endete damit, daß ich seine Wirbelsäule einrenkte. Ich sagte ihm, „Würdest Du Dich auf den Tisch legen, wo ich gelegen habe?" Ich sah an der Stelle, wo die Brust- in die Lendenwirbelsäule übergeht, eine Einklemmung.

Ich sagte, „Fühlst Du Dich manchmal absolut energielos?"

Er sagte, „Ja, Meister." Oh, sie nennen mich Meister. Und sie haben mich mit Stöcken geschlagen und all diese Dinge getan, das war eine Erfahrung. Aber ich wollte da durchgehen. Ich wollte sehen, was es damit auf sich hat. Sie waren sehr aufrichtig und wirklich fabelhafte Menschen. Sie würden all diese Baumblätter um mich binden und mich zur Nacht einwickeln und sagen, „Schlaf gut." Aber wie gut könnt ihr schlafen, wenn Tonnen von Blättern um euch gewickelt sind? Aber ein Ding haben sie anerkannt: Ich war ein sehr guter Schüler. Nur ein guter Schüler kann ein großer Meister werden. Das ist die Frömmigkeit des Herzens.

Es war lustig. Sie haben mich in ein kleines Zelt getragen und mich gebacken, tatsächlich. Es war eine alte Methode, wie die Feuerzeremonie. Sie bringen Kräuter, so daß jeder sie riechen und sich reinigen kann und gesunden. Eine großartige Erfahrung. Es war eine Verbindung von allem möglichen. Es war einfach als lebten wir im 20. Jahrhundert vor Christus. Es war komisch.

Es war nicht das, was sie taten. Es war ihre riesenhafte Aufrichtigkeit. Die Frau, die die Heilerin war, oh Gott, als sie ins Gebet ging, sagte ich zu ihr, „Was immer Du mit mir machst, ist in Ordnung, aber bleibe in dieser Aura. Du bist heller als die Sonne selbst."

Das Unterhaltsame an der ganzen Sache war, daß sie aus der Bibel gelesen haben, ihre Gebete in Spanisch sprachen und *Sat Naam* zur selben Zeit gesungen haben. Da gab es keine Demütigung und keine Disqualifikation von irgendetwas. Also, technisch ausgedrückt, ein Lehrer muß die Weite des Herzens und tiefes Verständnis besitzen. Wenn ihr es nicht versteht zu wissen, wie könnt ihr das Unbekannte kennen. Versteht ihr mich?

Klasse: Ja, Sir.

YB: Ihr versucht zu verstehen. So wie ich die Dinge darstelle, sind sie sehr einfach und das sind sie tatsächlich. Nichts ist kompliziert, versteht das bitte.

Ihr seid aus dem Perfekten entstanden, um perfekt zu sein. Es ist nicht so, daß ihr aus dem Perfekten, dem Vollkommenen entstanden seid, um hier unvollkommen zu sein und die Aufgabe zu haben, vollkommen zu werden. Diese verdammte Religion, was immer es ist, hat Gott von euch getrennt und außerhalb gestellt. Das ist das am meisten krankmachende Dinge, das wir über die letzten 1 000 Jahre praktiziert haben. Wir können uns davon nicht erholen. „Wir sind wir und Gott ist außerhalb von uns." Aber wenn ihr Gott aus euch herausstellt, ist nichts in euch und das ist es, warum ihr leidet. Ihr braucht keine Religion. Ihr braucht die Realität, daß *Ang Sang Wahe Guru*, das in jedem eurer Glieder, mit jeder eurer dreißigtrillionen Zellen, die sich selbst in 72 Stunden erneuern, Gott ist – Gott darinnen ist. Als Nanak das gesagt hat, haben sie mit Steinen auf ihn geworfen.

Sie sagten, „Worüber sprichst Du?"

Er sagte, „Es ist die Wahrheit."

Ang bedeutet jedes Glied. *Sang* bedeutet mit euch selbst, da ist der Herr, der unendliche Gotte, der höchste Punkt. Da gibt es kein Leugnen. Religion muß euch das Leugnen lehren. Sie müssen. Weil ihr das Leugnen lehrt, nehmt ihr das Leugnen an, und das Leugnen wird euer Glaube. Dann habt ihr Schuld und dann habt ihr Sünde und dann müßt ihr dafür beten. So können wir Tempel und Kirchen bauen. Versteht ihr das nicht?

Klasse: Ja, Sir.

YB: Das wird gebraucht; Geld wird gebraucht. Der Priester muß bezahlt werden; Geld muß bezahlt werden. Narren sind es, die sie nicht wissen, daß da, wo Gott ist, kein Tod auf dieser Erde ist.

Bei der Gnade Gottes, der Tag soll niemals kommen, wo ich das zu tun habe. (YB hält seine Hände so, als wenn er um Geld bitten muß.) Ich werde immer dieses zu tun haben. (YB macht eine Geste mit seiner Hand. Er wendet die Handfläche nach unten und bringt die Finger, nach unten weisend, an einem Punkt zusammen.) Ich habe das auch geglaubt, als ich kein Geld, keine Kleider, keine Schuhe zu tragen und keine Verwandten hatte. Jetzt respektieren mich all diese Verwandten, da ich sehr reich und mächtig bin und in der Welt wohl anerkannt. Aber ich erinnere mich, daß sie mich vor 27 Jahren behandelt haben, als wäre ich schlimmer, denn ein Kaninchen. Sie glaubten, ich sei verrückt geworden. Jetzt denken sie anders. Aber es ist zu spät. Die Akasha-Chronik wird niemals ausgelöscht.

ਨਰ ਅਚੇਤ ਪਾਪ ਤੇ ਡਰੁ ਰੇ ॥
Nar achayt paap tay dhar ray
-Guru Tegbahadur, Siri Guru Granth Sahib, page 220
You are so unconsious. You should be afraid of the unconscious sin.

Ihr seid so unbewußt. Ihr solltet eure unbewußte Sünde fürchten.

Oh mein Verstand fürchte das Undenkbare. *Paa-aap* ist das, was ihr mit eurem Ego verdient. Was immer ihr für euch selbst mit eurem Ego erlangt, ist eine Sünde. Die englische Übersetzung von *Paap* ist – *paa* bedeutet bekommen, *aap* bedeutet ihr selbst; das, was ihr durch und für euch selbst bekommt, das, was Gott euch nicht gibt. Wenn ihr eine Unausgewogenheit, ein Ungleichgewicht erzeugt, verdient ihr mit den falschen Hilfsmitteln.

Kundalini-Yoga ist gefährlich für die, die es zu selbstsüchtigen Zwecken verwenden, andere ausbeuten wollen, weil es reine Energie ist. Wer auch immer es mißbraucht, den zerstört es.

Denn wenn ihr rein werdet, wird das, was ihr mit den falschen Hilfsmitteln erreicht habt, euch nicht glücklich machen. Darin wird keine *barkat* – kein Segen sein.

Daher kommt es, daß ihr all diese reichen Leute als sehr unglücklich erlebt. Am Geld ist nichts falsches; die Art wie es gesammelt wird, ist falsch, der Prozeß ist falsch. Ihr seid nicht aufrichtig. Wenn ihr euch nicht sicher fühlt, in dem Moment, wo ihr unsicher seid, seid ihr unglücklich. Dann ist eure Projektion behindert. Blicken wir einander nicht ins Gesicht und sagen, „He, was ist los?" Wir sagen nicht, „Was ist mit Deinem Geist passiert?" Wir tun es nicht. Einige materielle Dinge laufen schief und wir verwirren unseren Geist. Was ein Handel. Versteht ihr was ich sage?

Klasse: Ja, Sir.

YB: Also, wenn ihr eure Energie auf die Sinne verschwendet, werdet ihr niemals einen sechsten Sinn erreichen, und der sechste Sinn wird die Macht der Self-Intuition, der Selbsterkenntnis genannt. Wenn ihr englische Worte gebraucht, würde ich wünschen, daß ihr das Wörterbuch öffnet und herausfindet, was sie bedeuten, denn jedes Wort hat vier oder fünf Bedeutungen. Sie nennen es angewendete Bedeutungen. Aber in eurem Geist gibt es immer eine Bedeutung.

Einige Menschen fragen mich, „Kann ein Hatha Yogi Kundalini-Yoga praktizieren?"

Ich sage, „Was? Worüber sprichst Du?"

„Ich meine, ich praktiziere Hatha Yoga."

Ich sagte, „Tu es. Die Absicht aller Zweige des Yoga ist es, die Kundalini zu erwecken, die schlafende Kraft des Wesens so zu erwecken, daß es Exzellenz, Vorzüglichkeit haben kann.

Die Frage ist nicht, welche Kabel verlegt sind, und welche Art der Elektrizität dadurch fließt, oder von welcher Art die Glühbirnen sind. Die Idee ist, sie anzuschalten. Ihr könnt sie anschalten mit Hatha Yoga. Schaltet sie an mit jedem Yoga, macht weiter. Wir bitten euch nicht, Kundalini-Yoga zu praktizieren. Aber Kundalini-Yoga ist für Haushälter, für Menschen, die verheiratet sind, die ein Leben mit der Familie leben, mit Kindern. Es ist ein wissenschaftliches, zeitsparendes Instrument.

In nur wenigen Minuten könnt ihr sein, was immer ihr sein wollt.

Leben ist eine Lüge, wenn ihr nicht die innere Wahrheit findet. Leben ist eine Tragödie, wenn ihr nur die äußere Wahrheit findet. Leben ist ein absoluter Verlust, wenn ihr nicht eure Stellung als Menschen verwirklicht oder euren Wahrhaftigkeitsstatus, oder euren religiösen Status, wie immer ihr es nennen wollt. Ihr könnt einen Status haben, aber ihr müßt ihn leben und erfahren. Das ist es, warum die meisten Lehrer fallen. Sie werden Lehrer, das ist okay. Sie erlangen das Recht, Lehrer zu sein. Aber dann können sie den Status nicht erhalten. Sie werden irgendetwas sonst.

Wenn Menschen sagen, „Oh, ich kann nicht lehren, ich führe ein Geschäft," dann lache ich. Denkt ihr denn, ich führe kein Geschäft? Es ist sehr komisch, diese Menschen zu beobachten. Ihr habt ein Geschäft. Ich habe 14 Gesellschaften. In einem Jahr verdient ihr nicht einmal soviel, wie ich vierteljährlich als Einkommenssteuer zu bezahlen habe. Und ich bin immer noch ein *darvesh*, ich bin ein Fakir. Einige Menschen fertigen meine Kleider an, und einige Menschen bringen mir Schuhe und einige Menschen bringen mir Dinge. So sei es.

Es ist großartig, zu haben und nicht zu haben – das ist das Prinzip. Armut ist ein Fluch. Ihr *müßt* haben. Aber *haben zu müssen* und dennoch *nichts* zu haben ist *tiaagaa*, Verzicht, das Ende der Hoffnung.

Wenn ihr eure Neurosen im Leben verwendet, werdet ihr niemals natürlich sein. Mutter Natur wird euch niemals dienen. Ich sage nicht, daß ihr keine Emotionen und

Gefühle und Neurosen haben sollt. All die Psychiater und Psychologen würden nach Hause gehen. Wie werden sie ihr Geld machen, die armen Jungs? Ich meine, sie brauchen Geld, sie brauchen Patienten, sie brauchen euch. Jeder Nußknacker braucht Nüsse. So werdet ihr also sehr gebraucht. Ich versage euch das nicht. Aber, Gott, was ist das?

Aktion führt zur Reaktion, gleich und entgegengesetzt. Es ist Newton's drittes Gesetz. In der spirituellen Wissenschaft heißt es das Gesetz von *Aavagan* – von Ursache und Wirkung. Wenn ihr eine Wirkung vermeiden wollt, dann bewirkt nicht eine Ursache. Denn wenn ihr eine Ursache bewirkt, *müßt* ihr eine Wirkung erfahren. Ihr könnt ihr nicht entkommen. Vielleicht nicht in diesem Leben, aber im nächsten, ja sogar im zehnten Leben. Wenn die Ursache bewirkt ist, wird die Wirkung zu betrachten sein und, der Allmächtige Gott, von dem ihr denkt, daß er das äußerste von allem ist, kann Seine Regeln nicht austauschen, weil dies Seine Regel ist. Die Regel regiert. Ursache muß eine Wirkung haben. Jetzt oder später. Zeit bedeutet gar nichts.

Also, ihr seid nicht, die ihr seid. Ihr seid das, was eurer Projektion entspricht. Und eure Projektion wird eine Reaktion bewirken. Es kann sein, daß ihr ein guter Mensch seid, aber euer Gesicht sieht anders aus. (YB macht ein wirklich unheimliches Gesicht, lang, mit herausquellenden Augen.) Wie würdet ihr euch fühlen, wenn ich in die Klasse käme und sagte, „Hallo meine Schüler, ha, ha, ha. Wie geht es Euch?" (YB spricht mit einer sehr befremdlichen Stimme.) Am nächsten Tag werden nur noch 5 Leute übrig sein. Oder ihr macht es so. (YB macht ein sehr ärgerlich ausse-hendes Gesicht.) Habt ihr diese Menschen gesehen, diese Steingesichter, starrend, wie trockener Sand? Habt ihr diese Gesichter gesehen? Ihr müßt ihnen 50 Dollar zahlen, damit sie lächeln. Gott, ihr nennt sie alle Menschen? Als Gott die Menschen machte, nahm Er eine Pause, um ins Bad zu gehen, und die Maschine produzierte so viele. Als Er zurückkehrte, fehlten darin so viele Dinge, aber Er hat sie nicht zurückgerufen.

Das ist es, warum, ab und zu, ein Desaster passiert. Gott geht in die Rumpel-kammer und sagt, „Vergiß es. Wisch es aus. Laß uns neu anfangen." Er hat es oft getan. Er machte das einmal und für 42 Jahre gab es nicht einen einzigen Tropfen Regen. Die gesamte Menschheit war ausgewischt. Er machte es zu Noah's Zeiten und bewirkte so eine Flut, daß alles ertrunken ist, während das Nordkap schmolz. Er wird demnächst wieder etwas tun. Sehr bald. Das ist das Wassermann-Zeitalter.

Jeder Mensch wird 4 Megamilliarden Einheiten von Information an seiner Fingerspitze haben, so daß die riesenhafte Flut von Information einen Nervenzusammenbruch in jedem Menschen bewirken wird, der nicht in seiner Exzellenz, in seiner Vorzüglichkeit in bezug auf die Verfassung seines Verstandes ist. Das wird den größten Zoll kassieren.

Morgen wird Gurucharan euch eine Vorlesung über den *Shabad Guru* halten, die er zusammengestellt hat. Morgen ist Samstag.

Klasse: Ja, Sir.

YB: Seid ihr weg?

Klasse: Nein, Sir.

YB: Ihr seid nicht weg. Ihr werdet herkommen. Das ist mein Unterricht. Sind wir an Zeit gebunden?

Klasse: Nein, Sir.

YB: Sind wir hergekommen, um normale Menschen zu bleiben oder absolut exzellent unnormal?

Klasse: Exzellent, unnormal.

YB: Wir sind alle solche Distanzen gereist. Wir haben Geld ausgegeben und jede Minute ist kostbar. Dafür wurde bezahlt. Seid nicht blöde. Ihr seid im Glauben gekommen, ihr seid mit Würde gekommen, ihr seid mit Vertrauen gekommen. Ihr seid hierhergekommen, um zu lernen. Wenn wir uns nicht ausliefern, werden wir einen Fluch bewirken und wir werden dafür bezahlen. Ihr habt bereits dafür bezahlt. Das hier ist kein kommerzielles System. Es ist ein Vertrag der Seele, und da sollte es kein Loch geben. Das ist eine Chance, die wir im selben Augenblick ergreifen müssen.

Da gibt es keinen Weg heraus. Da gibt es keinen anderen Weg. Ihr seid hierher gekommen, um Lehrer zu werden. Also macht euch fertig, daß ihr nicht weggehen werdet, ohne perfekte Lehrer geworden zu sein. Ein perfekter Lehrer ist einer, der, meine Schwächen eingeschlossen, zehnmal besser ist als ich ohne Schwächen. Wortspiel: Make no mistake. Mistake is, miss the take which you are supposed to take. – Macht keinen Fehler. Ein Fehler ist, wenn ihr den Moment verpaßt, in dem von euch erwartet wird, daß ihr zugreift. Solange wie ihr der Zeit dient, werdet ihr der Zeit dienen. Diejenigen, die der Zeit dienen, werden niemals die Meister der Zeit sein. Ist das verstanden worden?

Klasse: Ja, Sir.

YB: Ihr seid nicht hierhergekommen, um zu lernen. Ihr seid einfach deswegen hierhergekommen, um euch selbst zu öffnen, mit eurer Fähigkeit und Gewandtheit, die euch von Gott gegeben ist. Was ihr gestern falsch gemacht habt, ist vergangen. Was ihr heute tut, wird eine Wirkung haben. Aber wenn euch die Hand Gottes irgendwie hierhergeführt und gebracht hat in seiner Güte, sein Segen, so führt er euch durch jeden Kanal, welcher, spielt keine Rolle. Es ist die Zeit, zu sein. Jongliert nicht mit Zeit und Raum. Zeit und Raum gehören zur Erde und nicht in die Himmel.

Es tut gut, euch zu sehen. Wenigstens ist es von euch sehr liebevoll mir gegenüber, daß ihr entschieden habt, Lehrer zu werden. Ich hab sehr demütig zum Allmächtigen Gott gebetet. Ich sagte zu ihm heute morgen, „Gott, Du hast sie hergebracht. Ich genüge nicht. Bitte hilf ihnen. Fahre in sie und erwecke ihr Selbst in ihnen. Gib ihnen eine Chance. Schau nicht auf ihr Elend, sondern sieh auf ihren Sinn der Meisterschaft. Sie haben es gemacht. Gibt ihnen was sie brauchen."

Und Er sagte, „Arbeite es heraus."

Ich sagte, „Das ist eine schlechte Idee."

Gott ist ein lustiges, verdammtes Ding. Wir kämpfen jeden Morgen. Wir hatten Spaß miteinander. Das ist das Konzept meiner Familie. (YB zeigt auf ein Gemälde an der Tafel.) Ich male das jedes Mal, wenn ich in guter Stimmung bin. 3 Stehauf-Männchen: Mann, Frau und das Kind. Seid eine Familie. Wir sind Gottes Familie. Die Ziegen, die Schafe, die Hühner und die Lämmer. Sie alle sind Gottes Familie; wir alle sind Geist. Seid nicht so blind, auf den physischen Körper zu blicken. Vergeßt nicht, daß darin ein Geist wohnt, daß darin eine Seele ist. Selbst ein Stein hat eine Seele im Inneren.

Einiges Gold ist gemünzt, einiges Gold ist in Schmuck verarbeitet, einiges Gold wurde zu Juwelen und einiges Gold macht die Kuppel des Tempels strahlen. Alles ist Gold. Einige erreichen die Höhen, sie werden wunderbar und strahlend und sie sehen das Licht. Das ist es, was eure Mission hier sein sollte. Ihr solltet das Privileg haben. Ihr seid gekommen.

All euren Seelen ist von Gott eine Chance versprochen. Als die Seele den Körper annahm und das Karma sah und den Besitz, und als sie auf die Erde kam für die praktische Erfahrung, leistete sie Widerstand. Er sagte, „Nein, ich bin nicht dabei zu gehen."

Gott sagte, „Warum? Was ist das Problem? Das ist ein Test. Hast Du keine Lust, ihn zu bestehen?"

Er sagte, „Ich werde ihn bestehen, aber ich habe keine Werkzeuge." Also gab Gott den Verstand. Sie sagte, „Was ist das für ein verdammtes Ding?"

Er sagte, „Nun ja, das ist etwas. Wie eine Schaukel. Es kann Dich zu mir hin- oder von mir wegführen, um 180 Grad. Nimm es an, aber sei sein Meister."

Das sind die Worte Nanaks:

ਮਨਿ ਜੀਤੈ ਜਗੁ ਜੀਤੁ ॥
Man jeetai jag jeet.
-Guru Nanak, Siri Guru Granth Sahib, page 6 (from the 28th pauree of Japji Sahib)
By conquering your mind, you can conquer the world.

Indem du deinen Verstand eroberst, kannst du die Welt erobern.

Diejenigen, die ihren Verstand meistern, meistern das Universum und den Gott des Universums.

So wurde uns der Verstand gegeben. Und euch wurde der Körper gegeben, entsprechend eurem *paralabhad* – euren vergangenen Handlungen – entsprechend der Verbindung von Ursache und Wirkung. Ihr wurdet alle auf einer Länge und Breite geboren. Ihr seid nicht hier aus eurem Willen. Ihr wurdet hierher gebracht nach dem Willen Gottes. Und der Wille, der unser freier Wille ist, läßt uns Gottes Willen sehen. So seid ihr also in sehr reiner Entschlossenheit und mit kraftvollem Selbst hergekommen. Bitte macht, daß es geschieht.

Verstehe einfach, daß mit der Würde, ein Kundalini-Yoga Lehrer zu sein, die ungeheure Weite deines Herzens verbunden sein muß. Keine Ausbeutung, brich niemandes Herz.

Haltet Gott nicht außerhalb von euch. Haltet Gott in euch. Er ist nicht euer Führer. Er sucht eure Führung, weil Gott durch einen Menschen herrscht. In der Religion haben sie euch fälschlicherweise gelehrt, daß ihr Sünder seid, daß ihr übel und in Sünde geboren seid, ausschließlich, um euer Geld zu sammeln. Lächerlich. Wenn ihr in Sünde geboren seid, warum wollen sie dann eure Dollars? Warum? Es ist nicht beabsichtigt, daß ihr das Unberührbare berührt. Wenn ihr so falsch seid, warum wollen sie dann, daß ihr in eine Kirche, in einen Tempel oder in eine Synagoge kommt. Wofür werdet ihr gebraucht. Um ermahnt, ausgebeutet und benutzt zu werden?

Niemand wird euch irgendetwas geben. Ihr habt die Kunst und Wissenschaft zu erlernen, euch eure eigene Exzellenz, eure eigene Vorzüglichkeit zu geben. Das ist der Zweck des Lebens. Leben ist eine Lüge, wenn die Wahrheit nicht gefunden wird. Das Gebet ist die Kraft, für das ihr eure Exzellenz erreichen müßt. Der Lehrer wird, wenn er gütig ist, sehr grausam, wenn er freundlich ist, ist das euer Unglück. Ich weiß, daß ihr im Westen seid und darum solche Härte nicht haben könnt. Ihr habt dieses Training nicht. Ich verstehe. Ihr habt Arbeitslöhne, ihr habt Versicherungen, ihr habt Gesetze. Solche Gesetze sind nicht die Gesetze des Geistes, sie sind die Gesetze des Körpers. Sind nicht einmal die Gesetze des Verstandes, vergeßt den Geist. So lebt ihr also in einem sehr behinderten Universum. Laßt uns sehen, was wir erreichen können.

Ihr seid hierher gekommen, um etwas zu erreichen – das ist sowohl euer Gebet als auch eure Kraft. Ihr habt eure Zeit zusammengenommen und eure Energie und euer Geld, um hierher zu kommen, unter den merkwürdigsten Umständen. Aber erlangt den Ausgleich.

Ich bin der religiöse Führer. Das ist schön. Aber ich habe über eine Million Schüler, die ich berührt habe. Ich dachte, daß sie eines Tages gerne kommen würden, um zu sehen, wie ich lebte. So nahm ich einen Kopfstein, wie einen Grabstein, auf die Ranch. Er ist 1,84 Meter lang, genau wie ich groß bin. Er sagt, „Harbhajan Singh Khalsa Yogiji geboren am .....?"

Klasse: ..... Zero.

YB: Gestorben am ..... ?

Klasse: ..... Eins.

YB: Dann schrieb ich die Zeile darauf, nach der ich lebe. Ich weiß nicht viel. Ich kenne nur diese eine Zeile.

ਕੇਤਿਆ ਦੂਖ ਭੂਖ ਸਦ ਮਾਰ ॥ ਏਹਿ ਭਿ ਦਾਤਿ ਤੇਰੀ ਦਾਤਾਰ ॥
Kaytiaa dukh bukh sad maar, Eh bhe daat teree daataar.
- Guru Nanak, Siri Guru Granth Sahib, page 5 (25th pauree of Japji Sahib)
Many suffer privation and pain and are continuously beaten. Even these are God's gifts.

Viele erleiden Entbehrung und Schmerz und sind ständig geschlagen. Auch dieses sind Gottes Gaben.

Kaytiaa bedeutet viele, viele, viele, viele, viele. Eine Frau versteht es. Sie ist durch Tragödie über Tragödie über Tragödie gegangen. Verrat über Verrat über Verrat. Und sie ist eine Frau, die die Worte des Gurus öfter und öfter und öfter gesungen hat als jeder es vermag. Sie nahm 192 Leben und bezahlte es in einem, um das ganze

Ding zu beenden. Was für eine Bankklärung. Manchmal frage ich mich, ob sie versteht, was sie tut. Ab und zu stellt sie eine Frage. Am Morgen, wenn ich meditiere und wenn ich im Universum bin schaue ich sie an und sie sagt, „Warum ich?" Warum nicht? Du wanderst sehr schnell. Du reinigst alles.

So geht es manchmal. *Kaytiaa*. Viele, viele, viele, viele, viele. Unbegrenzt.

Dukh, Unbequemlichkeit, Krankheit, Tragödie, Unglück, Folter. All das ist in diesem *dukh* inbegriffen.

Bukh: Hunger. Nichts zu essen, nichts zu trinken, nichts zu sein.

Sad maar: So daß es sich zum Hundertausendfachen vervielfältigt.

Eh bhe daat teree daataar: Oh Gott, das ist dein Geschenk. Zumindest hast du mich würdig erachtet für all die Folter, Krankheit, Beleidigung und das Bespucken. Wenigstens habe ich es verdient. Zumindest erinnerst du dich meiner. Versteht das nicht falsch und denkt, daß all die, die Wohlstand haben, die einzigen sind, die von Gott gesegnet seien. Das ist nicht wahr. Die, die sind wie ich, sind genauso von Gott geliebt.

Hazarat Abraham, der Vater dieser jüdisch-christlichen Nation, war eines Tages am Meditieren. Er sah eine Vision, die ihm sagten: „Geh in Dein Haus und meditiere über das Licht." So ging er allein hinein und meditierte über das Licht. Aber er war faul. Er schlief. Er wachte auf und sah Israel dasitzend und Namen und Namen und Namen und Namen schreiben. Er sagte, „Was schreibst Du?"

Er sagte, „Ich mache eine jährliche Liste derer, die Gott lieben."

Er sagte, „Oh, ich habe das verschlafen. Ist mein Name dabei?"

Er sagte, „Nein."

„Also gut, was kümmert es mich?"

Am nächsten Tag sah er ihn wieder, als er aufstand, Namen schreiben. Er aber saß da und döste vor sich hin. Er sagte, „Was ist los mit Dir? Du bist am Dösen."

Er sagte, „Die Liste ist vollständig. Ich habe keine Arbeit. Du warst am Schlafen, so konnten wir uns nicht unterhalten."

Er sagte, „Was ist das für eine Liste?"

Er sagte, „Es ist die Liste derer, die Gott liebt."

Er sagte, „Vergiß es. Mein Name ist nicht in der Liste derer, die Gott lieben. Wie sollte er auf dieser Liste sein?"

Er sagte, „Blödsinn, Du bist der einzige Name. Das ist es, warum ich keine Arbeit habe. Sieh her. Gott liebt Abraham."

Er sagte, „Ich bin es nicht wert." Das ist es, wo die Schuld ihren Anfang nahm. Juden haben die Schuld produziert und die Katholiken verbreiten sie. So ist es gekommen.

Und er sagte, „Sieh drauf."

Er sagte, „Nein, nein. Ich kann es nicht anblicken." Er leugnete.

Wißt ihr, warum Moses nicht ins Heilige Land gelangte? Er hat die 10 Gebote gegeben, aber er hat den Menschen die 10 Versprechen, die Gott gab, nicht gezeigt. Moses hat nur die Hälfte mitgeteilt. Wußtet ihr das?

Klasse: Nein, Sir.

YB: Ich hab es geschrieben. Gott hat die 10 Gebote und 10 Versprechen gegeben. Jeder weiß das.

Ich habe einmal eine Vorlesung gehalten, in der ich die wissenschaftliche Erklärung gegeben habe, warum es gilt, einen Turban zu binden. In den alten Tagen war es der Yarmulke. Das ist eine Tatsache.

Ich will, daß eure Turbinen arbeiten und umwandeln, um die elektromagnetische Ladung im Feld zu erhalten. Bei jeder Schwingung in einer Makro-Co-Reaktion, so daß unter dem Einfluß von Theta ihr das Alpha-Bewußtsein habt, mit einer Beta-Exzellenz – darum habt ihr einen Turban sorgfältig zu binden. Das ist die Wissenschaft. Ich will nicht, daß die Friseure bankrott gehen, schneidet euer Haar wie ihr es wollt. Es ist reines Protein, schweres Protein. Euer Körper wird es schließlich ersetzen. Ihr habt keine Chance, da herauszuwachsen.

Da gab es ein Mädchen, das für mich gearbeitet hat. Ich sagte, „Geh los und laß Dir das Haar schneiden."

Sie sagte, „Warum?"

„Du bist einfach nicht in Ordnung."

Schneidet die Haare wie ihr wollt. Wer hält euch auf? Aber erinnert euch einfach, es ist das reinste Protein eures Körpers. Genauso wie schweres Wasser dafür verantwortlich ist, uns die Kontrolle über die Atomenergie zu geben, ist es das schwere Protein, das ihr auf eurem Kopfe habt. Glaubt ihr, daß Gott ein Idiot sei, euch soviel langes Haar zu geben? Hatte er irgendwo überflüssiges Gras herumsitzen und es schließlich auf des Menschen Kopf gegeben und gab dem Manne einen Bart? Was ist es, ein Latz? Nun, worüber sprecht ihr? Ihr sprecht über Gott den Allmächtigen und den ganzen Unsinn all die Tausende von Jahren. Versteht ihr, ihr habt nicht einmal den Punkt getroffen in bezug auf die Tatsache, warum ihr seid, wie ihr seid? Ich sage, „Wie könnt ihr einen Turban binden? Ihr habt keine Ahnung wie eure Turbine arbeitet." Der Kopf ist keine Wassermelone. Er ist ein kreatives elektromagnetisches Feld im Schirm des Musters der korrelativen Essenz der Mikro- und Makroexistenz, mit der absoluten Kraft der Sterne auf die Projektion, in der der menschliche Körper absolut, angeboren, mit uneingeschränkter Harmonie in Wechselbeziehung steht. Harmonie. Und er muß sich innerhalb eines 30-billionstel einer Sekunde erholen.

Es ist wahr. Es ist wahr. Die Maschine muß sich erholen. Darum ist sie oberhalb eurer Schultern. Euer ganzes sensorisches System und Kontrollzentrum befindet sich im sechsten Chakra, *ajna*, welches euer Kontrollzentrum ist. Es ist oberhalb der Schultern. Und euer Gehirn hat seine eigene Blutversorgung und seine eigene Elementenmischung.

Hast du ihnen alles erzählt? Gurucharan? Oh ja? Sie wissen es? Sie müssen es gehört haben. Sie sind wie eine Herde. Manchmal hört die Herde nicht. Macht, daß sie hören. Sie sind da. Sie sind hier und darum müssen sie hören. Sie müssen es gehört haben, weil sie eine Herde sind. Versteht ihr das?

Klasse: Ja, Sir.

YB: Ist das komisch? Das ist es, warum ich mein Ph.D. in der Psychologie der Kommunikation gemacht habe. Gut, seid nicht nervös, ihr werdet heute alle Plätzchen bekommen.

Die Dinge sehen, wie Gott sie sieht

KLASSE 12 vom Morgen des 27. Juli 1996

Ihr seid als ein Edelstein geboren. Ihr seid unschuldig geboren. Was passiert ist, ist das, daß ihr eure Unschuld verloren habt und arrogant wurdet. Als ihr geboren wurdet, habt ihr überlebt. Ihr müßt nur den Wechsel vollziehen von Mutter und Vater als Garanten eurer Sicherheit zu den Himmeln und der Erde als Garanten eurer Sicherheit. Dieser Wechsel ist euch versprochen.

Ich kenne die akademische Welt. Ich habe mein Ph.D. gemacht. Als ich kam, meine Ph.D.-Arbeit zu verteidigen, trat ich vor drei Professoren. Ich sagte, „Gut, fang an. Laßt uns uns selbst verteidigen."

Und sie sagten, „Nun, laß uns einfach wissen, was Du geschrieben hast. Das ist alles was wir wollen."

Also sagte ich, „Okay." Normalerweise wenn ihr euer Ph.D. macht, können die inneren Professoren euch tatsächlich explodieren lassen, und sie können euch durchfallen lassen. Aber diese Typen wollten einfach wissen, worum es ging. Ich begann ihnen zu erklären, worüber es handelte und nach einiger Zeit sah ich sie das Papier unterschreiben und das war es. Kein Spaß. Gurucharan, kannst du meine Ph.D.-Doktorarbeit ausdrucken und ihnen geben?[1] Ohne diese, können diese Menschen nicht Lehrer sein. Sie müssen diesen grundlegenden, elementaren menschlichen Entwurf haben.

Poke, provoke, confront and elevate – stoßen, provozieren, gegenüberstellen und erhöhen. So muß euer Leben sein. Wenn eines diese Aspekte fehlt, seid ihr behindert. Das ist das wesentliche meiner Ph.D.-Arbeit über die Psychologie der Kommunikation. Unabhängig davon, was wir verstehen oder nicht verstehen, wir sind, was wir sprechen. So sind wir bekannt. Wir fürchten ständig „Oh, wenn ich einen Turban aufsetze, was wird passieren? Wenn ich ein Hemd anziehe, was wird passieren? Wenn ich Knickerbocker anziehe, was wird passieren? Wenn ich mich nicht in dieser Art und Weise kleide, wird das nicht passieren. Wenn ich mein Haar nicht auf diese Art und Weise trage, bin ich nicht dieses." Wir sind tatsächlich Gegenstand von Trends und Tendenzen und nicht unsere eigene Originalität und

---

[1] Communication: Liberation or Condemnation, von Habharjan #Singh Khalsa Yogiji. University for Humanistic Studies, San Francisco, 1980. Kann über den Sat Nam Versand bezogen werden.

Wirklichkeit. Wenn wir nicht unsere Originalität und Wirklichkeit haben, haben wir keine Herrlichkeit. Denn wenn wir keine Herrlichkeit haben, können wir nicht erheben.

Ihr sprecht von Religion. Das sind alles verdammte Lügen. Es gibt keine Religion. Was ist eine Religion? Nehmt an, eure Religion gibt euch Gott. Was werdet ihr damit machen? Es aufessen – wie eine Pizza? Was werdet ihr mit Gott machen? Sie geben euch falsche Versprechungen: „Du wirst Gott erreichen, Du wirst in den Himmel kommen." Gut, was gibt es in bezug auf unser Sein hier zu sagen? Wie werdet ihr mit dem Hiersein umgehen. Wer will schon in die Himmel gehen? Das ist ein eiskalter Meditationsort. Nichts passiert dort. Die Hölle ist aufregender, wißt ihr, mit Schreien und jeder will dort sein.

Klasse: (Gelächter.)

YB: Ehrlich, bei Gott, das ist wahr. Seht, wie korrupt die Religion ist. Ich bin ein einfacher Yogi. Ich bin hierher gekommen, ohne die Absicht irgendetwas zu tun. Ich wurde im Geheimen gedrängt, in die Sowjetunion zu gehen und ich wollte nicht gehen. Sie wollten, daß ich dort Parapsychologie lehre, nicht in der Form von Wundern, aber in einer erfahrbaren Form. Also bin ich nach Kanada gerannt, um für eine Weile Obdach zu suchen. Das ist alles.

Ich verstehe, warum dieses ganze Religionsding über mich kam. Habe ich euch die Geschichte erzählt, wie wir eine Sikh-Religion im Westen geworden sind? Da gab es einen jungen Typen, der hatte sehr lange Haare und er wollte nicht, daß der Sheriff sie ihm abschnitt. So gab er an, ein Sikh zu sein. (Die ganze Geschichte ist in den „Vorlesungen aus Assisi" auf Seite 87 zu lesen.) Ein Ding führte zum nächsten. Was Gott will ist, Sein Problem, nicht meins.

Tatsache ist, daß sie mich zum religiösen Führer machten. Sie dachten, daß, wenn ich ein religiöser Führer würde, ich so etwas wie der Papst würde und dann stille wäre. Wißt ihr was ich meine? Sie wollen mir Unterlagen geben und ich werde sie lesen? Richtig? Meine Mitarbeiter werden mir Sachen sagen und sie werden sagen, „Sehr gut, sehr gut. Sehr gut, oh ja. Sehr gut." Ich würde allem zustimmen. Wozu soll ich zustimmen? Wie kann ich mit diesen dummen Erdlingen einer Meinung sein? Was haben sie mit mir zu tun, oder was habe ich mit ihnen zu tun? Da gibt es keinen Handel. Wir haben keine Beziehung. Was ist meine Beziehung? Im Gegenteil, ich freue mich, während ihr, im größten Glück gerade das Gegenteil tut. Was ist die Beziehung? Ihr schaut euch nach Dingen um, nach idiotischen Dingen.

Aber die Dinge müssen zu euch kommen – das ist ein Gesetz. Das Gesetz der Geburt ist, daß euer Platz reserviert ist, wie in einem Zug, wo sie euch einen reservierten Platz geben. Platz hat zwei Bedeutungen. Euer Platz ist reserviert. Darum werdet ihr geboren und ihr erhaltet allen Komfort. Ihr habt einen Dirigenten, ihr habt einen Servicewagen und es ist alles bezahlt.

Eure Werte kommen zu euch, wenn ihr wahrhaftig, ursprünglich lebt. Ursprünglich, d.h. göttlich. Ihr seid in Gott entstanden. Alles ist ein Geschehen. Man nennt es ein Unterstützungssystem. So sollte Mutter Natur euch unterstützen und der himmlische Vater euch führen und Zeit und Raum sollten euch nicht antreiben - das ist die Abmachung. Religion muß euch eure Realität erklären und nicht ihre Philosophie. Wenn ihr euch schlecht fühlt, müssen sie euch erklären, warum ihr euch schlecht fühlt und wie ihr euch wieder gut fühlen könnt. Das ist eine Religion. Religion ist die Verbindung zwischen einem Mann und seiner Realität, geführt durch die Vorgehensweise oder Technologie des Meisters, so daß ihr Meister sein könnt, so daß ihr niemals Sklaven sein könnt für den Rest eures Lebens; weil, wenn ihr es nicht so macht, die Goldene Kette brecht. Ihr müßt wachsen. Euer Wachstum muß andauern. Ihr habt ein Recht auf andauerndes Wachstum. Euer Fortschritt muß eure Ehre, euren Respekt, eure Wahrheit, euren Glauben und euren Charme erhalten. Ihr seid geboren, um verehrt, um angebetet zu werden.

Wortspiel: You are holy – you have nine holes, and this (points to top of head) is the Tenth Gate or tenth hole – Ihr seid heilig – ihr habt neun Löcher, und dieses (er zeigt oben auf den Kopf) ist das zehnte Tor oder das zehnte Loch. Wenn ihr beachtet, was dort hinein- und herausgeht, wenn ihr es kontrollieren könnt, seid ihr groß. Eure Größe besteht darin, daß ihr geboren seid. Die einfache Tatsache, daß ihr geboren seid, und Gott es in dieser Art und Weise wollte, ist das wunderbarste Ding, das je passiert ist. Jeder Mensch braucht euch. Der Dieb benötigt euch, der Polizist benötigt euch, der Anwalt benötigt euch, das Gericht benötigt euch, der Doktor benötigt euch, der euch betrügt, benötigt euch, der Lügner benötigt euch, der eine Wahrhaftige benötigt euch, der eine Heilige benötigt euch, der eine Unheilige benötigt euch, das Restaurant benötigt euch und das Haus benötigt euch. Alles, was euch umgibt, benötigt euch. Sie saugen euer Blut. Sie nehmen eure Energie. Ihr habt nichts, ihr seid alt.

Wann in eurem Leben habt ihr euch jemals auch nur eine Stunde hingesetzt und gesagt, „Ich bin im Begriff ich zu sein, ich bin im Begriff ich zu sein, ich bin im Begriff ich zu sein, ich bin im Begriff ich zu sein. Ich bin nicht dies. Ich bin nicht das. Ich bin ich." Wann war es das letzte Mal, daß ihr euer *prathyahar* – eure Sinnenbeherrschung geübt habt, euch mit euch selbst auf Null in der Erfahrung zu synchronisieren? Habt ihr es überhaupt getan? (YB schüttelt seinen Kopf „nein.") Ich weiß. Ich weiß. Ich kenne euren Schmerz. Ich weiß was ihn verursacht. Ich sage nicht, daß ich es nicht weiß. Ich habe all die Jahre niemals darüber gesprochen, weil ich gesagt habe; „Gut, nun laßt uns sehen."

Religion muß euch eure Realität und nicht ihre Philosophie erklären. Wenn ihr euch schlecht fühlt, müssen sie euch erklären, warum ihr euch schlecht fühlt, und wie ihr euch von dem schlechten Gefühl wieder zum guten Gefühl bringen könnt. Das ist eine Religion. Religion ist die Verbindung zwischen dem Menschen und seiner Realität, geführt durch die Vorgehensweise oder die Technik des Meisters, so daß ihr Meister sein könnt, so daß ihr niemals Sklaven der Zeit seid für den Rest eures Lebens.

Da gab es einen christlichen Priester, der mir sagte, „Gut, Mann, wir haben Mengen von Geldes aufgewandt, wir haben unsere Priester nach Indien geschickt, um sie zu Christen zu machen. Du bist von Indien gekommen und hast unsere Kinder gestohlen."

Ich sagte, „Was habe ich gestohlen? Ich habe niemanden gestohlen. Du kannst sie nehmen. Nimm sie alle. Leg sie Dir ein. Behalte sie. Ich frage nicht nach irgendjemandem."

Einmal ging ich zur School of Chaplains in New Jersey. Das ist eine Armeeschule, wo die Offiziere in Uniform sind. Es gibt dort jüdische und christliche Kaplane, die der Armee als Priester dienen. Ich war dort, um über Religion zu sprechen. Der kommandierende Offizier war großartig. Als er mich einführte, sagte er, „Heute habe ich für Euch Offiziere eine Überraschung. Wir hatten Edelsteine, Perlen, Rubine, Diamanten, Smaragde und wertvolle Steine, und wir haben uns nicht um sie gekümmert. Wir haben sie in den Mist geworfen und sie sind verloren gegangen. Dann kam ein Mensch aus Indien und hat sie aus dem Schmutz aufgehoben, sie gereinigt, sie poliert und geformt. Jetzt trägt er sie um seinen Hals als eine Kette. Jetzt sieht er schön aus, strahlend in seinem eigenen Selbst, und jetzt sind wir eifersüchtig auf ihn. Es waren unsere, nun sind es seine. Ich darf Ihnen seine

Heiligkeit, Siri Singh Sahib Bhai Sahib Harbhajan Singh Khalsa Yogiji, den religiösen Führer der Sikhs in der westlichen Hemisphäre vorstellen."

Ich schaute ihn an und sagte, „Worüber spricht er?"

Ich fühlte, „Ja, jeder Mensch ist ein Edelstein." Andernfalls könnt ihr nicht geboren sein. Ihr seid nicht in Sünde geboren. Ihr seid unschuldig geboren. Man hat euch gesagt, daß ihr wahnsinnig seid und ihr habt es angenommen. „Ihr seid falsch. Tut nicht dies, tut nicht das. Tut es nicht, tut es nicht, tut es nicht, tut es nicht, tut es nicht, tut es nicht, tut es nicht, tut es nicht." Danach habt ihr angefangen es zu sagen, „Tut es nicht, tut es nicht, tut es nicht, tut es nicht, tut es nicht, tut es nicht, tut es nicht, tut es nicht." Ihr seid verrückt. Alles was man euch gesagt hat, ist, „Tut es nicht." „Antwortet nicht auf die Tür, antwortet nicht auf das Telefon. Sprecht nicht zu diesem. Tut es nicht, tut es nicht, tut es nicht, tut es nicht, tut es nicht." Ihr seid ein lebendes „Tut es nicht" geworden.

Man hat euch gesagt, „Sagt „Ja."" Also manchmal, wenn von euch erwartet wird, mit „Nein", zu antworten, sagt ihr „Ja." Alles was man euch im Leben beigebracht hat, ist „Nein" oder „Ja" zu sagen. Warum tragt ihr nicht eine Reklametafel, die auf der einen Seite „Ja" und auf der anderen „Nein" sagt. „Ja, nein, ja, ja, ja, nein, nein, nein, ja, nein, ja, nein." Sind wir Menschen? Stimmt mir zu oder tut es nicht. Was gibt es da, dem zuzustimmen oder nicht zuzustimmen, ja oder nein, richtig oder falsch? Es gibt kein richtig oder falsch, das Denken macht es dazu. Es ist eure Wertung gegenüber einer anderen Wertung.

Ihr seid nicht falsch, ihr seid ein geborener Edelstein; ihr seid unschuldig geboren. Was passiert ist, ist, daß ihr eure Unschuld verloren habt. Also wurdet ihr arrogant. Als ihr geboren wurdet, habt ihr überlebt. Warum wollt ihr nicht überleben? Ihr müßt nur den Wandel von eurer Mutter und eurem Vater als Grundlage eurer Sicherheit zu Himmel und Erde als Grundlagen eurer Sicherheit machen. Dieser Wechsel wurde euch versprochen. „Oh, kommt zu mir, meine Kinder. Ich werde euch das lehren." Aber die Blinden führen die Blinden. Euch was lehren? Niemand lehrt irgendjemand irgendetwas. Ihr sagt den Menschen was sie zu tun haben und wie sie nicht doo-doo zu tun haben, und ihr beobachtet sie. Das ist das wirkliche System.

Aber normalerweise spielen wir in diesen Tagen Spiele. Wir wollen unser persönliches Leben respektiert haben. Wir sehen nicht unpersönlich, daß ein anderes Leben respektiert wird. Ich will, daß meine Schüler reich sind, so daß wir, wenn ich sie zu Hause besuche, ein gutes Frühstück haben können. Wirklich. Das ist es, was es ist. Wenn jemand reich ist, gut, mächtig, kann das euch helfen. Ihr seid ein Lehrer. Ihr seid nicht eine Person. Ihr seid nicht ihr selbst. Der erst Eid, den ihr ablegt, ist, „Ich bin nicht eine Frau, ich bin nicht ein Mann, ich bin nicht eine Person, ich bin nicht ich selbst, ich bin ein Lehrer." Das ist euer Eid. Also warum seid ihr verhaftet?

Der Mensch und seine Verhaltensweisen sind eine sehr einfache Lage, die wir verstehen müssen. Wir müssen auf die Dinge in der Art und Weise blicken, wie Gott es tut. Unsere Reinheit liegt in unserem Ursprung. Unsere Intuition liegt in unserer Unschuld. Irgendjemand sagte euch, oder ihr sagt es euch selbst, (meistens sagt ihr es euch selbst), daß ihr falsch seid – das ist euer Mantra. Aber wenn ihr nicht richtig seid, wäret ihr nicht geboren worden. Ihr seid eine ganz gereifte Seele, die zur Prüfung auf die Erde geschickt ist, ob sie Himmel und Erde begegnen kann und die siegreich nach Hause zurückkehrt. Fateh (Sieg). „Wahe Guru Ji Ki Fateh" – „Sieg zu Gott, daß ich nach Hause komme." „Wahe Guru Ji Ka Khalsa" bedeutet, meine Reinheit gehört Gott." Ihr gehört nicht zu Gott, euer Körper gehört nicht zu Gott, euer Verstand gehört nicht zu Gott – nur die Essenz der Reinheit eurer Seele gehört zu Gott. Es ist eure Reinheit, die Frömmigkeit des Geistes, die zu Gott gehört. Der ganze Rest gehört euch. Das ist euer freier Wille. Tut was immer ihr wollt, niemand kümmert sich darum. Aber in dem Moment, wo ihr versteht, daß es eine Essenz der Reinheit in euch gibt, werdet ihr die Wahrheit wahrnehmen. In dem Moment, in dem ihr die Wahrheit wahrnehmt, werdet ihr herrlich sein und dann gibt es keine Notwendigkeit für euch, irgendetwas zu sagen. Eure Gegenwart wird wirksam sein, denn ihr werdet Weisheit ausstrahlen. Wenn ihr in einen Raum von 50 Leuten kommt, wird jeder Ruhe fühlen. Jeder Mensch wird Verehrung fühlen. Jeder wird denken, daß er im Begriff ist, etwas zu erhalten. Ihr seid wie Gott. Entweder gibt Gott oder ihr gebt. Ihr seid keine Nehmer.

Und denkt daran, daß ihr euch selbst nicht klein macht. Nehmt nichts – niemals. Ihr Narren, ihr denkt, daß ihr etwas erhaltet, aber ihr verpaßt das, was Gott für euch bereit hält. So ersetzt ihr eine goldene Kette durch einen kleinen Stein. Das ist kein guter Handel.

Seid ihr auf ein schweres Ding heute vorbereitet oder wollt ihr irgendetwas leichtes machen und nach Hause gehen?

Klasse: Das richtige Ding.

YB: Nein, ich unterhalte mich mit euch. Wie wollt ihr selbst mit euch umgehen? Habt ihr Energie? Wir werden uns sowieso am Montag sehen, es spielt keine Rolle. Es ist nicht so ein eiliger Moment.

©

(Zu den Details der folgenden Aufwärmübungen und der Meditation siehe Seite 237.)

Sitze aufrecht. Spreize die Finger deiner Hände, balanciere dich selbst und strecke deine Schultern. Dies sind grundlegende Aufwärmübungen. Ohne die werdet ihr Muskelschmerzen haben. Geht dieses Risiko nicht ein. Bewegt euch so. Seht alle die Fähigkeit. Ihr müßt das tun, um die Nerven zu befreien, weil andernfalls die Nerven, die Muskeln und die Knochen steinhart werden können, und das kann Ärger machen.

(YB zeigt die Haltung.) Das ist es, was ihr jetzt zu tun habt. Das ist eure Ausgangsposition – es ist euer *„Sat Naam"*, euer originales orientales Selbst. Seht einfach, daß das Zentrum des Kopfes hier ist. Es muß den Rücken hier treffen. Das ist schmerzhaft. Ihr wolltet die Stellung eines Kriegers. Wollt ihr irgendetwas anderes?

Ihr seid eine völlig gereifte Seele, die auf die Erde gesandt ist, um herauszufinden, ob sie den Himmeln und der Erde begegnen kann, und die dann siegreich nach Hause zurückkehrt. Fateh! „Wahe Guru Ji Ki Fateh" – „Sieg zu Gott, daß ich nach Hause komme."
„Wahe Guru Ji Ka Khalsa" –
„Meine Reinheit gehört Gott."

Klasse: Nein, Sir!

YB: Versucht es. Es ist etwas sehr gutes. Der Winkel ist im Kundalini-Yoga sehr wichtig. Kundalini-Yoga bedeutet Winkel, Dreiecke und das Quadrat zu schneiden. Das Quadrat existiert im Kundalini-Yoga nicht.

Sie sagen sogar in der Astrologie, daß, wenn ihr in eurem Horoskop ein Quadrat habt, es ein schlechtes Zeichen ist. „Die Sonne steht im Quadrat mit diesem und jenem." Schneidet es diagonal.

Wie fühlt ihr euch? Wenn ihr euch korrekt in der Balance haltet, werdet ihr Energie und Kribbeln wahrnehmen. Es ist eine sehr einfache Regel eures Seins, eures Körpers. Es ist nicht so, daß ihr Idioten seid, oder daß ihr es nicht wert seid, oder daß ihr falsch seid. Ihr seid unwert oder falsch geworden. Ursprünglich ist euer System absolut von Gott gegeben und korrekt. Seht ihr? Seht ihr jetzt das „Sat Naam, Sat Naam," mit dem Instrument, das nur eine Saite hat? „Dhuni." *Dhuni* ist das, was die Exzellenz, die Vorzüglichkeit in uns beschleunigt. Es ist eine einfache Musik, die nur mit einer einzigen Saite gespielt wird.

Okay, leg es auf. Einen Moment. Streckt euch so. Streck euch aus. Fangt an! Bewegt die Hände etwas schneller.

Nach 70 Sekunden: Okay, stop, stop, stop, stop. He, he, he. Können wir das tun?

Klasse: Ja, Sir.

YB: Ich frage einfach nur, denn ich will euch das folgende nicht mißverstehen lassen. Wenn wir mit der Übung beginnen, werden wir einen Zustand erreichen, der „die Zwielichtzone" genannt wird. Und da wird es riesenhaften Schmerz geben; soviel Schmerz, wie ihr ihn nicht kennt. Aber das ist eine Täuschung darüber, daß es dort keinen Schmerz geben wird, aber ihr werdet euch verletzt fühlen, weil die Hemisphären sich anpassen müssen. Wenn die Hemisphären nicht ihre Endorphine ausschütten, wird der Schmerz riesenhaft sein. Oh, es ist häßlich. Dann, wenn die Endorphine kommen, wollt ihr nicht aufhören. So wird es sein, wenn wir durchhalten.

Frage: Können wir unsere Ellenbogen beugen?

YB: Nein. Es gibt nur zwei Dinge auf diesem Planten: *Sat Naam* ist euer Rücken, eure Erde, eure Wirbelsäule. *Wahe Guru* ist euer Gesicht, Gott ist eure Vorderseite. Die Sikhs haben es gestohlen. Sie sagen, „Das ist unser religiöses Ding." Was für ein verdammtes religiöses Ding? Patanjali Rishi schrieb vor 3000 Jahren über *Wahe Guru*. Die Sikhs haben es genommen. Sie wissen nicht, worüber sie sprechen. Es ist Patanjalis Mantra. Gott hat zu ihm gesprochen. Er schrieb die Zukunft der Welt, und es ist exakt wahr, was er schrieb. Wort für Wort, das er gesagt hat, ist wahr. Und er sagte, es wird Nanak geben. Und er sagte sein Mantra wird das von Gottes Schöpfung, Gottes Organisation und Gottes Erlösung sein. Und das ist es, was ihr im Sanskrit singt:

ਵਾਹਯੰਤੀਕਰਯੰਤੀਜਗਦੂਤਪਤੀਆਾਦਕ ਇਤਿ ਵਾਹਾ ॥
ਬ੍ਰਹਮਾਦੇ ਤ੍ਰੈ ਸ਼ਾਂ ਗੁਰੂ ਇਤਿ ਵਾਹਿਗੁਰੂ ॥

Waah yantee, kaar yantee, Jag dut patee, aadik it waahaa Brahmaaday treyshaa guru, it wahe guru.
-Rishi Patanjali, Push Puran
Great Macro-self, creative Self, all that is, Creative through time, all that is the Great One. Three aspects of God: Brahma, Vishnu, Mahesh (Shiva). That is Wahe Guru.

Großes totales Selbst, kreatives Selbst, alles, das da durch die Zeit hindurch kreativ ist, all das ist der Große Eine. Die drei Aspekte Gottes: Brahma, Vishnu, Mahesh (Shiva). Das ist Wahe Guru.

Wer war dieser Sikh? Es war Guru Gobind Singh, der hatte dieses Wissen, die Weisheit und die Gleichung. Er nahm *Wahe Guru* als das Guru Mantra und gab es den Sikhs. Sie sollten dankbar dafür sein. Es ist Patanjalis Mantra. Nanak gab das Mantra *Sat Naam*.

ਸਤਿਨਾਮੁ ਤੇਰਾ ਪਰਾ ਪੂਰਬਲਾ ॥
Satinaam teraa paraa poorbalaa.
- Guru Arjan, Siri Guru Granth Sahib, page 1083
Sat Naam is Thy primal and ancient Name.

Sat Naam ist Dein (des Göttlichen Du) anfänglicher und altberühmter Name.

Es ist der freundschaftliche Name der elementaren Gleichung Gottes. Wenn ihr sagt *Sat Naam*, existiert Reinheit. Es ist nicht so, daß sie „existieren will, existieren wird, existieren kann." Bei diesem Mantra gibt es kein „will, wird, oder vielleicht." Nein. Es *ist*. Wenn ich zu euch sage, „Sat Naam Ji," sage ich, „Wahrheit ist deine Seele." Das ist es exakt, was es bedeutet. Das ist es, warum ich den Menschen sage, daß, wenn sie sich gegenseitig rufen, sie anstatt sich die Hölle zu geben, „Hallo," einfach sagen sollen, „Sat Naam." Genauso wie die Juden sagen, „Shalom." Sie haben aufgehört es zu sagen. Wir alle hören auf, bestimmte Dinge zu sagen.

Das elementare Selbst Gottes ist „Sat Satya Satiaam." „Sat" – meine wahre Essenz ist *Sat*. „Satiaam" – die Macht meiner wahren Essenz. „*Satiaam*" – in der wahren Essenz, bin ich. „*Satnaam*" – *Naam* bedeutet eine Bezeichnung, den Namen einer Person, eines Platzes oder eines Dings. So bedeutet *Sat Naam* „Wahrheit ist meine Identität." Das ist mein *Naam*, das ist mein Name. Wenn ich nach einem spirituellen Namen frage, beschreibt dieser Name meinen Abstand, mein Schicksal und mein Leitwort.

Am Anfang war das Wort, das Wort war bei Gott und Gott war der Wort.

Die Bibel, Johannes Evangelium.

Es muß berechnet werden. Ich weiß nicht, was so schwierig ist.

Der Zweck des Lebens ist es, eine Distanz zu bedecken. Wenn es nicht die Distanz bedeckt, werdet ihr weiterhin den Zyklus von Leben und Tod durchlaufen. Dann müssen die Menschen so etwas wie Wiedergeburt erschaffen, und für 6000 Dollar könnt ihr weinen. (YB imitiert den Klang eines weinenden Menschen.) Es ist Wahnsinn, in der Phantasie zu leben und 7000 Dollar zu zahlen. Ihr hattet Schmerz, als ihr geboren wurdet, nicht wahr? Gestern hattet ihr einen schlimmen Schmerz, richtig? Das war gestern. Ihr habt ihn angesehen. Er ist vergangen. Er ist vorüber. Ihr seid Gewinner. Warum tragt ihr das heute in eurem Gedächtnis mit? Warum? Wißt ihr nicht die einfache Gleichung. Was gestern war, war gestern. Es ist vergangen. Ihr habt es angesehen. Fürchtet ihr euch jetzt vor morgen?

Klasse: Nein, Sir.

YB: Gut. Weil morgen nämlich heute wird, dann könnt ihr ihm gegenübertreten. Wenn morgen morgen bleibt, gibt es keinen Grund zur Unruhe. Jedes Morgen muß Heute werden, damit ihr ihm gegenübertreten könnt. Und denkt daran, ihr seid heute bereits heute begegnet und ihr habt bereits gestern ins Auge gesehen. Was also verliert ihr? Wie auch immer ihr gestern bestanden habt, gut oder schlecht, ist euer Gegenstand des Fühlens. Wie immer ihr heute besteht, gut oder schlecht, ist ein Gegenstand des Fühlens. Wie immer ihr morgen besteht, gut oder schlecht, ist ebenfalls ein Gegenstand des Fühlens. Weil, wenn morgen heute wird und euch begegnet, wird Gott euch die Energie geben, ihm zu begegnen. Das ist eure Beziehung. Es kann sein, daß ihr es nicht wißt. Als Gott euch geboren hat, gab er euch die Existenz und gab euch Zeit und Raum, sie zu erobern. „Kommt siegreich nach Hause meine Kinder," sagte er.

Heute brachten sie mir die Alphabete, die ersten 10 Gebote der Bibel und die 10 Versprechen, gefolgt von den Alphabeten der Liebe und den Alphabeten des Geschäfts. (Sehen Sie im Anhang nach diesen *„Alphabeten.*") Ihr habt so viele Unterlagen erhalten.

Ihr wißt, das einzige Ding, das mit uns schiefläuft, ist, daß wir vergessen. Blickt auf das Wort „for-get" – vergessen. „For-get. Was meint ihr mit „get"? Und was meint ihr mit „for"? „For" bedeutet „zu." „Zu erhalten." Also ihr vergeßt, daß ein Geschenk ein Geschenk ist und geschenkt wurde. Also, „um zu bekommen", „vergeßt ihr", daß ihr göttlich seid. Ich mache keine Witze. Versteht ihr warum ihr vergeßt? Wofür? Um etwas zu erhalten? Was passiert, wenn ihr im Begriff seid „zu erhalten?" Ihr vergeßt, daß ihr das erhaltet, was ihr erhaltet, und nicht was Gott euch gibt. Wenn Gott euch etwas gibt, werdet ihr es nicht vergessen.

Eines Tages saß ich mit jemandem zusammen und sagte, „Wo ist mein Geschenk?"

Er sagte, „Ich habe kein Geschenk mitgebracht." Dann sagte er, „Oh, warte eine Minute, es ist im Kofferraum meines Wagens."

Ich sagte, „Das ist mein Geschenk, Du Dieb. Bring es her. Gib mir mein Geschenk. Wie kannst Du herkommen, ein Geschenk mitbringen und es in den Kofferraum des Wagens tun und es vergessen?"

Er sagte, „Okay, ich habe nur einen Witz gemacht, und will mit Dir sprechen."

Ich sagte, „Bring mir zuerst mein Geschenk, dann werden wir sprechen." So brachte er es. Es war ein gutes Geschenk.

Vergessen, wofür? Ihr vergeßt, zu erhalten. Was ihr erhaltet ist nicht von Gott gegeben. Was von Gott gegeben ist, werdet ihr nicht vergessen. Das wird für euer Wohlwollen und für euren Wohlstand bleiben. Was *ihr* erhaltet, wird euch den Untergang bringen. Also lebt nicht ein Leben voller Manipulation. Manipuliert nicht und verdreht nicht mit Lust. Seid natürlich; als Menschen müssen wir natürlich sein. Wir können nicht vergessen. Wir können nicht vergessen, zu erhalten.

Wortspiel: Get it together and get together what you want to get together. To-gather. To-gether. Get it together, to gather – Bringt es zusammen und bringt zusammen, was ihr zusammenbringen wollt. Zu gewinnen. Zusammen. Kommt zusammen, um zu gewinnen. Wenn ihr zusammen seid, müßt ihr diplomatisch sein, nett, freundlich, lächelnd. Anderenfalls seid ihr nicht zusammen. Wortspiel: To-gather – get it together, to gather. Same word – zu gewinnen – versammelt euch, um zu gewinnen. Dasselbe Wort. Wenn ihr es nicht zusammenbringt, was immer ihr gewinnt, wird es nicht gut sein.

Oh, ihr habt meine Doktorarbeit erhalten? Haben sie sie gedruckt? Los, zeigt sie mir. *Communication: Liberation or Condemnation*, von Harbhajan Singh Khalsa Yogiji, Ph.D. „Eingereicht zur Erfüllung eines Teils der Forderungen zur Erlangung des Doktorgrades der Philosophie und Psychologie. Universität der Menschlichen Studien, San Francisco, 1980." Woh. „Um weitere Exemplare dieser Veröffentlichung, Yoga-Handbücher, Audio- oder Videobänder, plus ayurvedische

Kräuter, Tees, Öle und vegetarische Kochbücher, holistische Gesundheitsbücher und mehr über klassische Heilweisen....." Oh, sie haben es in ihren Katalog aufgenommen. Sie sind gut. Irgendjemand muß eine gute Arbeit leisten.

Das ist komisch. Warum nicht? Jeder ist ein Ph.D. Warum sollte ich es nicht sein? Was ist daran falsch. Ich war 50 Jahre alt. Es ist eine gute Arbeit. Es hat gute Kapitel: Erklärung des Problems; Wichtigkeit des Problems; Einschränkungen und Skizzen; eine Literaturübersicht; Kommunikation: Was ist es; und was ist es nicht; Kommunikation mit dem Selbst; Kundalini-Meditation für Kommunikation mit dem Selbst; Kundalini-Meditation für positive Kommunikation; Kundalini-Meditation für effektive Kommunikation; Abwechselnde Nasenloch-Atmung; Kommunikation mit anderen; Die Frequenz der Kommunikation; Wer ist die andere Seite; Zusammenfassung. Gut, sehr gut.

Dann haben wir *Die Lehren von Yogi Bhajan.* Da gibt es ein Kapitel über den Verstand. Wollt ihr wissen, was es über den Verstand sagt?

„Meditation ist die kreative Kontrolle des Selbst wo das Grenzenlose zu Dir sprechen kann."

„Alles Sprechen, alles Denken, alle Gedanken müssen rein sein."

„Erobere Deinen Verstand und Du wirst die Welt erobern."

„Welchen Verstand? Den bewußten Verstand? Nein. Den höchsten bewußten Verstand? Nein. Welchen Verstand? Den unterbewußten Verstand. Wenn ihr den unterbewußten Verstand erobert, dann werdet ihr die Welt gewinnen."

Der unterbewußte Verstand ist ein Lagerhaus von Abfall. Jeder Gedanke eures Verstandes wird dort aufbewahrt.

„Ein entspannter Verstand ist ein kreativer Verstand und ein kreativer Verstand ist ein entspannter Verstand; und nur ein entspannter Verstand kann ein fokussierter Verstand werden; und ein fokussierter Verstand ist der wundervollste Verstand. Er ist höchst mächtig; er kann alles tun."

„Die Reinheit des Verstandes ist die Notwendigkeit für den Menschen, um höchste spirituelle Kraft zu haben."

Ich habe auf die hart Art und Weise gelernt. Ihr müßt nicht am Verstand interessiert sein. Es ist ein langweiliger Gegenstand.

"Erkenntnis: Ihr müßt erkennen, daß Ihr das Zentrum eurer eigenen Verstandes-seele sein."

Haben wir euch etwas über die Seele beigebracht?

Klasse: Ja, Sir.

YB: Was denn? Was ist die Seele?

Student: Verstand plus Körper.

Zweiter Student: Totale schöpferische Kraft des Geistes.

YB: Die Seele ist das, was euch nicht erlaubt, Blödsinn zu treiben, aber sie läßt euch herumspringen. Die Seele ist eure kreative Mutter, sehr schön, aber wenn ihr auf die falsche Seite von ihr gelangt, verhaut sie euch heftig den Hintern.

(YB fährt fort in dem Buch „Die Lehren von Yogi Bhajan" zu lesen.)

"Verständnis und Demut führen zur perfekten Liebe, Gott ist Liebe."

„Mann und Frau bilden eine Einheit, und diese vollständige Einheit ist der größte Yoga."

„Ehe ist, wenn zwei Körper und eine Seele existieren."

„In dem Moment, wo Du das Wesen eines Individuums lieben kannst, dann liebst Du den Gott eines Individuums. In dem Moment, wo diese Erfahrung stattfindet, wirst Du selbst eine universelle Seele."

„Die Liebe ist die Erfahrung des Opfers in einem Selbst."

Ziemlich gut. Der Mann, der das zu der Zeit schrieb, wurde „Yogi Bhajan" genannt. Seht nur wie viele Kapitel darin behandelt werden: Die Einführung in die"Sa-Ta-Na-Ma-Meditation," „Wort, Liebe, Frau, Glück, Selbst, Weisheit, Gott, Verstand, Erkenntnis, Polarität, Hingabe, Beziehung und Technik. Es gibt da kein Kapitel über „Mann." Könnt ihr das glauben? Hawthorne-Bücher. Ein ziemliches Vergnügen.

Also gut, seid ihr jetzt bereit? Setzt euch richtig hin, Leute. Ihr habt es gewollt. Ich vergebe mir selbst und wasche meine Hände in Unschuld.

(Zu den Einzelheiten dieser Meditation siehe Seite 236 und nachfolgende.)

Balanciere deine Handgelenke und deine geöffneten Finger. Die Muskeln müssen das Gewicht tragen. Das erste Mal, wenn du in die Höhe kommst, mußt du hinter den Kopf gehen, zum zweiten Mal, wenn du in die Höhe kommst, mußt du vor den Kopf. Alles klar. Danke. Legt das Band auf, *Dhuni.*

Es ist eure Aufrichtigkeit, eure Stärke, nicht meine. Haltet die Hand im Gleichgewicht, weil sie den zentralen Nervenkanal bewegen wird, den wir shushmanaa nennen, im Inneren der Wirbelsäule.

(Nach einigen Minuten) Okay, okay, okay, okay. Ihr kommt hinein. Stop, stop. Dies ist genug Einführung darin. Wir werden am Montag weitermachen. Andernfalls kommt ihr hinein und dann ist euer ganzer Nachmittag verloren. Ihr werdet hier sitzen wie Zombies. Ihr macht die Sache gut. Ihr macht die Sache deutlich besser, als ich erwartet habe. Ihr seid jetzt hier rein gekommen. Laßt uns selbst eine Chance geben und etwas Zeit. Es ist nicht gut über Nacht herrlich zu werden. Es ist gar nicht so wichtig; nehmt euch Zeit.

Wenn ich nach einem spirituellen Namen frage, beschreibt dieser Name meine Weite, mein Schicksal und mein Leitwort.

Ein Sikh bedeutet, ein Sucher, wenn ihr ein Lehrer werdet, seid ihr nichts anderes. Ein Sucher ist ein Sikh. Derjenige, der sich selbst gelehrt hat, zu suchen, ist der Meister. Bitte versteht eure Situation nicht falsch. Für 3000 Jahre wurde euch gesagt, daß ihr in Sünde geboren seid, und daß Adam und Eva etwas getan haben, von dem ihr wißt, daß wir es auch tun, aber heute sprechen wir nicht darüber. Vögel tun es, Bienen tun es und sie taten es. Sie aßen den Apfel. Das war ein saftiges Ding, daß ihn geil machte, und sie verführte ihn. Nun, was ist daran schlimm? Wir verleiten jeden Tag. So haben unsere Vorfahren sich gegenseitig verleitet und dafür wurden sie aus der Langeweile des Paradieses herausgeworfen. Das war ein total langweiliger Ort. Alles was es dort gab, war ein Apfelbaum und eine Schlange. Nun, wer will das schon? Es war eine schlechte Nachbarschaft. Also wurden sie herausgeworfen, auf die Erde. Da dachten sie, „Wow!" Aber sie haben vergessen, daß Sex der sechste Sinn ist. Wenn Sex nicht den sechsten Sinn wachruft, nennt man es „Ficken." Und das ruiniert die Seele für immer. Das ist völlig klar.

Tatsächlich wurde Sex mit einem sehr schönen Wort beschrieben. Nicht in der Weise, wie ihr es heute benutzt. Es war „Kohabitation" – Beischlaf. „Oh, sie haben Beischlaf miteinander." Das ist ursprüngliches Englisch. Aber später, im Maschinenzeitalter, wurden wir wie Maschinen, und dann wurde es ein Mißbrauch. Jetzt, wenn ihr über Sex sprecht, müßt ihr euch selbst verstecken. Das ist nicht schön. Es ist nicht würdevoll. Richtig? Gentlemen tun es, aber sie sprechen nicht darüber. Sagte Adam zu Eva, daß er im Begriff war Sex zu haben? Ist da irgendetwas ähnliches beschrieben? Sogar in der Bibel sind sie still. Sie sagen, „Sie haben eine Sünde begangen und sie wurden aus dem Garten Eden herausgeworfen." Tatsächlich haben sie es genossen, und sie wollten an diesem langweiligen Ort mit dem Apfelbaum und der kleinen Schlange nicht leben. So sind sie herausgekommen. Sie wollten gar nichts davon. Und immer noch wollen die Menschen gar nichts aus dem Garten Eden.

Was macht ihr mit einem langen Leben? 62-hundert-tausend Jahre leben? Als was? Als ein herumhängendes Skelett? Ihr wollt nicht lange leben. Ihr wollt jung leben, ihr wollt wach sein, ihr wollt glücklich leben, ihr wollt erfüllt leben, ihr wollt erfolgreich leben, ihr wollt zweckvoll leben, ihr wollt mit Kraft leben. Lügt nicht. Ich weiß was ihr wollt. Ich kann es euch geben. Ich habe es bekommen und darum kann ich es euch geben.

Versteht mich nicht falsch. Ich bin gestoßen, bespuckt, beschattet und beleidigt worden. Ihr habt keine Ahnung, wohindurch ich gegangen bin. Aber ich habe die Kraft erlangt, darüber zu lachen. Wißt ihr warum? Es bedeutete gar nichts.

Das ist der Grund, warum ihr das Mantra, „God and me, me and God, are One" – Gott und ich, ich und Gott sind eins. Seht ihr was das für eine Bekräftigung ist? „God and me, me and God, are One. God and me, me and God, are One." – Gott und ich, ich und Gott sind eins. Gott und ich, ich und Gott sind eins. Wir haben Ihn im Plural, nicht in der Einzahl. „God and me, me and God, *may* be One. God and me, me and God, *can* be One. God and me, me and God, *should* be One. God and me, me and God *have to be* One," – Gott und ich, ich und Gott dürfen eins sein. Gott und ich, ich und Gott können eins sein. Gott und ich, ich und Gott sollten eins sein. Gott und ich, ich und Gott müssen eins sein. Unsinn. Das wären häßliche Lehren. Das ist es, was sie Religion nennen. Dies sind alles Bedingungen. Nein, da gibt es keine Bedingung. Die Wahrheit ist: „God and me, me and God, *are* One." – Gott und ich, ich und Gott sind eins. *Humeh Hum, Brahm Hum, Ek Ong Kaar, Satgur Prasaad, Satgur Prassad, Ek Ong Kaar.* Das sind sehr mächtige Dinge, sehr reale Dinge, totale Dinge.

Ein Schöpfer erschuf die Schöpfung, und diese Schöpfung ist ein Segen durch den Schöpfer. Der Segen des Schöpfers ist, daß Er erschaffen hat, weil er auch Langeweile hatte. Fragt Gott, warum er uns erschaffen hat.

Haben wir uns angemeldet? Habe ich mich angemeldet, „Bitte erschaffe mich als Yogiji. Ich will auf die Erde gehen. Hier sind 10 Dollar Anzahlung?" Niemand hat sich angemeldet. Er wollte, daß wir auf die Erde gehen, und als wir herkamen, haben wir ihn vergessen. Gott war in den Himmeln gelangweilt; Adam war im Garten von Eden gelangweilt, und aus der Langeweile heraus wollte er sich unterhalten. Er kam in Kontakt mit dieser verdammten Schlange. Das war das einzige Ding, das dort zur Verfügung stand. Schlange nennt man „Naa-gaa". Naga bedeutet: Wohin nichts gehen kann. Also, wohin nichts gehen kann, eine Schlange kann es. Das ist es, warum sie eine Schlange ist. Nebenbei bemerkt, es war kein Apfelbaum, sondern ein Feigenbaum. Ich weiß es. Ich habe zugeschaut. Nach dem Verkehr, den sie sehr genossen hat, wollte sie sich für ihn bedecken. So legte sie ein Feigenblatt darauf. Ich weiß es. Sie sprechen nicht darüber. Sie denken, daß ist nicht spirituell. Was ist daran nicht spirituell? Ihr seid ein Ergebnis dieses Pfades, ihr habt diesen Pfad erschaffen, jeden Tag geht ihr diesen Pfad, aber er soll nicht spirituell sein? Was ist denn spirituell.

(In der Klasse werden dann die 10 Gebote und die 10 Versprechen aus einer Vorlesung von Siri Singh Sahib vom 6. August 1991 vorgelesen. Der Text ist im Anhang zu finden.)

Erinnert ihr euch, daß es Moses nicht erlaubt war, in das verheißene Land einzutreten? Das war, weil er nur die 10 Gebote mitgeteilt hat. Er hat niemals die 10 Versprechen übermittelt, die Gott gegeben hat. Also schützte ich den Typen jetzt, und hier ist das. Einer muß die Arbeit erledigen. Er hat es vergessen und die Juden wollen nicht darüber sprechen. Sie wissen es. Sie haben es in den Schriften gefunden, die aus den Toten Meer stammen, aber sie wollen immer noch nicht darüber sprechen.

Wenn du ein guter Jude bist, erinnere dich einfach, daß mit jedem Gebot ein Versprechen stehen muß. Es kann keine Gebote geben, ohne Gehorsam. Und Moses war nicht so närrisch. Er war der Gesetzgeber. So gab er die Gebote und hielt die Versprechen zurück. Ich denke, er war in Eile und hat sie vergessen.

Ihr wißt, als er von dem Berg herabkam, hatten sie alle miteinander Verkehr, waren am Tanzen und hatten ein Goldenes Kalb als Idol erstellt. Das war keine gute Szene. Er war sehr verärgert. So sagte er, „Bringt eure Szene zusammmen." Er wurde ärgerlich und warf die Tafeln hin. Ihr kennt alle das Drama, seht ihr? Er hatte tatsächlich Schmerz. Ungeachtet der Tatsache, daß es 40 Jahre gebraucht hatte, die Idioten zur Stärke zu führen. Andernfalls benötigt die ganze Reise von hier nach dort zu Fuß 2 1/2 Jahre mit absoluter Erholung. Also, er nahm sie herum und hatte Kämpfe mit ihnen und ging durch all das. Aber als sie in das verheißene Land kamen, sagte er, „Ich kann nicht gehen. Jetzt geht ihr." Das war komisch.

Ihr wißt, daß die Juden 6 Millionen Juden geopfert haben, um Israel zu schaffen. Es passierte nicht an einem Tag. Sollten sie Hitler dafür verdammen oder sollten sie dankbar sein? Das ist eine Frage, darüber nachzudenken. Hat der Holocaust ein Heiliges Land erschaffen? War es das wert oder nicht? Die Frage steht zur Debatte.

He, was soll das?

S: Das Alphabet von Self Esteem – Selbstachtung.

YB: Das Alphabet der Selbstachtung. Was sonst?

S: Das Alphabet der Ehe.

YB: Oh, das ist wichtig. Das Alphabet der Ehe. Hier sind die verschiedenen Kategorien der Menschen, und wie sie im Leben funktionieren, alphabetisch.

10 heilige Geheimnisse des Erfolges und das Alphabet der Ehe, das Alphabet der Selbstachtung, das Alphabet einer Frau. Wo ist das Alphabet eines Mannes?

S: Gewöhnlich machst du kein Alphabet des Mannes.

(Diese Alphabete sind im Anhang zu finden.)

YB: Ich tue es nicht. (Er liest das Alphabet einer Frau. „Able, blessed, compassionate, dharma, exercise, fulfilled, graceful, honest, intellectual, joyful, Khalsa, learned, meditate, noble, organize, patient, queenly, radiant, smiling, thoughtful, understanding, vital, Wahe Guru, excellence, yoga, zestful." – Fähig, gesegnet, mitfühlend, eins mit dem Schicksal, geduldig, erfüllt, anmutig, aufrichtig, intellektuell, freudvoll, rein, gelehrt, vermittelnd, edel, geordnet, geduldig, königlich, strahlend, lächelnd, nachdenklich, verständnisvoll, vital, Wahe Guru – ein Lob Gottes, vorzüglich, Yoga, begeistert." Sehr gut.

Da gibt es ein Band mit alten Lieder. Kannst du das finden? Es beginnt mit einem Lied, das ich mag. Das sind unsere alten Gesänge. (Das Band von *Ragu Rai Kaur* wird mit dem Lied „All For You" gespielt.)

Darin gibt es eine Zeile, die lautet, „So that I can prove to Mukanday" – So daß ich es dem Befreier beweisen kann. Alles was über den Körper existiert, wird fallen. Die Seele hat den feinstofflichen Körper zu verlassen; der feinstoffliche Körper hat in der Essenz die Göttlichkeit zu bestehen. Und die Essenz der Göttlichkeit kann nicht ohne

Heiligkeit existieren. Wir werden beweisen, wie ein Mensch spirituell göttlich und prächtig reich sein kann und diese Erde mit der Regel des Lebens regiert. Das Leben hat kein anderes Gesetz. So sagt das Lied, „So that I can prove to *Mukanday*," – So daß ich es dem Befreier beweise, „The Lord of Dimension who gives absolute *Mukhti* – Der Gott allen Maßes, der die absolute Befreiung gibt. Wie denn ist die Judenfrage Sühne? Hindus nennen es *Nirvana* – das Aufhören aller geistigen Bewegung jenseits der Dualität. Jeder hat ein Wort dafür. Es gibt 8 Aspekte Gottes:

Gobinday:	Erhalter
Mukanday:	Befreier
Udaaray:	Der, der erleuchtet. Der, der uns hinübernimmt, uns erhöht.
Apaaray:	Der Grenzenlose
Hareeang:	Der Zerstörer
Kareeang:	Der Schöpfer, durch dessen Güte alles geschieht.
Nirnaamay:	Der Namenlose. Er ist nicht gebunden. Er ist jenseits aller Begriffe.
Akaamay:	Der Wunschlose, der durch sich selbst ist.

Dies sind die 8 bekannten, gefundenen Aspekte. Und wir erinnern uns Gottes durch Seine Handlungen. Aber das machtvollste Wort, das in diesem Lied verwendet wird, ist „Mukanday." „So I can prove to *Mukanday*." Schaut euch die Essenz dieser Kraft an. Ich kann mich vor Gott stellen, vor den Einen, der mein Leben zurücknimmt. "..... daß ich rein war." Aber als es in den Körper kam, fiel alles auseinander, weil der Körper die Kombination der 5 *Tattwas* – Elemente durch die Seele, geführt vom Geist zusammengesetzt wurde und Raum und Zeit unterworfen ist. So wie er wächst, so muß er dahinschwinden. Wenn ihr diesen Körper und die Persönlichkeit mit Hilfe der Kraft des Egos zusammenhaltet, dann müßt ihr vom Wahnsinn befallen und nicht von der Liebe geführt sein. Und ihr werdet den Menschen, den Geist und die Seele nicht erkennen.

Oh, allerhöchster Gott, wenn Du den Atem des Lebens gibst, die Geburt, und die Chance von Zeit und Raum, durch Deinen Willen geführt sind wir anmaßend hierher gekommen und verzehren Deine Weisheit. Gewähre uns für ewig Verzeihung. Gib uns die Höhe und die Einstellung des Gefühls der Erfüllung. In Deinem Namen gib uns die Kraft zu dienen und gib uns Würde und Antlitz. Gib uns eine Chance. Wir bitten Dich in Deinem eigenen Selbst, wir sind hierher gekommen, um Lehrer zu werden. Gib uns Reinheit und Frömmigkeit, und daß das Selbst falle und der Lehrer sich aus dessen Asche erhebe, so daß wir sein können, was wir nach Deinem Willen sein sollen.

Sat Naam

Die Krieger-Übung
um die Energie in die Shushmanaa zu erschließen und die Hemisphären des Gehirns zu balancieren.

Mudra: Strecke die Arme parallel zur Erde zu den Seiten aus. Halte die Handflächen flach, nach vorne weisend, und die Finger weit auseinander gestreckt. Die Muskeln des Körpers sollen das Gewicht der Arme halten, um die Übung auszuführen. Das ist die Ausgangsposition.

Bewegung: Halte die Handflächen flach, die Finger weit auseinander gestreckt und beginne die folgende Bewegung:

a

(a) Hebe die Arme direkt über deinen Kopf und kreuze sie an den Handgelenken, so daß die linke Handfläche vorn und die rechte dahinter gelegen ist. Sie sollten sich einige Zentimeter hinter dem Kopf kreuzen. Dann bring die Arme wieder in die Ausgangsposition.

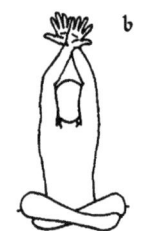
b

(b) Hebe die Arme erneut über dem Kopf und kreuze sie jetzt so, daß die rechte Handfläche vorne und die linke dahinter ist, aber neige die Arme ein wenig vorwärts, so daß sie sich wenige Zentimeter vor dem Schädel kreuzen. Dann bring die Arme wieder in die Ausgangsposition.

Fahre fort in dieser Art und Weise, abwechselnd hinter und vor dem Kopf die Handgelenke zu kreuzen.

Musik: Das Band *Dhuni*, wird während dieser Übung gespielt.

Mantra: Im Geiste rezitiere *Sat Naam, Sat Naam, Sat Naam Ji, Waa-hay Guroo, Waa-hay Guroo, Waa-hay Guroo Ji.*

Augen: Keine Angaben. Für ein Maximum an Stärke, halte die Augen geschlossen.

Zeit: Im Unterricht für 2 1/2 Minuten durchgeführt. Yogi Bhajan sagte, das war genug, um die Studenten in diese Meditation einzuführen und sie nicht zu sehr "abgefahren" zu machen.

Kommentare/Wirkungen: Dies ist eines Kriegers Übung und kann innere Stärke und Entschlossenheit bewirken.

Bei der Ausgangsposition halte die Arme balanciert und laß das Gewicht der Arme durch die Muskeln des Körpers tragen – im Unterschied zur Tatsache, daß sonst die Muskeln der Arme alle Arbeit verrichten. Das wird eine Bewegung vom zentralen Nervenkanal, der *shushmanaa* im Inneren der Wirbelsäule bewirken. Wenn ihr euch in der richtigen Position haltet, werdet ihr ein Kribbeln der Energie fühlen. Yogi Bhajan sagt, daß in der Position, wo das linke Handgelenk sich vor dem rechten kreuzt ihr euer Sat Naam verwirklicht und er nennt es euer orientales Selbst, eure Erde, euer Rückgrat. In der Position, wo das rechte Handgelenk vor dem linken gelegen ist, verwirklicht ihr euer Wahe Guru, euer Gottsein, eure Vorderseite. „Es gibt nur zwei Dinge auf diesem Planten – *Sat Naam* ist euer Rücken; *Wahe Guru* ist eure Vorderseite."

Erinnert euch daran, daß die Winkel im Kundalini-Yoga sehr wichtig sind. Kundalini-Yoga ist eine Reihe von Winkeln und Dreiecken, die das Quadrat schneiden. Nach einigen Minuten wirst du einen Zustand erreichen, der „die Zwielichtzone" genannt wird, mit einer Menge Schmerz. Du wirst das Gefühl haben, verletzt zu werden, weil die Hemisphären des Gehirns sich einstellen müssen. Aber sobald die Endorphine freigesetzt werden, wirst du nicht mehr aufhören wollen.

Aufwärmübungen

Die Aufwärmübungen sind ein essentieller Teil dieser Meditation und werden helfen, die Nerven, Muskeln und Gelenke zu lösen. Ohne sie kann es sein, daß du am nächsten Tag Muskelkater hast.

Sitze mit geradem Rücken und strecke deine Arme zu den Seiten, parallel zur Erde. Beginne mit den Fingern zu wackeln, die Handgelenke zu verdrehen, die Arme zu beugen und dann wieder die Ellenbogen zu strecken, den Kopf zu bewegen und fahre darin für einige Minuten fort, bevor du anfängst zu meditieren. Das ist ein sehr wichtiger Teil der Übung. Die Aufwärmübungen sollten 1-2 Minuten durchgeführt werden.

Der Lehrer und der Schüler

KLASSE 13 vom Morgen des 29. Juli 1996

Ein Lehrer ist ein Prozeß, um Heilige, Weise und Gebende, die göttlich und würdevoll sind, zu machen. Ein Lehrer ist eine Fabrik, die all das manifestiert. Ein Lehrer ist kein selbstsüchtiger Playboy.

Wenn ihr lehrt, müßt ihr durch Konfrontation und nicht durch Stimulation lernen. Wenn ihr durch Stimulation, durch Anregung, lehrt, bleiben die Zweifel und treiben umher. Wenn ihr durch Konfrontation, Gegenüberstellung lehrt, ist es entweder die oder jene Situation. In dieser Situation wird wenigstens der Zweifel zerstreut. Das ist das Abenteuer der Konfrontation.

Ihr müßt euch über die Tatsache im Klaren sein, daß der Intellekt jeden Augenblick 1000 Gedanken entläßt. Jetzt könnt ihr hochrechnen, wie viele Augenblicke auf eine Sekunde kommen. Der Effekt ist, daß alle diese Gedanken euch durch den Kopf gehen, ob ihr sie wollt oder nicht. Und wenn ein Gedanke kommt, kann er nur zwei Dinge bewirken. Entweder wird er ein Gefühl oder er geht ins Unterbewußtsein. Das Gefühl kann eine Emotion werden, oder das Gefühl kann ins Unterbewußtsein gelangen. Die Emotion kann ein Verlangen werden oder sie kann ins Unterbewußtsein gehen. Das Verlangen kann erfüllt werden, oder es kann ins Unterbewußtsein gehen.

So habt ihr gleichsam eine Viertakt-Turbofüllung für euer Unterbewußtsein. Wenn ihr nicht meditiert, euch nicht festigt, euch nicht ins *pratyahaar* – zur Beherrschung der Sinne bringt, dann fordert ihr die Gefahr heraus. Die Gefahr besteht darin, daß, wenn ihr euer Unterbewußtsein überladet, es beginnt, sich ins Unbewußte zu entladen und dann ist eure Kapazität zu denken, zu arbeiten und geschickt zu sein weg. Dann seid ihr ein emotionaler Zombie. Leute in diesem Zustand werden sexuell sehr aktiv, sozial sehr aktiv, persönlich sehr aktiv. Das Ende dieser Gewohnheiten ist Selbstbefriedigung, zuviel Sprechen, zuviel Partyfeiern und Trinken, zuviel sexuelle Aktivität und unerwünschte Perversionen. Ich sage euch, wo diese Dinge herkommen.

Also an einem bestimmten Punkt, wird die Ladung unerträglich und beginnt ins Unbewußte überzutreten. Die Tragödie ist, daß das Unbewußte ein sehr kleiner Bereich des Verstandes ist und wenn er es nicht aufnehmen kann, setzt er diese

Dinge wieder ins Bewußtsein zurück. Und sobald das Bewußtsein durch das Unbewußte gleichsam mit Schadstoffen verunreinigt wird, dann habt ihr alle Alpträume oder baut Luftschlösser. Wir nennen dies Phantasien.

Ein Lehrer hat einen außergewöhnlichen Charakter mit außergewöhnlichen Eigenarten, weil er keine Person ist. Er ist das reine, ausgedehnte Selbst des Schülers und hat darum keine Grenzen und keine Verantwortlichkeit, außer aufrecht zu sein

Wenn ihr über irgendetwas phantasiert, scheint es euch, als ob ihr einen großen Job vollbringt. Tatsächlich vernichtet ihr nur euer kostbares *prana* – eure Lebensenergie und euer Leben wird leer. Es geht etwa so: „ Ich werde ein Ei haben, das Ei wird ein Küken sein, das Küken wird eine Henne sein und die Henne wird einen Hahn haben, die Henne wird ein anderes Ei legen und wir werden eine Milchfarm aufmachen. Dann werden wir die Eier auf dem Marktplatz verkaufen. Nach dem Marktplatz baue ich ein Einkaufszentrum. Und nach dem Einkaufszentrum werde ich eine Verkaufskette im ganzen Gebiet haben und vom ganzen Gebiet wird sie sich über das ganze Land ausdehnen.....“ Ihr macht weiter und weiter und weiter und weiter und weiter. Tatsächlich ist dieses Phantasieren sehr bequem, weil ihr nichts aufbraucht. Ihr tut nichts, ihr schwitzt auch nicht, obwohl ihr das Gefühl empfindet, ein großes Einkaufszentrum mit großer Macht zu besitzen. Das ist es, was Drogen bewirken – sie geben euch ein Gefühl von Unwirklichkeit.

Aber die Tragödie ist, in der Soziologie, Sexologie und Sinneskunde, daß, wenn ihr euer Selbst zu einer Dimension ausgedehnt habt, die *non-reality* – unwirklich ist, gelangt ihr in die Realität nicht in der ursprünglichen Weise zurück, und dann gibt es dort eine Kluft. Die Kluft entsteht da, wo euch Format fehlt. Und das ist der Grund, warum Menschen arm sind und reich, glücklich und unglücklich, groß und nicht groß. Das ist eine Tatsache.

Die Idee ist also, setzt euch hin und meditiert. Gedanken kommen und knallen auf den Boden und ihr sagt, „Waa-hay Guroo, Waa-hay Guroo, Waa-hay Guroo, Waa-hay Guroo.“ Sie schlagen euch und ihr schlagt sie. Sie kommen auf diese Weise und ihr schlagt sie auf diese Weise. Ihr wischt sie aus. Ihr steht in den ambrosischen Stunden, wenn die Sonne den Horizont mit 60° bescheint auf, macht eure Übungen und stimuliert euch selbst, dann sitzt ihr für Stunden da und meditiert, einfach, um das Unterbewußte zu reinigen. Ihr macht das, damit dort etwas Raum entsteht, wo mehr Unrat abgeladen werden kann. Das ist ein sehr persönliches Ding. Es ist keine große religiöse Sache, „Oh, ich bin im Begriff spirituell zu werden. Ich bin im Begriff Gott zu finden, und er ist Begriff mir eine Banane zu geben; und wenn ich es nicht tue, wird er mir keine Banane geben." Das ist nicht wahr.

Ich will diese Tragödie mit euch teilen. In Los Angeles habe ich einen Freund. Eines Tages sagte er, „Yogiji, Du muß das verstehen."

„Was muß ich verstehen?"

Er sagte, „Ummm, das Mädchen, weiß Du?"

Ich sagte, „Rühr sie nicht an."

„Nein, Yogiji, ja, Yogiji, umm, umm."

Eines Tages hatte ich die Nase voll. Ich sagte, „Zur Hölle damit, tu was immer Du willst."

Er tat es. Er kam klagend zurück. „Jetzt was willst Du bei mir klagen?"

„Oh, Yogiji, Du hast mich nicht aufgehalten. Dein Herz ist nicht mit mir."

Ich sagte, „Ich hab Dir 30.000-mal gesagt, „Tu es nicht. Tu es einfach nicht." Denn, wenn ein Lehrer sich nicht um seinen eigenen Status kümmert, und denkt, er kann sich hinter seinem eigenen Ego verstecken, geht der Respekt im Herzen der anderen verloren. Das ist nicht etwa eine Frage von Realität oder Non-Realität, es ist eine Frage des moralischen Bewußtseins. Das heißt nicht, daß ich nicht wegen üblen Verhaltens angeklagt worden wäre. Ich bin den Vereinigten Staaten sehr dankbar. Sie sind sehr nett. Wenn sie etwas wollen, und es nicht kriegen können, zeigen sie dich an. Das ist schön. Aber da gibt es einen moralischen Sinn. Da gibt es eine moralische Essenz. Zumindest ihr, in euch selbst, als Lehrer, müßt fühlen, daß ihr rein seid. Ich habe es vorgelesen, „Du sollst nicht begehren Deines nächsten Frau." Ich sage nicht, daß ihr nicht des Nächsten Frau begehen sollt, und nicht nachsteigen, wem immer ihr wolltet oder ihr Geld wegnehmen. Darüber mache ich mir keine Sorgen. Alles was ich sage, ist, **geht los, tut es und seht, was es mit euch macht.** Es wird einen Schatten auf euch werden, den ihr nicht loswerdet. Ihr müßt verstehen, daß es die Fähigkeit eines Lehrers ohne äußere Mittel gibt. Alles was ihr als Lehrer beurteilt, ist, wie populär ihr seid. Ihr müßt verstehen, wie unpopulär ich bin. Ich muß unpopulär sein. Versteht ihr, wenn ich schmeichelte und vorsichtig wäre und übertriebe, wie mächtig und populär ich sein könnte?

Es braucht 5 Morgen Gras und 3 Jersey Kühe zu füttern, und es benötigt einen Monat, um von der Milch den Rahm zu schöpfen und Butter daraus zu machen. Aber die Butter ist nicht haltbar, bis sie nicht durch den Test den Feuers gegangen ist, um geklärte Butter zu werden, *ghee*. Diese ist haltbar. **Ein Lehrer wird nicht nach seiner Popularität, nach seinem Reichtum, nach seinem Geld, nach seinem Wissen oder nach seiner Essenz beurteilt. Ein Lehrer wird nach seinem Charakter beurteilt.** Wenn er unter allen Verführungen hindurchfliegen kann, dann weiß er, zu fliegen. Aber was passiert? Ihr fallt auseinander in einer Verhaftung zum Geld, in eine Verhaftung zum Sex, in eine Verhaftung zu euerem Status.

Ihr mögt ein sehr populärer Lehrer sein, der Bücher schreiben kann und jedermann mag euch kennen. Aber ihr werdet keinen anderen Lehrer heranführen, weil ihr niemals die Verantwortung übernommen habt, einen Meißel und einen Hammer zu nehmen und ihn zu formen. Also, als Lehrer, habt ihr euer eigenes Schicksal zu formen und zu erfahren, bevor ihr irgendeines anderen Menschen Schicksal formt. Das ist eure Verantwortlichkeit. Ich sage nicht, werdet nicht populär, oder werdet nicht reich. Ich sage, tut was immer ihr tun wollt. Aber versteht wenigstens ein Ding.

ਕਰਮੀ ਆਪੋ ਆਪਣੀ ਕੇ ਨੇੜੈ ਕੇ ਦੂਰਿ ॥
Karmee aapo aapanee, kay nayrai kay door.
-Guru Nanak, Siri Guru Granth Sahib, page 8 (from the Slok of Japji Sahib)
Some will be called in, and others will be pushed away in accordance with their actions.

Einige werden hereingerufen, andere werden weggestoßen, im Einklang mit ihren Handlungen.

Nanak sagte, eure Handlungen werden beweisen, wie nahe oder wie fern ihr seid.

Es ist sehr komisch. In meinem persönlichen Fall, als ich ein Lehrer in Hollywood war, und hatte all diese Hollywood-Leute in meinem Unterricht, war das eine sehr bequeme Situation. Da waren Menschen mit mir und ich bin einfach davongegangen. Fragt mich warum?

Klasse: Warum?

YB: Weil ich nichts in ihnen fand. Ihr Ego hatte alles aufgebraucht. Ein Mensch, der ein alles einnehmendes Ego hat, wird niemals ein Lehrer werden, weil er niemals ein Schüler wird.

Es gibt einen Mann, der in einer sehr respektablen, geehrten Position ist. Ich fragte, „Warum gehen die Menschen dahin und was machen sie mit ihm?"

„Nun, sie sagen, daß er vom Morgen bis zum Abend behauptet, sehr heilig zu sein. Nachts wird dann getrunken, geraucht und all das übrige." Was ist das?

Ihr könnt in Büchern lesen, was ein großer Lehrer einmal sagte: „Wenn ihr ein Verlangen habt, müßt ihr es erfüllen, indem ihr es gehen laßt." Verlangen ist wie ein Feuer. Wie oft verbrennt das Holz, wenn ihr auch fortfahrt, es ins Feuer zu legen. Normalerweise, wenn ein Lehrer Verlangen bespricht, empfiehlt er, das Verlangen zu leugnen. Das ist nicht korrekt. Das ist Betrug. Begierde kann nicht geleugnet werden, sondern Begierde kann erhöht werden. Leugnet nicht das Verlangen und erfüllt es nicht, wenn es nicht zu eurer Vorzüglichkeit und Ehre paßt. Kein Verlangen ist wünschenswert, wenn es nicht zu eurem Charakter und eurer Würde beiträgt. Worin liegt eure Stärke? Eure persönliche Stärke als Lehrer ist euer Charakter. Was ist eure Macht als Lehrer? Die Macht eines Lehrers ist die Würde.

Eine Person sagte, „Hi Yogiji, ich unterrichte eine Klasse."

Ich sagte, „Wie viele Schüler kommen zu Deiner Klasse?"

Sie sagte, „Einer oder zwei."

Ich sagte, „Kannst Du das ausdehnen?"

Die Person sagte, „Ich probiere alles. Ich lege Flyer aus, ich tue dies und tue das."

Ich sagte, „Wie überlebst Du?"

Und die Person sagte, „Knapp, knapp." Sie erzählte, daß diese zwei Studenten jeden Tag kommen und die Bezahlung auf Spendenbasis beruhe. So ließen sie manchmal 50 Dollar und manchmal 20 Dollar da. „In Bezug auf das Geld glaube ich nicht, daß es schmerzt, aber ....."

Gerade heute, bevor ich herkam, gab mir jemand 1000 Dollar als Geschenk an mich als einen Lehrer. Irgendwie fühlte ich mich unbequem. Ich schaute, ich zählte es und dann sagte ich, „100 Dollar mehr." Und ich sagte, „Die Aufgabe, nach der Du fragst, ist zu groß dafür. Du kannst mir nicht einfach nur 1000 Dollar geben und dann davonkommen, weil das nicht korrekt ist. Es ist Dein Geld, nicht meins. Ich bin dabei, es für Dich auszugeben, aber die Frage ist, es sollten 100 Dollar mehr sein. Häng nicht einfach an einer Null, Mann. Einfach 100 Dollar mehr." Beide lachten, weil die Frau sagte, „Ich wußte, Du würdest das sagen. Ich habe es ihm sogar gesagt, und er sagte, „Nein, nein, es ist in Ordnung so."

ich gebe euch ein Beispiel. Was würdet ihr tun, wenn jemand euch 1000 Dollar gibt?

Student: Nach weiteren 100 Dollar fragen.

YB: Nein, das tat ich, ihr werdet nicht fragen, das weiß ich. Was werdet ihr tun?

S: Es auf den Altar legen.

YB: Es auf den Altar legen. Ihr legt niemals etwas auf den Altar mit einer Null-Nummer, erinnert euch daran. Es muß etwas mehr als eine Null sein. Das Wort dafür ist *Savaaijaa*. Ein und ein Viertel. Eins ist für den Einen und das Viertel ist die Gemeinschaft. Das ist es, warum ich nach mehr gefragt habe.

Ein Lehrer hat einen außergewöhnlichen Charakter mit außergewöhnlichen Eigenarten, weil er keine Person ist. Er ist das reine, ausgedehnte Selbst des Schülers und hat darum keine Grenzen und keine Verantwortlichkeit, außer aufrecht zu sein. Um nach 100 Dollar mehr zu fragen, brachte Freude, Liebe und Verständnis, in dem Sinne, daß sie es wußten.

All diese Fähigkeiten als Lehrer werden zu euch kommen, weil ihr versteht, was Verlangen ist, was Gebet ist und was Erfüllung ist. Sie bitten euch um eure Unterstützung. Geld ist keine Situation, Geld ist ein Mittel.

Zur Sommersonnenwende sagte ich, „Ich habe eine gute Absicht, für die ich Geld benötige. Gebt nach euren Herzen." Ich hatte kein Recht zu fragen, aber ich wußte, daß, wenn ich frage, sie mir etwas geben werden. Ich bekam nahezu exakt das, was gebraucht wurde. Auf diese Weise werden jetzt einige bewundernswerte Menschen aus bewundernswerten Anlässen hingehen und in ihrem Leben erzogen werden.

Ihr nehmt am Leben teil, aber das ist keine Frage der Versuchung. Euer Ruhm ist nicht Versuchung. Eure Würde ist nicht Versuchung, genauso wenig wie das Ergebnis. In eurem Leben habt ihr jemanden zu schaffen, daß er zehnmal besser ist als ihr. Das ist die erste und letzte Aufgabe eines Lehrers.

Ihr werdet große Lehrer mit großem Ego finden und ihr werdet genauso große Lehrer mit einer Menge Wissen finden. Ihr werdet große Lehrer finden, die über ihre Göttlichkeit sprechen und überzeugen – ihr werdet alles mögliche finden können, aber niemand schickt sich an, euch in den Hintern zu treten. Ihr werdet niemals einen Lehrer treffen, der euch vom Nacken anblickt und zwei Finger in eure Nase steckt und sagt, „Du Sohn einer So-und-so, wie kam es, daß Du gestern um 5 Uhr dieses getan hast?" Das ist eine praktische Wirkung, das ist kein Witz

Ihr versteht nicht die Beziehung. Die Beziehung zwischen einem Lehrer und einem Schüler ist die, daß der Lehrer Schmerzen empfindet, wenn der Schüler nicht voranschreitet. Der Lehrer fühlt sich schrecklich. Es ist so, als würde er impotent. Ein Waise, ohne irgendein Kind. Und das einzige Kind auf das er guckt, ist der Schüler, der sich anschickt größer zu sein als er, um seine Schwächen zu decken, und seine Lehren auszudehnen. Es kommt nicht darauf an, wie viele in euren Unterricht kommen, wie viele ihr aufs Kreuz legt, oder wie oft ihr küßt und umarmt. Es kommt nicht darauf an, wieviel Einfluß ihr habt, wie viele VIP's ihr schon kennt, und wie oft ihr irgendwohin eingeladen werdet, oder wie zahlreich ihr umringt werdet

Leugnet nicht das Verlangen und erfüllt es nicht, wenn es nicht zu eurer Vorzüglichkeit und Ehre paßt. Kein Verlangen ist wünschenswert, wenn es nicht zu eurem Charakter und eurer Würde beiträgt. Was ist eure Stärke? Eure persönliche Stärke als Lehrer ist euer Charakter. Was ist eure Kraft als Lehrer? Die Kraft eines Lehrers ist Würde.

Das hat nichts damit zu tun, verdammt es. Es hat nichts mit euch zu tun. Als ein Lehrer seid ihr ein Lehrer, kein Geschöpf, kein Priester.

Ich will euch die Geschichte eines Lehrers erzählen. Da saß ein Mann mit einem Lendenschurz auf einem Hügel und übte etwa so. (YB zeigte eine Person im Schneidersitz, die Hände auf den Knien, wie sie vor- und zurückschaukelt.) Er war zu alt und er konnte sich nicht bewegen, so daß er nur herumzuckte. Der König des Landes brachte Pferde, Männer, Reichtum, Nahrung und berührte seine Füße. Er fuhr fort, seine Übung zu machen.

Der König sagte, „Oh Meister, ich bin der Kaiser dieses Gebietes."

Er sagte, „Ich weiß, daß Du mein König bist, danke schön."

Er sagte, „Ich habe Dir diese Geschenke gebracht."

Er sagte, „Danke schön."

Der König sagte, „Segne mich."

Er sagte, „Du bist gesegnet. Danke schön."

Er sagte, „Gib mir einige Befehle."

Er sagte, „Pack die Sachen ein und geh."

Der König bat, „Nein, nein, nein, Meister. Nein, Meister. Nein.

Er sagte, „Warum bist Du gekommen? Ich habe Dich gesegnet. Nimm die Dinge und geh. Nimm sie. Mir geht es gut. Störe mich nicht bei meinen Übungen."

Er sagte, „Nein, Meister. Bitte segne mich, bitte segne mich."

Er sagte, „Du bist gesegnet, gesegnet, gesegnet, gesegnet, so oft gesegnet, wie irgendetwas, Du bist gesegnet."

So sagte er, „Gib mir etwas zu tun."

Er sagte, „Pack all Deine Geschenke ein und geh nach Hause. Laß mich allein. Ich will keine Wächter haben und all dieses Zeug."

Er sagte, „Ich kann dafür sorgen. Ich baue es auf, was immer Du willst."

Er sagte, „Ich brauche es nicht. Ich will einen Platz, um mich bewegen zu können, und Du unterbrichst meine Freude, nichts zu sein."

Und er sagte, „Nein, nein, Meister, Du bist der größte Meister. Das ist eine Tragödie, daß ich Dir niemals gedient habe. Ich bin sehr schuldig, verpflichtet und ich bin der große Geber."

Der Lehrer lachte. Er sagte, „Ich bin der größte Leugner, wenn Du es wissen willst. Du bist nicht im Begriff, mir irgendetwas zu geben."

Und er fragte (erinnert euch dieser Frage), „Meister, warum?"

Der Lehrer sagte, „Aller Reichtum ist in den Himmel geladen. Er kommt durch die Tropfen des Regens herunter und ernährt die Erde. Der Eine, der mich liebt, kann das Wasser aus dem Ozean aufnehmen, durch die Wolken, durch die Berge, und bewirken, daß der Regen durch die Bäche und Flüsse fließt. Der Eine, der diesen Kreislauf erschafft, kennt mich. Ich bin nicht im Begriff, irgendjemand anderen um etwas zu bitten."

Der König sagte, „Herr und Meister, ich habe Dir diese Dinge gebracht. Hast Du eine Ahnung, was wir damit tun können? Wir können hier einen Platz aufbauen, wohin die Menschen kommen können, um zu religiösen Zwecken zu dienen."

Er sagte, „Die größte religiöse Aufgabe, die darin bestand, 17 Meilen durch diese hügelige Gegend zu kommen, hast Du bereits vollbracht, meine Berechnungen waren falsch – ich dachte, Du würdest mich niemals hier erreichen. Aber Du hast es geschafft und Du bist mir gegenüber getreten. War das nicht etwas sehr Reines in Deinem Leben?"

Er sagte, „Das ist wahr."

Unglück bewirkt manchmal in euch einen spirituellen Höhepunkt. Herausforderung ist nichts schlimmes. Tatsächlich sehe ich euch frei, ein Lehrer muß die Moral haben, ethische und die persönliche Autorität, das zu tun, was er zu tun hat.

Als ich in Hollywood angefangen habe, pflegten wir eine Menge solcher gefeierter Persönlichkeiten zu haben. Selbst jetzt kommen einige vom Überlauf aus Guru Singh's Klasse in meinen Unterricht. Aber ich kenne sie nicht. Ich denke einfach, daß sie Mädchen mit künstlich blonden Haaren sind, die zum Yoga-Unterricht kommen. Was sollte ich mit ihnen tun. Wer sind sie. Manchmal gehe ich nach Hause und sie sagen, „Schau auf das Magazin, schau auf die Frontseite. Das ist das Mädchen, das auf Deiner linken Seite gesessen hat und die saß an Deiner rechten Seite."

Sie kamen in den Unterricht, Gott segne sie, segne sie, segne sie, segne sie. Ich weiß nicht, ob sie auf dem Titelblatt eines Magazins sind. Solange sie nicht auf meinem Kopf sitzen, ist es in Ordnung. Ich gehe in die Klasse und unterrichte und nicht um zu zählen, wie viele gefeierte Persönlichkeiten, Stars oder Models da sind. Ich bin in gewisser Weise naiv. Ich gehe und unterrichte eine Klasse und höre dann wieder auf. Ich schaue mir nicht all diese Alphabete an. Alles was ich weiß, ist, daß es keine Rolle spielt, was ich unterrichte. Wenn die Bogenlinie und die Aura ineinander übergehen, blau mit einem goldenen Schein, ist die Arbeit erledigt. Dann ist es Zeit, nach Hause zu gehen. Das bedeutet, daß an diesem Tag die Reinigung stattgefunden hat.

Ich kümmere mich nicht darum, ob die Leute sagen, ich sei ein guter oder ein schlechter, ein richtiger oder ein falscher Lehrer, solange ich weiß, daß die Lehren da sind, daß ich sie trage und sie so teile, wie sie sind. In der Reinheit der Lehren liegt die Reinheit des Lehrers. eine andere Regel gibt es nicht. Ihr habt das Recht, Scherze zu machen. Ihr könnt Astrologie und Astronomie hinzufügen, und worüber auch immer ihr sprechen wollt. Aber ihr müßt wissen, daß ihr ab dem Moment, wo ihr sagt, „Ong Namo Guru Dev Namo," keine Astrologen seid.

Ich habe eine Anzeige gelesen, die ich euch hätte mitbringen sollen. Ich glaube es nicht. Die Anzeige war für Kundalini-Yoga Unterricht und alles mögliche war darinnen. Kein Gegenstand war ausgelassen. Das Ding, was mir am meisten gefiel, war, daß ihr auch unterrichtet werden könnt, wie ihr euren Seelenkameraden aussuchen könnt. Und ich sagte zu mir selbst, „Gott, wissen sie, was ein Seelenkamerad ist?"

Ihr habt Seelenkameraden: euer Intellekt, euer Bewußtsein, euer Unter-bewußtsein, euer Unbewußtsein, ihr habt 10 Körper. Das sind die Kameraden eurer Seele, sie kommen mit der Seele. Also in eurem Seelenkameradensystem, habt ihr Körper und ihr habt alle Aspekte eures Verstandes zusammen. Dann habt ihr einen Seelenkameraden, der Raum und Zeit, Länge und Breite genannt wird. Es ist eine Paarungszeit zwischen euch und eurem Selbst. Dann nehmt ihr die Höhe und Einstellung, um all diese 16 Pferde in Gang zu halten, so daß ihr eure Ladung tragen könnt.

Tatsächlich ist also der Seelenkamerad nicht ein anderer Mensch; es gibt nichts außerhalb von euch. Wenn ihr als Lehrer sagt, daß es außerhalb von euch noch etwas gibt, dann müßt ihr glauben, daß außerhalb von euch etwas Positives existiert. Dann müßt ihr euch erinnern, daß es auch etwas Negatives geben muß. Wenn es etwas Positives gibt, gibt es auch etwas Negatives. Ihr könnt nicht neutral sein. Ihr werdet aufgewühlt, wie von einem wühlenden Rad und ihr werdet als Lehrer niemals Zufriedenheit, Stabilität und Selbstzufriedenheit finden. Ihr werdet Lehrer sein. Ich sage nicht, daß ihr keine Lehrer sein werdet. Aber ihr werdet euch selbst verleugnen.

Es gibt nicht gut und schlecht. Es gibt nicht falsch und richtig. Es gibt nicht hoch und niedrig. Ein Yogi ist eine Person, den die Polarität des Gegensätzlichen nicht berührt – er erkennt, daß Polaritäten da sind.

@

(Zu den Details für die folgende Meditation siehe Seite 250.)

Wollt ihr die Mond-Kriya machen?

Klasse: Ja, Sir.

YB: Fertig? Also gut. Dann los. Legt das Band mit den europäischen Trommeln auf. Dies ist die Mondzone. (YB zeigt auf den Mondberg der Hand unter dem kleinen Finger. Er ballt seine Hände zu Fäusten und schlägt die Seiten zusammen.) Es schmerzt, aber bitte schlagt sie nicht schwarz und blau. Mit den Trommelschlägen singt, „Har, Har, Har, Har, Har, Har, Har." Dreht die Hand etwas. Auf diese Art und Weise schlagt ihr etwas leichter. Andernfalls werdet ihr verrückt und schlagt härter. Es ist fürchterlich. Tut es nicht. Also gut, macht weiter.

(Das Band *European Drums* – europäische Trommeln wird gespielt.)

Haltet den Nabel ein. Erfahrung ist ein gutes Ding. (Nach einigen Minuten): Ihr habt eine letzte Minute, um euer Glück zu versuchen.

Einatmen und bitte, selbst wenn ihr während der ganzen Übung euren Mondpunkt hier nicht berührt habt, schlagt ihn jetzt. Schlagt ihn und atmet aus. Tief einatmen, tut es wieder. Ausatmen. Einatmen, und entspannen.

Ihr seid ziemlich gut. Ihr hattet ein paar gute Minuten. Das ist das Mondzentrum (das fleischige Areal unter dem kleinen Finger) und mit dem Nabel und der Spitze der Zunge trefft ihr dieses Nervenzentrum. Das gibt euch manchmal Klarheit und Realitätsverständnis, schneller als irgendetwas anderes.

Die Frage im Leben ist nicht wie stark und wie energetisch ihr seid. Da gibt es all diesen Dialog darüber, „Sei energetisch, sei stark, Du mußt Energie haben." Leute sprechen mich an, „Energie, Energie." Wie wäre es damit, Müdigkeit zu eliminieren?

Ihr sagt niemals, „Ich will keine Müdigkeit, ich will keine Spannung." Nein, nein, nein. Ein *sattvic* Leben ist ohne Müdigkeit, ohne Spannung. Man nennt es ruhig und kühl.

Ihr fühlt euch immer großartig, wenn ihr sehr energiegeladen seid, nicht wahr? Das macht ein Gefühl. Tatsächlich seid ihr groß, wenn ihr ein sachliches, ruhiges, ausdauerndes, heiliges Selbst seid.

Ein Lehrer ist ein Prozeß um Heilige, Weise, Geber, die gott- und würdevoll sind, zu bewirken. Ein Lehrer ist eine Fabrik, um all das zu manifestieren. Ein Lehrer ist kein selbstsüchtiger Playboy.

Ein Ding müßt ihr verstehen. Es spielt keine Rolle, ob jemand euch hört oder nicht, aber wenn ihr als Lehrer aus dem Führungszentrum sprecht und sagt, „Ihr müßt das beenden" ist es beendet. Aber wenn ihr niemals beendet habt und niemals gehorcht habt, wie könnt ihr kommandieren? Eine erste Aufgabe ist es, euren Verstand zu stoppen. Die Leute sagen, „Was ist *japa*, was ist *mantra*? Mantra bedeutet eure Gedanken anzuhalten und zu sagen, *„Wahe Guru."* Es ist ein Mantra. Wenn dort eine Versuchung ist und ihr sie tatsächlich greifen könnt, stattdessen, haltet ein und seht was euch begegnet. Greift nicht, was ihr kriegen könnt; nehmt entgegen, was euch gegeben wird, was Gott euch geben will. Es wird ein megavielfaches Mehr sein, als daß, wonach ihr fragen wolltet.

Ihr könntet nach einem Einkaufszentrum fragen und erhaltet eine Fabrik. Ja. Jemand sagte einmal; „Gott ich bitte um Deinen Segen, ich mag Biskuits." Schließlich endete es dabei, daß sie in einer Biskuitfabrik arbeitet. Gott, sie arbeitet immer noch mit Biskuits.

Ich weiß, manchmal fühlt ihr, „Ich kann mich von meinem Partner scheiden lassen, ich kann diese Person heiraten." Wißt ihr das? In einigen Fällen fühlt ihr, es funktioniert. Es funktioniert nicht, weil ihr das Karma nicht beendet habt. Ihr seid in das Boot gesprungen. So sind Vereinigung und Weggang nicht das Ergebnis. Ihr seid ein Spiel in der Hand der Zeit und ein Lehrer spielt nicht in der Hand der Zeit. Wenn ihr leiden sollt, leidet. Wenn ihr glücklich sein sollt, seid glücklich. Wenn ihr eine gute Zeit haben sollt, habt eine gute Zeit. Wenn es eine schreckliche Zeit ist, dann genießt sie. Genießt euren Tag.

Mond-Kriya

a   b

Mudra: Sitze im Schneidersitz mit einem geraden Rücken. Die Oberarme liegen am Körper. Strecke die Unterarme nach vorn, so daß sie parallel zum Boden sind, während die Handflächen nach oben blicken. Forme lockere Fäuste, wobei die Daumen außen zu liegen kommen.

Bewegung:
(a) Schlage die Seiten der Hände, genaugenommen die fleischigen Areale unterhalb der kleinen Finger, mit großer Kraft zusammen. Diese Zonen der Hand nennt man Mondzonen. Bei jedem Schlag singt *Har*.

(b) Bewege die Hände zu den Seiten, so daß sie etwas 24 Zentimeter Abstand haben und dreht die Handgelenke währenddessen so, daß die Handflächen nach unten schauen, sobald sie über den Knien sind.
Fahrt in dieser Bewegung gleichmäßig fort.

Augen: Keine Angaben.

Mantra: Singt Har, Har, Har fortwährend und monoton, während ihr mit der Zunge jedesmal den oberen Gaumen schlagt. Bei jedem Har, zieht den Nabel etwas ein, während ihr die Hände zusammenschlagt.

Band: European Drums.

Zeit: Im Unterricht für 9 Minuten durchgeführt.

Ende: Atme tief ein und halte die Luft für 6 – 10 Sekunden an, während du die Mondzentren kräftig schlägst. Ausatmen. Dieses dreimal wiederholen.

Kommentare/Wirkungen: Wenn die Mondzentren stimuliert werden und zur gleichen Zeit der Nabelpunkt eingezogen und mit der Spitze der Zunge der obere Gaumen angestoßen wird, bringt das Klarheit und Realitätsbewußtsein.

Die Menschen sind stets bemüht, energetisch zu sein. Wie wäre es damit, Erschöpfung zu eliminieren? Es ist wichtig, *sattvic* zu leben – in einem Zustand von Reinheit, der euch erlaubt, ruhig und kühl zu sein. Ein *sattvisches Leben* ist ohne Müdigkeit, ohne Spannung. Ihr fühlt euch stets groß, wenn ihr sehr energiegeladen seid. Tatsächlich seid ihr groß, wenn ihr sachlich und ruhig seid und in eurem anhaltend heiligen Selbst lebt.

Der herabsteigende Gott
und der aufsteigende Mensch

Aus der Existenz entsteht eine Nichtexistenz, die aufgestiegen ist. Das ist der Lehrer – nicht dieser Idiot, der einen Defekt im Hirn hat, der Sinnlichkeit und Sexualität besitzt und daraus Gier erschafft, Verhaftung und Ausstrahlung, um aufzusaugen und Stolz entwickelt.

Der Gegenstand unserer abendlichen Besprechung ist: „Der Mensch und seine Schwächen, der Lehrer und sein Fall, der herabsteigende Gott und der aufsteigende Mensch."

Ihr könnt nicht, werdet nicht, und sollt nicht einen anderen Menschen lieben. Ihr sollt niemanden lieben, obwohl jeder Liebe will, Liebe braucht, in Liebe ist, und dort nichts anderes als Liebe ist. Die Frage ist, warum ist diese Aussage rundweg wahr? Hat irgendjemand die Antwort?

Student: Keine Verhaftungen?

YB: Nein, nein, wir sprechen nicht philosophisch hier. Wir sagen etwas sehr einfaches. Die Aussage ist sehr heftig. Ihr solltet sie hören. „Ihr könnt nicht, werdet nicht und sollt nicht einen anderen Menschen lieben." Mein Gott, das ist verheerend. Und dann gibt es eine Aussage, „Alles ohne Liebe ist nichts." Also ihr werdet nicht lieben. Du sollst nicht lieben. Das ist eine Aussage in einer sehr einleuchtenden und direkten Form. Sie ist sehr schwer und ihr könnt nicht zustimmen. Ihr könnt sie nicht einmal annehmen, weil alles in euch, intuitiv und in einer überspannten Stimmung, Liebe will.

S: Die Menschen lieben nicht, sie lieben ihre Idee von dir.

YB: Die Menschen lieben nicht dich, sie lieben ihre Idee von dir.

S: Gott in uns liebt Gott im Gegenüber.

YB: Gott in uns liebt Gott im Gegenüber. Gut.

S: Liebe ist das Unbekannte einer anderen Person.

YB: Liebe ist das Unbekannte einer anderen Person. In Ordnung.

S: Du sollst Gott lieben. Gott in mir, in dir, in jedem.

YB: Wir sollten Gott lieben, Gott ist in mir, du.

S: Nicht eine Person. Gott ist nicht nur in einer Person.

YB: Gott ist in jedem. Ja, ja, ja, ja. Ich wünschte, ich hätte diesen Gegenstand erprobt, bevor ich ihn begonnen hätte.

S: Wir sollten nicht nach irgendetwas in unserem Äußeren suchen.

YB: Wir sind dumm. Worüber sprechen wir? Versteht ihr die Aussage, die dort gemacht wurde, „Ihr könnt nicht, werdet nicht, sollt nicht einen anderen Menschen lieben?" Obwohl Liebe alles ist, obwohl ihr Liebe wollt und obwohl Liebe alles ist, was existiert, ist diese sehr schwere Aussage gemacht worden, und ihr seid aufgefordert, die Frage zu beantworten, „Warum?"

Ein Lehrer ist scharf genug, die Härte des Herzens zu schneiden, die Rohheit des Verstandes, die Falschheit des Kopfes und die Wackligkeit der Füße.

Ein Lehrer fordert (verändert) dich mit der absoluten definitiven, würdevollen Kraft der Projektion und läßt dir keine Alternative außer Unterwerfung, Übergabe und in den Gehorsam zu kommen. Ihr seid im Begriff Lehrer zu werden. Seid ihr auch im Begriff so kraftvoll zu werden, mit dem Format?

S: Wir wissen nicht, wie wir uns selbst lieben sollen.

YB: Wir *wissen* wie wir uns selbst lieben. Das ist keine Aussage. Was meinst du damit, „Wissen wir nicht?"

S: Liebe ist eine Schwingung, durch die wir durchhalten.

YB: Liebe ist eine Schwingung, durch die wir durchhalten. Wir benötigen etwas zum durchhalten, richtig?

S: Wir können keinen anderen lieben, weil wir zu selbstzentriert und selbstsüchtig sind.

YB: Gut, das ist eine ziemlich schwere Aussage, „Wir können nicht lieben" – das ist eine Aussage. „Wir müssen lieben" – das ist eine Aussage. „Wir sollen nicht lieben" – das ist eine sehr schwere Aussage. Tatsache ist, daß wenn ein Mensch die Liebe seiner oder ihrer Seele nicht in sich selbst erfahren hat, gibt es keine Chance, daß diese Person losgeht und liebt, obwohl die Fähigkeit der Liebe die ist, die ihr am allerkräftigsten braucht.

Wenn ich also solch eine flache Aussage, wie ich sie gemacht habe, mache, führt es euch dazu, die Behinderung zu verstehen. Es gibt eine Behinderung in uns, die darin besteht, daß, wenn wir uns entwickeln, wir nicht gelehrt worden sind, unsere eigene spirituelle Seele, unsere Eigenliebe zu erfahren. Das Wort „spirituell" ist uns fremd. Spirituell bedeutet gut, spirituell bedeutet richtig, spirituell bedeutet hoch, spirituell bedeutet eine Menge Dinge für uns. Aber spirituell bedeutet einzig: Me within me is infinite – das Ich in mir ist grenzenlos. Spirituell bedeutet, das Ich in mir ist grenzenlos, und das Ich in mir als Grenzenloses soll mit Grenzenlosigkeit in Verbindung sein, sie erfahren, sie ausdrücken und projizieren.

Wo kommt ihr also her? Ihr seid alle vom Flohmarkt. Ihr habt alle eure sexuellen, sinnlichen und empfindlichen Läden offen und ihr verkauft euch selbst im Namen der Liebe. Wißt ihr was Liebe ist? Es ist die allerschönste, umfassendste, göttliche, pranische Energie, die euch von Gott gegeben wurde und die ihr erfahren haben solltet. Aber was habt ihr getan? Ihr verwandelt es in Schleim und Speichel und nennt es Küssen, Umarmen und Sex.

Ihr habt nicht die Empfindsamkeit, daß eure Seele im subtilen Körper ausziehen wird, und daß euer feinstofflicher Körper so entwickelt ist, wie nur irgendetwas im Universum es sein kann. Also, solange ihr nicht in euch selbst Eleganz, Würde, einen hochentwickelten Verstand, Manieren und Geisteshaltung entwickelt und solange ihr nicht aus der unendlichen Höhe kommt und in dieser Höhe aufsteigt, könnt ihr nicht in Liebe herabsteigen. Je höher euer Wesen ist, umso tiefer ist die Liebe.

Ich begreife, welche Art der Liebe ihr im Englischen versteht. Es ist eine Art der Liebe, die euch aufbraucht. Es ist die, die eine natürliche biologische Essenz des menschlichen Verstandes, Körpers und Geistes ist, in der ihr aufgebraucht werdet. Das ist eine Art und Weise zu sterben und ihr müßt sterben, und darum müßt ihr das ausüben. Aber ihr verschwendet die Zeit in Emotion, Gefühl und Aufregungen.

Da gibt es fünf Dinge, die schlimm sind. Zum einen die Begierde, dann der Ärger, die Habsucht, die Verhaftung und der Stolz. Sie kommen von Äther, Luft, Feuer, Wasser und Erde. Ihr könnt diese fünf Dinge nicht loswerden, weil diese Dinge von den fünf Elementen kommen und ihr ein Produkt dieser fünf Elemente seid.

Jetzt wollen wir uns bemühen, das als Lehrer zu verstehen. Ihr seid *aus* den fünf Elementen, aber ihr seid nicht *die* fünf Elemente.

Ihr habt einen Geist und eine Seele, aber ihr habt Geist und Seele nicht. Ihr habt den Körper, aber ihr habt den Körper nicht. Ihr habt den Verstand, und ihr habt den Verstand nicht. Nun, worüber sprechen wir hier? Ihr habt und ihr habt nicht? Was ist das? Weil das, was ihr habt, die Existenz ist. Was ihr seid ist die Nicht-Existenz. Weil aus der Existenz eine Nicht-Existenz hervorgeht, die aufgestiegen ist. Das ist der Lehrer – nicht dieser Idiot, der einen Fehler im Hirn hat, der Sinnlichkeit und

Sexualität hat und so Gier erzeugt, Verhaftung und Ausstrahlung, um einzusaugen und den Stolz entwickelt, ein Lehrer zu sein.

Ihr seid nicht ein Lehrer, ihr seid ein Sauger. Ihr seid idiotische Sauger, die ihre Zeit vertun. Dieses Leben ist euch von Gott geschenkt worden, in einem menschlichen Körper, mit einem Verstand, der Teil der Unendlichkeit ist, und mit einer Seele, die die absolute Reinheit ist. Ihr seid kein Lehrer, weil ihr nicht euer Nichtssein in das Einssein projiziert. Ein Lehrer projiziert sein oder ihre Nichtigkeit *shuniaa* in das *prana*. Das ist ein sehr einfaches Ding des menschlichen Lebens, das sehr erhaben aussieht, das aber geradezu ein Muß ist. Also, was tut ihr? Ihr ersetzt euch selbst durch Emotionen, Aufregungen, Gefühle, Phantasien, Dramen, Träume – Gott weiß was – das sind Tausende von Dingen. Die Tragödie ist, ihr habt keinen Lehrer getroffen.

Als der Seele mitgeteilt wurde, daß sie auf die Erde kommen muß, sagte sie, „Ich werde nicht gehen."

Gott sagte, „Du mußt, weil Du um die Prüfung und Herausforderung gebeten hast und weil Du die Unendlichkeit Gottes herausgefordert hast. Ich habe Unendlichkeit und Göttlichkeit zu erschaffen und ich bin im Begriff Dich auf diesen Planeten zu schicken. Geh!"

Da sagtest du, „Nein. Zuerst habe ich zugestimmt, jetzt stimme ich nicht zu." Gleich wie ein Kind hast du einfach angefangen, Spiele zu spielen.

Und Gott sagte, „Du mußt gehen."

Du sagtest, „Nein, ich habe Angst. Ich habe nicht den Mut. Ich will nicht gehen. Es ist so gemütlich hier. Ich will nicht versucht werden."

Da gab Gott dir den Verstand. Und du sagtest, „Was ist das?"

„Das ist ein Werkzeug, das Dich zur Unendlichkeit bringen kann. Denn die Unendlichkeit bin ich. Es bringt Dich zu *shuniaa*, und hinter *shuniaa* bin ich. Also auf beiden Seiten bin ich. Dazwischen ist eine Schaukel. Spiele, Baby, spiele, schaukele. Aber Du mußt über beide Seiten zur Unendlichkeit springen und Du mußt Dich daran erinnern. Wenn Du jemals zu mir kommen willst, ja, Du kannst kommen."

Und ihr sagtet, „Was ist die Garantie?" Ihr wißt, ihr seid ziemlich amerikanisch. Ihr sagtet, „Nein, was ist die Garantie? Gib mir die Garantie; zumindest eine Zusage. Woher soll ich wissen, daß dieser Verstand funktionieren wird? Wie soll ich wissen, daß ich funktionieren werde? Wie willst Du wissen, daß ich zurückkommen werde? Ich will sicher sein. Ich will zurückkommen."

Gott sagte, „Du sollst einen Lehrer treffen, *ustaad*, der Dich lehrt, ustatee. *Ustaad* ist das Institut, das Wesen, das Dich *ustatee* lehren wird. *Ustatee* bedeutet „Lobpreis." Aber es wird nur für einen Augenblick sein. Wenn Du erkennst und ordnest, sollst Du befreit sein und Du sollst kommen."

Du sagtest, „Okay, das ist lohnend. Okay, ich gehe. Gib mir die *tattvas*."

Also diese fünf *tattvas*, diese fünf Elemente, haben einige Essenz. *Kaam* ist das Verlangen. *Kaamanaa* ist der Verweis auf die Selbstachtung. So lernst du durch die Erfahrung eines Yogis, daß *kaam* in *kaamanaa* verwandelt werden sollte. Ihr könnt es loswerden. Versteht es nicht falsch, ihr könnt euch beschweren und sagen es ist schlimm. Aber was ist daran schlimm. Es ist was es ist. Ohne das Verlangen könnt ihr es nicht erreichen. Aber ihr könnt wünschen, ohne Verlangen zu sein. Ohne Verlangen zu sein, ist ein Wunsch. So könnt ihr Verlangen in Wunschlosigkeit umkehren. Was sind die Vorteile davon? Catch-11. Wenn ihr die Wunschlosigkeit ersehnt und das perfektioniert, müßt ihr nichts mehr ersehnen. Das Gewünschte wird euer sein. Eure Fähigkeit, alles Erwünschte zu erhalten, und es in eurer Umgebung zu bewirken, ist zugesagt. Ein sehr guter Handel.

Krodh ist was ihr vom Feuer habt. Ihr habt Ärger. Meistens werdet ihr ärgerlich. Wenn ihr nicht ärgerlich werdet, machen euch die Menschen ärgerlich. Die einzigen Male, daß ihr wahrhaftig seid, sind, wenn ihr absolut intensiv und empfindsam in einer leidenschaftlichen Liebe seid, oder in der größten Furcht, oder wenn ihr ärgerlich seid. Das sind die Momente, in denen ihr ohne Vorbehalt seid, weil, immer während ihr den Ärger praktiziert, ihr Wahnsinn praktiziert. In den Momenten habt ihr keinen Sinn für euren Stoffwechsel, für euren Selbstschutz, keinen Sinn für irgendetwas.

So ist Ärger sehr verzehrend. Ärger macht euch zu weniger als zu Menschen und mehr zu einer Bestie. Aber auf der anderen Seite, wenn ihr diesen Ärger gegen eure Schwächen wendet, werdet ihr perfekt sein. In dem Sinn werdet ihr ärgerlich, wenn ihr nicht das tut, was richtig ist. Ursprünglich war Ärger für die Selbstreinigung gedacht. Es war nicht gemeint, damit andere zu verbrennen.

Das dritte war greed: *Lobh* – Gier. Ihr wollt. Ihr wollt schöne Dinge, ihr wollt Sex, ihr wollt einen Partner, ihr wollt einen Seelenkameraden, Gott weiß wie viele Geschichten ihr um euch selbst gemacht habt. Aber ihr wollt. Es ist sehr unbequem, daß ihr fortfahrt, alles zu wollen. Aber wenn ihr es auf ein Ding wendet, nämlich eure Gier zu benutzen, äußerst gierig mit dem Ziel zu leben, daß ihr nicht gierig sein wollt, dann wird alle Natur euch dienen. Ihr werdet alles haben. Die Natur wird euch alles geben, dessen ihr bedürft.

Jetzt kommt Verhaftung: *Moh*. Gut, ihr könnt mir verhaftet sein, euch selbst, uns, allen, keinem, und ihr könnt euren Neurosen verhaftet sein, wie es normalerweise bei 99 % von uns der Fall ist. Die Menschen sind sehr neurotisch. Sie kreisen in ihrem Leben wie ein Rad, dessen Mittelpunkt die Selbstneurose ist. Aber wenn ihr infolge der Selbstneurose wahnsinnig genug geworden seid, neurotisch genug, so sehr in Liebe, daß ihr euch selbst an die Unendlichkeit heftet, könnt ihr, von dieser geistigen Schaufel, auf beiden Seiten Gott erreichen. Das ist sehr einfach.

Ahangkaar: Stolz. Ihr werdet prahlen, ihr werdet voller Stolz sein. Ihr werdet andere als niedriger empfinden und euch selbst als höher. Ihr werdet das Spiel des Minderwertigkeits- und Gelegenheitskomplexes spielen. Ihr lebt ein Leben von Komplexen und alles was ihr tut, hat einen Komplex. Also seid ihr sehr in Fächer geteilt. Ihr wißt nicht, wie ihr da rauskommen sollt. Aber was ist es denn, wo ihr nicht herauskommt? Laßt uns mal sehr feinfühlig in bezug darauf sein.

Ihr könnt sehr stolz, dankbar und froh sein, daß ihr diese Chance von Zeit und Raum habt. „Ihr solltet sehr dankbar sein, daß ich Zeit und Raum mit euch habe. Ich kann sehr stolz sein, daß mein Name spirituell ist, mich führt, mich erinnert, weiterbringt." So viele Dinge kann euer selbstbezogener Stolz euch antun. Aber wenn ihr nicht in Wettbewerb tretet und euch selbst mit anderen vergleicht und euch selbst verwirrt, könnt ihr fabelhaft sein. Alles, was da ist, ist Selbstverwirklichung. Aber im Grunde erreicht ihr eure Erfüllung infolge eurer Unsicherheiten nicht, weil ihr durch diese Unsicherheit behindert seid und die Menschen es sehen.

Wie ich euch schon heute morgen gesagt habe, ist ein Lehrer nicht der, der sehr populär ist, der sehr weise ist, der alles weiß, der alle Kräfte besitzt. Das ist kein Lehrer. Ein Lehrer ist ein Künstler mit einem Hammer und einem Meißel. Wann immer ihr einen Lehrer trefft, Gott, da wird es einen Funken geben. Bei der ersten Begegnung zwischen dir und deinem Lehrer, findest du heraus, was an dir falsch ist. In den meisten Fällen wirst du es nicht gerne hören. Du wirst diese Personen bespringen. Du bist wirklich willkommen, wenn du sie bespringen willst, aber du weißt nicht, daß du eine Chance verpaßt hast, die der Seele versprochen war.

Ein Lehrer ist kein Paket für Öffentlichkeitsarbeit – sehr charmant, sehr schön, sehr fabelhaft, sehr gütig, sehr freundlich, sehr süß. Das ist ein Engel, aber kein Lehrer. Sehr leidenschaftlich, sehr liebevoll, sehr geliebt, sehr attraktiv, sehr gelehrt –

das kann ein Professor sein, nicht ein Lehrer. Sehr erkenntnisreich, sehr mitteilsam, sehr hochgelehrt, absolut, erstaunlich, das Beste von allem, das kann ein Weiser sein, ein kluger Weiser, ein Heiliger – nicht ein Lehrer.

Also ihr alle seid hergekommen, um Lehrer zu werden und ihr müßt die Kraft eines Lehrers verstehen. Ein Lehrer ist scharf genug, die Härte des Herzens zu schneiden, die Grobheit des Verstandes, die Falschheit des Kopfes und die Wackligkeit der Füße. Ein Lehrer fordert

Es ist nicht so, daß der Lehrer ein supermenschliches Wesen ist. Der Lehrer gibt euch eine Chance, ein supermenschliches Wesen zu werden.

euch mit einer absolut definitiven, würdevollen Kraft der Projektion und läßt euch keine Alternative, außer euch zu unterwerfen, zu übergeben und in den Gehorsam zu kommen. Ihr seid im Begriff Lehrer zu werden. Seid ihr auch im Begriff so kraftvoll zu sein mit dem Format?

Ein Lehrer ist nicht eine Fastfood-Gasse, Call-in-, Drive-in-Stelle. Wenn ihr euren Lehrer trefft, werdet ihr wünschen und beten, ihr würdet diese Person nicht getroffen haben. (Gelächter.) Die erste Frage wird sein, „Warum bist Du solch ein Idiot?" Das war meine erste Begegnung mit meinem Lehrer. Ich ging hin mit meinen Bediensteten und meinem dies und das, und als ich abends zurückkam, war alles weg. Da war absolut nichts mehr. Und er sprach mit mir und sagte, „Was glaubst Du, wer Du bist? Warum bist Du hier?"

Ich sagte, „Ich kam, um bei Dir zu lernen."

Er sagte, „Was? Deine Pferde wollen mit mir studieren? Deine Bediensteten wollen mit mir studieren? Deine Kleider wollen mit mir studieren? He, Du! Du wirst hier splitternackt bleiben und Du hast eine Aufgabe zu verrichten."

Ich sagte, „Ich hab einen Eimer mit Kalk gesehen."

Er sagte, „Da sind Außengebäude. Sieh zu, daß sie nicht stinken. Halte sie sauber. Das ist es für heute. Das ist die erste Lektion."

Ich schaute den Typen an und ich dachte, „Wie viele von der Art kann ich kaufen? 30.000? 60.000? Wer ist er? Was glaubt er, mir sagen zu können? Soll ich etwa in diesem Etagenbett schlafen? Irgendjemand wird über mir schlafen und seine Winde ablassen? Ist das Unterricht? Wer bin ich, daß ich hierher gehe und lerne? Um irgendjemandes Wind zu riechen und auf den Typen, der sich in der Nachbartür befindet, zu blicken, während Gott mich so wunderbar und elegant gestaltet hat. Ich bin in einer guten Familie geboren. Ich habe alles, was ich brauche. Wozu soll ich diese Lehren brauchen? Und jetzt muß ich gehen und auf die Ausscheidungen von anderen blicken und ich bin im Begriff, diesen Kalk darauf zu tun? Das soll meine erste Arbeit sein. Wen kann ich mieten, damit er das für mich tut? Ich kann dafür eine ganze Stadt mieten, aber was soll das? Warum bin ich gekommen? Oh nein." Genau das war mein Gefühl. Ich sage es euch.

Ich war so ärgerlich. Ich sagte, „Dieser mittelalte, aufgequollene Kerl, wer glaubt er zu sein? Warum hat mein Großvater mir gesagt, daß ich hierher gehen soll? Wofür? Was mache ich hier? Er ist total grob und lächerlich." Und so weiter und weiter und weiter und weiter und weiter und weiter.... Ich war so nervös, so ärgerlich, so aufmerksam, so verletzt. Dann berührte ich meine Stirn und fühlte, daß ich am Schwitzen war. Ich sagte, „So sei es. Ich werde beweisen, daß ich all das aushalten kann. Gott hat mich gesegnet. Dieser Mann ist eine lebende Herausforderung und ich bin im Begriff zu gewinnen. Sieg, *Fateh!*" Ich sagte, „Hmmmmmmmmmm." Und ihr sollt wissen, daß, als ich in dieser Nacht geschlafen habe, ich mich nicht einmal umgedreht habe. Am nächsten Morgen war ich guter Dinge. Und danach gab es keinen unglücklichen Moment mehr. Obwohl der Abend superunglücklich verlaufen war, ich war glücklich. Entweder segelte ich hindurch, kam heraus oder kam herüber. Schließlich lernte ich, daß der Atem meines Lebens das einzige Ding ist, das ich kenne.

Ein Lehrer ist nicht eine Fastfood-Gasse, eine Call-in- oder Drive-in-Einrichtung. Wenn du deinen Lehrer triffst, wirst du wünschen und beten, du würdest diese Person nicht getroffen haben. Die erste Frage wird sein, „Warum bist Du solch ein Idiot?"

Was wollt ihr – einen Freund oder eine Freundin als Lehrer? Sollt ihr haben. Das ist schön. Wie behandelt ihr einen Freund oder eine Freundin? Nein, ich habe es nicht mißverstanden. ich wußte, daß er im Begriff war soviel Wut und Reaktion zu erzeugen und zu bewirken, daß ich mich so abgeschoben und wie eine Niete fühlen würde, aber ich wollte etwas haben, um ihn mit dem Wohlgeruch und mit meinem Gebet und mit meiner Kraft und mit meiner Helligkeit zu segnen, um über ihn zu siegen, was unmöglich ist.

Und wenn ich es möglich mache, ist das der Tag, für den ich geboren bin. Wir hatten ein Theater. Ich hatte ein äußeres Theater, äußere Trübsal und es war alles schrecklich, aber es war ehrenhaft.

Ihr seid wie ein Wurm geboren und ihr sterbt wie ein Wurm, dann seid ihr weg. Ihr seid gekommen, ihr habt itchy, titchy, witchy, itchy, bitchy, witchy gemacht und dann seid ihr gegangen. Ihr habt gewirtschaftet, ihr habt manipuliert, ihr habt gelogen, ihr wart süß, ihr habt einen *bana* – eine religiöse Kutte angelegt, ihr seid ein Heiliger geworden, ihr wurdet ein Yogi – ihr spielt verrückt. Während ihr vorgebt, rechtschaffend zu sein, erzählt ihr ständig anderen was zu tun ist, und ihr selbst seid doo-doo. Ist es das, was ihr einen Lehrer nennt? Ihr seht sehr elegant aus, ihr seht sehr professionell aus, ihr seht sehr perfekt aus, ihr seid absolut in Ordnung. Und ihr habt keine Ahnung, daß es sehr schmutzig ist, ein Lehrer zu sein, weil ihr den Schmutz aufzuwischen habt, und zwar alles, was im Verstand ist:

Durch viele Lebenszeiten hindurch wurde dieser Verstand pechschwarz, dunkelschwarz mit Schlamm. Da war nichts Helles und Klares mehr. Der mußte wieder herausgemeißelt werden, gereinigt. Es ist alles hier. Der Schmerz ist hier, die Empfindlichkeit ist überall hier, die Verbindung ist überall hier. Was immer ihr hier seid, ihr seid hier. Aber außerhalb, da ist nichts. Es ist alles Licht. Ihr schaut in den Himmel, ihr schaut zur Sonne und ihr meint, daß es sehr hell ist. Geht in den Raum, da ist alles dunkel. Der Raum ist dunkel, und der Raum erschafft die Zeit, die Zeit erschafft den Raum. Wenn ihr im Raum seid, habt ihr Zeit. Wenn ihr in der Zeit seid, habt ihr Raum. Und wenn ihr im Licht seid, seid ihr im „Wow!". Nicht den Guru jetzt, ihr habt ihn noch nicht getroffen. Aber wenn ihr den Guru trefft, tretet ihr in das „*Waah*" ein, dann werdet ihr das „*Hay*". „*Waa-hay*," das ist das göttliche Du. Ihr werdet das göttliche Du. Dann löst sich das „Ich" auf. In dem Moment, in dem sich euer „Ich" auflöst, werdet ihr das göttliche Du und dann öffnet sich euer Drittes Auge. Denn diese zwei Augen bedeuten nichts."

Ein Schüler wurde einmal gefragt, „Wie sieht Dein Lehrer aus?"

Der Schüler antwortete, „Mein Lehrer sieht aus wie er aussieht."

Er sagte, „Hast Du ihn angesehen?"

Er sagte, „Ja, ich schaue die ganze Zeit."

„Wie sieht er aus?"

Er sagte, „So wie er aussehen will. Ich schaue, und seine Blicke bezaubern mich so, daß dort nichts anderes mehr zu sehen ist."

Wie viele von euch können das tun? Weil *prana* eure Grundlage ist, ist *shuniaa* euer Ergebnis, *pratyahaar* – Null. Von dem Einen seid ihr gekommen, und der Eine seid ihr in Null, in die Unendlichkeit, müßt ihr verschmelzen. Oder von eurer

Unendlichkeit seid ihr gekommen. In der Unendlichkeit existiert ihr, und dann verschmelzt ihr in das Eine, das eure Unendlichkeit ist. So seid ihr von Null geboren und ihr habt in Eins zu sterben, das ist euer Ende. Wenn euer Ende Eins sein wird, diese Unendlichkeit, diese Qualität, diese Quantität, der Bereich des Bewußtseins, der absolut alle Weite hat, die er braucht, werdet ihr schließlich Undimension sein; dann seid ihr nicht meßbar, ihr seid nicht verstehbar, ihr seid nicht. Ihr seid „Nicht geworden."

Das ist gerade der erste Schritt eines Lehrers. Wenn er „Nicht" wird, dann wird er oder sie alles. Eure Schönheit wird niemals Entzücken bereiten, wenn sie nicht grenzenlos reichlich ist. Dieses Ziel könnt ihr nur durch das Angesicht, die Berührung und die Projektion des schrecklichen Dings erreichen, das ihr „Lehrer" nennt. Gerade in dem Moment, wenn ihr euch ausliefert, das ist der einzige Moment, wo ihr euch auszeichnet, ihr werdet wieder zum Leben erweckt.

Ihr denkt, euch auszuliefern ist eine Schwäche, Feigheit, Seichtheit. Ich habe in meinen letzten 27 Jahren gesehen, wie Menschen mich „Lehrer" genannt haben und dann Einwände gemacht haben. Sie haben Logik, Gründe, Argumente, Zweifel. Was verliere ich? Ich verliere nichts, sie kriegen nichts. Die Verbindung ist in dieser Balance. Sie sind im Netz und im Kreislauf ihrer eigenen geistigen Neurosen. Sie haben eine Chance, sie zu durchbrechen, zuzustimmen. Aber sie fürchten, daß wenn sie zustimmen, sie mit ihren Neurosen nicht mehr übereinstimmen. Und wenn sie mit ihren Neurosen nicht mehr übereinstimmen, wird alles nicht mehr stimmen, weil das die einzige Sicherheit ist, die sie haben. Sie haben eine Sicherheit.

Es ist nicht so, daß der Lehrer ein übermenschliches Wesen ist. Das ist es nicht. Ein Lehrer ist nicht ein übermenschliches Wesen. Der Lehrer gibt euch eine Chance, ein übermenschliches Wesen zu werden. Ein Hammer und ein Meißel sind nicht die Unendlichkeit, aber sie können euch zur Unendlichkeit formen. Ich kann aus euch einen Gott formen und ihr könnt angebetet sein, und doch werdet ihr nichts sein als Stein.

Ich hatte zwei so Riesensteine. Niemand sagte jemals, „Das ist ein Stein." Ich sagte, „Dies ist Ganesha. Das ist Ganesha." Steine werden Ganeshas. Sie sind nicht länger Steine. Sie waren Steine, und sie sind Steine, aber jetzt projizieren sie Ganeshas, weil jemand sie zu Ganeshas behauen hat. Und da ist nichts, was wir daran ändern können.

Sogar einer meiner Freunde, der am meisten fanatisch ist, kam und sagte, „Oh, diese Ganeshas sind sehr kraftvoll."

Ich sagte, „Warum gehst Du nicht hin und schüttelst ihnen die Hand? Er hat ein Elefantengesicht und einen Stamm. Berühre ihn."

Er sagte, „Nein, nein, nein, nein, nein. Ich, ich, ich kann das nicht tun, das sind, Du weißt es doch, Ganesh, Ganesh, Ganesh."

Und ich war schockiert und ich sagte, „Dieser Mann ist fanatisch. Er glaubt an gar nichts. Aber achte einmal auf seine Reaktion diesen Steinen gegenüber, die zu Ganeshas geformt sind. Der Stein wurde mächtig. Er hat eine Identität, er hat ein Leben aus Projektion.

Warum sollt ihr als Menschen nicht Gott werden, wer seid ihr? Wenn ein Stein Ganesha werden kann, könnt ihr nicht Unendlichkeit werden? Ihr könnt es nicht, weil ihr all euer *prana* in das „Ich" verschwendet und nicht zum göttlichen „Du" werdet. Ihr sagt, ihr seid verliebt, aber ihr seid nicht verliebt. Ihr wollt einfach euren Schleim in etwas anderes entlassen. Ihr nennt die Liebe Küssen und Umarmen und Austausch von Speichel.

Was ist das Problem mit eurem Leben, daß ihr durch euren Mund ejakuliert oder ejakuliert ihr durch euer Glied oder eure Scheide? Denkt ihr ihr seid Liebende? Was für ein flacher Handel. Wo ist eure Essenz? Wo ist eure Essenz als Lehrer? **Ihr seid von dem universalen, unendlichen Lehrer gekommen und ihr seid gerade das Abbild des unendlichen, vollkommenen Gottes.** Könnt ihr es nicht erreichen? Könnt ihr es nicht verstehen? **Könnt ihr euch selbst nicht erlauben so zu sein?**

Im gesamten Verlauf eures Schicksals habt ihr eine Chance. Kauft sie nicht, aber laßt sie auch nicht verstreichen!

Ich habe mich eines Tages gefragt, wie viele Steine werden wohl dagewesen sein, aber diese zwei wurden Ganeshas. Da sind Tonnen von Steinen, die in Tonnen von Skulpturen geschnitten wurden, Projektionen. Aber diese zwei Steine wurden Ganeshas. Jemand hat sie gekauft und jemand hat sie zu mir gebracht und jemand hat sie da hingestellt. Jetzt sind sie da.

Könnt ihr glauben, daß ein Stein Gott werden kann und ein Mensch kann es nicht? ist das nicht ein Geheimnis? Ein Mensch, der einen Stein in einen Gott verwandeln kann, kann nicht Gott selbst werden? Warum nicht? Weil ein Stein es nicht versteht, sein Bewußtsein zu verkaufen. Ihr wißt es. Ihr seid Prostituierte. Ihr seid Prostituierte in bezug auf Zeit und Bewußtsein. Versteht das Wort Prostituierte nicht falsch, daß es nur Sexuelles meinte. Nein. In bezug auf das Bewußtsein seid ihr Prostituierte, weil ihr niemals anerkannt oder begriffen habt, daß ihr nach dem Willen der Unendlichkeit seid oder für immer sein werdet.

Es ist nicht wahr, daß jemand, der geboren ist, sterben soll. Normalerweise ist es wahr. Aber es ist nicht wahr. Wahr, nicht wahr. Nanak ist nie gestorben. Moses ist nie gestorben. Abraham stirbt nicht. Mohammed stirbt nicht.

Rama stirbt nicht. Krishna stirbt nicht. Sie sind gestorben, aber sie sind nicht gestorben. Seid ihr durch den Gegenstand verwirrt? Versteht ihr? Ihr habt vergessen zu antworten.

Klasse: Ja, Sir. (Sehr schwach gesprochen.)

YB: Das habe ich nicht gehört.

Klasse: Ja, Sir. (Nachdrücklich gesprochen.)

YB: Gut. Es ist nicht so, daß ihr aufschreit. Es zeigt euren Geist, eure Aufmerksamkeit, und das Bejahen der Bestätigung, daß ihr tief in eurer Basis, in eurem Nabelpunkt gehört habt und ihr antwortet, „Ja, Sir." Ihr sagt nicht, „Ja, Sir. Ja, Sir." – Wie ein junges Hündchen. (Sehr schwächlich gesprochen.) Ihr seid keine Hunde. Ihr seid Menschen. Bestätigt es mit Geist oder sprecht gar nicht! Sagt niemals ein Wort, wenn es nicht von eurem Nabelpunkt geschieht und wenn es nicht euer königliches, höchstes Selbst bekräftigt. Sobald ihr beginnt, von eurem *anhad*, eurem Nabelpunkt aus in eure Herrlichkeit zu sprechen, werdet ihr herrlich, königlich leben. Aller Reichtum wird zu euch kommen und jeder wird euch wahrnehmen. Nicht immer. Manchmal flippen sie aus. Wer kümmert sich trotzdem? Wer kümmert sich? Wer kümmert sich um diese Erdlinge? Sie sind wie Moskitos. Sie sind geboren, sie stechen und sie sterben. Wie diese Steine, sind sie da, sie stampfen, sie zerstreuen sich und wandeln sich zu Sand. Aber einige Steine werden Ganeshas.

Ihr seid glücklich. Ihr seid hierher gekommen, um Lehrer zu werden. Seit letzten Samstag haben wir über die Fähigkeit, die Wirklichkeit, die Kraft und die Projektion gesprochen – über alles, was ein Lehrer ist. Als es an Nanak kam, war es so einfach. Nanak sagte, „Der Guru ist der eine, der Dich aus dem Dunkel ins Licht führt." Es ist nicht eine Person. Es ist die Projektion dieser Person; dies ist die Kraft, die den Guru ausmacht, die der Lehrer ist. Da gibt es nichts persönliches. Der Stein ist ein Stein, aber es ist das komplizierteste Ding – du kannst an diesem Stein nicht vorübergehen und nicht Ganesha fühlen. Selbst wenn du nichts über Ganesha weißt, erinnert dich der Stein daran, daß er etwas ist.

Das ist das mindeste eines Menschen. Der Mensch ist das Licht: geistig, spirituell, selbst, und ein Lehrer ist die Verkörperung davon. Voll Vergnügen erleuchtet er alles und beseitigt die Dunkelheit. Das ist es, warum ihr hergekommen seid. Ihr habt eure Anstrengungen unternommen, ihr habt euch ausgeliefert. Und jetzt ist unser Gebet, daß ihr das werdet.

Da werden weitere 4 oder 5 Tage sein – gebt euer Bestes. Macht eine Anstrengung. Erreicht es. Verlangt es und werdet reizvoll, werdet würdig. Ihr könnt es, weil euch eine Chance versprochen ist.

In dem Moment, wo ihr eine Frau werdet, werdet ihr, so ihr es versteht „warum" und „wenn" zu ignorieren, wenn ihr also diese zwei Dinge auslaßt aus eurem Leben, eine Frau bleiben. Anderenfalls haben Frauen viele Namen: „Bissige Ehefrau," „streitende Ehefrau," „nörgelnde Ehefrau." Da gibt es ein langes alphabetisches Wörterbuch.

ਇਸੁ ਜਗ ਮਹਿ ਪੁਰਖੁ ਏਕੁ ਹੈ ਹੋਰ ਸਗਲੀ ਨਾਰ ਸਬਾਈ
Is jag meh purakh ek hai, hor sagalee naar sabaaee.
-Guru Amar Das, Siri Guru Granth Sahib, page 591
In this world there is One Husband and all others are His wives.

In dieser Welt gibt es einen Ehemann und alle anderen sind Seine Frauen.

Da gibt es einen Gott und jeder Mensch ist Sein(e) Gemahl(in). Aber wenn eine Gemahlin nicht zustimmt, sondern ein „Warum" oder „Wenn" wird, dann wird sie eine „Frau." Versteht den ursprünglichen Text. *„Warum* sagst Du das so?" *Wenn* Du das gesagt haben würdest, würde alles in Ordnung gewesen sein." Jede Frau fragt den Mann. Es ist erstaunlich. Der Mann, ein halbhirniges Individuum, wird von einem vollbehirnten Individuum – der Frau, gefragt. Könnt ihr die Gerechtigkeit glauben? Wo ist die Gerechtigkeit? Da wird es niemals Gerechtigkeit geben.

Jetzt haben Leute begonnen zu sagen, daß, weil ich in eines Mannes Körper mich befinde, ich ständig die Männer rechtfertige.

Was rechtfertige ich an Männern? Sie haben kein rechtes Gehirn! Ich habe das vor 27 Jahren gesagt. Jetzt haben alle diese Gedanken von mir eingeholt. Sie schreiben Bücher, *Men Are From Mars, Women Are From Venus*. Vor Jahren habe ich das an der UCLA gelehrt: „Ein Mann ist keine Frau. Eine Frau ist kein Mann. Sie haben nichts gemeinsam. Einer ist der Mond, einer die Sonne. Einer hat zu reflektieren, einer hat zu projizieren. Projektion und Reflexion können Ursache und Wirkung sein, aber das ist nicht dasselbe Ding." Gott, warum werdet ihr alle Wilde und Transvestiten? Ihr identifiziert euch nicht mit eurer Identität. Darum könnt ihr nicht eure Wirklichkeit finden.

Laßt uns sehen, ob wir irgendetwas heute nacht finden können. Okay?

(Zu den Einzelheiten der Meditation siehe Seite 267.)

Laßt uns sehen, wie wir das Beste aus dem Schlechtesten machen können. Das ist schwierig. Nehmt euren kleinen Finger, den Merkur-, den Kommunikationsfinger und berührt euer Es, das Ego, während ihr die drei Antennen, den zweiten, dritten und vierten Finger nach oben streckt und sitzt in dieser gerollten Stellung. Streckt eure Wirbelsäule und streckt sie nach hinten und streckt sie noch weiter nach hinten und streckt sie noch weiter nach hinten, bis alle Muskeln der Brust sich nicht weiter strecken lassen und dann haltet diese Stellung.

Schließt eure Augen und meditiert. Wir machen gar nichts spezielles, kein Wunder. Aber es wird passieren. Erinnert euch daran, daß alle Muskeln der Brust einen Punkt erreichen müssen, wo nichts mehr erreicht werden kann. Macht es an eurem Maximum.

Legt das „*Dhuni*" Band auf. Erhebt euch damit bis zur Unendlichkeit. Der Klang auf diesem einseitigen Instrument ist die Basis der zwei Worte, „*Sat Naam*" und „*Wahe Guru*." Also es liegt an euch.

Preßt die Muskeln, spiele, Yogi, spiele deine eine Seite und Gott wird in Dir verweilen.

Zieht zurück, zieht zurück. Wenn das schmerzhaft ist, laßt es schmerzhaft sein. Zieht zurück, zieht zurück, ihr verliert die Muskeln! Ihr verliert den Druck, ihr verliert die Höhe.

Erfahrt. Feste, feste nach hinten, und ihr werdet genauso, in gleicher Weise fortgehen.

Vom Nabelpunkt, mit der Spitze der Zunge! Ihr habt eine weitere Minute übrig. Haltet durch. Atmet ein. Atmet tief ein. Tief. Haltet den Atem. Kanonenfeuer-Ausatmung. Atmet nochmals tief ein. Tief, tief, tief. Konzentriert euch tief. Kanonenfeuer-Ausatmung. Atmet tief, tief ein. Preßt vollkommen bis an euer Maximum. Entspannt euch.

Wir verweilen eine Minute in der Stille für die, die als Menschen geboren sind, und doch nicht Lehrer werden konnten. Es ist eine Minute des stillen Gebetes zu Gott, Der allen die Chance gab, wie Er es versprochen hat. Und obwohl einige oder viele sie verpaßt haben, bitte sei gnädig.

Aus deiner Gnade, Güte und Unendlichkeit bitten wir dich, freundlich, und voller Mitgefühl zu sein und uns zu segnen, zu erheben und uns an deine Brust zu nehmen. Und aus dem Herzen gib uns die Gesundheit, die wir brauchen, um zu sein, zu sein, zu sein.

Sat Naam.

Meditation, um die Energiekanäle zu öffnen und euch in die Höhen zu führen.

Mudra: Die Hände sind flach, die Handflächen weisen nach vorne und die Finger zeigen nach oben. Beuge den kleinen Finger nach unten in die Handfläche und berühre damit die Spitze des Daumens. Die anderen drei Finger bleiben gestreckt und sind eng aneinander zu halten.

Halte dieses Mudra so, daß die Handgelenke etwa auf Höhe der Schultern sind und die Hände ein bißchen zu den Seiten gehalten werden, so daß sie sich also etwas vor und seitlich jeder Schulter befinden. Halte dieses Mudra stetig und ziehe die Schultern hart nach hinten zusammen und damit die Hände und Ellenbogen, und bring das Kinn leicht zur Brust. Stelle dir vor, daß du dich bemühst, sehr aufrecht zu sitzen und bringe die Schulterblätter dazu, sich zu berühren. Das wird die Brust zwingen, sich auszudehnen. Presse so hart du kannst und dann halte es.

Musik: Das Instrumentalband *Dhuni*.

Augen: Schließe die Augen und meditiere.

Mantra: *Sat Naam, Sat Naam, Sat Naam Ji, Wahe Guru, Wahe Guru, Wahe Guru Ji.* Während du dieses Mantra siehst, ziehe deinen Nabelpunkt mit jedem „*Sat Naam*" und jedem „*Wahe Guru*" ein. Singe, während du mit der Spitze deiner Zunge den oberen Gaumen berührst. Das wird den Hypothalamus stimulieren.

Zeit: Im Unterricht für 10 1/2 Minuten durchgeführt.

Ende: Atme tief ein und halte die Luft für 10 Sekunden an, während du, so hart wie du es kannst, die Mudra, die Schultern, die Ellenbogen, etc. nach hinten ziehst. Kanonenfeuer-Ausatmung. Wiederhole das ganze dreimal. Entspann dich.

Kommentare/Wirkungen: Zu Beginn mag das weh tun, sobald du soviel Druck auf die Brust bringst, wie es verlangt wird, aber halte einfach durch und es wird anfangen von selbst zu funktionieren. Der Druck ist erforderlich, um die Brust und die Energiekanäle in der Wirbelsäule zu öffnen. Das wird der Energie erlauben, in die Höhen aufzusteigen. Erlaub dir nicht selbst, den Druck zu entspannen, solange die Meditation durchgeführt wird.

Ein Heiliger zu werden im Wassermann-Zeitalter

KLASSE 15 vom Morgen des 30. Juli 1996

Wenn ihr nehmt, was ich gesagt habe, und zu euch selbst sprecht, „ich werde dem folgen," werdet ihr ein Weiser des Wassermann-Zeitalters sein.

Die Tragödie ist, daß ihr das Leben nicht versteht. Ihr glaubt, daß ihr geboren seid, wachst auf und ihr seid im Begriff zu sterben. Ihr wollt gesund sein, ihr wollt leben. Aber ihr versteht nicht, daß es da Aktion und Reaktion im Leben gibt, und daß es dort Handlung und Erfüllung infolge eurer Vorleben gibt. Das tragische Ding, das ihr nicht versteht, ist, daß es dort Aktion und Reaktion in bezug auf dieses Leben gibt, das ihr gewählt habt. Die Mehrzahl der Leute kommen als Menschen einfach, um ihr nächstes Leben auszuwählen. Einige von euch werden nicht wieder Menschen sein. Das ist es nun mal.

Also seid ihr nicht menschlich. Ihr könnt euch nicht abteilen oder trennen oder lösen von der Verwicklung in Trieb und Leidenschaft. Solange eine Person in Leidenschaft und Impuls verstrickt ist, ist sie ein Tier. Ob ihr menschlich ausseht oder nicht macht dann keinen Unterschied. Es muß verstanden werden, daß die ganze Menschheit nicht bereit ist, zu verstehen.

Wenn ihr einer Person sagt, „Nun, wir wollen uns hinsetzen und verstehen," kannst du dich mit diesem Menschen für zwei oder drei Stunden hinsetzen und fünf Minuten später wird er dasselbe verdammte Ding wieder machen, daß er drei Stunden vorher auch gemacht hat. Das ist eine Person des Triebes.

Ihr mögt einer Person sagen, „Tut das nicht." Er wird dann zustimmen, schön, dennoch wird er nicht tun, was ihr ihm sagt, er wird das Gegenteil tun. Warum? Da gibt es kein Verstehen. Wenn in einem Menschen das Verständnis Trieb ist, seid ihr eine Bestie. Da gibt es drei Teile in euch: Die Bestie, der Mensch und der Engel.

So, worüber sprechen wir also bei all diesen *pad* – Pfad, Geschäft (YB bezieht sich auf *saram pad, shakti pad*, etc.). Das sind Schritte im Verständnis. Aber die Frage ist, „Seid ihr ein Mensch?" Das ist die erste Frage. Habt ihr den Drang, aus dem Trieb zu handeln, erobert, oder seid ihr im Begriff aus der Intuition zu handeln? Das ist sehr wichtig, daß ihr das einfach unterscheidet. Die meiste Zeit handelt ihr in einer sehr hochgradig engelhaften Art und Weise. Manchmal seid ihr sehr leidenschaftliche Menschen, aber manchmal seid ihr ein Vieh, wie ein Tier. Das hängt davon ab, aus welchem Chakra ihr wirkt, aus welchem Chakra ihr die Stärke ausschießt, um welches Ziel zu erreichen? Ich frage euch einfach ein Ding: Was ist euer Ziel im Leben? Können wir uns darüber unterhalten? Was glaubt ihr, ist euer Ziel im Leben? Ihr seid alle erzogen, ihr seid reif, ihr seid voll befiedert, und wir sind einfach Freunde. Laßt uns einfach sprechen. Ja

Student: Das Göttliche zu verwirklichen.

YB: Wenn du das wieder sagst, wird das Göttliche herunterkommen und dir ins Gesicht hauen. Er hat dich nicht auf Erden geschickt, um Ihn zu verwirklichen. Das ist spiritueller Unsinn. Jeder hier ist wahnsinnig, absolut. Ihr solltet in ein psychiatrisches Krankenhaus geben. „Ihr seid hierher gekommen, um das Göttliche zu verwirklichen." Wer hat euch das gesagt? Da gibt es nichts Göttliches – *ihr* **seid göttlich. Aber ihr bemüht euch, das Göttliche irgendwo sonst zu realisieren. Da gibt es nichts Göttliches außer euch.** So versucht nichts anderes zu realisieren außer euch selbst! Ja?

S: Lehren.

YB: Das ist einfach.

S: Um einen Lehrer zu produzieren, der zehnmal besser ist als du selbst.

YB: Ja, das kann funktionieren. Das ist was ich von euch will. Was ist die Absicht die ihr wollt?

S: Zu sein um zu sein.

S: Mein Schicksal zu leben.

S: Zu lernen, wie man ein Freund ist.

S: Um das Karma durch Dharma zu ersetzen.

YB: Hmm. Das sind alles Vorgänge. Alles wovon ihr gesprochen habt, sind Vorgänge. Was aber ist das Motiv? Was wollt ihr sein?

S: Nichts.

S: Befreit.

YB: Das ist schlimmste von allem, dieses „befreite" Geschäft. Als ich das Konzept des befreiten Menschen vorgestellt habe, habe ich niemals gesagt, „werdet befreit." Es ist schön, hier in all dem Leid und Elend, zwischen den Menschen und Lügen und Tragödien zu sein. Ohne all dies Drama gibt es kein Leben. Das ist komisch; das ganze Ding ist ein Spaß. Es ist der Wahnsinn der Menschen. Wißt ihr wie erfreulich es ist, jemand wahnsinnig zu sehen und Gott zu danken, daß du es nicht selber bist? Wißt ihr was ich meine?

Da gab es ein Mädchen, die ich fragte, „Was willst Du tun?"

Sie sagte, „Was denkst Du was ich tun werde?"

Ich sagte, „In drei Monaten wirst Du Verkehr haben. In vier, fünf Monaten wirst Du krank sein."

Sie sagte, „Nein, ich bin ein gutes Mädchen."

Ich sagte, „Gut, laß es uns niederschreiben." Später brachten sie sie zu mir, sie war absolut durcheinander. Ich mußte „Wahe Guru" sagen.

„Warum ist mir das passiert?" sagte sie.

Ich sagte, „Du hast es eingeladen. Ich habe Dich darauf aufmerksam gemacht, daß du ein falsches Ziel im Leben projizierst."

Wenn du nicht innerhalb des Ziels deines Lebens bist, werden alle Ziele des Lebens nicht passen. Ihr versteht nicht, daß es da ein Problem in uns gibt. Wir sind nicht geboren, um zu leiden. Wir leiden, weil wir keine Motivation haben, weil wir kein Ziel haben. Wir denken, daß, wenn wir eine Menge X des Geldes verdienen, wir gut dran sind. Was, wenn wir eine Menge X von Sex haben, wir gut dran sind, daß wenn wir eine Menge X von Sicherheit haben wir gut dran sind. Wir haben eine Bewertung in bezug auf alles. Das ist es, was unser Maß ist, aber unser Maß ist lächerlich.

Ihr wollt glücklich sein. Ihr denkt, ihr seid glücklich, wenn ein Mädchen einen Jungen kriegt. Aber wenn sie den Jungen kriegt, dann leidet sie. Was habt ihr bekommen? Wißt ihr, was euer Motiv sein sollte? Ich weiß es – ich habe zuviel beraten und ich weiß, wie unverschämt niedrig ihr als Menschen seid. Unverschämt niedrig. Es liegt auf einer schmalen Skala. Ich will keine beleidigende Sprache verwenden, aber ihr seid roh gegenüber euch selbst, ihr seid niedriger Natur in bezug auf euer Denken, und ihr seid arm in bezug auf eure Vorstellungskraft. Und die Religion hat das noch schlimmer gemacht.

Was die Religion gelehrt hat, ist, einen geistigen Zwangszustand von Sklaverei zu schaffen. Religion hat nichts getan, um euch zu befreien. Geht los und seid.

Was ist die Kraft im Leben? Bei all dem würdelosen Schmutz und Unsinn bleibt ihr würdevoll.

Als ich in die Vereinigten Staaten kam und wir wurden das Sikh Dharma, wurde uns die Religion aufgezwungen. Ihr müßt verstehen, daß ich sehr antireligiös bin. Ich kenne all die Fallgruben, ich habe jede Religion studiert. Und ich sagte, „Warum müssen wir Sikhs sein? Was für ein Unsinn ist das? Vergiß es."

Dann dachte ich, „Warte eine Minute. Da gibt es einen Weg es zu tun. Gibt ihnen *bana*[1], gib ihnen *bani*[2], gib ihnen *seva*[3], gib ihnen *simran*[4], dann stellt ihr auf den Marktplatz und wenn sie mit Hilfe ihres Selbstbewußtseins überleben, werden sie automatisch intuitiv werden. Ich bin ein sehr kalkuliertes Risiko eingegangen. Ich sagte, „Wofür soll ich Sikhs haben wollen?" Ich sagte, „Wenn sie 250 Millionen Amerikanern gegenüber stehen können, total unterschiedlich aussehen und unterschiedlich handeln, nicht „hallo" sagen, sondern „Sat Naam", dann wollen wir sehen was passiert." Gut, einige Leute kamen sehr groß raus. Wenn ihr total in euch selbst geht, habt ihr die Wirklichkeit. Ich lese keine Bücher und ich tue nicht dies und tue nicht das. Mir geht es gut. Ihr seht, ich habe ein Ziel in meinem Leben. Ich weiß, ich neige zu Unterzuckerung und ich weiß, daß meine Tage voll von Schmerz sind, ich habe jedermanns Schmutz zu hören und das bedeutet ich bin ein leichtes Ziel. Ich bin der am meisten entehrte Mann. Woher ich kam und worin ich lebe ist unmenschlich. Da gibt es keinen Menschen, der solche Bedingungen hat, und niemand, der eine Tragödie hat wie ich. Ich muß jedermanns Tragödie anhören. Aber ich weiß, daß ich eben ein Müllauto bin, und das ist es was ich bin. Ich verstehe es, und ich mag es nicht. Aber das ist die Aufgabe, die ich habe. Also sage ich zu mir selbst, „Okay."

Ich bin krank. Ich bin sehr ernsthaft krank. Versucht das zu verstehen. Ich bin sehr ernsthaft krank und ich bin absolut in der größten Tragödie des Lebens. Ich kann niemandem trauen. Ich liebe jeden. Es ist nicht so, daß ich nichts für Geld gemacht habe. Ich habe Geld gemacht, und ich habe Menschen gemacht. Aber ich wurde auch betrogen, ich wurde angelogen. Ich bin durch die Hölle gegangen, durch die ihr nicht gehen könnt. Ihr könnt sie nicht einmal aussprechen. Aber was macht das? Ich bin ein Müllreiniger der Vereinigten Staaten. Ich habe den ersten Titel bekommen, „Der größte Müllreiniger der Vereinigten Staaten." Ich habe immer noch das Gewand mit der Aufschrift „U.S. Müllkutscher".

---

[1] bana – die religiöse Kleidung
[2] bani – das Wort Gottes
[3] seva – selbstlosen Dienst
[4] simran – die ständige Erinnerung an den und die Wiederholung des Namens Gottes. Als ein meditativer Prozeß wird jeder negative Gedanken durch einen positiven ersetzt.

Also war da immer ein Ziel. Das Ziel hat nicht eingeschlossen, daß ich mich um mich selbst sorge, und ich flog links, ich flog rechts, ich ging hinein, ich ging heraus – ich arbeite 18, 20 Stunden den Tag. Ich habe ein kalkuliertes Risiko auf mich genommen, weil ich dachte, „ Ich muß Menschen bauen, ich muß eine Nation bauen, ich habe diese Lehren zu verlassen, ich will Amerika etwas geben, weil Amerika mir Obdach gab." Ich ging nach Amerika, um Rußland zu zerstören. Das leugne ich nicht. Das war eine einfache Sache. Ich habe die Sowjetunion nicht gemocht und mußte sie mit einer Hand bekämpfen. Ich mußte. Also kam ich in den Westen, um Hilfe zu suchen. Aus meiner Sicht ist Kommunismus nichts anderes als Kapitalismus für eine kleine Menge Menschen. Das ist alles. Ich habe einen Mastersdegree in Wirtschaftslehre, ich verstehe es. Ich bin kein Narr. Kommunismus ist nichts. Es ist eine Tragödie. Sie sagen, daß in Rußland jeder ein Haus hat. Was für ein Haus? Ein Einzimmer-Apartment, in dem 9 Menschen leben und 2 Hunde? Ihr nennt das ein Haus? „Oh, nein, jeder hat Unterkunft, jeder hat Essen." Was für Essen? Jetzt, als ihre Wirtschaft zusammengebrochen ist, haben die Menschen erkannt, „Oh, mein Gott, wir haben uns selbst belogen."

Was ist das für ein Land und was sind das für Menschen? Wißt ihr, daß der Reaktorunfall von Tschernobyl nichts anderes war als der Wahnsinn von zwei Ingenieuren, die auszutesten versuchten, wieviel er aushält? Wißt ihr wie viele Hunderte und Tausende von Menschen einfach, „Woosh," hinüber sind? Niemand spricht darüber.

Worin liegt das Ziel des Lebens? Alle zu erhöhen, Groß und Klein.
(To elevate all, big or small.)

Also was ist das Ziel des Lebens? Habt ihr etwas entschieden? Wißt ihr es?

S: Das Ziel ist es, etwas in der Zeit zu tun, das für immer andauert.

YB: Versuche es. Viel Glück.

S: Im *Naam* zu verschmelzen.

YB: Das ist es, was Guru Nanak sagt. Vergiß Guru Nanak für einen Moment. Sieh, können wir einfach wir selbst sein?

S: Da ein Popcorn und da eine Cola zu bekommen und sich die Show gefallen zu lassen.

YB: (YB zeigt auf das Mädchen und lächelt.) Das Ziel des Lebens ist es, zu beobachten und das Leben zu erfahren. Es ist das Ziel des Lebens. Sich des Lebens zu erfreuen und das in jedem Moment, weil der unbezahlbare Atem des Lebens niemals zurückkommen wird. Und in einer Umgebung leben, die friedlich, ruhig, langsam, gebildet und elegant ist. Einfach, um zu sein. Ob ihr nackt seid oder ob ihr ein goldenes Gewand anhabt, das macht überhaupt keinen Unterschied. Das ideale Ziel eures Lebens ist, daß ihr (Wortspiel: That you are grateful - great and full) dankbar seid – groß und voll – und daß ihr am Leben seid und es euch Freude macht.

Was ist das Beste im Leben, Leute? Los doch. Das Beste im Leben? Humor. Sich des Lebens zu erfreuen, einen Sinn für Humor zu haben. Richtig?

Klasse. Ja, Sir.

YB: Und was ist die Kraft im Leben?

S: Die Stärke, zu opfern, hinzugeben.

YB: Uh uh. (YB schüttelt seinen Kopf „nein".)

S: Liebe?

YB: Würde. Bei all dem würdelosen Schmutz, Unsinn, bleibt ihr würdevoll.

Was ist der Glaube des Lebens?

S: *Sat Naam*.

YB: *Sat Naam* ist der Glaube des Lebens. Eure wahre Identität, ihr seid Gott. „God and me, me and God are One." Gott und ich, ich und Gott sind Eins. Das ist der Glaube des Lebens.

Was ist das Ziel des Lebens? To elevate all, big or small – Alle zu erheben, Groß oder Klein.

Was ist die Realität des Lebens? Nicht noch mehr Karma auf sich zu ziehen. Wenn ihr noch mehr Karma auf euch zieht, wird der Kreislauf von Geburt und Tod weitergehen. Das könnt ihr euch nicht leisten. Ihr wollt frei sein. Ihr wollt nach Hause gehen.

Wenn ihr nehmt was ich sage, und zu euch selbst sagt, „ich bin im Begriff, dem zu folgen," werdet ihr ein Weiser des Wassermann-Zeitalters sein.

Was könnt ihr tun, das Gott nicht tun könnte? Laßt es mich indirekt sagen: Ihr alle sprecht über Sex und Potenz und Impotenz. Wie mächtig seid ihr und wie machtlos ist Gott? Wenn ihr mächtiger seid als Gott, was könnt ihr tun, das Gott nicht tun könnte? Das ist eine Frage. Wißt ihr die Antwort?

S: Einen anderen Menschen schaffen.

YB: Ihr könnt ein anderes Wesen wie euch selbst kreieren. Gott kann nicht einen anderen Gott kreieren, der besser wäre als er selbst. Das ist eine männliche Energie.

Sie wird von der weiblichen umgeben, *Prakirti*. *Purkha* kann nicht einen anderen *Purkha* kreieren, während der menschliche Körper – *Purkha* mit *Prakirti* – einen anderen *Purkha* – Schöpfer erschaffen kann.

Ihr habt viele Fähigkeiten. Ihr könnt handeln wie Gott, ihr könnt Gott sein, ihr könnt schöpfen wie Gott. Aber Gott kann es nicht. Gott kann nur euch nach Seinem Bilde erschaffen. Ihr könnt nicht ohne Karma erschaffen werden, und ihr könnt das Karma nicht loswerden, wenn ihr nicht das absolute Dharma, den absoluten Weg des richtigen Lebens nach dem Gesetz des Universums, das alle Dinge in Verbindung hält, um euch zu führen. Gott ist sehr clever. Er will nicht, daß jeder zurückkommt. Wißt ihr was ich meine? Ich sehe Sein Geschäft. Er ist wie eine Mutter, die ihrer Kinder überdrüssig wird. Er sagt,

„Geht und spielt im Karma, und kommt 3 Tage später zurück. Ich brauche eine Pause." Gott hat euch die Mutter Natur gegeben und gibt euch die Geburt. „Geht, geh, geht, geht und spielt euer Spiel." In dem Spiel hat er Maya folgendermaßen erschaffen:

ਪਲਚਿ ਪਲਚਿ ਸਗਲੀ ਮੁਈ ਝੂਠੈ ਧੰਧੈ ਮੋਹੁ ॥

Palach palach sagalee mu-ee jhootai dhandhai mo-ho.
- Guru Arjan, Siri Guru Granth Sahib, page 133
Everybody dies suffering in false entanglements with worldly things.

Ein jeder stirbt, indem er an den falschen Verknüpfungen mit den weltlichen Dingen leidet.

Durch die Liebe zu all diesen Verknüpfungen, werdet ihr verwickelt und euer Karma wächst und wächst, und hält euch in Gang.

Einmal hatte jemand eine großartige Aura und eine große Arcline. Ich pflegte mich daran zu erfreuen. Aber es ging total zum Fenster heraus. Aus Neugier blickte ich eines Tages darauf und sagte zu der Person, „Was ist passiert?"

„Ich weiß es nicht."

Es ist genauso, als wenn man einen Diamanten verliert und einen würfelförmigen Zirkon an seinen Platz tut und ihn einen Diamanten nennt. Wo habt ihr dieses lächerliche Benehmen gelernt? Ihr habt ein diamantengleiches Leben, und unschätzbares *Prana* und ihr spielt einzig diese kleinen Spiele hier und da? Wofür? Was wollt ihr dabei herausbekommen? Nichts. Ihr verliert eine Chance.

Eines Tages sagte ein Mädchen zu mir, „Ich bin in diesen Mann verliebt."

Ich sagte, „Okay, danke schön." Gut, was sollte ich sagen?

Dann einige Minute später sagte sie, „Ich bin auch in Dich verliebt."

Ich sagte, „Das kann nicht passieren."

„Gut, warum nicht?"

Ich sagte, „Wenn Du mich geliebt haben würdest, wärest Du dahin gekommen wo ich bin. Wenn Du in jemanden verliebt bist, ist das Dein Niveau; Du bist steckengeblieben. Das ist eine lange Treppe. Ich wünschte, Du würdest mich lieben, komm dahin wo ich bin. Ich will, daß Du mich liebst. Ich brauche jemanden, der mich liebt. Liebe mich, aber komme dahin, wo ich bin. Liebe mich nicht und bring mich an den Boden, wo Du bist. Das ist keine Liebe."

Liebe dich? Liebe dich wofür? Ihr habe eine goldene Chance, die Gott euch gegeben hat und der ihr euch erfreuen könnt, und sie nutzen. Es ist nur ein ernstes Gebet, das jeder die Chance nutzen sollte und ein Lehrer werden, anderen dienen, sie erheben, und die Fesseln des Karmas von anderen ablösen. Zieht nicht noch mehr Karma auf euch. Balanciert es aus. Kommt nach Hause mit einem Lächeln und was Nanak sagt möge wahr werden:

ਜਿਨੀ ਨਾਮੁ ਧਿਆਇਆ ਗਏ ਮਸਕਤਿ ਘਾਲਿ ॥
ਨਾਨਕ ਤੇ ਮੁਖ ਉਜਲੇ ਕੇਤੀ ਛੁਟੀ ਨਾਲਿ ॥
Jinee naam dhi-aa-i-aa, ga-ay masakat ghaaL Naanak tay mukh ujalay, kaytee chhutee naal.
- Guru Nanak, Siri Guru Granth Sahib, page 8, (Slok of Japji Sahib)
Those who dwell on the Name, and depart after putting in their efforts in the right direction. Shining are their faces and they save many others.

Leuchtend sind die Gesichter derer, die im *Nam* verweilen, nachdem sie ihre Anstrengungen in die richtige Richtung gelenkt haben, und sie werden viele andere retten.

Laßt mich das für das Wassermann-Zeitalter übersetzen, anders als die wörtliche Übersetzung, die ihr habt: „Nanak, those who have purified their identity – Nanak, die die ihre Identität gereinigt habt – Jinee naam dhi-aa-iaa: Those who have micro- and macro-consciously looked at their identity of Self – Diejenigen, die mikro- und makrobewußt auf die Identität ihres Selbst geblickt haben. Ga-ay masakat ghaal: Those who have done this great, hard job, this very difficult task – Die, die diesen großen, harten Job, dieses sehr schwierige Ziel verwirklicht haben. Nanak tay mukh ujalay: Nanak, they have beautiful, bright, and bountiful faces – Nanak, die haben wunderschöne, helle und freie Gesichter. Ketee chhutee naal: They left their karma here, forever – Sie haben hier ihr Karma für immer hinter sich gelassen."

Das Ziel des Besuches auf der Erde und des Menschseins ist es, daß ihr euer Karma hier abladet und es nicht in das nächste Leben tragt. Das ist die Absicht. Das ist es, warum ihr dem Meister dient. Ihr liebt den Meister nicht, ihr lernt nicht vom Meister. Lernt, was ihr lernen könnt. Ihr habt alles in euch. Ihr könnt von Büchern aus der Bibliothek lernen, aber ihr könnt vom Meister lernen, wie ihr euch ausliefert, übergebt. Ihr versteht nicht, daß es da eine Catch-22 – eine Abseitsfalle gibt. Wenn ihr euch ausliefert, liefert sich das Karma ebenfalls aus. Ihr steigt auf, wie ein Phönix aus der Asche, und das Karma bleibt hinter euch. Dann bleibt es ein Kopfschmerz des Meisters. Das ist eine Tatsache. Ihr versteht das nicht. Niemand hat es euch gelehrt. Ich verstehe, daß ihr spirituell seid, und Gott segne euch. Aber ihr seid alle blind. So führt der Blinde den Blinden in die Grube. Tatsächlich ist es so, daß, wenn ein menschliches Bewußtsein sich dem Meister ausliefert, und zur gleichen Zeit damit das Karma ausliefert, und es hinter sich gelassen wird, daß der Mensch aufsteht. Das ist es, wie ihr die Fesseln des Karmas brecht.

ਜੇ ਸਉ ਚੰਦਾ ਉਗਵਹਿ ਸੂਰਜ ਚੜਹਿ ਹਜਾਰ ॥
ਏਤੇ ਚਾਨਣ ਹੋਦਿਆਂ ਗੁਰ ਬਿਨੁ ਘੋਰ ਅੰਧਾਰ ॥
Je sa-o chandaa ogav-eh sooraj char-eh hazaar. Aytay chaanan hoodiaa(n), gur bin ghor andhaar
- Guru Nanak, Siri Guru Granth Sahib, page 463
If a hundred moons arise and a thousand suns appear, even with such light, there would be pitch darkness without the Guru.

Selbst wenn 100 Monde aufgingen und 1000 Sonnen erschienen, selbst in diesem Licht, wäre es dunkel, wie in der Grube, ohne den Guru.

„Wenn da 100 000 und 100 000 Sonnen wären, ohne den Guru gibt es kein Licht. Da ist Dunkelheit."

Warum wurde das gesagt? Warum? Weil es eine Tatsache ist. Jemand fragte mich, „Warum soll ich mich übergeben?"

Ich sagte, „Warte eine Minute. Wenn Dein Bewußtsein nicht so unendlich geworden ist, daß Du im Nichts die Einheit sehen und erfahren kannst, warum glaubst Du, daß die Fessel des Karmas weggehen sollte?"

„So, das ist eine andere Art der Interpretation."

Ich sagte, „Nein, das ist keine Interpretation. Das ist eine Tatsache."

276

Wer kann euch etwas erzählen über das Sichhingeben, über Ehe, und Liebe und Beziehung?

ਧਨ ਪਿਰੁ ਏਹਿ ਨ ਆਖੀਅਨਿ ਬਹਨਿ ਇਕਠੇ ਹੋਇ ॥
ਏਕ ਜੋਤਿ ਦੁਇ ਮੂਰਤੀ ਧਨ ਪਿਰੁ ਕਹੀਐ ਸੋਇ ॥
Dhan pir ay-eh na aakhee-an bahen ikathay ho-eh.
Ayk jot du-eh mooratee dhan pir kehee-ai so-eh
- Guru Amar Das, Siri Guru Granth Sahib, page 788
They are not said to be husband and wife, who merely sit together.
They alone are called husband and wife, who have one light in two bodies.

Man nennt sie nicht Mann und Frau, die nur zusammensitzen. Nur die werden Mann und Frau genannt, die ein Licht in zwei Körpern haben.

„Nennt sie nicht groß, die zusammensitzen, miteinander lieben, zusammen sind und einander erfreuen. *Ayk jot du-eh mooratee*: One soul in two bodies, they are great – Eine Seele in zwei Körpern, die sind groß." Das bedeutet eine Verschmelzung. Ihr verschmelzt. Ihr habt die Quelle des Lebens und den Drang des Lebens im Einssein des Selbst zu verschmelzen.

Einige Leute verschwenden ihr gesamtes Leben, um damit zu protzen, daß sie jemand sind. Einige Menschen verschwenden ihr Leben, indem sie die ganze Zeit Widerstand leisten. Einige Menschen sind krankhafte, selbstsüchtige Neurotiker; sie machen sich selbst zum Millionär und dann zerstören sie es. Was ein Drama! Was ist das? Habt ihr einige Menschen gesehen? Mit all dem, das Gott ihnen gegeben hat, sind sie sehr undankbar. Sie werden armselig bitten, sie werden erbärmlich bitten.

Menschen fragen mich, „Wie geht es Deiner Gesundheit?"

Ich sage, „Schön. Besser als gestern." Weil ich gestern sehr krank war und heute am Leben bin. So geht es mir heute besser als gestern. Wie auch immer, warum sind Krankheit und Beschwerden so arg? Was ist falsch daran? Trotz alledem ist dies der athletischste Körper. Er war wie Stahl gebaut. Es ist der Körper eines Mahan Tantric, ein Yogi. Er wurde für 48 Jahre gegeben und das arme Ding hat sich auf 67 oder irgendetwas

Was ist die Wirklichkeit des Lebens? Nicht noch mehr Karma auf sich zu ziehen. Wenn ihr mehr Karma auf euch zieht, wird der Kreislauf von Leben und Tod anhalten. Das könnt ihr euch nicht leisten. Ihr wollt frei sein. Ihr wollt nach Hause gehen.

erstreckt. Was wollt ihr mit diesem Körper, immer leben? Ist es nicht vorgesehen, daß ich krank werde und sterbe? Nach alledem muß dort irgendwo ein Grund sein, ihn zu töten. Der Körper ist einfach wie ein Hemd. Wie lange tragt ihr ein Hemd, verschwitzt und eingerissen? Was wollt ihr damit machen? Ich will kein neues Hemd. Ich will in das Land der absoluten Nacktheit gehen – das Gott genannt wird. Kennt ihr den anderen Namen Gottes? „Das Land des absoluten Nackten." Und ihr könnt es durch die Schlucht des Todes betreten.

Ihr habt mich nicht über den Tod sprechen hören. Ich bin sehr gut, weil ich es weiß. Wißt ihr, was euer göttlicher Name ist? „Lebende Mühe." Wir sind komisch. Wir sind tatsächliche Comics, wie diese Comics, die in den Zeitungen jeden Tag erscheinen. Und manchmal sind wir sehr komisch. For sympathy we create empathy, we create loneliness – Für Mitgefühl erschaffen wir ein Einfühlungsvermögen, wir erschaffen Einsamkeit. Diese Menschen sind am lügen.

Eines Tages erzählte mit ein Mädchen, „Dieser Mann erzählt mir dies, dies, dies, dies."

Ich sagte, „Er will einfach mit Dir Sex haben, und ihr glaubt an freien Sex. Eines Tages habt den Sex und achtet darauf, was er bewirkt."

„Oh nein, er ist sehr ernsthaft."

Ich sagte, „Willst Du wetten? 10 zu 100. Wieviel?"

Sie sagte, „100."

Ich sagte, „Okay." Ich habe die Wette gewonnen. Sie hatte Sex für 3, 4, 5 Tage. Danach sagte sie, „Ich werde Dich anrufen, Du ruf mich nicht an." Sie war sehr verzweifelt, als sie mich anrief.

Sie sagte, „Gott, das war ein anderer Fehler."

Ich sagte, „Gut, wie steht es mit unserer Wette? Ich will mein Geld. Ich will grüne Scheine sehen. Ich will mein Geld. Eine Wette ist eine Wette."

Sie sagte, „Warum habe ich das getan?"

Ich sagte, „Das ist eine andere Sitzung. Warum Du es getan hast, warum Du es tust, warum Du es immer wieder tust. Was an Dir falsch ist, das ist Deine Phantasie. Aber das hat nichts mit der Wette zu tun. Bitte bezahl mich erst und dann werde ich mit Dir sprechen."

Wißt ihr, manchmal, wenn ich Menschen berate, sage ich, „ich werde nochmals 50 Dollar fordern," weil beim Kundalini-Yoga nicht ohne Bezahlung unterrichtet wird. Ihr übernehmt keine persönlichen Verpflichtungen. Ihr werdet im voraus bezahlt. Das Prinzip ist: *Wenn ihr jemals mit leeren Händen kommt, werdet ihr mit leeren Händen gehen.* Das ist ein Gesetz, das niemals gebrochen werden sollte. Wenn jemand mit leeren Händen kommt, schickt ihn mit leeren Händen zurück. Das ist nicht darum, weil wir gierig wären und Geld haben müssen. Nicht das. Aber darin ist ein Prinzip verwickelt. Ihr verdient, um zu lernen.

(Für die Details der folgenden Meditation siehe Seite 280.)

Ihr fühlt euch heute sehr entspannt. Ihr werdet diese Meditation für 62 Minuten machen, weil wir heute Nacht eine höchst kraftvolle *kriya* durchführen werden. So brauche ich also eure Fähigkeit, damit umzugehen. Andernfalls werden wir nichts Vernünftiges zustande bringen. Ich bereit euch nur vor.

Meditation mit der tanzenden Hand

Mudra: Sitze im Schneidersitz mit einem geraden Rücken. Beuge die Ellenbogen in die Seiten des Körpers. Bringe die Hände mit nach vorn weisenden Handflächen in Schulterhöhe und etwa vor die Schulter. Mache eine lockere Faust, wobei der Daumen auf der Außenseite der Finger liegt und der Jupiter-Finger (Zeigefinger) gerade nach oben zeigt.

Bewegung: Beginne die Hände und Arme vom Handgelenk bis zum Ellenbogen in einem Halbkreis zu rotieren. Das ist nicht nur eine Bewegung der Handgelenke, sondern bezieht die Unterarme mit ein. Beginne in der Weise, daß die Hände vor den Schultern gehalten sind, während die Handrücken zum Körper weisen.

(a): Dann drehe die Hände so herum, bis zum Schluß die Handflächen zum Körper blicken. Dabei bewegt sich die rechte Hand gegen den Uhrzeigersinn und die linke mit dem Uhrzeigersinn.

(b): Dann kehre sofort in die Ausgangsposition zurück. Bewege dich sehr schnell; ist es beinahe, als wenn du deine Hände „tanzen läßt" und ebenso die Unterarme und Finger. Fließe in die Bewegung, genieße sie und gehe hinein. Es ist eine sehr entspannte Bewegung. Da sollte keinerlei Spannung in den Händen, Handgelenken, Ellenbogen oder Unterarmen sein.

Musik: *Das Band Dhuni wird gespielt.*

Mantra: Sat Naam, Sat Naam, Sat Naam Ji, Waa-hay Guroo, Waa-hay Guroo, Waa-hay Guroo Ji. Dies ist das Mantra, das mit dem Band benutzt wird, aber es zeigt nicht an, daß du laut singen sollst.

Augen: Yogi Bhajan schloß seine Augen, während er die Übung vorgemacht hat.

Zeit: 62 Minuten.

Ende: Atme tief ein und entspann dich.

Kommentare/Wirkungen: Erlaube nicht, daß irgendeine Spannung im Bereich von Unterarm und Ellenbogen auftritt. Laß die Bewegung sehr locker, entspannt und lebendig sein. Fühle, daß vom Ellenbogen bis zum Handgelenk kein Gewicht ist.

Die Meditation wurde als Vorbereitung für die Meditation desselben Abends durchgeführt. Die Meditation der tanzenden Hand öffnet und entspannt den Herzmeridian, (einen der Meridiane im Unterarmbereich) und erlaubt damit eine tiefere Erfahrung für den Unterricht am Abend.

Emotionaler Ausgleich

KLASSE 16 vom Abend des 30. Juli 1996

Emotionaler Ausgleich ist euer größter Feind. Wenn ihr beginnt, euch emotional auszugleichen, dann sind im selben Moment eure Intelligenz, eure Größe, eure Weite, eure Höhe, eure Erhabenheit, all die sind im selben Moment weg. Es ist, als lebt ihr betrunken.

Wir sprechen jetzt über emotionalen Ausgleich. Habt ihr diesen Begriff vorher schon gehört?

Klasse: Ja, Sir.

YB: Emotionaler Ausgleich ist ein tatsächlicher Zustand des Verstandes eines Menschen, durch den seine Fähigkeiten unterbewußt geführt werden. Wir plazieren alles im Unterbewußtsein. Ist das verstehbar?

Klasse: Ja, Sir.

YB: So, wenn ihr alles ins Unterbewußtsein ladet, greift das Unterbewußtsein bestimmte Areale heraus und beginnt, euch zu führen. Die, die durch ihr Unterbewußtsein geführt werden, sind niemals intelligent. Punkt. Wie man also sagt, „Intellektuelle sind groß, aber Intellektuelle sind niemals intelligent." Das kommt daher, weil der Intellekt euch einwickelt und seid ihr einmal vom Intellekt eingewickelt, werdet ihr niemals in die Position kommen, Arbeit zu leisten. Ihr werdet eine Menge Intellektuelle im Kaffeehaus finden. Das ist es, warum sie herumhängen. Sie trinken Kaffee, fahren damit fort, sich zu unterhalten, trinken Kaffee, fahren darin fort, sich zu unterhalten, trinken Kaffee, fahren darin fort, sich zu unterhalten. Das ist es was sie tun. Intellektuelle sind unter denen, die, die, wenn ihr ihnen einen praktischen Job gebt, ihn nicht ausführen werden. Eine körperlich Intellektuelle wird oft als Masseurin enden. Sie lieben es, andere Menschen zu massieren, weil sie sich selbst nicht massieren können. Es gibt Krankheiten, die ihr praktisch nicht einmal besprechen könnt, weil die Einstellung einer Person ist, daß sie einsam ist. Eine einsame Person will eine Verbindung machen, aber, in der Verbindung, habt ihr ein Problem.

Emotionaler Ausgleich ist euer größter Feind. Wenn ihr beginnt, euch selbst emotional auszugleichen, dann sind eure Intelligenz, eure Größe, eure Weite, eure Höhe und eure Erhabenheit, alle sie weg. Es ist, wie betrunken zu leben. Beim emotionalen Ausgleich tut ihr das am meisten narrenhafteste Ding. Ihr wollt einen

Kuchen haben und ihn auch essen. Dann wollt ihr tun, was ihr wollt. Emotionaler Ausgleich ist ein Ding, das euch einsam hält, weil emotionaler Ausgleich das Ego füttert. Er verstärkt nicht euren Geist. Das ist der schlimmste Teil davon. Ihr seid in einem Konflikt: „Ich will ich sein, und auf der anderen Seite will ich das sein, ich will dies sein, ich will....." Habt ihr gesehen, daß man mit einigen Leuten nicht einmal sprechen kann? Ihr könnt nicht mit ihnen sein.

Die Tragödie einer Person ist nicht was ihr denkt. Die Tragödie einer Person ist, daß, wenn ihr töricht seid, wenn ihr emotional seid, wenn ihr nicht ehrbar seid, dann seid ihr auszubeuten.

Wenn ihr nicht spirituell seid, nicht stark, nicht moralisch in der Höhe, dann seid ihr auszubeuten, und warum solltet ihr nicht auszubeuten sein? Jeder hat etwas im Leben auszubeuten. Ihr seid auf 8 Wegen ausbeutet: Sexuell, sinnlich, körperlich, persönlich, geistig, finanziell, sozial und seelisch. Das sind die Ausbeutungen. Jeder will euch und ihr wollt jeden. Das ist der Krieg. Es ist ein seelischer Krieg.

Aber jedes Ding hat seinen Preis. Einige Leute wollen Heiler werden, ohne sich selbst spirituell zu erheben. Ohne das Wissen der Anatomie und ohne die geeignete Erfahrung wollen sie Masseuse werden. Einige Leute wollen Lehrer sein, aber wo ist der Charakter? Wo sind die typischen Merkmale?

Was ist Psychologie? Ihr liegt auf dem Sofa und erzählt eure Geschichte, „Uh huh, ooh, aah haa." Tatsächlich, ihr spukt es aus und ihr fühlt euch erleichtert. Dann erzählt ihr euch: „Gut, wissen sie, nehmen sie den Mittelweg."

Was ist Liebe? Es ist der Zustand ausgleichender Verzauberung, in dem ihr euch nicht selber kennt. Unaufmerksamkeit ist die Betörung eurer Liebe. Wenn ihr euch selbst liebt, wenn ihr in Ekstase seid, wen könnt ihr lieben, wen könnt ihr kennen, was könnt ihr tun?

Jedes Ding hat seinen Preis, und wir alle zahlen den Preis. Ich habe Menschen gesehen, die Millionen und Abermillionen von Dollar besitzen. Sie sind jung, sie sind erfolgreich und sie sind in großem Schmerz. Es gibt keine Erfüllung im Verstand des Menschen, der nicht weiß, wie er sich übergeben soll. Das ist euer Problem. Anstatt euch zu übergeben, unternehmt ihr einen sehr kraftvollen, kompensierenden Prozeß. Sobald ihr euch übergebt, ist das Karma auch übergeben; und sobald das Karma mit übergeben ist, seid ihr frei. Dann könnt ihr das Dharma annehmen. In dem Moment, in dem ihr im Dharma seid, und in dem das Dharma eure Priorität ist, werdet ihr niemals ein Gegenstand des Karmas sein – ihr seid frei, ihr seid befreit, ihr seid okay. Ihr seid ihr selbst. Und dann könnt ihr euch eurer selbst erfreuen. Ihr sagt was ihr fühlt, ihr tut was ihr fühlt, ihr seid ein erhöhtes Selbst. Das ist sehr schön, es ist sehr ordentlich.

Aber dann könnt ihr diesen emotionalen Ausgleich nicht benutzen. Damit kommt es zum Ausgleich im Verstand, zum sozialen Ausgleich, zum persönlichen Ausgleich, zum kreativen Ausgleich, Gott, das führt euch durch die Hölle. Gibt es da irgendeine Chance, daß ihr ihr sein könnt?

Das wunderbare an der Sache ist, daß sie nicht notwendig ist. Wir sind keine Narren, wenn wir euch sagen, „Steht am Morgen auf und nehmt eine kalte Dusche." Alles, was wir wollen, ist, daß das Blut durch die Kapillaren zirkuliert. Und es gibt keinen anderen Weg, die Kapillaren zu öffnen, als durch eine kalte Dusche. Da gibt es keinen anderen Weg. Im Westen nennt man das „Hydrotherapie." Im Osten nennt man es „Ishnaan." Es ist das wunderbarste Ding. Wenn ihr die kalte Dusche nehmt, dann schlägt das Blut aus dem Körperinneren in die Außenseite, um den Angriff abzufangen. In dem schnellen Moment, öffnet es alle Kapillaren. Wenn die Kapillaren offen sind, versorgen sie eure Drüsen und wenn das Drüsensystem gut versorgt ist, sezerniert es. Die Chemie eure Blutes wird perfekt. Das gibt euch die Kapazität zu handeln, zu denken, zu wissen; und es gibt euch Entschlossenheit und Vitalität. Was ist daran so schlimm? Aber die Menschen können keine kalte Dusche nehmen, weil sie nichts kostet. Ihr wollt etwas spezielles tun, worüber ihr sprechen könnt.

Ich habe mit einer Lady in Los Angeles gesprochen. Sie sagte, „Oh, ich muß zu meinem Psychiater gehen. Ich habe einen Termin."

Und ich sagte, „Geh los, wir sprechen dann später."

Also ging sie zum Psychiater und der sagte, „Wo sind Sie gewesen, Sie sind ein bißchen spät?"

Sie sagte, „Gut, unterwegs sah ich Yogi Bhajan."

„Oh," sagte er, „mein Lehrer?" Er sagte, „Ich habe bei ihm gelernt."

So eine Woche später kam sie zu mir und sagte, „Ich will einen Termin bei Dir."

Ich sagte, „Ich mache diese Art Arbeit nicht."

„Oh, Du hast mit mir an dem Tag gesprochen."

Ich sagte, „Das war mein Mitgefühl. Ich war freundlich zu Dir."

„Gut, ich will Dich wirklich als meinen Berater."

Ich sagte, 5 000 Dollar die Minute. Schreib einen Scheck, dann werden wir uns unterhalten."

„Du bist verrückt zu mir."

Ich sagte, „Nein, ich bin nicht verrückt zu Dir. Ich weiß wie krank Du bist und ich weiß, wieviel Du zahlen müßtest, damit es Dich schmerzt. Also, was könnte ich sagen, daß Du es hörst? Du schätzt eine kostenlose Beratung nicht."

Mit dem emotionalen Ausgleich kommt der verstandesmäßige Ausgleich, der soziale Ausgleich, der persönliche Ausgleich, und der kreative Ausgleich. Gott, es führt dich durch die Hölle. Gibt es da irgendeine Chance, du selbst zu sein?

Weil wir in unserer Vorstellung vom Leben eine Idee haben. Wir haben all diese Ideen und wir haben all diese Ausgleiche. Wie werden wir dann wir selbst sein? Ihr seid nicht der emotionale Ausgleich, ihr seid nicht dies, ihr seid nicht das. Ihr seid ihr.

Nun schaut in euch selbst für einige Minuten; und ihr seht, wie ihr mit jedem umgeht, außer mit Gott. Na los. Schließt eure Augen und seid aufmerksam, und seht. Nun gebt es zu.

(Für etwa 30 Sekunden Stille.)

Nun öffnet eure Augen und schaut mich an und seht, wie viele Male im Leben ihr Fehler gemacht habt. Und habt ihr gesehen, daß die Ursache all dieser Fehler emotionaler Ausgleich ist?

„Jetzt ist dieser mein Sohn, dies ist meine Tochter. Oh, das ist mein Freund. Oh, das ist mein dies, dies ist mein das." Dann wollt ihr Kontrolle, Führung, Rat – so viele Dinge. Warum? Warum tut ihr das? Emotionaler Ausgleich. Aber ihr könnt nicht gegenüber treten und könnt nicht richtig stellen. Ihr handelt damit im Sinne von emotionalem Ausgleich.

Des Lehrers erste Aufgabe ist es, gegenüberzustellen. He, da gibt es etwas, das ist besser als alles was ihr habt – das ist menschliche Erfüllung. Es ist sehr hoch, es ist unbezahlbar. Es ist sehr wunderbar. Es ist elegant. Erfüllung ist keine kleine Sache. Vollendung – was ist eure Leistung? Ihr könnt gar nichts leisten. Weil ihr .....?

Klasse: .... emotionalen Ausgleich betreibt.

YB: Alles ist für euch emotional so wichtig. Gibt es wahrhaftig irgendetwas wichtiges für euch? Ein Kind kommt und beginnt einen Wutanfall hinzulegen, ihr beginnt ihm Geld zu geben. Geld, Honig, Häschen – ihr wickelt alles da herum. Oder ihr wollt nicht kämpfen. Ihr seid ängstlich.

Denn es ist das Problem einer gespaltenen Persönlichkeit, wodurch ihr eine alternative Persönlichkeit erschafft. Ein normaler Mensch hat 16 Persönlichkeiten. So, technisch gesprochen, ihr wißt nicht, ob ihr, während ihr sprecht, mit „A" oder mit „D" oder mit „G" oder mit „F" sprecht. Ihr habt keine Idee darüber. Das ist die Art und Weise wie wir sind. Laßt uns da herauskommen, sollen wir?

Klasse: Ja, Sir.

(Zu den Details für die Meditation siehe die Seite 289 und die nachfolgende.)

YB: Diese kriya habt ihr auf den Fersen sitzend zu tun. Habt ihr das Band von .....

ਆਦੇਸੁ ਤਿਸੈ ਆਦੇਸੁ ॥ ਆਦਿ ਅਨੀਲੁ ਅਨਾਦਿ ਅਨਾਹਤਿ ਜੁਗੁ ਜੁਗੁ ਏਕੋ ਵੇਸੁ ॥
Aadays tisai aadays. Aad aneel anaad anaahat jug jug ayko vays.
- Guru Nanak, Siri Guru Granth Sahib, page 7, (30th pauri of Japji Sahib)
I salute God again and again. God is primal and pure, with unknown beginning, Who cannot be destroyed, and Who remains the same through all the ages.

Ich grüße Gott wieder und wieder. Gott ist ursprünglich und rein, ohne bekannten Anfang. Er kann nicht zerstört werden und er bleibt derselbe durch alle Zeitalter.

Ich glaube nicht, daß wir das Band haben. Also gut, nehmt eure Hände hoch, laßt es uns machen, wir werden das Band später hören oder das hier wird ein Band werden.

(Die Klasse beginnt in einem monotonen Ton das Singen. Jedes Wort wird sehr deutlich gesprochen mit einer leichten Pause zwischen jedem Wort. Nur „jug-jug" wird zusammen als ein Wort gebraucht.)

YB: Sehr gut. Vom Nabel her. Die Augen sind auf die Nasenspitze gerichtet. Weitermachen. Heute gewinnt ihr entweder oder ihr verliert. Das liegt an euch.

YB: Gebt nicht auf! Gleichmäßig, gleichmäßig. Überschreitet die Grenze des Schmerzes, durchschreitet den Schmerz! Gleichmäßig und kräftig.

Streckt eure Arme in die Höhe, werdet standhaft. Los jetzt. Streck euch, streckt euch!

Vom Nabel! Vom Nabel!

30 Sekunden. Einatmen. Den Atem anhalten. Die Wirbelsäule pressen. Ausatmen. tief einatmen. Haltet fest. Preßt die Wirbelsäule von der Basis zur Spitze. Entspannt euch.

Ihr habt einen sehr guten Job getan. Sitzt jetzt in Frieden. Wie war das?

Es ist keine kleine Übung. Ihr müßt auf den Fersen sitzen, dann werdet ihr niemals Verdauungsprobleme haben. Und wenn ihr das tut, werdet ihr niemals *irgendein* Problem haben.

Dies sind die Worte von Nanak, der so ein großer Lehrer war. Er ging zu den *siddhas*, den Perfekten und hat sie korrigiert. Jetzt wißt ihr es, die Dinge kommen nicht leicht. Ihr müßt hingehen und dafür bezahlen. Es ist ein Gruß an die Unendlichkeit – an den Gott jenseits des unendlichen Gottes. *Aadays tisai ades. Aad aneel anaad ana ahat, jug jug ayko vays.* Es bedeutet: „Ich grüße Dich, ich grüße Dich, der am Anfang ist: Aad anee. Durch all die Details: Anaad anaahat. Durch alles Selbst und selbstlos und durch alle Zeit wirst du immer derselbe bleiben: Jugjug ayko vays. Wenn ihr nur dieses *Pauree* aus dem *Japji* lernt, macht es zu einer Routine, wird das gesamte Wissen des Universums und jenseits des Universums zu euch kommen, ohne daß ihr ein Buch lest. In diesem *sutra*, ist die Einführung des Wissens, das in jedem von euch gelegen ist.

ਏਕਾ ਮਾਈ ਜੁਗਤਿ ਵਿਆਈ ਤਿਨਿ ਚੇਲੇ ਪਰਵਾਣੁ
Ayk maa-eh jugat viaa-ee, tin chalay parvaan.
There's One mother, who is married to time and she has accepted the trinity, the three chelas, the three disciples.

Es gibt eine Mutter, die mit der Zeit verheiratet ist. Sie hat die Dreieinigkeit angenommen, die drei Chelas, die drei Schüler.

ਇਕੁ ਸੰਸਾਰੀ ਇਕੁ ਭੰਡਾਰੀ ਇਕੁ ਲਾਏ ਦੀਬਾਣੁ
Ik sansaaree, ik bhandhaaree, ik laa-ay deebaan.
One creates, one sustains, one assesses, so he Destroys or Delivers.

Einer erschafft, einer erhält, einer schützt, so zerstört er oder befreit.

ਜਿਵ ਤਿਸੁ ਭਾਵੈ ਤਿਵੈ ਚਲਾਵੈ ਜਿਵ ਹੋਵੈ ਫੁਰਮਾਣੁ
Jiv tis bhaavai, tivai chalaavai, jiv hovai furmaan.
As God wishes and pleases Him, that's how everything runs, and that's how He commands. Then there's a very beautiful line:

Wie Gott es wünscht und wie es Ihm gefällt, das ist es, wie alle Dinge geschehen und so befiehlt Er.
Dann gibt es eine sehr schöne Zeile:

ੳਹ ਵੇਖੈ ੳਨਾ ਨਦਰਿਨ ਆਵੈ ਬਹੁਤਾ ਏਹੁ ਵਿਡਾਣੁ

Oh vekhai ohnaa nadar na(n) aavai bahotaa ayho vidaan.

God sees everything, but we can't see Him. That's the biggest surprise for us.

Gott sieht alles, aber wir können Ihn nicht sehen. Das ist die größte Überraschung für uns.

ਆਦੇਸੁ ਤਿਸੈ ਆਦੇਸੁ

Aadays tisai aadays.

Aadays means the message from the Infinite. This is the salutation of the yogi.

Aadays bedeutet die Botschaft vom Unendlichen. Es ist der Gruß des Yogi.

ਆਦਿ ਅਨੀਲੁ ਅਨਾਦਿ ਅਨਾਹਤਿ

Aadays tisai aadays. Aad aneel anaad anaahat

From the beginning, now, through the time and ever He's Infinite.

Vom Anfang, jetzt, durch die Zeit und ewig ist Er unendlich.

ਜੁਗੁ ਜੁਗੁ ਏਕੋ ਵੇਸੁ

Jug jug ayko vays.

From all times He has that, that form. That is His appearance.

Durch alle Zeiten hat Er das, diese Form. Das ist seine Erscheinung.

Fühlt sich gut an?

Klasse: Ja, Sir.

YB: Aber dennoch ein wenig abgefahren. Wenn wir das noch weitere 10 Minuten durchgezogen hätten, würden wir eine sehr unterschiedliche Erfahrung gemacht haben. So geht langsam damit voran. Es ist nicht so, daß ihr an einem Tag ein *siddha yogi* sein müßt. Diese Meditation gibt die *siddhis*, die geheimen Kräfte, über die wir sprechen.

Da sind zwei der mächtigsten Dinge. Eins werden wir morgen tun, eines haben wir heute getan. Und wir sind im Begriff, großartig zu sein. Wir gehen für Gold. Los, das ist der Planet Erde, wir sind in Espanola, das ist schön. Wir sind dieselben Leute. Ich werde euch sagen, wie wir es zu tun pflegten. Sitze auf den Fersen. Aadays tisai aadays. Aad aneel anaad anaahat, jug jug ayko vays. Aadays tisai aadays. Seht ihr meine Hände? Es sind alte, trainierte Hände. Ihr werdet keine Beugung im

Ellenbogen sehen. Sie sind trainiert. Oh Gott, manchmal fühlt ihr solch ein Feuer in der Wirbelsäule! Genießt es. Und weil ihr das liebt, wollt ihr es tun. Gute Nacht.

Meditation, um die Furcht loszuwerden und gespaltene Persönlichkeiten.

Mudra: Sitz auf deinen Fersen mit einem geraden Rücken. Strecke die Arme gerade nach vorne, parallel zum Boden, aus. Die Handflächen sind flach und blicken nach unten, die Finger weisen gerade nach vorn. Die Arme sind schulterweit auseinander.

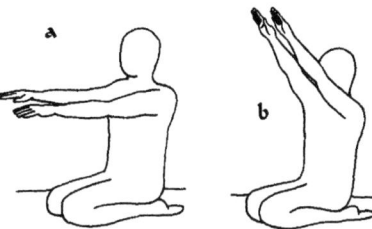

Bewegung: Wechsel zwischen (a) und (b) auf die folgende Art und Weise:

Beginn mit der Position (a)

Aadays	(b) Hebe die Arme zu einem Winkel von 60 Grad.
Tisai	(a) Bringe die Arme parallel zum Boden vor dir.
Aadays	(b) Arme hoch 60 Grad.
Aad	(a) Arme geradeaus nach vorn, parallel zum Boden.
Aneel	(b) Arme hoch 60 Grad.
Anaad	(a) Arme geradeaus nach vorn, parallel zum Boden.
Anaahat	(b) Arme hoch 60 Grad.
Jug-jug	(a) Arme geradeaus nach vorn, parallel zum Boden.
Ayko	(b) Arme hoch 60 Grad.
Vays	(a) Arme geradeaus nach vorn, parallel zum Boden.

Fahre in der Bewegung fort, und achte darauf, daß Hände und Ellenbogen feste geradeaus gestreckt werden und keine Beugung darinnen ist. Die Finger zeigen ebenfalls gerade nach vorn, das Kinn ist leicht angezogen und die Wirbelsäule gerade. Das wird in einem präzisen Rhythmus getan, mit der Projektion der Stärke.

Mantra: *Aadays tisai aadays, aad aneel anaad anaahat, jug jug ayko vays.* Dieses Mantra wird monoton und fortlaufend gesprochen. Jedes Wort wird einzeln gesprochen, mit einer kleinen Pause als Zwischenraum. Die Ausnahme ist „jugjug" - welches zusammenläuft wie ein einziges Wort. Spricht vom Nabelpunkt aus.

Augen: Auf die Nasenspitze gerichtet.

Zeit: Im Unterricht für 23 1/2 Minuten durchgeführt.

Ende: Atme tief ein, strecke deinen Rücken und halte den Atem für 10 Sekunden an. Ausatmen. Wiederholt das noch einmal. Entspanne.

Kommentare/Wirkungen: Dieses Mudra wird dir helfen, Furcht zu beseitigen. Furcht ist die Ursache aller emotionalen Kompensation, allen emotionalen Ausgleichs – der Anlaß von vielen Persönlichkeits- und Verhaltensstörungen ist.

Eine normale Person hat zwischen 16 und 20 gespaltene Persönlichkeiten. Diese Persönlichkeiten haben wir geschaffen, um mit dem Leben umgehen zu können. Wenn ihr mit einer Person sprecht, wißt ihr nicht, mit wem ihr tatsächlich sprecht. Diese Meditation wird helfen, das Problem zu korrigieren.

Das Mantra ist ein Gruß an den unendlichen Gott. Seine Bedeutung ist:

ਆਦੇਸੁ ਤਿਸੈ ਆਦੇਸੁ ॥
ਆਦਿ ਅਨੀਲੁ ਅਨਾਦਿ ਅਨਾਹਤਿ ਜੁਗੁ ਜੁਗੁ ਏਕੋ ਵੇਸੁ ॥

Aadees tisai aadays. Aad aneel anaad anaahat jug jug ayko vays.
- Guru Nanak, Siri Guru Granth Sahib, page 7, (30th pauree of JapJi Sahib)
I salute God again and again. God is primal and pure, with unknown beginning, Who cannot be destroyed, and Who remains the same through all the ages.

Ich grüße Gott wieder und wieder. Gott ist ursprünglich und rein, mit unbekanntem Anfang. Er kann nicht zerstört werden, Er bleibt derselbe durch alle Zeitalter.

Zusammen mit Übungen kann dieses Mantra dir *die siddhis*, die spirituellen Kräfte geben. Und zweiter Effekt dieser Meditation ist, daß dadurch, daß du auf den Fersen sitzt, du helfen kannst, Verdauungsprobleme zu lösen. Gehe mit der Meditationspraxis langsam voran. Übertreibe es nicht zu Beginn, weil dich das zu sehr entwurzeln kann.

Als ein Lehrer projizieren

KLASSE 17 vom Morgen des 31. Juli 1996

Wie paßt ihr hinein? Wie seid ihr im Begriff herauszukommen – aus eurem Schneckenhaus? Wie seid ihr im Begriff aus eurem Kokon herauszukommen? Wie seid ihr im Begriff mit jedem auf der Ebene der Offenheit des Selbst zu handeln? Wie könnt ihr euch so sehr öffnen, daß ihr alles in die Arme nehmt? Wie könnt ihr euch selbst so schließen, daß ihr sein könnt?

Ihr seid jetzt für eine Woche hier gewesen. Wieviel habt ihr soweit gelernt? Was glaubt ihr, das ihr gelernt habt?

Student: Zu übergeben.

YB: Nein. Wer will das? Da ist niemand, die Auslieferung anzunehmen. Die Leute haben die verrücktesten Ideen auf diesem Planten, daß ihr euch ausliefert und jemand im Begriff ist, das anzunehmen. Vergiß es, niemand will das.

Ihr seid hergekommen, um Lehrer zu sein. Ihr solltet etwas über das Leben verstehen. Leben ist nicht was ihr denkt. Leben ist nicht was ihr wollt. Euer Leben ist nicht Übergabe. Leben ist nicht Aufstand. Leben ist nicht Ungehorsam. Leben ist nicht im Gehorsam. Leben ist im Leben. Das muß angenommen werden, muß gelebt werden, muß erkannt werden, muß organisiert werden. In der Essenz muß es Austausch sein. Da gibt es drei Stadien. Wenn da die Wahrheit ist, wird es universell sein und im Austausch mit allen. Wenn es auf der Ebene des Ego ist, wird der Austausch nur mit einigen stattfinden. Wenn es eine Neurose ist, dann wirst du nur mit dir selbst austauschen.

Wißt ihr, als ihr herkam, hatte ich 35 Dollar in meiner Tasche; ich habe diese selben 35 Dollar immer noch, und ich habe immer noch nichts, und ich habe immer noch alles. Es ist eine Kraft des Lebens. Niemand machte mich zum Siri Singh Sahib, niemand machte mich zu Yogi Bhajan. Niemand machte mich zu einem Lehrer. Euer Leben hat *euch* zu akzeptieren und eure Annahme muß so projiziert werden, daß jeder andere sie akzeptieren kann.

Ihr seid willens, loszugehen und zu projizieren, aber wenn jemand das nicht annehmen will, was werdet ihr dann tun? Was glaubt ihr?

Student: Das hängt davon ab.

YB: Siehst du? „Hängt davon ab." Die Idee in diesem Leben ist, nicht abhängig zu sein. Sei niemals abhängig. Das ist, was ich euch sagen wollte: „es hängt davon ab." Wir schwanken. Wir sind niemals exakt. Wir wissen nicht.

Nehmt dies als ein Beispiel. Ich kam aus Indien. Ich war ein Offizier. Ich war gewohnt, eine Uniform zu tragen. Ich hatte einen 5-Punkte-Stern auf meiner Schulter. Ich habe Yoga nur in den Botschaften gelehrt, den Botschaftern und solcherlei Dinge. Da gab es ein Vishvayatna Yoga Ashram; das war eines der schönsten. Ich pflegte das zu leiten und sagte ihnen was zu tun und was zu lassen sei. Aber, ganz plötzlich, aus dem höchstuniformierten Offizier, wurde ich ein Yogi. Niemals kannte ich irgendjemanden, niemals habe ich all die Arrangements gemacht, alles ging daneben. Aber ich sagte nicht, „Ich weiß es nicht." Wißt ihr was ich sagte?

One day the day shall come When all the glory shall be Thine. People will say, "It is yours," I shall deny. "Not mine!" - From a poem by the same name, by Yogi Bhajan	Einst wird der Tag kommen, an dem der ganze Ruhm der Deine ist. Die Menschen werden sagen, „Er ist *Dein*," Ich werde es verneinen: „Nicht *meiner*!" - Aus einem Gedicht mit dem selben Namen, von Yogi Bhajan

Das kam aus den schmerzhaftesten, tückischsten und unruhigsten Umständen.

Wenn ihr mir sagt, ihr liebt mich, weiß ich, daß ihr nicht wißt, was Liebe ist. Liebe ist eine unendliche Nahrung. Liebe ist keine Verbindung, die taumeln kann oder ausgetauscht, oder niedriger oder höher. Da gibt es nichts dergleichen. Liebe ist für immer. Liebe ist eine Macht. Es ist die Liebe zur Mission, die mich da durchgebracht hat. Ich verstehe das. Ihr seid Gringos – Ausländer, ihr seid Westler, ihr wißt nichts von der Hingabe der Liebe.

Oh ja, ihr macht Liebe, das ist schön. Das ist okay. Aber das, war wir hier schaffen, ist für das Wassermann-Zeitalter. Wir lehren hier nicht für das Fische-Zeitalter. Ihr alle müßt sterben auf diese oder jene Weise. In den nächsten 21 Jahren ist der Scheitelpunkt – es wird schwierig sein, zu überleben. Da wird es unterschiedliche Krankheiten geben, Viren. Ende! Das ganze Ding ist im Begriff zu wechseln. Was seid ihr im Begriff zu tun? „Kann sein." Was heißt „kann sein" im Leben. Ihr müßt die Führung durch das intuitive Selbst haben, um exakt zu wissen, was ihr seid, und ihr müßt in der Lage sein, zu jedem zu passen. Das ist eure

Auslieferung – es zur Gemeinsamkeit mit jeder Nichtrealität, Realität, Lügen und Wahrheit zu bringen – ohne Bewertung.

Könnt ihr meine Position verstehen? Ich kann es nicht sehen – alles was ich sehe, ist die Aura. Die Aura lügt niemals. Ich kann die Aura lesen wie eine blinde Person die Blindenschrift. Jemand sitzt in meiner Gegenwart, er oder sie lügt, und ich sage, „Ja, ja, ja, Du bist in Ordnung, Du bist in Ordnung." Was für eine Lüge spreche ich da. Wir werden nicht aufstehen und ihnen ins Gesicht schlagen, alle 32 Zähne nehmen und ihnen in die Hand geben und sagen, „Hau ab, Du Lügner." Sollte ich das nicht tun? Nein, Leben beruht auf Gegenseitigkeit.

Einst in meinem Leben begann ich etwas Närrisches zu tun. Ich habe begonnen, die Gedanken der Leute zu lesen. Ich machte jedem Angst, so habe ich damit aufgehört. Ich sagte, "Niemals wieder." Wenn die Menschen wissen, daß du alles weißt oder zuviel weißt, hassen sie dich. Niemand will wissen, niemand will geführt werden. Niemand will handeln.

Ich kenne euch und ich kenne mich. Als mein Lehrer sagte, „Du bist ein Meister," habe ich es angenommen. Ihr alle wollt Meister sein. Vergeßt es. Übergebt euch, um ein Meister in euch selbst zu sein – die Gelegenheit wird kommen, die Realität wird an eurer Tür sein. Aber ihr könnt das Spiel nicht auf die Weise spielen, wie ihr es tut. Eines Tages seid ihr korrekt, am nächsten Tag seid ihr so und so, am dritten Tag seid ihr falsch, am vierten Tag seid ihr wieder richtig. Ihr seid nicht willens, euch zu wandeln, wie solltet ihr irgendeinen anderen wandeln können? Die erste Aufgabe eines Lehrers ist es, zu wandeln. Ihr wollt euch nicht wandeln, wie könnt ihr andere wandeln? Ihr wollt nicht gehorchen, wie sollen die Leute euch gehorchen? Ihr wollt euch nicht auszeichnen, wie können andere Menschen sich mit euch auszeichnen? Eure PR – Öffentlichkeitsarbeit ist falsch.

Ein Lehrer ist nicht ein Mensch. Ein Mensch ist nicht ein Lehrer. Er ist ein Gefäß. Er ist ein Medium. Der Mensch ist ein Medium wie es auch Geld ist. Geld ist ein Medium. Es tut, was ihr es tun macht. So ist ein Mensch, das Medium des Lehrers. Ein Mensch ist nicht ein Lehrer. Bitte versteht das nicht falsch. Wenn ein Mensch ein Lehrer ist, dann haben wir menschliche Probleme.

Die erste Fähigkeit eines Lehrers ist, sein Selbst damit zu identifizieren, daß er ein Lehrer ist. Dann muß er vor der ganzen Welt feststellen, daß er ein Lehrer ist. Als drittes sollte er wissen, daß da nichts anderes ist als ein Lehrer. Diese drei Dinge sind essentiell. Laßt euch selbst ein für alle mal wissen, daß ihr Lehrer seid.

Laßt die ganze Welt ein für alle mal wissen, daß ihr Lehrer seid. Weniger als das seid ihr falsch, ihr seid ruchlose Lügner, ihr seid für nichts gut, ihr seid ein Schwindel, und ihr habt keine Realität, welcher Art auch immer. Ich will nicht noch mehr beleidigend sein als bis dahin, aber ihr könnt noch einiges dazufügen, das ist gut.

Als ein Lehrer müßt ihr wahrhaftig sein und ihr habt zu erlösen. In gleicher Weise ist es, daß wenn eine Frau den Mann nicht reflektieren kann, sie keine Frau für diesen Mann ist. Punkt. Wenn ein Mann nicht wachsen und leuchten kann, ist er kein Mann. Was ist es dann? Leben ist ein Durcheinander. Da gibt es keine Tiefe, keine Wurzeln. Wo soll die Nahrung herkommen?

Habt ihr diese „Whole Life Expo" – Ausstellung zum ganzen Leben gesehen? Es ist ein sehr gutes Geschäft. Eines Tages gab man mir eine Druckschrift darüber. Da waren Hunderte und Hunderte von Therapien und Hunderte und Hunderte von Ideen und Hunderte und Hunderte von Lehrern. Sie haben nahezu jede Phase der menschlichen Existenz und der Menschenkunde aufgeteilt. Sie waren

Die erste Fähigkeit eines Lehrers ist es, in seinem Selbst festzustellen, daß er ein Lehrer ist und dann vor der ganzen Welt zu erklären, daß er ein Lehrer ist. Und als drittes sollte einer wissen, daß es da nichts anderes als den Lehrer gibt.

die einzigen, die angeboten haben, etwas zu lehren. „Dort würde es eine Klasse über die Menschenkunde geben, die von Yogi Bhajan unterrichtet wird." Das ist alles. Es gab drei Zeilen. Wir sind Menschen ohne Menschenkunde.

Ihr habt ein Leben. Wie seid ihr im Begriff dahinein zu passen? Wie seid ihr im Begriff aus eurer Schale herauszukommen? Wie seid ihr im Begriff, aus eurem Kokon herauszukommen? Wie seid ihr im Begriff mit jedem auf der Ebene der Offenheit des Selbst zu handeln? Wie könnt ihr euch so sehr öffnen, daß ihr alles umarmen könnt? Wie könnt ihr euch selbst schließen, daß ihr sein könnt?

Student: Übung.

YB: Ja, Disziplin und Übung, gut. Wie seid ihr im Begriff es schnell zu tun? Wenn ihr ein Lehrer seid, müßt ihr wach sein. Wenn ihr wollt, daß die Fehler von allen geheilt werden, dürft ihr selbst keine Fehler haben.

Es spielt keine Rolle, wie sehr ihr euch versteckt. Was immer ihr sagt, wird sich in der Projektion eurer Energie abbilden. Wißt ihr, was euch korrupt macht? Was euch korrupt macht, ist die Schwäche eurer Gewohnheit, die Schwäche eurer Disziplin, die

Schwäche eurer Courage, die Schwäche eurer Stärke. Da gibt es so viele Dinge. Aber niemand will korrupt sein.

Einmal habe ich eine Gruppe von Kriminellen eingeladen, die alle zum Tode verurteilt waren. Ich sagte, „Laßt mich sehen, was sie sagen." Nicht eine Person hat zugegeben, daß sie ein Verbrechen begangen hatte. Alle hatten sie eine perfekte Geschichte. Im Grunde sagten sie alle, daß sie nicht gehört worden sind, und daß man im Begriff sei, sie ungerecht zu bestrafen.

Also habt ihr Geschichten. Aber ihr lernt eine Geschichte – Entschuldigung ist ein persönlicher Mißbrauch. Es ist ein Selbstmißbrauch. Sie macht keinen Sinn.

Einer sagte einmal, „Ich liebe Gott. Ich liebe Gott. Ich liebe Gott."

Und Gott erschien und sagte, „Oh ja, ich liebe Dich auch." Die Sache kam zur Ruhe.

6 Monate später sagte Gott, „6 Monate sind vergangen und Du hast mich nicht ein einziges Mal gerufen."

„Jetzt liebe ich Shiva."

Er sagte, „Oh? Gut, okay." Also ging Gott daher und nahm Shiva beim Haar. Dann warf er ihn zu ihren Füßen und sagte, „Du liebst diesen Idioten?"

„Oh, mein Gott Shiva. Oh, mein Gott. Gerade jetzt liebe ich Dich."

Und er sagte, „Ich kenne Dich nicht, Du bist verwirrt." Gott verschwand und Shiva tat es auch.

Ein Lehrer ist nicht ein Mensch. Ein Mensch ist nicht ein Lehrer. Er ist ein Vehikel. Es ist ein Medium. Der Mensch ist ein Medium, wie Geld. Geld ist ein Medium. Es vermag, was du es tun machst. So ist ein Mensch das Medium eines Lehrers. Ein Mensch ist nicht ein Lehrer. Bitte versteht das nicht falsch. Wenn ein Mensch ein Lehrer ist, dann haben wir menschliche Probleme.

Das Einssein einer Person, oder eines Lehrers, oder eines Menschen, wird von Gott getestet – es spielt keine Rolle, wer du bist. Und wenn du den Standard deines Einsseins nicht erhalten kannst, wirst du niemals das Eine finden, welches das äußerste Eine ist.

Die, die versuchen in zwei Booten zu schwimmen, werden an der Verzweigung zerrissen. Kennt ihr diesen Spruch? Er ist eine sehr einfach Phrase. Das sind diejenigen, die „Kann sein's" und „Kann nicht sein's" haben. Denkt an die gespaltenen Persönlichkeiten, die in 9 Booten schwimmen, in 15 Booten. Was wird passieren? Es sieht gut aus, sich auszustrecken, aber es wird nicht richtig herauskommen.

Euer Leben hat eine authentische Persönlichkeit. Ihr habt eine authentische Projektion. Ihr habt ein reines Selbst. Erlaubt nicht, daß es von Maya beschmutzt wird – ihr würdet verlieren. Was ist die Idee dabei, den einen zu bekommen, der gerade hier und jetzt da ist, aber den einen zu verlieren, der in allen ist, den einen, der hier ist, jetzt und ewig?

Es ist der gleiche Unterschied als ob ihr ein kleines Ruder nehmt und damit vorwärts paddelt oder einen anderen Weg geht: Warum nicht mit einem Luxusliner durch das Leben gehen, im Liebe-Boot? Ein Leben, daß von euren Neurosen bestimmt wird, wird immer in der Mitte eines Haifisch-verseuchten Ozeans enden. Ihr werdet nicht am anderen Ufer des Hafens der Einfahrt landen.

5 1/2 Milliarden Menschen leben auf dieser Erde, aber die Menschen, die international durch ihren Geist bekannt sind, könnt ihr an 5 Fingern zählen. Ihr habt international bekannte Leute in der Politik, in bezug auf ihren Status. Der amerikanische Präsident ist bekannt, wegen seiner Behörde. Niemand kennt Clinton. Clinton wurde bekannt, als er Präsident wurde. Es ist nicht so, daß Clinton international bekannt war.

Aber der Dalai Lama ist international bekannt für seinen Geist. Papst John Paul ist international bekannt für seinen Geist. „Yogi Bhajan"[1] ist international bekannt für seinen Geist. Sie sind bekannt, wie sie sind – gut und schlecht, oben und unten: wie immer ihr es nennt, immer noch sind sie bekannt. Man nennt es „die Essenz der Seele ist bei allen Seelen verbreitet." Das muß die Ebene des Lehrers sein, der sagt, was richtig ist und nicht was gefällt, gewünscht wird oder gebraucht. Ihr werdet niemals die Wahrheit erkennen. Sprecht was es ist. Und bitte vermeidet in eurem Leben „Kann sein", „Ich weiß es nicht", „Vielleicht." Da gibt es keine Bekräftigung in eurem Leben. Das Leben selbst ist eine Bekräftigung.

Ich habe eine Teenagerin beraten und ihr etwas empfohlen. Sie war schön. Ich sagte, „Komm aus dieser Dualität heraus und dann werden wir es ausarbeiten."

Sie sagte, „Nein, nein, nein. Ich muß dies tun, ich muß das tun."

Wieviel könnt ihr diskutieren? Laß es gehen. Was ist da? Weil Maya die Leidenschaft im Mann und in der Frau bewirkt. So wie ich es euch gesagt habe, dauert das Leben 18 Jahre. Nach 18 Jahren wollt ihr einfach verbunden sein. Entweder könnt ihr euren Geist, eure Seele, eure Disziplin, euer höheres Selbst einen, oder ihr könnt einfach einen physischen Partner wählen. Gut, erinnert euch, daß, wenn ihr einen physischen Partner wählt, die Erde nicht die Himmel sind. Denn ein Ding führt zum anderen.

All diese Mädchen, die im Begriff sind, zu heiraten, sprechen niemals mit jemandem, der geschieden ist und fragen, „Warum?" Sie fühlen nicht einmal deren Leid. Das ist es, was ich sah, als ich nach Amerika kam. Jeder nahm Drogen. Jeder. Die Indianer haben aufgehört, Rauchzeichen zu geben. Aber all diese Menschen waren lebende Rauchzeichen. Es gab keine Party ohne Drogen. Und einige Menschen waren dabei, die Zubehörteile dafür zu verschieben. Das hat es alles sehr einfach gemacht. Jeder schlief mit jedem. „Ich habe einfach Sex mit jedem, ich tue alles." Da gab es nichts. Nichts. Und als ich kam, habe ich begonnen zu sagen, „Drogen sind ein Mist. Es gibt einen natürlichen Weg high zu sein. Hört damit auf. Das ist im Begriff uns zu töten." Aber viele Leute haben nicht zugehört. Am Ende taten sie es.

Nun sage ich, „Da gibt es keine Religion ohne Wahrhaftigkeit und Herrlichkeit." Viele Leute hören nicht zu. Aber sie werden.

Ein Lehrer ist ein heiliges Zeichen mit einer Würde und einem Aspekt und Vorzüglichkeit als eine Projektion. Wider die Hoffnung hoffe ich, daß ihr über die Nacht entscheidet, daß ihr Lehrer sein wollt und nichts anderes. Morgen könnt ihr den Eid des Lehrers ablegen. Ihr könnt es wie eine Zeremonie nehmen, das: „Ich bin nicht ein Mann, ich bin nicht eine Frau, ich bin nicht eine Person, ich bin nicht ich selbst......"

Klasse: „......ich bin ein Lehrer."

YB: Das ist das Ziel dieses Kurses. Dann werden wir sehen, wie viele von euch überleben.

Da gibt es eine Catch-22 – eine Abseitsfalle: Einer, der ein Lehrer ist, wird niemals hungrig sein, wird niemals mittellos sein. Wohlstand, Maya, Prakirti, dienen dem Lehrer. Das ist ein Gesetz. Jeder sonst ist ein Hetzer.

Da gibt es zwei Wege zu leben. Entweder seid ihr hier und laßt alles zu euch kommen, oder ihr rennt allem hinterher, und findet was ihr wollt. Seid nicht traurig. Ich sage euch einfach, wie es ist. Ihr hört, was ihr hören wollt. Aber wenn ihr ein Lehrer werden wollt, werdet es jetzt. Es ist nutzlos, wenn alle Zähne herausgefallen sind und der Wolf sagt, „Ich bin ein Vegetarier." Das klingt nicht richtig.

Wenn ihr in meinem Alter sein werdet, und alle möglichen Dinge passieren und passieren nicht, wenn ihr versucht, sehr heilig zu werden, wird es zu spät sein.

Gar jaavanee tobaa kardam, shevaa-e paigambar eest.
Vakte peeree, gurag-ejaalam
Me shavad parhez gaar
Persian saying
If you prohibit yourself from negative and wrong things, do it when you are young. That's the act of a Godly prophet. If the wolf becomes old, loses all his teeth, goes into the jungle, and declares himself a vegetarian, who is going to believe him?

Garjaavanee tobaa kardam: „Wenn ihr nein sagen wollt und fromm sein und falsche Dinge verneint, tut es, während ihr jung seid." Shevaa-e paigambar eest: „Das ist die Handlungsweise des Propheten." Vakte peeree, gurag-ejaalam: „In den alten Tagen sagt der blutige Wolf, „Me shavad parhez gaar": „Jetzt bin ich Vegetarier geworden." Das ist nicht wahr, nicht korrekt."

Kundalini. Wenn die jugendliche Energie der Unendlichkeit im Impuls des Menschen vibriert und nicht nutzbar gemacht wird, kann sie niemals nutzbar gemacht werden. Ist das verstanden worden?

Klasse: Ja, Sir.

YB: Also Gott hat euch für ein Ziel hergebracht. Unglücklicherweise, das ist die Chance. Verleugnet sie nicht, laßt sie nicht fahren. Macht es. „Zu sein, nicht zu sein," ist nicht der Weg. „Zu sein, um zu sein," ist der einzige Weg. Da gibt es einen Gott, einen Pfad, eine Disziplin, eine Vollendung – das ist Gott zu sein.

(Für die Details dieser Meditation siehe auf Seite 301.)

Schließt eure Augen und meditiert. Zeigt mir, wie ihr als Yogi aussehen möchtet.

Meditiert über euer Wesen als Yogi, über eure Reinheit, über eure Ehre und euer höheres Selbst.

(Die Klasse meditiert still für einige Minuten.)

Bitte öffnet eure Augen. Wie oft am Tag meditiert ihr auf euch selbst als Yogi? Seid ihr hergekommen seid, wie viele Tage habt ihr auf euch selbst als Yogi meditiert? Wie viele Male in eurem ganzen Leben habt ihr auf euch selbst als Engel meditiert? Wie viele Male habt ihr in eurem Leben verstanden, daß ihr extrem und absolut rein seid? Wie viele Male in eurem Leben habt ihr meditiert und verstanden, daß ihr ihr seid, weil Gott es so will und nicht weil ihr es wollt? Ich empfehle euch diese Formen der Meditation. Ich bitte euch um nichts.

Kundalini-Yoga sagt:

„Alles im Selbst ist das Selbst. Oh Yogi, meditiere und dann finde den wertvollen, unbezahlbaren Edelstein des Selbst und die ganze Welt gehört dir."

Wir können den Kurs nicht ausdehnen. Vielleicht werden wir einmal, im nächsten Jahr, wieder zusammen kommen und lernen.

In diesem Leben wird der Mensch, der nicht gelernt hat, sich nicht freuen. Der Zweck des Lebens ist Glück, und Glück ist das einzige für den, der gelernt hat. Selbst der allmächtige Gott kann nicht dazwischen gehen. Gott ist ganz unendlich. Da gibt es keine Bestrafung. Aber *Prakirti*, Mutter Natur, verschont nichts, treibt alles an. Das ist die Daumenregel. Mama, Mama, Mama-mia. Das tut weh. Weil *Prakirti*, die Mutter von Raum und Zeit, niemals einen Menschen verschont. Keine Chance. Keine Wahl. Gar nichts. Gut und schlecht ist alles dasselbe. Das ist in Ordnung.

Ein Freund von mir, ein Mosleme, sagte einmal, „Rabbul Raheem: Gott ist barmherzig. Er wird vergeben." Worüber sprichst du?

Ich sagte, „Aber Du mußt zur Mama gehen, und nachdem Du durch die Mama gegangen bist, was wird übrig geblieben sein von mir, das zu Gott gehe?"

Er sagte, „Gut, ich habe es niemals in der Art und Weise betrachtet."

Ich sagte, „Du blendest einfach die Leute, indem Du ihnen sagst, „Gott ist barmherzig, darum, tut was immer ihr wollt im Namen der Religion. Tötet jeden." Bist Du dumm? Weißt Du nicht, daß sogar Gott durch *Prakirti* kommen muß, um durch die Frau geboren zu werden? Wie kannst Du das vor Dir selbst rechtfertigen, daß Gott barmherzig sei und darum jedermann zu töten? Das ist es, warum die Christen ihre Kreuzzüge gemacht haben und das ist es, warum ihr Jihad gemacht habt." Ich sagte, „Was ist das? Was predigst Du? Eine Religion, die verspricht und verspricht und verspricht ist keine Religion. Eine Religion ist eine Realität, die von Menschen erfahren werden muß."

Wir hatten eine gute Unterhaltung. Am Ende sagte er, „Wo hast Du das gelernt?"

Ich sagte, „In mir selbst."

Woher lernt ihr? Ihr lernt von niemandem. Ihr lernt in euch selbst. Alles, was ihr lernt, lernt ihr durch eure Selbstdisziplin. Alles, was ihr lernt, lernt ihr aus eurer Selbstekstase.

Alles was ihr lernen wollt, lernt ihr von eurer Selbstwertschätzung. Das Selbst in einem Selbst ist ein großer Lehrer.

Ich hoffe, daß morgen einige oder alle von euch ehrenhaft sein wollen und rein in sich selbst und finden, daß sie in die Erfahrung hineingehören, den Eid der Disziplin abzulegen. Wir sind im Begriff auf euer Zertifikat zu schreiben, „So-und-so hat den Eid eines Kundalini-Yoga-Lehrers abgelegt." Es ist ein Eid, der bewußt von einem Lehrer abgelegt wird. Auf der anderen Seite werden wir schreiben, „Diese Person hat am Lehrerkurs mit exzellentem Erfolg teilgenommen." Wir werden euch loben.

Meditation über euch selbst als Yogi

Mudra: Sitzt in einer meditativen Stellung eurer Wahl. Schließt eure Augen und meditiert auf euch als Yogi, über eure Reinheit, über eure Ehre, über euer höheres Selbst. Meditiert in kompletter Stille.

Zeit: 7 Minuten.

Kommentare/Wirkungen: Wie oft am Tag meditiert ihr über euch selbst als Yogi? Wie oft in eurem ganzen Leben habt ihr über euch selbst als einen Engel meditiert, darüber, daß euer Wesen absolut rein ist, und daß ihr hier seid nach dem Willen Gottes, und nicht nach eurem eigenen, individuellen Willen?

Alles im Selbst ist das Selbst.

Oh Yogi, meditiere

und dann finde den wertvollen,

unbezahlbaren Edelstein des Selbst,

und dann gehört die ganze Welt dir.

Das Format eines Lehrers

KLASSE 18 vom Abend des 31. Juli 1996

Das Format ist die vollständige Fähigkeit eines Individuums zu kommunizieren und seine Identität zu projizieren. Es ist eine Kombination der ganzen Persönlichkeit.

Kaliber – Format. Die wichtigste Kraft eines Mannes und einer Frau ist das Format. Format mit Ausdauer, Mut, Geduld, Benehmen und Austausch – mit Rhythmus. Format ist nicht eine idealistische Situation. Format ist eine Kombination der ganzen Persönlichkeit. Das Konzept von Format ist sehr gut bekannt. Unglücklicherweise entwickeln wir nicht das Format in uns selbst. Stattdessen entwickeln wir eine Persönlichkeit, eine Identität, und Wissen. Wir haben Zeugnisse. Ihr könnt ein Zeugnis als Lehrer haben, aber ihr müßt nicht das Format eines Lehrers haben. Du kannst ein ausgewachsener charmanter Mann sein, aber du mußt nicht das Format eines Mannes haben. Du kannst eine sehr wunderbare Frau sein, aber wenn du nicht das Format einer Frau hast, dann bist du überhaupt keine Frau. Im Falle einer Frau ist das sehr unglücklich. Wenn eine Frau nicht das Format einer Frau hat, kann sie nicht den Charakter einer Frau haben. Dann kann sie auch infolge der Ausgewogenheit des Gehirns nicht die Merkmale einer Frau haben. Es ist eine schmerzlose Lage und ein endloser Schmerz in einer Lage.

Wenn er kein Format hat, wird der Mann keine Wurzeln haben. Es ist schockierend. Jeder Mann und jede Frau fürchten sich absolut, sich selbst zu identifizieren, weil sie kein Format haben. Sie haben Bildung, sie haben Empfindung, sie haben Wissen. Sie sind sehr intelligente Menschen, ganz klar. Aber sie haben kein Format. Und manchmal werdet ihr Männer und Frauen finden, die schnell wie ein Stern aufgehen, und dann stürzen sie herab. Sie fallen auseinander, weil sie nicht das Format haben, ihre Würde, Integrität und Realität zu erhalten.

Ihr wißt, daß es nicht die Frage ist, wer, was und wie ihr seid. Da muß auch Format sein, um wenigstens einen Tag zu haben.

Das menschliche Format ist wie das Kaliber eines Gewehres. Da gibt es ein Gewehr, das man einen 22er nennt (ein 22er Kaliber, Gewehr oder eine Pistole). Oder da ist das BB-Gewehr (ein kleines Luftgewehr, das 18 Kaliber Bleiprojektile verschießt), das ist das kleinste. Dann gibt es da die großkalibrigen Gewehre. Nun, nimm z.B. eine Taube und schieße sie mit einem 22er. Sie wird tot sein. Mit einem Luftgewehr kannst du sie verletzen. Aber wenn du ein großkalibriges Gewehr nimmst, wirst du schließlich nur ein Bündel Federn haben. Das ist alles was du kriegst. Auf der anderen Seite, wenn du einen Elefanten schießt, wird er innerhalb von Sekunden tot sein, wenn du ein großkalibriges Gewehr verwendest. Aber wenn du eine 22er nimmst oder ein Luftgewehr, gegen einen Elefanten, wird er einfach die Achseln zucken und sich weiterbewegen.

Format ist die vollständige Fähigkeit eines Menschen, seine Identität zu projizieren. Ihr verpaßt nicht die Gelegenheit, ihr versagt nicht, ihr geht nicht falsch, ihr geht nicht unter. Euer Format läßt euch nicht versagen. Format ist eine grundlegende, einheitliche Kraft, in der eine Person projizieren, kommunizieren und sich plazieren kann, wie ein Projektil. Ihr schießt, das Projektil dringt in den Menschen ein und sitzt dort.

Ein Lehrer ist nicht ein Gott, aber er gibt Gott. Ein Lehrer ist unpersönlich, wie die Unendlichkeit und er hat Integrität, Selbstwahrnehmung

Das menschliche Format ist alles, das in das Gedächtnis jeder Person eindringt, die ihr trefft.

So also hat ein Lehrer ein Format. Wie definiert ihr das Format eines Lehrers? Ein Lehrer ist nicht ein Gott, aber er ist einer, der Gott gibt. Könnt ihr diese Definition glauben? Und ihr seid hergekommen, um Lehrer zu werden. Ein Lehrer ist nicht ein Gott, aber ein Lehrer ist einer, der Gott gibt.

Wenn Gott und der Lehrer zusammenstehen und die Frage auftaucht, wem sie zuerst ihren Respekt zollen, zollen sie ihren Respekt zuerst dem Lehrer, weil er euch Gott gab und Gott wieder geben kann. Das ist die Fähigkeit eines Lehrers, in allem beschrieben.

Format ist eine einzigartige Kapazität. Wenn ein Mensch mit einem Menschen von Format handelt, und einen Schlag von dem Format erhält, wenn das Format in die Person, in die Identität der Person eindringt – ist das für immer. Aber ihr vergeßt Menschen, ihr benutzt Menschen, ihr mißbraucht Menschen, ihr manipuliert Menschen. Ihr könnt alles Mögliche jedem tun, aber wenn ihr einen Menschen von Format trefft, werdet ihr automatisch auseinander fallen. Habt ihr mal gesehen, wie das geht, wenn jemand ein Messer hat und der andere zieht einen Revolver heraus und sagt, „Du....?" und das Messer fällt einfach nieder.

Ihr seid sehr erfolgreich, wenn ihr jung seid. Wenn ihr in einer sexuellen, sinnlichen Lage seid. Ihr werdet nicht erst heiß im Alter von 17. Normalerweise beginnt ihr heiß zu werden im Alter von 11. Aber 11 und 7 ist 18. Das ist der Kreislauf der Jahre und ihr habt einen Kreislauf des Bewußtseins und einen Kreislauf der Intelligenz. Und was tut ihr? Ihr habt eine riesenhafte *pranische* Energie. Es geht automatisch. Riesenhaft. Worauf verschwendet ihr sie? Sex, Phantasien, Träume, Einbildungen. Nehmen wir einmal an, ihr beginnt, wenn es da eine Chance gibt, z.B. erst mit 17, was sehr selten ist. 17 und 10 ergeben 27. So habt ihr also nochmals 27 Jahre, in denen ihr Format entwickeln könnt. Es kommt nicht darauf an, wer ihr seid, wenn euer Format nicht mit Anstand und Würde geeicht ist und es den Charakter eines Weisen hat, selbst mit all dem Geld und den ganzen anderen Privilegien – werdet ihr für den Rest eures Lebens leer sein und immer im Schmerz. Da gibt es keinen Ausweg.

Wenn das Mark im Blut nicht die Fähigkeit hat, sich zu wandeln, dann kann es nicht gewandelt werden. Die einzige, letzte Chance ist, daß du es transplantieren kannst. Das ist der Grund, warum die Menschen, die nicht kalt duschen, Arthritis haben und Knochenprobleme, Knochenmarksprobleme und Gefäßprobleme. Jedes Problem des Körpers ist das Resultat davon, daß die Kapillaren sich nicht öffnen und nicht jeden Tag gespült werden. Euer Drüsensystem ist der Wächter eures ganzen Systems. Und was macht ihr in dieser Beziehung? Euer Sexualleben ist schneller, als ihr es handhaben könnt. Sex bedeutet nicht allein den körperlichen Verkehr. Sex ist genauso geistig und Sex ist ebenso spirituell. Und das schlimmste von allem, ihr geht in sexuelle Phantasien. Ein feuchter Traum ist elfmaligem körperlichem Verkehr gleich. Er verursacht so große nervliche Zerstörung. Es ist als wenn ein Wirbelsturm durch euch geht.

Nach allem, Gott gab euch Kraft, Energie, Stärke und Jugend, so daß ihr ewig sein könnt. Wenn ihr 100 Dollar habt, könnt ihr sie an einem Tag ausgeben oder ihr könnt 1 Dollar pro Tag ausgehen und 100 Tage damit zubringen. Nach den Gesetzen der Physik hat das, was die Treppen herunterläuft, nichts keinen Hang zu den oberen Stockwerken. (YB zeigt auf seinen Kopf.) Das ist ein sehr einfaches Gesetz. Ich werde es nicht erklären. Ihr glaubt ihr habt Sex, aber wenn ihr das erste oder zweite Chakra aktiviert, geht es bergab. Nehmt euer erstes Chakra. Wenn es nicht in der Balance ist – habt ihr Durchfall. Wie fühlt ihr euch nach zwei, drei Stunden? „Oh!" (YB greift seinen Nabel und seinen Magen.) Ist es nicht so? Wenn ihr nicht eure Jugend nutzt oder eure Jugendlichkeit, um es zu erhalten, oder es benutzt für eure höhere Stimulation, um euer Format zu steigern, lebt ihr ohne Format. Und was ist das Zeichen einer Person, deren körperliches Format nicht entwickelt ist? Kopfschmerz, Reizbarkeit, Stimmungswechsel, Stimmungsschwankungen. Alle sozialen Unzulänglichkeiten erreichen die, die kein Format entwickelt haben.

Wann beginnt euer Format sich zu entwickeln? Am 120. Tag in der Gebärmutter des Mutterleibes.[1] Wo immer sie hindurch geht, es hinterläßt eine Prägung. Dann werden alle Erfahrungen, durch die ihr im Laufe eures Lebens geht, eingeprägt und werden zu eurer Körpersprache.

Einmal habe ich ein junges Mädchen beraten. Sie war 21 und sie sagte, „Soweit habe ich ein sehr würdevolles Leben gelebt, und ich bin im Begriff weiter ein würdevolles Leben zu führen."

Ich sagte, „Ne. Du wirst nicht würdevoll leben. Du hast zwar eine gute Definition von einem würdevollen Leben, aber Du hast nicht das Format, was Dich dahin bringt, würdevoll zu sein."

Drei Jahre später, im Alter von 24 wurde sie für einen Monat unordentlich und vier Monate später begriff sie, daß sie schwanger war. Und das war sehr schwierig. Sie entschied sich für einen Schwangerschaftsabbruch. Der berührte ihren Körper so weit, daß sie selbst heute nicht sie selbst ist.

Ihr könnt euren Charakter nicht erhalten, ihr könnt euch selbst nicht erhalten, ihr könnt eure Verbindung nicht erhalten, wenn ihr nicht einen normalen Charakter habt und das Format, ihr selbst zu sein. Eure Liebe ist falsch, eure Verbindung ist falsch, alles in Bezug auf euch ist falsch. Eure Tragödie ist, daß, wenn ihr ein Lehrer seid und die Leute euch trauen, zu euch kommen und euch ihr Herz öffnen, euch ihr Selbst öffnen, daß ihr sie schließlich ausbeutet, weil ihr nicht das Format eines Lehrers habt. Ihr seid nicht unpersönlich. Ein Lehrer ist unpersönlich, wie die Unendlichkeit, und hat Integrität, Selbstbewußtsein und eine Persönlichkeit von absoluter Würde. Es spielt keine Rolle, was ihr ihm gebt, was ihr ihm sagt oder wie ihr mit ihm umgeht. Seine Fähigkeit ist eine einzige. Er oder sie muß das Format haben, innerhalb von Zeit und Raum einen anderen Menschen zum Besten zu führen und froh zu sein, mit dem Verlauf seines Lebens und darin fortfahren, zu erheben.

Ich gebe euch ein Beispiel aus dem Sikh-Dharma. Die Leute kamen und wurden Priester, aber sie haben sich nicht gekümmert. Sie wurden Singh Sahibs und Mukhia

---

[1] Die Tradition lehrt, daß die Seele am 120. Tag nach der Empfängnis in dem Mutterleib einzieht.

Singh Sahibs, aber sie haben sich nicht gekümmert. Alles was sie wollen ist, Siri Singh Sahib zu werden. Das ist es, was alle wollen. Sie sind herzlich willkommen, morgen vorbeizukommen und zu sagen, „Ich bin fähig. Ich habe das Format." Nimm es und setz dich hin.

Einer, der sich selbst Siri Singh Sahib nennen will, soll sich um jedes Menschen Neurosen, Psychosen, Ängste und Identitäten kümmern. Mit ihrem übertragenen und eingepflanzten Persönlichkeitskonflikt, dem Konflikt der gespaltenen Persönlichkeit, werden sie 150 Dinge tun. Wie kann das ein Mensch tun, der selbst in allem zu bejammern ist?

Wenn ich eine Person wäre, würde ich nicht 1 Million Dinge anfassen, die ich täglich anfasse. Ich würde Dinge nicht tolerieren, die ich toleriere. Ich würde nicht ein leichtes Ziel für jeden Idioten werden, den ich bezahle oder den ich erhebe. Das ist gerade so, als wenn ihr jeden Morgen und jeden Nachmittag von eurem Sohn oder eurer Tochter geohrfeigt würdet. Ich sage, „Hallo." Aber ihr braucht das Format in Verbindung mit Toleranz und der mutigen Intelligenz, weil ein Lehrer nicht an der Person interessiert ist. Ein Lehrer weiß immer, was er einem Menschen tun kann, um das Beste aus ihm zu machen. Es ist nicht das Holz, es kommt darauf an, was ihr daraus schnitzt. Manchmal müßt ihr Zeit geben, manchmal habt ihr Toleranz, endlich schreit ihr und kreischt, manchmal meißelt ihr es heraus, manchmal dies, manchmal das. Aber am Ende müßt ihr es polieren, damit es etwas wird.

Ein Lehrer hat die unendliche Kapazität, sich aufzuopfern. Normalerweise werden alle Lehrer angezeigt, weil sie zur Phantasie des Studenten werden, und um die Phantasie zu erfüllen, wird sie „Realität". Wenn Phantasie Realität wird, ist das Leben der Person sehr unrealistisch, und der Lehrer hat die Last zu tragen, den Menschen in die Realität zu führen. Manchmal braucht das viele Lebenszeiten. Die Beziehung zwischen Lehrer und Schüler ist nicht jeden Tag, jeden Monat, jedes Jahr oder ein Leben. Die Beziehung zwischen Lehrer und Schüler ist von Unendlichkeit zu Unendlichkeit. Das ist die Beschaffenheit des Formates.

(Zu den Details der folgenden Meditation siehe die Seite 309 und nachfolgende.)

Wir wollen sehen, ob wir Format haben oder nicht. Laßt es uns messen. Das ist eine sehr gewöhnliche Angelegenheit im Kundalini-Yoga. Während ihr die Hand flach haltet, wobei sich alle Finger berühren, streckt den Daumen möglichst weit von der Hand weg. Die Finger und den Daumen sehr gerade. Haltet eure Hände einfach gerade, angespannt. Korrekt. Nun schaut sehr freundlich auf eure Nasenspitze.

Es gibt sechs Klänge auf dieser Welt. Diese sechs Klänge sind *Har Haray Haree Waa-Hay Guru.*

ਛਿਅ ਘਰ ਛਿਅ ਗੁਰ ਛਿਅ ਉਪਦੇਸ ॥
Che ghar, che gur, che upadaysh.
- Guru Nanak, Siri Guru Granth Sahib, page 12 (from Kirtan Sohila)
There are six systems (schools of Hindu thought), six teachers, and six methods of teaching.

Es gibt sechs Schulen (Schulen hinduistischen Gedankengutes), sechs Lehrer und sechs Lehrmethoden.

Da gibt es sechs Bereiche des Wissens, sechs Gurus dieses Wissens und sechs Wege, es zu erlangen. Einige Wege sind lang, kurz, mittel, wie auch immer, aber da sind die sechs anerkannten Schulen. Jemand kann die Meisterschaft der sechs Bereiche erlangen und ihr könnt euch qualifizieren, ein extremer Meister des Selbst zu sein, des siebenten Selbst. Sie nennen es den Siebenten Strahl des Meisters.

Mit jedem Anspannen des Nabels werdet ihr singen: *Har Haray Haree, Waa-Hay Guroo.* (Die Klasse fährt fort in einem monotonen Sprechgesang, wobei sie nach dem Wort für einen Bruchteil einer Sekunde unterbrechen.) In Harmonie.

Rücken aufrecht. Haltung perfekt. Kriegt es irgendwie hin. Holt es euch. Perfektioniert die Haltung. Öffnet den Nabel.

Haltet euch an den Rhythmus. Es wird euch Format geben. Geht in den Klangstrom.

Bravo. Wir kommen dahin.

Stop. Legt das Instrumentalband auf: *Ardaas Bhayee, Amar Daas Guroo.* Haltet eure Stellung. Ihr habt einen Zustand erreicht, wo ihr nur noch einen kleinen Stoß benötigt und dann werdet ihr es dieses Mal geschehen machen. Ihr habt das so gut gemacht, daß wir fünf Minuten vor der Zeit das Ziel erreichen. Haltet eure Stellung angespannt, in perfekter Position. Gebt euch im Geiste dem Gebet hin und pfeift aus der Nabelebene. Die Kraft des Atems muß sprechen. Haltet an! Beginnt mit Feueratem.

Jetzt Feueratem vom Nabel aus. Kraftvoll. Am Ende wollt ihr noch verlieren? Was ist das? Kraftvoll!

Singt. Laut aus der Nabelebene. Verliert es nicht. Nutzt nicht die oberen Bereiche. Nur aus dem tiefen Bereich, aus dem Bauch!

Atmet tief ein. Atmet tief ein. Atmet tief ein. Haltet die Luft an. Kanonenfeuer, alles raus. Atmet wieder tief ein. Tief. Atmet tief ein und haltet die Luft fest. Bringt die unteren Bereiche in die Höhe und wieder hinein. Kanonenfeuer. Atmet tief ein. Füllt das obere Areal, atmet tief ein. Spannt das untere Areal an. Zieh. Zieht den Nabelpunkt ein. Kanonenfeuer. Entspannen.

Ihr habt es geschafft. Ich hab nur ein bißchen geholfen. Das war schön. Laßt die Instrumentalseite des Bandes weiter spielen.

Oh, da gibt es noch eine kleine Bitte. Wir brauchen noch Freiwillige, um diese Vorlesung in den nächsten zwei Tagen vom Band abzuschreiben. Wir können dann diese Abschriften in einem Buch zusammenfassen für all die Lehrer, die nach euch kommen. Es ist eine gute, vornehme Tat.

Meditation, um das reife, erhabene Format eines spirituellen Lehrers zu entwickeln

Teil 1:

Mudra: Sitz im Schneidersitz mit einem gerade Rücken. Laß die Ellenbogen neben dem Körper gebeugt und bringe die flachen Hände an jede Seite der Schultern. Die Handflächen weisen nach vorne, die Finger sind ausgestreckt, Seite an Seite und weisen nach oben. Strecke die Daumen so von den Handflächen weg, daß sie möglichst parallel zum Boden kommen und dabei in Richtung auf den Körper zeigen. Die Handflächen sind flach und angespannt. Beachte, daß die Wirbelsäule während der ganzen Übung aufrecht bleibt.

Augen: Blicke auf die Nasenspitze.

Mantra: *Har Haray Haree Waa-Hay Guroo.* Die Silben werden sehr deutlich auf monotone Art und Weise gesprochen, jeweils mit einer kurzen Pause nach jeder Silbe.

Bewegung: Bei jeder Silbe, die du rezitierst, ziehe den Nabelpunkt ein.

Zeit: 31 Minuten.

Ende: Atme ein und gehe direkt zu Teil 2 über.

Kommentare/Wirkungen: Diese Meditation wird in dir ein reifes, erhabenes Format entwickeln – ein Format mit Ausdauer, Mut, Geduld, Umgangsformen, Rhythmus und Kommunikation. Format ist die wesentliche Kraft der Person.

Jede Person fürchtet sich selbst zu identifizieren, weil sie kein Format hat. Damit ist Format die Fähigkeit eines Individuums, das innere Selbst zu identifizieren und seine Identität zu projizieren. Format ist die totale Fähigkeit eines Individuums zur Kommunikation und zur Projektion der eigenen Identität. Mit einem gut entwickelten Format, kannst du dein Selbst in das Gedächtnis jeder Person, der du begegnest, projizieren und dort plazieren. Ein Lehrer hat ein Format, geeicht mit Würde und Güte und den Charakter eines Weisen – voll von Toleranz, mutiger Intelligenz und der Kraft, sich aufzuopfern.

Da gibt es sechs Bereiche des Wissens, sechs Gurus dieses Wissens und sechs Systeme, das Wissen zu erreichen. Und die Meisterschaft dieser sechs Bereiche kann dich qualifizieren, ein Meister des Selbst zu sein, was man den Siebenten Strahl des Selbst oder den Siebenten Strahl des Meisters nennt. Die sechs Klänge, die die sechs Häuser des Wissens repräsentieren sind: *Har Haray Haree Waa-Hay Guroo.*

Die Meditation hilft auch, die Nabelebene zu öffnen. Gehe kraftvoll in den Rhythmus und den Klang, um sie möglichst effektiv zu machen.

Teil 2:

Mudra: Fahre fort, indem du die gleiche Haltung wie im ersten Teil einhältst.

Musik: Die Instrumentalversion von *Ardas Bhaee*:
Ardaas Bhayee, Amar Daas Guroo, Amar Daas Guroo, Ardaas Bhayee, Raam Daas Guroo, Raam Daas Guroo, Raam Daas Guroo, Sachee Sahee.

Zeit: Insgesamt 8 Minuten, ohne Pause, in der folgenden Aufteilung:
- 4 Minuten: Pfeife mit der Musik des Tonbandes aus der Nabelebene, sehr kraftvoll.
- 1 1/2 Minuten: Feueratem, kräftig von der Nabelebene durchgeführt.
- 2 1/5 Minuten: Singe kraftvoll aus der Nabelebene. Singe vom Nabel aus und nicht aus der Brust- oder der Halsebene.

Ende: Einatmen, einatmen, einatmen, tief, tiefer, am tiefsten. Halte die Luft für 10-15 Sekunden. Kanonenfeuerausatmen, sehr kraftvoll. Wiederhole das dreimal. Entspann dich.

Kommentare/Wirkungen: Mit diesem Mantra projizierst du dein Gebet mit Hilfe der Stärke des Nabels. Dieses Mantra ruft den Dritten Sikh Guru, Guru Amar Das und den Vierten Sikh Guru, Guru Ram Das, damit sie die Gebete beantworten. Die wörtliche Übersetzung des Mantras, nach den Worten Yogi Bhajans, ist:

> Das Gebet ist gesprochen. Guru Amar Das hört das Gebet und Guru Ram Das bestätigt es und ist der wahrhaftige Garant, das es angenommen ist.

Ende: Höre noch eine Weile auf die Musik, dann sprich mit irgendjemandem, bevor du aufstehst und versuchst mit dem Wagen zu fahren oder wegzugehen.

Die Goldene Kette der Lehrer

KLASSE 19 vom Morgen des 1. August 1996

Spirituell nennen sie es die Goldene Kette der Lehrer, indem sie es weitergeben von einem zum Nächsten, zum Nächsten, zum Nächsten. Sie bewahren den Standard, die bewahren die Identität, sie bewahren die Persönlichkeit, sie bewahren die Lehren.

Es gibt viele große Lehrer, die in der Goldenen Kette der Handlung arbeiten. Gold repräsentiert die Reinheit. Wenn ihr es mit irgendeinem Metall vermischt und erwärmt, wird Gold als Gold wieder daraus hervorgehen. Anders ist das mit Platin, das ist das schwerste Metall. Gold hat die Kapazität der Reinheit. 24 Karat sind 24 Karat. Darum nennen sie das die Goldene Kette der Lehrer, die es von einem zum Nächsten, zum Nächsten, zum Nächsten weitergeben. Sie bewahren den Standard, sie bewahren die Identität, sie bewahren die Persönlichkeit, sie bewahren die Lehren. In diesem Raaj Yog, oder wie ihr es gewöhnlich nennt, Kundalini-Yoga, in diesem Shakti Yoga, zerstört jeder Lehrer, der die Lehren aus irgendeinem Grunde verändert, sich selbst – egal ob Mann oder Frau. Dafür ist keine Kraft von Nöten. Es ist nichts, das wir propagieren oder dafür tun müßten. So sind die Lehren rein; sie müssen rein erhalten werden, sie müssen rein unterrichtet werden, und sie funktionieren rein. Sie tun ihre wissenschaftlich begründete Wirkung.

Da gibt es einen sehr populären Ausspruch unter diesen Lehrern, den ich einmal wiederholen möchte. Das ist es, was ein Lehrer zu seinen Schülern sagte: „Wenn ihr mich liebt, soll Gott euch lieben. Wenn ihr es nicht tut, zählt ihr nicht." Versteht ihr diese Stellungnahme?

Klasse: Ja, Sir.

YB: „Wenn ihr es nicht tut, zählt ihr nicht." Aber so ist es eben. Das ist ein Lehrer. Ihr nehmt die Lehren und ihr seid im Fluß. Wenn ihr Lehrer werdet, nehmt ihr die Lehren und es fließt. Es ist ein Glied. Also laßt uns das nicht mißverstehen, daß, wenn ich lehre oder sie lehrt, daß da also zwei verschiedene Leute am Lehren sind. Das ist es auch, warum ihr auf der Bühne sehen konntet, daß ich gehe, wenn ein anderer heraufkommt, weil da nur ein Lehrer zur selben Zeit da sein soll. Es gibt keine Vervielfältigung davon. Wenn ihr mich liebt, ist die Antwort, Gott soll euch lieben. Wenn es nicht so ist, zählt ihr nicht.

Also, technisch ausgedrückt, hat der Lehrer etwas zu opfern. Der Lehrer muß wie ein Lehrer aussehen und ein Lehrer sein. Das ist eine sehr persönliche Entscheidung.

Zu Lehren ist eine Fähigkeit, ist eine Anlage. Es ist keine Fassade. Die Genugtuung für den Lehrer ist, daß er unsterblich ist. Vom Sterblichem zum Unsterblichen. Ihr seid sterblich. Ihr werdet sterben. Der Lehrer wird niemals sterben. Der Lehrer wird leben. Der Lehrer lebt ewig.

Das ist eine andere Geschichte. Manchmal nennt ihr euch Oshu oder Bhagwan. Einige Leute laufen Titeln nach. Aber ein Lehrer hat keinen Titel. Ein Lehrer hat nur einen Titel: „Lehrer."

Eure Beziehung basiert auf Dienst und euer Vertrauen mit den Leuten basiert auf eurer Reinheit. Eure Wirkung ist eure Identität und euer Glück ist in eurer Herrlichkeit und Wahrhaftigkeit verbunden. Das sind die grundsätzlichen Faktoren, mit denen ihr zu tun habt.

Er ist weder ein Engel noch ein Mensch, noch eine Person, noch Gott. Nichts. Er ist ein Geber Gottes. Warum sollte er es benötigen, Gott zu sein? Er kann Gott jedem geben. Er kann das Licht in irgendjemandem und jedem entzünden. Ihr müßt mir nicht zustimmen. Ich weiß, daß ihr 3000 Jahre lang mit religiösen Schriften und Lehren verfälscht worden seid. Aber die Fähigkeit und die Schönheit eines Lehrers ist, daß er Gott jemandem und jedem geben kann. Seine Freude ist, daß er ewig lebt. Alle Freude ist darin. Das Glied der goldenen Kette geht weiter. Aber dafür gibt es einen Preis: Das Ego wirkt nicht.

Es ist wie in der Armee. Ihr seid in Uniform, ihr seid exakt, da gibt es keine Unterschiede. „Uno Form" – eine Form. Ein Gott, eine Form, eine Lehre. Alles wird standardisiert, geeicht. Denn wenn ihr einmal nicht mehr wirklich seid, nicht mehr schwankt, dann seid ihr geeicht. Wenn ihr einmal mit einem festen Selbst lehrt, wird überraschenderweise die ganze Mutter Natur und der Wille Gottes kommen, um euch zu erheben. Ihr könnt nicht fallen.

Der Mensch sucht immer, unsterblich zu sein. Er will ewig leben. Aber da gibt es nur einen einzigen Weg, rein zu leben. Dann wird alles kommen, da gibt es keinen Tod, da gibt es kein Bedürfnis nach Machtspielen.

Wenn ihr mich vor 10 oder 20 Jahren gefragt hättet, daß ich einen Lehrerkurs unterrichten soll, hätte ich abgelehnt. Vielmehr würde ich gesagt haben, „Unterrichte eine Klasse, und Lehrer werden daraus hervorgehen." Jetzt beurkunden wir Lehrer und tun all das. Aber in den alten Tagen, pflegte ich Leute aus der Klasse herauszu-picken und zu sagen, „Okay, ihr zwei geht nach Alaska. Ihr zwei geht an den und den Platz." Und sie wurden Lehrer. Sie nahmen ihren Glauben und ihr Vertrauen im Verständnis, daß „Er gesagt hat, „sei der Lehrer", also sind wir Lehrer."

Einmal sagte ein Paar zu mir, „Wir haben kein Geld, keine Mittel."

Ich sagte, „Für Geld und Mittel wird gesorgt. Ihr macht weiter." Am nächsten Tag trafen sie sich mit einem ihrer Freunde zum Mittagessen und er sagte, „Was seid ihr im Begriff zu tun?"

Er sagte, „Wir haben überhaupt kein Geld. Wir können nicht gehen. Und Yogiji sagte, wir sollten an den und den Platz geben."

Er sagte, „Ich habe 3000 Dollar, die kann ich euch geben."

Schaut euch die Nirvairs an, die den ganzen Weg nach Alaska in einem kleinen Volkswagen, Love Bug, auf der Straße zurückgelegt haben, was unmöglich schien. Als sie Anchorage hungrig erreichten, gingen sie in ein Restaurant und einen Reformkostladen. Als er sie sah, sagte der Besitzer, „Oh, ihr seid die Schüler von Yogi Bhajan. Wir wollten das Restaurant als Heim an jemanden übergeben. Ihr seid gekommen. Möchtet ihr es nehmen?" Über das Geld wurde entschieden, und sie hatten ein Heim, sie hatten ein Geschäft, sie hatten alles. Sie sind auch heute noch dort.

Die meiste Zeit über habt ihr nicht die Kapazität zu gehorchen. Darum habt ihr auch die meiste Zeit nicht die Kapazität, zu befehlen. Da gibt es sechs Gründe für euren Fall: Emotion, Aufregung, Gefühl, Phantasie, Sexualität und Sinnlichkeit. Bei solchem Zittern verschwendet ihr Energie. Es gibt euch keinerlei Kraft, keinerlei Tiefe. Ihr müßt verstehen; ihr seid so schrecklich fehlgeleitet.

Bei der Herstellung unserer Kräuter und Produkte haben wir eine sehr unterschiedliche Philosophie im Vergleich zu jedem anderen.

Die meisten Leute sagen über ihre Produkte, „Wenn ihr diese Vitamine nehmt, werdet ihr Tonnen von Energie haben. Wenn ihr dieses Ding nehmt, werdet ihr so gut drauf sein. Wenn ihr dieses Ding....."

Aber wißt ihr, was ich sage? „Wenn ihr das nehmt, wird es eure Müdigkeit fortnehmen und ihr werdet wirklich sein. Euer wirkliches Du ist sehr schön. Das wirkliche Du ist sehr gesund. Das wirkliche Du ist ganz erfüllt. Das reale Du ist Gott." „Warum benötigt ihr alle diese Dinge darüber hinaus?" Jemand zog mich auf. „Oh, dieses Vitamin ist so gut. Du nimmst es und alles wird wieder okay."

Ich sagte, „Okay, laß mir zwei oder drei da." Ich nahm sie. Ich konnte die ganze Nacht nicht schlafen – die ganze Nacht! Ich war sehr energiegeladen. Oh, es fühlte sich wunderbar an. Am nächsten Tag konnte ich nicht aus dem Bett aufstehen. Vergiß es. Ich nahm wieder so eine Pille. Ich nahm sie den dritten Tag. Ich war ein wandernder Zombie. Sie beschleunigt mich so sehr, daß ich am folgenden Tag mich nicht rückbesinnen konnte. Glücklicherweise kenne ich Hydrotherapie. Also setzte ich mich für Stunden, Stunden und Stunden ins Wasser.

Jede Stimulation, die von außen kommt, ist darin unnormal und unnatürlich und wird euch total zerreißen, und ihr werdet dafür von Mond zu Mond bezahlen. Zur Vollmondzeit seid ihr auf natürliche Weise beschleunigt und ihr seid auf eine natürliche Weise gedämpft zur Neumondzeit. Euer Feedback bewegt sich von Vollmond zu Neumond und dann von Neumond zu Vollmond. Das ist natürlich. Aber wenn ihr am 11. Tag des Mondlaufes einfach von Wasser und Melone lebt, wird eure Gesundheit perfekt sein.

Wenn ihr euch um euren Verstand kümmern wollt, solltet ihr an den drei folgenden Tagen des Mondlaufes nichts essen: am Neumond, an Vollmond, und am 11. Tag des Mondzyklus. Am Neumond seid ihr auf eurem Tiefpunkt. Zur Vollmondzeit ist euer Drüsensystem auf seiner Höhe. Am 11. Tag des Mondzyklus seid ihr im Gleichgewicht, im Zwielicht. Also, wenn ihr an diesen drei Tagen des Monats mit Zitrone und Wasser fasten könnt, wird euch das weiterhelfen. Wenn ihr dabei friert, fügt etwas Ingwer hinzu.

Am Morgen dieser Tage esse ich jeweils etwa 60 Gramm Ingwer, 60 Gramm Zitrone mit einem Löffel von Flachssamenöl. Aber als ich in Cancun war, konnte ich das Flachssamenöl nicht bekommen und benutzte darum Olivenöl.

Da gab es etwas, das eine Frau in Mexiko plagte und mir Sorgen machte. Sie sagte, sie habe alles versucht. Also haben wir das Öl von roten Chilis eingeflogen. Es ist das allerkräftigste Öl. Wißt ihr, der Himmel ist der Himmel und die Erde ist die Erde, aber ein Tropfen davon kann euch das Gefühl vermitteln, „Erde ist ein Himmel... la.... la.... la."

Wißt ihr wie gewaltig dieses kleine rote Zeug, Tabascosoße, ist? Gut, das ist reines Öl, herausgepreßt aus roten Chilis. Und wenn es euch berührt, it's a Master's Touch – das ist die Berührung eines Meisters.

Klasse: Gelächter.

YB: Die wichtigste Angelegenheit, auf die sich ein Lehrer verlassen kann, ist seine eigene Diät. Versucht einmal **Trinity Milk – Dreifaltigkeitsmilch. Sie besteht aus Ingwer, Knoblauch und Zwiebeln, die in Ziegenmilch gekocht und als erstes Getränk am Morgen genommen wird.** Sie nennen es „Trinity Milk." Das Rezept ist erhältlich.

Das zweitkräftigste Ding, das ihr benutzen könnt, um euer Leben zu straffen, nennt man *tabbouleh.* Normalerweise wird es aus geschrotetem Weizen gemacht. Stattdessen, macht dieses *tabbouleh* mit schwarzem *cholo*, das sind schwarze Garbanzo-Bohnen. Das ist deshalb, weil der Weizen euch etwas geben kann, das ihr nicht braucht. Darum solltet ihr schwarze Gabanzos einsetzen. **Schwarze Gabanzos kontrollieren das elektromagnetische Feld des Körpers. Das ist die kraftvollste Nahrung der Welt.**

Ab und zu in eurem Leben benötigt ihr so etwas wie Yogi-Tee. Ihr denkt es ist gerade einfach so ein Tee. Nein. Wenn ihr tatsächlich eine wirklich gute Menge von Yogi-Tee trinkt, wird es eure Leber in einem guten Zustand erhalten. Er ist genau genommen für die Leber. Als wir in den 60ern begonnen haben mit Drogensüchtigen zu arbeiten, die sich nicht einmal bewegen konnten, setzten wir sie auf Yogi-Tee. Wir haben sie damit aus allen Schwierigkeiten herausgebracht. Drogen hinterlassen Schäden. Das einzige Ding, das dem entgegenwirken kann, ist Yogi-Tee. Das ist der Grund, warum wir begonnen haben, ihn zu fördern.

Etwas sehr gutes für die Frauen ist es, eine Banane der Länge nach aufzuschneiden. Dann gebe Mango-Puder darauf und Zitronensaft. Eßt das einfach für den Kaliumhaushalt, Vitamin C und für mehr Energie. Das ist genug.

Wir haben ein neues Rezept, das wir noch nicht auf den Markt gebracht haben. Aber wir sind im Begriff, es jetzt auf den Markt zu bringen. Es ist ein Kräuterrezept, etwa so: 7-R, 3-R, 2-R und 1-R. 1-R steht für die Ausscheidung in der Nacht. 2-R steht für die Reinigung eures Blutes und den Erhalt von Magen und Blutzellen in einem guten Zustand. 3-R steht für eure strukturelle Balance, wie z.B. die Knochenmarkstruktur. 7-R steht für das Hinfortnehmen eurer Müdigkeit. Für die Balance. Also haben wir ein neues Rezept – es ist sehr gut.

Dann haben wir das Jungblut-Puder. Und ebenfalls haben wir das GRD-Öl. Aber wir wollen nicht, daß die Menschen es nehmen und O.D. Wir wollen, daß die Dinge verantwortlich vorwärts schreiten. Da gibt es keine Eile. Wir wollen, daß diese Westler es lernen, auf eine sehr orientalische Weise zu leben.

Ihr habt euren Verstand, und ihr quält euren Verstand. Ihr arbeitet daran wie ein Idiot und es wird ein Idiot. Das ist nicht schön. Das ist nicht frisch. Also, technisch gesprochen, das beste Vitamin das ihr habt, ist euer Atem, das *prana*. **Wenn ihr tief atmen könnt, einen Atemzug in der Minute – 20 Sekunden zum Einatmen, 20 Sekunden halten und 20 Sekunden für das Ausatmen – ist das sehr kraftvoll, es ist sehr perfekt und wird euch keinerlei Schwierigkeiten bereiten.**

Euer Leben ist und sollte es auch sein, sehr einfach. **Nahrung ist Teil eines gesunden Lebens. Nehmt einen Teil von Garbanzomehl, einen Teil von Vollkornweizenmehl, und mischt es zusammen. Dann bereitet einen Teig und benutzt Ingwer, Knoblauch und Zwiebelsaft anstelle von Wasser. Wenn der Teig fertig ist, macht ihr daraus eine Masse wie für eine gestopfte *parantha* (ein indisches Fladenbrot). Dazu gebt ghee, ein wenig Öl von roten Chilis, und sofern es vorhanden ist, Öl von schwarzem Pfeffer. Wenn ihr das nicht kriegen könnt, könnt ihr schwarze Pfefferkörner nehmen. Falls ihr sie habt benutzt auch *ajwan* (Oregano-Samen) und turmeric. Gebt das in den ghee hinein. Das macht ihn sehr gut. Dann gebt den ghee auf das parantha. Kümmert euch nicht darum, daß es fett ist. Das mag euch Furcht einjagen. Aber ghee ist nicht fett. Ghee ist kein Öl. Ghee ist keine Butter. Ghee ist Protein. Und es ist ein Protein, daß das Fett im Körper auflöst. Wenn in Indien jemand fett wird, beginnen sie mit ghee zu leben. In Tibet und all diesen Orten, geben sie ghee in ihren Tee und trinken es. Sie leben davon. Sie kümmern sich nicht darum. Das ist ihr Protein. Seht ihr all diese Lamas? Sie nehmen eine Tasse Tee, geben ghee hinein und trinken es aus. Ihr nennt es Butter, Yak-Butter. Aber tatsächlich ist Yak-Butter gereinigter ghee.**

Wenn ihr nicht für heiße Sachen seid, dann solltet ihr nicht auf das hören, was ich euch als nächstes erzählen werde. **Dennoch schlage ich es nicht vor, weil meine Versicherung es nicht decken würde. Wie auch immer, wenn ihr könnt, nehmt** drei oder fünf Jalapenos[1], je nachdem wie sehr ihr sie mögt oder haßt, nehmt etwa 1/4 Liter Milch und mischt das für 20 – 30 Minuten. Die Leute verstehen nicht, wie lange ihr es zu mischen habt. Und dann schlürft es. Trinkt es nicht, nehmt es schluckweise, schlürft es. Ummmm. (YB macht eine Positur als wenn der starke Mann seine Stärke zeigt.) Der Geist wird hindurchgehen.

Einmal ging ich nach Mexiko und fragte den Lehrer, „Wo ist Deine Frau?"

Er sagte, „Sie ist sehr krank."

Und ich sagte, Wie krank?"

Er sagte, „Sie war im Krankenhaus. Jetzt haben sie sie nach Hause geschickt."

Oh, ich verstand, was das in der mexikanischen Sprechweise bedeutete. Also ging ich in die Küche, nahm Jalapenos und Milch, mischte es richtig, und gab tonnenweise Honig hinein, weil ich wußte, daß sie reagieren würde. Ich begann damit, sie mit einem Löffel zu füttern. Es war sehr schwierig für sie, es herunterzubringen. Aber nach dem fünften oder sechsten Löffel öffnete sie ihre Augen. Und als nach einer Weile das Glas leer war, stand sie auf. Sie sagte, „Was war das?"

Ich sagte, „Nichts, nichts, nichts." Ich sagte, „Ich bin den ganzen Weg hergekommen und Du warst nicht da, um mir zu dienen. Das hasse ich. Also, steh auf."

Am nächsten Tag machten wir es heimlich noch einmal und sagten ihr, „Den Hintern hoch. Schlürfe das langsam, Löffel für Löffel."

Sie sagte, „Das ist süß und bitter."

Ich sagte, „Ja, ja, ja, ja, ja." Sie nimmt es heute noch jeden Tag.

Der Sturz eines Lehrers – Die Dinge, die eure Energie verschwenden und eure Tiefe stehlen: Emotionen, Aufregungen, Gefühle, Phantasie, Sexualität, Sinnlichkeit.

Wenn ihr ab und zu wirklich ein sorgenfreies Leben wollt, dann sind Halleluja und Jalapenos dasselbe. Ihr benötigt diesen Trank.

Wir haben einige sehr einfache Kräuter zur Verwendung. Wir haben 108-R. Gott segne uns, das ist großartig.

Wißt ihr, die beste Frucht der Welt ist Guava. **Guava ist die kraftvollste Frucht für die Ausgewogenheit eures Verstandes.** Und wenn ihr Birnen eßt, werdet ihr

---

[1] Sie können auch Chilischoten nehmen.

niemals Steine in eurem Körper haben, ihr werdet niemals Fibroide in eurem Körper haben. **Birnen nennt man *amarpal* – die Frucht der Langlebigkeit.**

Äpfel sind großartig, Birnen sind großartig und der beste Freund von euch im Leben ist die Pflaume. Auch die Schönheit der Nektarine ist so wunderbar, ihr könnt es nicht glauben. Es ist sinnlich. Eßt eine Nektarine zu jeder Zeit. Zweifellos. Eßt einfach eine Nektarine von hier und da und ihr werdet euch frisch fühlen.

Einige nehmen Kirschen und vermischen sie. Nehmt den Stein heraus und dann mischt sie mit Pfirsich und Apfel und mischt es wieder. Dann gebt Vanilleeiskrem dahinein. Findet es heraus. Ihr sprecht von Energie? Ihr müßt Gewichte auf eure Beine legen, um euch auf dem Boden zu halten.

Wie nennt man diese kleinen Dinger? Brombeeren? Mischt sie irgendwann mit Milch und rührt sie sehr hart. Es wird eine Art von dunkelblauer Milch ergeben. Wow.

Oder macht einen *Masala* – ihr könnt meinen Küchenvorstand fragen für eine Liste von den 10, 15 Dingen, die dahinein gehören, einschließlich Zwiebeln, Ingwer und all dem Zeug und kocht das in ghee. Dann nehmt einen ganzen Salatkopf und gebt ihn in den Dampfkochtopf – kocht ihn wirklich, so wie einen Truthahn, so wie eine Pekingente. Dann schneidet den Salat in vier oder zwei Stücke, wie auch immer ihr ihn auftragen wollt, nehmt die wunderbare Masala, in der alles enthalten ist, und füllt die Blätter damit auf. Dann werdet ihr für den ganzen Tag sowohl Energie als auch Entspannung haben.

Salatsaft zur Nacht kann euch helfen, einzuschlafen. Vorausgesetzt die Salatsuppe ist mit Milch gemacht, dann könnt ihr nicht mehr aufstehen. Ihr berührt kaum das Kopfkissen und seid weg. Sehr kraftvoll. Das ist entspannend.

Das Vergnügen der Entspannung ist besser als Drogen und Sex und erlaubt dir nicht, eine Beziehung zu zerstören. Ihr zerstört nur dann eine Beziehung, wenn ihr nicht entspannt seid, wenn ihr gespannt seid. Sobald euer Verstand in einer bestimmten Frequenz gefangen ist, ist die Scheidung unausweichbar. Aber nach der Scheidung, ist die Tragödie, daß ihr euer Leben neu leben müßt. Da gibt es zwei Dinge, die auf der Welt nicht existieren – da gibt es keine Frau, die lesbisch ist, und da gibt es keine Scheidung, die praktisch ist. Das ist alles nur im Gedächtnis. Wenn ihr euch von jemandem scheiden laßt, erinnert ihr euch an diese Person mehr, als wenn ihr mit ihr zusammen wäret.

Ich habe einen Gentleman gesehen, der gerade durch eine Scheidung gegangen war. Er stand am Samstag am Straßenrand mit einer großen Limousine. Ich sagte, „Son of a gun – Draufgänger, was machst Du hier."

Er sagte, „Ich sammle meine Kinder auf."

Ich sagte, „Hast Du jemals Deine Kinder so wie jetzt aufgesammelt als Du verheiratet warst?"

Er sagte, „Nein. Wenn ich es getan haben würde, wäre ich niemals geschieden worden."

Also jeden Samstagmorgen um 8 Uhr holt er sie ab. Es liegt an ihr, ob sie sie am Freitag oder am Samstag gehen läßt. Eine Zeitlang hat sie ihnen erlaubt, am Samstagmorgen zu gehen, dann wurde sie ein bißchen freier und sagte, „Du kannst sie am Freitagnachmittag holen. Hol sie, Baby, am Freitag, Samstag und Sonntag."

Nun ist dieser Typ sehr sozial. Er pflegte nie nach Hause zu kommen und pflegte nie an irgendetwas zu denken. Jetzt, wenn du ihn um irgendetwas bittest, Freitag, Samstag oder Sonntag, wird er sagen, „Ich hab keine Zeit." Er ist ein Babysitter. Wenn er das alles getan haben würde, als er noch verheiratet war, wäre das alles nicht passiert.

Männer werden arrogant und achten nicht mehr auf die Dinge. Frauen werden frigide und zerstören Dinge. Frigide, frigide, frigide. Kalt. Wenn eine Frau in den ersten 27 Jahren sexuell zu aktiv ist, dann wird sie in den nächsten 27 Jahren kalt wie totes Eis.

(Vorlesung aus dem Eid eines Kundalini-Yoga-Lehrers:)

„Ich bin keine Frau, ich bin kein Mann, ich bin keine Person, ich bin nicht ich selbst. Ich bin ein Lehrer. Ong Namo Guru Dev Namo. Ich bestätige hiermit, daß ich ein Lehrer des Kundalini-Yoga, wie es von Yogi Bhajan gelehrt wird, bin. Ich

verpflichte mich, den höchsten Standard der Exzellenz bei der Einhaltung dieses Eides zu erfüllen." Unterschrift, Datum, gesetzlicher Name (bitte in Druckschrift), Zeuge, Bundesstaat, Land, etc.

Also das ist alles sehr gesetzlich gemacht, notariell und all das. Die Idee dahinter ist, euch so gut zu machen und so perfekt, daß ihr in einem Gerichtssaal aufrecht stehen könnt.

Also ihr seid, was ihr eßt. Und eure Kraft ist, was ihr sprecht. Eure Stärke ist wie euer Benehmen. Und euer Wohlstand basiert auf eurer Gegenseitigkeit. So werdet ihr es buchstabieren. Eure Beziehung basiert auf eurem Dienst. Und das Vertrauen der Leute basiert auf eurer Reinheit. Eure Wirkung liegt in eurer Identität. Und euer Glück ist in eurer Herrlichkeit und eurer Wahrhaftigkeit vermischt. Das sind die wesentlichen Faktoren, mit denen ihr umzugehen habt.

Jetzt werde ich euch verlassen, weil ihr jetzt diesen Eid ablegen werdet. Wenn ihr es nicht wollt, müßt ihr es nicht. Es ist nicht verpflichtend. Ihr solltet nicht von diesem Lehrgang weggehen mit dem Gedanken: „Sein oder nicht sein" – vergeßt das. Geht von diesem Lehrgang weg im Bewußtsein: „Sein um zu sein," und dann erlaubt der Welt, euch zu folgen.

Das ist mein Wort für heute. Danke.

☙

Formel für heilenden Atem

20 Sekunden einatmen. 20 Sekunden die Luft anhalten. 20 Sekunden ausatmen.

Um ein Maximum an Gesundheit und Heilung, Energie und Vitalität zu erreichen, für 11 Minuten am Tag zu üben.

☙

Eine Selbstübergabe an das höhere Selbst

KLASSE 20 vom Abend des 1. August 1996

Ein Lehrer ist jemand, der sich selbst an sein höheres Selbst ausliefert. Nach dieser Übergabe, kommt das erste Zeichen – du machst keine falschen Dinge, du wirst nicht verrückt wegen Menschen und du sprichst nicht über sie. Du verbindest dich nicht mit irgendeiner Schwäche von irgendjemanden. Das ist die erste Fähigkeit eines Lehrers. Er verbindet sich mit der Stärke und bemüht sich, das beste daraus zu machen.

Ihr seid ein Lehrer. Von einem Lehrer nimmt man an, daß er lehrt. Ein Lehrer lehrt die Menschen – das Problem ist vorüber. Auf der anderen Seite, ein Mensch geht in die Bibliothek, sammelt das Wissen, versteht es, begreift es – das Problem endet. Wo ist der Unterschied zwischen dem Wissen, das aus Büchern aufgenommen wird und dem Wissen, das ein Lehrer vermittelt? Ich spreche hier nicht von einem Prediger, ich spreche über einen richtigen Lehrer.

Ein Lehrer durchdringt. Aber versteht, daß der Lehrer versagt. Wieder durchdringt er und wieder versagt er. Ablehnung ist kein Gegenstand der Handlung für den Lehrer. Die Aufgabe des Lehrers ist es, weiter zu handeln, und die Aufgabe des Studenten ist es, weiter zu reagieren und nicht zu akzeptieren. Aber wenn ein Student einmal beginnt, anzunehmen, ist er nicht länger ein Student – er wird dann ein Lehrer. Es ist eine menschliche Fähigkeit, nicht zu hören. Hören, nicht hören; sprechen, das bedeutet gar nichts; höre, höre nicht. Die ganze Sache basiert auf dem „Sein oder nicht sein". Aber wenn ihr ein Lehrer sein wollt, dann sind eure Reinheit und eure Frömmigkeit eure Kraft.

Es ist nicht so, daß es hier einen Mangel an Lehrern gibt; jeder will ein Lehrer sein, jeder ist ein Lehrer. Aber tatsächlich ist ein Lehrer der, der sich selbst an sein höheres Selbst übergibt. Nach dieser Übergabe kommt das erste Zeichen – ihr tut keine falschen Dinge, selbst in euren innersten Gedanken. Ihr werdet nicht auf Menschen böse und ihr sprecht nicht über sie. Ihr verbindet euch nicht mit irgendeiner Schwäche von irgendjemandem. Das ist die erste Fähigkeit des Lehrers. Er verbindet sich nicht mit Schwäche. Er verbindet sich mit der Stärke und bemüht sich, das beste daraus zu machen. Das ist der Stolz des Lehrers, das ist die Orientierung des Lehrers, das ist die Aufgabe des Lehrers. Das müßt ihr als erstes wissen: eine Person hat Stärke und dann hat sie eine Schwäche. Wir sind keine Heiligen. Das ist es, warum es so viele Regeln und Bestimmungen gibt, so wie Führerscheine und Baugenehmigungen.

Das Leben ist kein sehr höfliches Ding. Die meisten von euch sind im Wettstreit und vergleichen. Das Resultat davon ist, daß ihr verwirrt seid. Eine verwirrte Person ist eine verwirrte Person. Ihr werdet sehr froh sein, zu sehen, daß die meisten Lehrer sehr verwirrt sind. Den ersten Fehler, den sie machen, ist, daß sie ihren Studenten schmeicheln. Zum zweiten wollen sie eine Wahl gewinnen und sehr populär sein. Zum dritten wollen sie kontrollieren. Zum vierten wollen sie, daß ihnen jeder mit dem größten Respekt begegnet, während sie tun was sie wollen.

Ärgere dich nicht über die Anstößigkeit, die Enge, das Beleidigende und über die Negativität eines Schülers. Wenn das nicht alles gewesen wäre, wie sollte er dann zu dir kommen? Also bitte, wenn du ein Lehrer wirst, diene mit Licht und Wärme für alle, wie der Sonnenschein.

Ich will euch sagen, was für ein leichtes Ziel ein Lehrer bietet. Ich habe mit jemandem heute etwas besprochen und dann sagte dieser Mensch, „Wir sind verrückt geworden."

Ich sagte, „Warum?"

„Oh, Du wolltest mein Geschäft."

Ich sagte, „Dein Geschäft? Wofür soll ich Dein Geschäft brauchen?" Ich sagte, „Wenn Du Dein Geschäft nicht meistern kannst, laß mich Dir bei Deinem Geschäft helfen. Werde nicht verrückt." Das ist alles, was ich sagte.

„Nein, wir dachten, Du bist im Begriff, unser Geschäft zu übernehmen."

Ich sagte, „Wie?"

Da gibt es eine Menge Leute hier, die vergessen haben, wer sie waren und wie ihre finanzielle Lage war, als ich sie traf und wie ihre finanzielle Lage jetzt aussieht. Ich würde dich sehr gerne wissen lassen, wieviel du mir bisher zurückgezahlt hast. Soweit es mich betrifft, nicht einen Penny. Was du verdienst, gehört dir. Was immer ich verdiene, gehört dir. Du kannst diese Gnade nicht sehen, weil du diese Gnade nicht hast.

Was ist das? Wie kann ein Lehrer mit Lehren die Dinge mit Geld vergleichen? Wenn ein Schüler sie vergleicht, ist das okay; ein Schüler ist ein abstoßendes, verrücktes, undiszipliniertes Rohmaterial. Versteht das nicht falsch, ein Schüler ist nicht ein Gott, nicht ein Mensch. Ein Schüler ist ein Haufen Anstößigkeit und Ignoranz, völlig unklar über seinen Status: „Ich bin ein Anwalt, ich bin ein Arzt, ich bin dies, ich bin das." Sie sind sehr erdlich.

Der spirituelle Lehrer hat tatsächlich keine Beziehung zu dieser Erdlichkeit, Erdgebundenheit – absolut keine. Er kann sich damit nicht verbinden. Der spirituelle Lehrer ist ein sehr leichtes Ziel von dieser Verrücktheit und dem Wahnsinn. Es passiert ihm alle Zeit. Aber wenn nicht ihr, wer sonst wird es tun. Denkt darüber nach. Ihr habt einen Eid abgelegt, ihr habt die Arbeit übernommen, dem tiefen Geist der Menschlichkeit zu dienen. Und wenn ihr den Eid abgelegt habt, die Arbeit, daß ihr der Menschlichkeit dienen wollt, zu verrichten, wer sonst würde es tun? Da gibt es nichts, was der Student nicht versuchen wird, um euch auf sein Niveau herabzubringen. Und da gibt es nichts in euch, das herabgeht. Jeder Student wird euch als Mann oder Frau bewerten. Jedermann erwartet von euch, daß ihr ausseht wie jemand, der Gott gibt. *Seid nicht* Gott – *gebt* Gott. Wenn ihr diese Bedingungen nicht annehmen könnt, werdet nicht Lehrer.

Die Tragödie des ganzen Dings ist, daß irgendwann ein Schüler zu euch kommt. Das ist alles, was ein Schüler tun kann. Also wenn ihr glaubt, daß der Schüler sehr moralisch, manierlich, ethisch, nett, süß und gehorsam sein wird, denke ich, ihr seid komisch. Ihr seid nicht Lehrer. Wenn da kein Wahnsinn wäre, kein Müll, kein Unfug, keine Tragödie, kein was auch immer, wozu würdet ihr gebraucht werden, um damit anzufangen? Je mehr Idioten da sind, umso mehr werdet ihr gebraucht. Mehr Arbeit.

So kommt es mit eurer Aufgabe. Das ist Teil eurer Arbeit. Manchmal könnt ihr euch so fühlen, daß ihr respektiert seid. Die Menschen verbeugen sich vor euch und all das. Das ist der gerechte Ausgleich für all die Widerwärtigkeiten und Beleidigungen. Das ist gerade ein kleiner Ausgleich, keine große Sache. Das ist nichts, worauf ihr sehr stolz sein braucht.

Ich will euch erzählen, wie die Dinge passieren. Ich habe 39 Jahre in Indien gelebt. Ich war dort ein totaler Außenseiter. Ich kam hierher und ich bin wieder ein Außenseiter hier.

Ein Lehrer kann nicht mit den Anstößigkeiten und dem Wahnsinn zusammenpassen. Also seid auch ihr Außenseiter. Ihr seid hierher gekommen, um Dinge anwendbar zu machen. Ihr versteht eure Arbeit nicht. Ihr seid nicht dabei, eine Wahl zu gewinnen, ihr seid nicht dabei, Wohlstand zu gewinnen. Für euch wird gesorgt.

Aber ihr könnt nichts in die Tasche stecken. Was auch immer zu euch kommt: „Eins zwei drei, eins zwei drei, oh Gott, eins zwei drei."

Eine andere Geschichte, die für Lehrer höchst schmerzhaft ist, ist, daß ihr einen Schüler mit Kopf und Herz liebt – ihr betet sie an. Aber infolge ihrer Unausstehlichkeit und ihrer Neurose schlagen sie euch so hart unter der Gürtellinie, als ein Mensch, daß ihr es nicht einmal aushaltet, aber für einen Lehrer ist es okay. Der Schüler soll damit fortfahren, euch zu beleidigen. Der Schüler will euch nicht respektieren, weil der Schüler oder die Schülerin sich selbst nicht respektiert. Das ist nicht der Fehler des Schülers. Der Schüler ist gekommen, das ist seine Aufgabe. Darüber hinaus könnt ihr nichts von einem Schüler erwarten. Entweder seid ihr im Wettbewerb, vergleicht ihr und ihr seid verwirrt, oder ihr seid beherrscht, zufrieden und stetig.

Im *Ardas*, dem Gebet der Sikhs, zählen sie all die Opfer: Die, die lebendig verbrannt wurden, die, die Stück für Stück zerschnitten wurden, gebraten und an Bäume gebunden und verbrannt. Das ist eine lange Geschichte der Folter. Und für alle und für deren Erlösung sagen wir: „ Wahe Guru." Und der schönste Vers ist:

ਜਿਨ੍ਹਾ ਵੇਖ ਕੇ ਅਣਡਿੱਠ ਕੀਤਾ
Jinnaa vekh kay andith keetaa....
-From the Ardas, the daily prayer of the Sikhs
Those who saw the faults of others and chose to unsee them.

Die, die die Fehler der anderen sahen und beschlossen haben, darüber hinwegzusehen.

Die, die sahen und machten sie unsichtbar. Die, die die Schwächen der anderen sahen, und nahmen sie als unsichtbar. Für deren Würde und Vergebung sagen wir „*Wahe Guru*". Das ist eine erstaunliche Zeile. Ihr könnt niemandem irgendetwas anderes als Ärger geben, ihr vergnügt euch am Ärger und ihr wollt Ärger. Das ist es, wie ihr eure Zeit vertreibt. Ihr könnt niemandem etwas anderes als Ärger geben, oder ihr könnt jemandem Vergebung geben. Jedoch könnt ihr niemandem Vergebung geben, wenn ihr nicht für euch selbst Vergebung habt. Wenn ihr nicht gelernt habt, euch selbst zu vergeben, könnt ihr niemandem vergeben. Wenn ihr niemandem vergeben könnt, müßt ihr reagieren. Und wenn ihr reagiert, bringt ihr Handlung in euer Leben.

Jemand hat einen Prozeß gegen mich angestrengt. Das war ein sehr schwerer für 2 1/2 Jahre. Dann, schließlich, fiel der Fall auseinander und die Gebühren wurden fällig. Ich hatte die Wahl, eine Gegenklage wegen übler Nachrede anzustrengen. Ich sagte, „Warum? Es ist vorüber. Zu Ende." Es ist nicht so, daß ihr richtig oder falsch seid, und irgendjemand anders euch richten wird. Aber ihr solltet nicht richten, wenn ihr eine bewußte Person seid, weil die Krone der Spiritualität immer erwiesen ist. Das ist nichts, was ihr durch einen Prozeß erringt.

Da gibt es eine Geschichte von Guru Hargobind, dem 6. Guru. Er kündigte an, „Wenn irgendjemand mir das *Japji* von Nanak lesen kann, werde ich sehr dankbar sein."

Ein sehr alter Sikh kam, und sagte, „Ich kann es richtig lesen."

Der Guru setzte sich hin und der Sikh begann es zu lesen. Während der gesamten Lesung war der Guru langsam dabei, von seinem Platz zu gleiten. Als das *Japji* zum Ende kam, kam der Guru gerade in seine Position zurück. Ein Sikh sagte, „Mein Herr, wir haben solches bei Dir zuvor nie gesehen. Als das *Japji* gelesen wurde, hast Du begonnen, zu rutschen, und als es endete, bis Du gerade auf Deinen Platz zurückgesprungen. Dann hast Du diesem Mann ein herrliches Pferd und eine Tasche voll Gold und andere Dinge gegeben. Kannst Du erklären, warum Du Dich in der Form bewegt hast?"

Er sagte, „Als er aus dem *Japji* von Nanak las, war er wie Nanak, und ich dachte, „Was kann ich ihm als Belohnung geben?" Da kam es mir in den Sinn, „Ich werde ihm Guru Nanaks Platz geben, auf dem ich sitze. Also werde ich mich zurückziehen und ihn zum Guru machen." Das hatte ich im Sinn, als ich mich langsam bewegte. Am Ende kam es ihm in den Sinn, „Wenn der Guru wahrhaftig ist und es mag, wie ich lese, sollte er mir ein solches und ein solches Pferd geben und eine Tasche von Gold und ich werde sehr zufrieden sein." Er hat es entschieden. Da bin ich zurückgesprungen. Warum sollte ich ihm diesen Platz geben? Dieser Platz hat keinen Preis. Er wollte einen Preis, so gab ich ihm den Preis."

Diejenigen, die Jesus ans Kreuz geschlagen haben, müssen sehr glücklich an dem Tag gewesen sein, weil sie aufgefordert waren, im Wettstreit zu liegen und zu vergleichen. Sie haben ihn mit einem Dieb und einem Mörder verglichen, und sie haben den Mörder und den Dieb gehen lassen. Sie haben verlangt, ihn ans Kreuz zu schlagen. Sie prügelten ihn und verspotteten ihn und setzten ihm eine Dornenkrone auf und riefen ihm im Spott zu „König der Juden." Könnt ihr die Demütigung verstehen? Aber heute ist er der Sohn Gottes und die, die da waren, sind nicht und werden niemals sein.

Ihr versteht nicht; ihr beurteilt die Dinge nach Schmerz und Vergnügen. Tatsächlich sind die Dinge jedoch durch die Zeit und jenseits der Zeit gerichtet. Jesus, Fatimas Sohn, wurde geboren. Da gab es kein Laken, ihn zu bedecken. Da gab es kein Platz, ihn zum Schlafen zu legen. Also machten sie ihm einen kleinen Schlafplatz in einer Krippe und bedeckten ihn mit Stroh. Das ist Tatsache. Wenn ihr da gewesen wärt, müßtet ihr das gesehen haben. Selbst wenn ihr nicht da wart, ist es wahr. Er war ein Weiser, und die Jungen haben ihn geschlagen und beschimpft „Bastard." Eines Tages kam er von der Schule und sie sagten, „Du bist ein Bastard. Du hast keinen Vater." Er fragte seine Mutter, „Mutter, Madre, wo ist mein Vater?"

Sie sagte, „Dein Vater lebt im Himmel, mit vielen Villen."

Der Junge hat diese Worte nie vergessen. Und er fragte sie, „Wie kannst Du das sagen?"

Sie sagte, „Israel, der Engel, hat es mir gesagt. Und wenn Du es mir nicht glaubst, kannst Du gehen und Deine Tante fragen."

Das also war sein Glaube. Der Junge war ein Bastard; jetzt ist er der Sohn Gottes. Der Mann, der keinen anderen Platz hatte, als eine Krippe. Heute gibt es überall in der Welt Besitz auf seinen Namen – schöne Gebäude mit Kirchtürmen und allem – keine Regierung kann das schätzen. Er wohnt überall. Zu der Zeit sagte der Verwalter der Wirtschaft, „He, ihr könnt in die Scheune gehen." Und das ist es, wo er geboren wurde.

Wer weiß es, auf wessen Schicksal die segnende Hand Gottes ihr Licht scheinen läßt? Es ist nicht eure Verbindung. Eure Verbindung ist Bekommen und Verlieren, in bezug auf Popularität und Verständnis, in bezug auf Erfüllung von Emotionen und Gefühlen, in bezug auf Rache und Vergeltung, in bezug auf Klagen und Weinen. Eure Beziehungen werden am Geld gemessen und von Emotionen verdorben. Ihr seid nicht umfassend. Ihr seid stets besorgt. Ihr seid glücklich, wenn ihr gewinnt und unglücklich wenn ihr verliert. Die Einschätzung liegt bei euch. Wenn ihr gewinnt, solltet ihr nicht glücklich sein, weil euer Gewinn jemandes Verlust ist. Und wenn ihr verliert, solltet ihr nicht unglücklich sein, weil es jemandes Gewinn ist. Wer kümmert sich darum. Materie kann weder erschaffen noch zerstört werden. Sie kann nur in Energie verwandelt werden.

Der Lehrer hat den Status eines, der Gott gibt, frei und klar. Er dient unermüdlich. Er verbindet mit einem Lächeln; und er brüllt und schreit mit dem Ziel, den Schüler zu formen. Je härter der Stein, desto schwerer ist der Hammer.

Aber versteht das nicht falsch, daß, wenn ihr Lehrer werdet, ihr nicht Verleumdung und Beleidigung ertragen müßtet. Das kommt mit dem Territorium. Wenn ihr also den abstoßenden Gedanken habt, daß, ein Lehrer zu sein, bedeutet auf Rosen gebettet zu sein und daß ihr im Begriff seid, angebetet zu werden, denke ich, seid ihr sehr im Irrtum. Ganz am Anfang, wenn ihr Lehrer seid, wird eure Frau eifersüchtig darauf werden, daß „All diese Frauen mit euch verbunden sind.

Jeder Schüler wird euch als Mann oder Frau einschätzen. Gegenüber jedem sollt ihr wie einer wirken, der Gott gibt. Ihr seid nicht Gott – gebt Gott. Wenn ihr diese Bedingung nicht annehmen könnt, werdet nicht Lehrer.

Was für eine Beziehung habt ihr mit ihnen?" Wenn ihr eine Frau als Lehrer seid, wißt ihr besser, was passiert. Es ist alles da.

Also warum werden wir Lehrer? Weil es der höchste Status im menschlichen Leben ist. Es ist elegant, es ist exzellent, und es ist sehr, sehr, sehr, sehr, sehr erfüllend.

Ich ging zu meiner alten Schule, die in Ludhiana liegt. Sie haben an der Wand mir, als einem Schüler dieser Schule, zu Ehren eine Platte an der Wand montiert. Einer meiner alten Lehrer tauchte auf. Er wollte meine Füße berühren. Ich hielt ihn auf und sagte, „Was machst Du?"

Er sagte, „Einst habe ich Dich weltliche Dinge gelehrt. Heute sehe ich Dich an, ich habe Gott gefunden. Laß mich Deine Füße berühren."

Ich sagte, „Das kannst Du nicht."

Er sagte, „Ich befehle es Dir."

Da nahm ich meine Hände zurück und sagte, „Okay, mach weiter, Du kannst es machen." Und es waren Tränen in seinen Augen.

Er sagte, „Selbst Gott kann nicht alles zu mir sagen. Ich habe alles erreicht. Ich bin stolz auf Dich. Heute bin ich erfüllt." Er war mein Lehrer im College – und zwar ein strenger. Es erinnerte mich, wie, als ich nach Amerika kam, die Menschen mich rechts und links verleumdet haben.

Was haben sie mit Jesus getan? Was haben sie mit Mohammed getan? Was haben sie dem 5. Guru von Nanak, Guru Arjan Dev getan? Glaubt mir oder laßt es sein, sie haben ihn auf eine heiße Platte gesetzt und haben brennenden Sand über ihn geschüttet für fünf Tage und Nächte. Dann haben sie ihn zum kältesten Fluß gebracht und ihn hineingetaucht. Sie waren sehr verwundert darüber, was passierte – nichts war mehr da. Er verschwand.

Die zwei Söhne von Guru Gobind Singh waren 7 und 9 Jahre alt. Sie haben sie nicht getötet – sie haben sie lebend eingemauert. Versteht ihr diese Folter? Die zwei Jungs standen da mit einem Lächeln. Die Tyrannei des einen ist des anderen Freude. Anderen Leid zuzufügen, ist des Menschen größtes Vergnügen. Der Mensch ist ein rücksichtsloses, unausstehliches, liebloses Tier. Ab und zu, mit der Segnung eines Lehrers, wird er ein Mensch. Und wenn durch seinen Lehrer, der gütige Herr kommt, kann er ein Engel werden. Und in der Form des Engels kann er der Menschlichkeit dienen, indem er die Aufmerksamkeit auf die absolute Einheit, des Einssein mit Gott bringt. Das ist es, warum ich an diesem Nachmittag die Stellungnahme gegeben habe: „Wenn ihr mich liebt, soll Gott euch lieben. Aber wenn ihr es nicht tut, zählt ihr nicht."

Denn manchmal fühlen auch Schüler, daß ihr von ihnen abhängt – sie geben euch dies, sie geben euch das. Das ist die unhöflichste Handlungsweise eines Schülers. Aber es wird von euch nicht erwartet, daß ihr reagiert, es wird von euch erwartet, sie zu segnen. Schüler sind wie kleine Kinder. Von einem Lehrer wird erwartet, ungeachtet all dessen, ihren Müll wegzuräumen. Was ich tue, ist euch eine Arbeitsbeschreibung zu geben. Manchmal habt ihr einen Schüler, der euch Leben geben wird. Er wird auf euch voll Verehrung blicken. Die sind schön. Dann gibt es da andere, die herausfinden wollen, wie sie euch kriegen können. Tatsächlich, Lehrer zu sein, ist eine Prüfung der Geduld.

Ich habe einmal im Buch *Beads of Truth* – Perlen der Wahrheit, geschrieben, „Gott rette mich. Ich betreibe ein Krankenhaus. Ich habe keine Schwestern und keine Ärzte – alles was ich habe sind Patienten."

Versucht zu verstehen, wie das ist: Ihr seid am Essen und ihr versucht gerade, einen Happen der Speise in euren Mund zu bringen, als jemand sagt: „Darf ich Dir eine Frage stellen?"

Also müßt ihr entscheiden, ob ihr sagen sollt, „Ja" oder ob ihr es in euren Mund steckt.

Die Fähigkeit eines Lehrers ist ein sehr kraftvolles, herrschendes, offenes Opfer. Darüber gibt es keinen Zweifel. Es bedarf nicht nur des inneren Mutes, es bedarf genauso des äußeren. Das ist der Lehrer. Weil ihr euch entweder um euch selbst kümmert oder Gott für euch sorgen laßt.

Da gibt es zwei Beziehungen: *nadi* und *bindi*. Eine *bindi*-Beziehung ist eine, die durch euren Samen erschaffen wird. Eine *nadi*-Beziehung ist eine, die durch euer Wort, durch euren Klang erschaffen wird. Der Unterschied zwischen einem Sohn, der euer Schüler ist, und einem Sohn, der euer Sohn ist, ist die, daß euer Sohn, der ein Sohn ist, sagen kann „Nein", aber ein Sohn, der euer Schüler ist, kann nicht „Nein" sagen. Der Schüler ist der äußerste Herausforderer von allem, das da ist, und sein Ziel ist Sieg.

Guru Arjan war der Sohn von Guru Ram Das und er wurde der Guru. Prithi Chand war ebenfalls ein Sohn – der älteste. Er konnte nicht der Guru werden; er blieb nur der Sohn. Nach dem Erbrecht, wollte er der Guru sein. Er hatte vergessen, daß die Krone der Spiritualität ein Geschenk ist. Sie kann nicht erobert werden.

Die Beziehung zwischen einem Schüler und dem Lehrer ist die, daß, wenn der Lehrer euch segnet, Gott dafür bürgt. Wenn er euch verflucht, so bürgt Gott ebenfalls dafür. Das ist die Beziehung.

ਮੇਰੀ ਬਾਂਧੀ ਭਗਤੁ ਛਡਾਵੈ ਬਾਂਧੈ ਭਗਤੁ ਨ ਛੂਟੈ ਮੋਹਿ ॥
Meree baandhee bhagat chadhaavai, baandhai bhagat na chutai mo-heh
-Bhagat Namdev, page 1252
A devotee can release anyone from My bondage, but I cannot release anyone from his.

Ein frommer Mensch kann jeden aus meiner Knechtschaft befreien, aber ich kann niemanden aus der seinen entlassen.

„Wenn Gott euch einen Knoten gibt, kann ein Mensch, der fromm vor Gott ist, ihn öffnen. Wenn aber ein Mensch, der vor Gott fromm ist, einen Knoten macht, kann Gott ihn nicht öffnen." Das ist göttliches Gesetz, und es wird bis in die Unendlichkeit wahr bleiben, weil Gott durch seine Schüler bekannt ist, und sein erster Schüler ist der Lehrer.

Ein Lehrer ist nicht ein Anwalt, oder ein Arzt, oder ein Ingenieur, oder ein Geschäftsmann. Ein Lehrer ist ein Lehrer. Guru Nanak war ein Lehrer, der gleichzeitig als ein Bauer lebte und ein Reisender. Er ging überall hin. Eine der Qualitäten eines Lehrers ist, daß er hinlangt und das Herz berührt – er ist die göttliche Berührung. Ohne seinen Kontakt und seine Verbindung, ohne seine Güte und seinen Segen, kann das Göttliche nicht existieren. Ihr könnt damit umgehen, oder ihr könnt es leugnen, das spielt keine Rolle. Das Leben besteht aus Tugenden und Werten. Wenn Tugenden und Werte einer Person erfüllt werden, dann ist das Leben wertvoll. Laßt uns jetzt sehen, wie weit wir gehen. Fertig?

Klasse: Ja, Sir.

YB: Meine Idee ist, daß ich euch eine 11 Minuten lange Übung gebe. Es kann sein, daß ihr nicht erfahrt, wovon ich möchte, daß ihr es erfahren sollt. Ich erwarte keinerlei Veränderung, ich erwarte gar nichts. Der Vertrag besteht zwischen euch und eurem Gott. Ich bin einfach ein Weg zur Ehre von euch, ich diene diesem Weg. Ich habe keine Verbindung mit euch. Ich kann eure Bitte gewähren oder kann sie ablehnen. Ihr ruft *Ong Namo Guru Dev Namo* − entweder komme ich durch oder ich tue es nicht. I am the Big Guy, on which you have no control − Ich bin der große Kerl, über den ihr keine Kontrolle habt. Versteht das nicht falsch. Ihr habt mich gefoltert, ihr habt mich verbrannt, ihr habt mich ans Kreuz geschlagen, ihr habt Stöcke durch mich gestochen, ihr habt mich durchs Feuer gezogen, ihr habt mich verletzt − als Menschheit habt ihr alles getan. Und dennoch komme ich immer. Ich bin ein Lehrer. Ein Lehrer geht niemals weg, er wechselt nur den Körper wie Menschen das Hemd wechseln oder wie Italien die Regierung. Das macht keinen Unterschied. Der Lehrer ist immer eins. Eins ist Gott. Eins ist der Lehrer. Menschen werden sterben, aber der Lehrer wird bis zur Unendlichkeit bestehen bleiben.

Selbst wenn ich blind bin, sehe ich. Selbst wenn ich stumm bin, spreche ich. Selbst wenn ich taub bin, höre ich.

Ungeachtet der Tatsache, daß ihr sprecht, seht und hört, seid ihr Versager, weil ihr nicht die Essenz euerer Totalität in euch erweckt habt. Darum wird die Realität, die Wirklichkeit niemals eure Schultern berühren. Das kompensiert ihr mit Ego. Das ist nicht ein Lehrer. Ein Lehrer soll seine Identität nicht mit dem Ego kompensieren.

Aber euer Glück oder euer Mißvergnügen als Lehrer, sie werden am Ende alle vergolten, wenn aus euch ein anderer Lehrer geboren ist. Darum seid ihr besser als Gott. Gott kann keinen anderen Gott kreieren, aber ein Lehrer kann einen Lehrer kreieren. Ihr gehört einer unterschiedenen Menschheit an, ihr habt eine unterschiedliche Verbindung.

Also bitte versteht die Tatsachen des Lebens. Ihr könnt nicht einfach gepflegt aussehen und ein Lehrer sein. Ihr müßt auf eine spezielle Art und Weise gekennzeichnet sein, weil ihr eine spezielle Person seid, die eine spezielle Aufgabe tut. Das ist es, warum ihr die Feldgeistlichen mit einem Kragen und einem speziellen Anzug seht. Sie sind nicht verrückt. Ein Lehrer, ohne die Disziplin der Identität, des

Verstandes und des Geistes, ist kein wertvoller Lehrer. Da gibt es eine Verpflichtung, da gibt es einen Befehl, da gibt es ein Bedürfnis. Ihr müßt durchkommen.

(Zu den Details der Meditation siehe Seite 337.)

Diese Übung ist für eure Bogenlinie und für das Karma, das ihr darin angesammelt habt. Es ist einfach eine Handvoll Gebete, keine große Sache. Es ist eine Kontrolle der Seele und es wird euch erheben. Es sieht wie eine sehr einfache Übung aus, aber es ist sehr kraftvoll. Wenn ihr sagt, *„Wahe Guru,"* macht ihr eine Bewegung dabei. *„Wahe Guru, Wahe Guru, Wahe Guru, Wahe Jeeo."* Als ob ihr etwas aufhebt und über eure Schultern werft. Wenn ihr es richtig macht, lernt ihr auf eine sehr einfache Art und Weise, was *„Wahe Guru"* tatsächlich bedeutet. Also laßt uns anfangen.

Atmet ein und legt eure Hände hinter den Kopf, wie ihr es beim Üben getan habt, und streckt sie in einem gleichmäßigen Kreis. Atmet aus. Ihr habt gemogelt. Einatmen. Haltet die Luft an. Legt die Hände über eure Schultern, rückwärts. Atmet aus. Atmet ein. Streckt euch. Entspannt euch.

Seid ihr okay?

Klasse: Ja, Sir.

YB: Die Kraft der Unendlichkeit ist nicht außerhalb von euch. Sie ist in euch. Wenn „Ich" und die Unendlichkeit die Wirkung erzeugen, werdet ihr vollkommen göttlich. Andernfalls gibt es da die Dualität, die euch von der Realität fernhält, und der Schmerz ist riesenhaft.

Es macht keinen Unterschied, zu wem ihr gehört, oder zu wem ihr zu gehören glaubt, oder was ihr glaubt das ihr seid. Das hat absolut nichts mit eurer Totalität – Gesamtheit zu tun. Es ist genauso, als wenn ihr ein klein bißchen Essen habt und glaubt es sei so viel. Aber dann geht ihr irgendwohin und seht das ganze Universum, und ihr seht, daß es da keinen Vergleich gibt. Die Erfüllung des „Ich" mit der Wirkung der persönlichen Unendlichkeit liegt jenseits dessen, was überhaupt ausgedrückt werden kann.

Es ist mein Gebet, daß ihr euch selbst für das Wassermann-Zeitalter vorbereitet und eure Neurosen gehen laßt und es zulaßt, freundlich zu euch selbst zu sein. Ihr seid grausam, unerträglich, und negativ gegenüber euch selbst. Ihr bringt euer eigenes Selbst in Gefahr, wenn ihr negativ seid. Ihr verwundet niemanden sonst. Niemand ist in eurer Reichweite. Und der Schmerz, den ihr irgendjemandem zufügt, fällt hundertfach auf euch zurück. Ihr könnt dem nicht entkommen. Die Schwierigkeit ist, daß ihr es nicht messen könnt, weil es auf verschiedene Art und Weise und über große Zeiträume zu euch kommt. Darum glaubt ihr, ihr seid momentan erfolgreich, aber angesichts der Unendlichkeit verliert ihr.

Erinnert euch daran, Lehrer, wenn ihr nichts tut, wird irgendjemandes Schicksal zerstört. Versteht das einfach. Ihr dürft nicht alles tun; ihr dürft ablehnen, das ist euer Recht. Aber wenn es euer Schicksal ist, ein Lehrer zu sein, und ihr kein Lehrer werdet, verwundet ihr euch selbst. Aber wenn jemand zu euch kommt, und ihr tut nichts. ist das Schicksal zerstört.

Wenn ihr die persönliche Wirkung eurer Unendlichkeit auf euch selbst besitzt, dann findet ihr große Würde, große Göttlichkeit und große Anmut. Es ist ein sehr sicherer Zustand. Es spielt keine Rolle, ob ihr in einem Palast lebt oder in einer Hütte – Würde ist Würde, Manieren sind Manieren. Wenn eure Höhe, eure Manieren, eure Anmut, eure Würde und eure Göttlichkeit alle zusammengetan sind, fürchtet euch Gott. Aber dann treibt ihr Hurerei, brüllt und schreit, seid negativ und sprecht schlecht von anderen. Ich weiß nicht, warum ihr all das tut.

Die Bearbeitung mit dem Meißel ist nur zwischen Lehrer und Schüler erlaubt. Punkt. Aber die Absicht ist vornehm und der Schmerz wird eine Freude, weil er die Ekstase der Freude über den Status des Unendlichen ist.

Also bitte versteht, daß der Lehrer einzigartig ist, und es nichts Vergleichbares geben wird. Punkt. Ihr seid unbezahlbar, keine Versuchung, kein Bemühen, kein Zerren. Ihr seid frei – Befreier und befreit. Diese Fähigkeiten, die ihr als Lehrer habt, werden euch das Glück, serviert auf einem Silbertablett von der Hand Gottes, bescheren. Eure weltliche Häßlichkeit, Seichtheit, und eure Engstirnigkeit sollen nicht mit euch sein. Ihr werdet den Zustand der Ekstase genießen. Erinnert euch einfach, die, die dem Meister dienen, denen dient Gott auf meisterhafte Weise. Das ist das Versprechen.

Es ist nicht jedermanns Karma; es ist nicht jedermanns Dharma.

Lehna bediente Nanak und er wurde Angad, er wurde Teil von ihm. Amar Das diente Angad und er wurde Guru Amar Das. Jetha diente Guru Amar Das und er wurde Guru Ram Das. Es ist nicht so, daß es da keine Kinder oder andere Verwandten gegeben hätte. Nein, es war der absolute Dienst. Man nennt es den Willen des Meisters. Die, die sich innerhalb des Willens des Meisters finden, werden im Namen des Meisters die Herren von Länge, Breite, Höhe und Einstellung. Und das ist es, was ein Mahan Tantric ist. Andere Menschen sahen es genauso wie bei Nanak:

ਕੋਇ ਆਖੈ ਭੂਤਨਾ ਕੋ ਕਹੈ ਬੇਤਾਲਾ ॥ ਕੋਇ ਆਖੈ ਆਦਮੀ ਨਾਨਕੁ ਵੇਚਾਰਾ ॥
Ko-ee aakhai bhootanaa, ko kahai baytaalaa, Ko-ee aakhai aadmee naanak vay-chaaraa.
-Guru Nanak, Siri Guru Granth Sahib, page 991
Some say poor Nanak is a spirit. Some say that he is a demon, and some call him a man.

Einige sagen, der arme Nanak ist ein Geist. Einige sagen, er ist ein Dämon, und einige nennen ihn einen Menschen.

Einige Leute sagten, „Er ist ein Geist." Einige sagten, „Er ist neben sich." Und einige sagten, „Laßt ihn einfach. Er ist ein armer kleiner Mann." Wenn ihr nicht das Auge habt, es in das Auge eures Meisters zu versenken und Ihn zu erkennen, werdet ihr niemals ein Meister sein. Und wenn ihr nicht das Herz habt und die Kraft und den Mut, euren Kopf auszuliefern, wird der Phönix nicht aus der Asche auferstehen – ihr werdet übergangen.

Da gibt es keinen Vorwurf und keinen Anspruch. Der würdevolle Meister wird die Totalität der Göttlichkeit denen schenken, die die Gnade, die Freundlichkeit und die Dankbarkeit anrufen. Eine Krone wird auf diese Weise verdient, und nicht erlernt. Ihr lebt alle in der Ekstase und im Geheimnis von Maya und Gott.

Und was es noch zu sagen gibt, ob ihr ein Sikh seid, ein Moslem, ein Jude oder ein Hindu, damit habe ich nichts zu tun. Wenn ihr Weisheit lernen wollt, lest *Asa di Vaar* auf Englisch. Ihr werdet dort absolut zusammengedrängt, praktisch angewandtes Bewußtsein und Weisheit finden. Es ist sehr einfach. Es wird euch führen. Wenn ihr diese Worte verstehen könnt, werden sie euch gelegen kommen, sobald ihr dem Leben gegenübertretet.

Wenn ihr die Wissenschaft der Unendlichkeit erfahren wollt, dann müßt ihr das *Japji* verstehen. Es gibt nichts besseres als das. Also, normalerweise, wenn ihr diese zwei Dinge kennt, werdet ihr befriedigt sein, zufrieden.

Was ist der Shabad Guru? Wenn euch jemand verletzt und ihr mögt es nicht, kommt der Shabad praktisch dazu. Das meint, daß es gut ist, die Worte des Gurus in eurem Gedächtnis zu haben. Man sagt, daß „Geld in eurer Tasche und die Worte des Gurus in eurem Herzen die allermächtigste Hilfe zu bringen vermögen." Das ist es, warum ihr es wiederholt. *Jap* bedeutet „Wiederhole." Wir wiederholen und wir wiederholen, so daß es Teil von uns wird und wir Teil davon werden. Wir, die wir das praktizieren, sind nicht verrückt. Für die, die verrückt sind, sehen wir verrückt aus. Bitte versteht das.

Einmal fragte mich jemand, „Was kannst Du tun?"

Ich sagte, „Wenn ich nichts tue, wirst Du durch 8,4 Millionen Lebensalter kreisen und Du wirst niemals frei sein. Wenn ich etwas tue, kann etwas passieren."

„Was kannst Du tun?"

Ich sagte, „Ich kann Dir ein Gesicht und Würde geben und Du kannst das Rennen des Lebens gewinnen. Wenn ich nichts tue *bist* Du nichts."

„Was meinst Du damit?"

Ich sagte, „Wenn ich nichts tue, bist Du nichts und wirst nichts sein. Ist das nicht genug?"

„Was meinst Du?"

Ich sagte, (Wortspiel: I mean, when I am very very mean, I'll do nothing, and you will mean nothing.) „Ich meine, daß wenn ich sehr, sehr gemein bin, werde ich nichts tun und Du wirst ein Nichts bleiben. Verstehst Du das nicht?"

Er sagte, „Ich verstehe. Tu etwas."

Ich sagte, „Warum? Ich habe nichts zu tun. Du bist derjenige, der darum bittet, „Was kannst Du tun?" Wenn ich nichts tue, wirst Du doo-doo sein."

„Warum ist es essentiell, daß Du etwas tust?"

Ich sagte, „So ist es nun mal, so war es und so wird es immer sein."

Erinnert euch daran, Lehrer, wenn ihr nichts tut, ist irgendjemandes Schicksal zerstört. Versteht das einfach. Ihr könnt nicht alles machen; ihr könnt ablehnen, das ist euer Recht, aber wenn es euer Schicksal ist, ein Lehrer zu sein und ihr nicht ein Lehrer werdet, verletzt ihr euch selbst. Aber wenn jemand zu euch kommt, und ihr nichts tut, ist das Schicksal zerstört."

Kümmert euch nicht um das Unerträgliche, die Enge, das Beleidigende, die Negativität und die Neurosen des Schülers. Hätte er all das nicht, warum sollte er zu euch kommen? Also bitte, wenn ihr Lehrer werdet, dient allen, wie die Sonne, die über allen mit Licht und Wärme scheint.

Vielen Dank. Gute Nacht.

Meditation für die Bogenlinie und um die Karmas zu klären

Mudra: Sitze im Schneidersitz mit einem geraden Rücken. Entspanne die Ellenbogen an den Seiten und bringe die Unterarme gerade nach vorne, vor den Körper, wobei die Handflächen flach ausgebreitet nach oben weisen. Forme sie ein wenig wie Schalen und halte sie wenige Zentimeter oberhalb der Knie.

Bewegung: Bringe die Arme nach oben, hinter den Kopf und strecke die Hände und Arme dabei so weit rückwärts über die Schultern, als es geht. Stelle dir vor, du schöpfst Wasser, und wirfst es durch deine Bogenlinie, über die Schultern, mit einem Schnellen aus dem Handgelenk. Die Bewegung ist weich und anmutig und fügt sich zu Text und Rhythmus der Musik.

Musik: *Wahe Guru, Wahe Guru, Wahe Guru, Wahe Jio by Giani A.* Bei jedem „Wahe Guru," und genauso auch bei dem „Wahe Jio," mache die komplette Bewegung – Schöpfen, über die Schulter werfen und zurückkehren in die Ausgangsposition.

Augen: Geschlossen.

Zeit: 31 Minuten.

Ende: Atme ein und strecke die Hände so weit wie möglich nach hinten, bis hinter den Kopf. Diese Haltung muß beim Einatmen korrekt eingehalten werden.

Dann die Luft für 10-15 Sekunden anhalten. Ausatmen. Dieses ist dreimal zu wiederholen. Entspann dich.

Kommentare/Wirkungen: Diese Meditation ist für die Bogenlinie und um das Karma, das darin gelagert ist, zu klären. Ihr werdet erfahren was *„Wahe Guru"* tatsächlich bedeutet. Es ist gerade eine Handvoll Gebet. Denkt daran, die Kraft der Unendlichkeit ist nicht außerhalb von euch – sie ist in euch. Wenn „Ich" und die Unendlichkeit eine Wirkung erzeugen, werdet ihr vollkommen göttlich. Andernfalls gibt es dort die Dualität, die euch von der Realität fern hält, und der Schmerz ist riesenhaft.

Ärger kommt in euer Leben, wenn ihr danach fragt

KLASSE 21 vom Morgen des 22. August 1996

Der Ozean ist eine sehr ruhige Angelegenheit, aber wenn die Winde stark und heftig wehen, dann ist er sehr bewegt. Der Wind repräsentiert euer Ego – je größer das Ego, desto bewegter ist das Leben der Person.

In der Wirtschaft haben wir das Gesetz der rückläufigen Gewinne. Wenn du beginnst, Bananen zu essen, kannst du eine, zwei, drei, vier essen. An der fünften oder sechsten Banane, kannst du nicht mehr weiter. Du kannst vielleicht eine achte essen, aber wenn irgendjemand sagen würde, „ich gebe Dir 1000 Dollar wenn Du die neunte ißt," kannst du es absolut nicht. Das ist das Gesetz der rückläufigen Gewinne.

Tatsächlich ist das genau wie das Leben. Der Prozeß von Wachstum und Zerfall ist natürlich. Ihr sollt wachsen, und dann sollt ihr verfallen. Das ist natürlich. Aber während ihr im Wachsen begriffen seid, wachst ihr sehr schnell und sehr ausgedehnt. Und dann stimuliert ihr euch selbst mit Drogen und mit Sex. Also verläuft das Wachstum, das langsam und schrittweise, diagonal sein soll, senkrecht. Unglücklicherweise kommt der Verfall, wenn er kommt, schnell. Wenn ihr eine Höhe erreicht habt und herunterkommt, ist das ein langer und leidvoller Prozeß. Warum leidvoll? Er ist leidvoll, weil, wenn die Zeit gekommen ist, daß ihr euch dem Leben mit demselben Rhythmus stellt, wie es natürlich ist, ihr nicht die natürliche Energie habt. Wenn ihr also etwa so in die Höhe geschossen seid (YB zeigt mit der Hand eine Linie, die senkrecht in die Luft geht.), dann seid ihr nicht natürlich. Wenn ihr dann herunterkommt, etwa so (YB zeigt mit der Hand eine Linie, die sehr scharf nach unten abfällt.), dann seid ihr nicht natürlich. Und wenn eine Person, er oder sie, sich natürlich entwickelt, und der Abbau natürlich einsetzt, ist das Leben harmonisch, weich. Warum? Weil es dann im Bereich des Natürlichen liegt. Also, jeder Reiz von außen ist nicht korrekt. Jede Meditation im Inneren ist richtig. Was ist eine Meditation? Mit einer Meditation nehmt ihr die Müdigkeit fort, klärt das Unterbewußte, reinigt euer Wesen und ihr seid natürlich, ihr seid normal.

Da gibt es eine Geschichte, die ich euch schon mal erzählt haben könnte. Soll ich sie euch erzählen? Da gab es einen chinesischen Eroberer. Er war 81 Jahre alt. Er rief seinen Großwesir und sagte, „Wieviele Jahre bin ich alt?"

Er sagte, „81, mein Herr."

Er sagte, „Geh in meine 12 Provinzen. Finde die allerschönste Frau in jeder Provinz und bringe sie her. Ich will sie heiraten."

Die Befehle wurden ausgesandt, die Mädchen wurden gekennzeichnet und eine Zeremonie fand statt. Der Kaiser heiratete die 12 Frauen. Er rief seinen *Ved*, seinen Doktor. Der sagte, „Dies sind 12 Frauen. Ich bin verheiratet. Ich will die Energie eines 18 Jahre Alten."

Wann immer die andere Person die Botschaft erhält, daß ihr zu verkaufen seid oder die Möglichkeit da wäre, gibt es keine wirklich tiefe Verbindung. Sie verwandelt sich in eine Beziehung von Jägern und Gejagten. Wir sind am jagen, werden gejagt, werden verfolgt.

Er sagte, „Mein Herr, Ihr seid 81 Jahre alt."

Der Kaiser sagte, „Ich weiß das, aber ich habe Dich."

Der Arzt sagte, „Ihr geht ein Risiko ein."

Er sagte, „Das spielt keine Rolle. Wie lange glaubst Du, kann ich leben?"

Er sagte, „Ihr könnt etwa 120 Jahre alt werden. Irgendetwas in dieser Größenordnung."

Der Kaiser fragte, „Warum sagst Du das so?"

Er sagte, „Ihr seid 81 Jahre alt und ihr seht aus wie 30 Jahre alt."

Er sagte, „Das ist es, was ich Dir erzähle."

Der Arzt sagte, „Gut, Ihr seid im Begriff 120 Jahre alt zu werden und nur 50 Jahre alt auszusehen. So garantiere ich für gar nichts."

Er sagte, „Das ist wahr, aber tu es."

Also brachte der Doktor einige Pillen und sagte, „Mein Herr, nimm diese und tu was immer Du im Begriff bist zu tun."

Sein Assistent fragte ihn, „He, warum gibst Du ihm diese Medizin?"

Er sagte, „Er ist nicht im Begriff 6 oder 8 Tage zu überleben, warum sollen wir uns aufregen? Aber wenn er lebt und ich gebe ihm die Medizin nicht, wird er mich töten. Also laß sie mich ihm geben."

Am achten Tage fand man den König tot in seinem Bett. Die große Königin sagte, „Wie kommt es, daß mein Ehemann gestorben ist?"

Der Doktor sagte, „Er wollte es so."

Die Aufregungen in eurem Leben sind die, nach denen ihr fragt. Geblendet von eurer Leidenschaft, wahnsinnig von eurem Ego, schnell bei der Hand mit eurem falschen Urteil, habt ihr keine Erwiderung hinsichtlich der Anmut, Würde, Göttlichkeit und Menschlichkeit. Ihr benutzt eure engelhafte Kraft nicht von vornherein. Ihr lebt durch euer Hinterteil, anstatt mit den Halbkugeln eures Kopfes. Ihr verlangt nach Schmerz, ihr verlangt nach Tragödie, ihr verlangt nach Tod und nach Schwierigkeiten.

Es ist nicht wahr, daß es geschrieben steht, daß ihr in Schwierigkeiten sein sollt. Die Schwierigkeiten sind die, nach denen ihr fragt. Der Ozean ist eine sehr ruhige Angelegenheit, aber wenn die Winde heftig und hoch wehen, dann ist er sehr unruhig. Der Wind repräsentiert euer Ego. Je höher das Ego, desto bewegter ist des Menschen Leben. Ich liebe es, wenn der Flugkapitän sagt, „Gut, das Wetter verursacht ein wenig Turbulenzen. Bitte schließen Sie Ihre Sitzgurte und sitzen Sie bequem, bis wird da durch sind." Währenddessen könnt ihr sehen, daß sogar der Steward, der ein sehr guter Experte darin ist, die Drinks auf dem Tablett zu tragen, zu zittern anfängt. So sieht es in eurem Leben aus.

Kein Mensch ist geboren, um zu leiden. Die Dinge, an denen er im Begriff ist zu leiden, sind eine Herausforderung, durch die ein Mensch mit Stärke wachsen kann. Das ist das Gesetz. Aber die Menschen leiden ohne Stärke; sie kommen schwach heraus. Jede Herausforderung des Lebens oder jede Störung, durch die ihr schwach werdet, ist euer Versagen. Das ist nicht natürlich.

Also, technisch, was wir tun, ist, daß wir ein Gebet zu Gott sprechen. Ein Gebet ist unsere Kraft, so daß wir nicht von unserem Ego aus in den Handel mit unserem Leben eingeschlossen werden. Schmerz ist ein Ego. Wenn ihr das Leben mit der Wahrheit erkämpft, habt ihr keinen Schmerz. Es ist eine Herausforderung, ihr liebt es. Ihr werdet erstaunt. Und das ist das Glück darin, daß ihr ein Leben in seiner Essenz lebt. Aber ihr müßt ein für alle mal verstehen, daß ihr dieses Leben verdient habt. Es ist vorausbezahlt, verdient, und es ist wie es ist

Also, am falschen Ort, zur falschen Zeit, aus dem falschen Grunde zu sein, das wird nicht verlangt. Jemand ging in die Bank, um einen Scheck einzulösen und es gab einen Aufenthalt. War das sein Fehler? Er war normal, er ging dorthin. Aber er war am falschen Platz zur falschen Zeit. Also, wenn ihr in der falschen Stimmung am falschen Platz seid, verlangt ihr nach Ärger. Und dann habt ihr als Menschen die Fähigkeit sexy auszusehen. Das ist die unterste Wurzel von Schwierigkeiten. Wenn ihr sexy aussieht, müßt ihr sinnlich aussehen. Wenn ihr sinnlich aussieht, seht ihr aus, als seid ihr zum Verkauf ausgestellt – ihr seid niemals wirklich. Wenn ihr das aber unternehmt, daß ihr ursprünglich, organisch seid, und nicht zum Verkauf, dann sollt ihr sozial sein und eure Schönheit soll die eines Zauberers sein, nicht die eines Idioten. Wann immer die andere Person die Botschaft erhält, daß ihr zum Verkauf ausseht, oder die Möglichkeit da ist, gibt es keine wirklich tiefe Verbindung. Sie wandelt sich in die Beziehung von Jägern. Wir werden gejagt, wir sind am Jagen, wir werden gejagt, wir werden verfolgt. Die Mehrzahl von uns niedergejagt, indem uns Gedanken des Verlangens verfolgen. Solche Gedanken machen uns total unrealistisch; sie führen uns von unserer Ursprünglichkeit weg.

Laßt uns ein wenig über etwas sprechen. Juden sind Juden, und Juden haben eine bestimmte Form der Erscheinung. Christen sind Christen und habe eine bestimmte Form der Erscheinung. Moslems sind Moslems, und Moslems haben eine bestimmte Form der Erscheinung. Diese Einzigartigkeit kann geographisch sein, kann spirituell sein, kann authentisch sein, aber es existiert eine Kleiderordnung. Warum? Diese, die an Christus glauben, werden das tun. Jene, die an Mohammed glauben, werden dieses tun. Das ist es, wie es war. Aber jetzt besagt die Kleiderordnung „ich bin zu kaufen."

Jeder sagt, „Wie populär kann ich sein?" Niemand sagt, „Wie weise kann ich sein?" Ist das nicht komisch.

Also, technisch gesprochen, wenn ihr irgendetwas negativ sprecht oder hört, verunreinigt es euren Verstand. Wenn ihr irgendetwas Negatives tut, beschmutzt es euren Körper. Wenn ihr irgendetwas Positives leugnet, schwächt es euren Geist, eure Seele. Da gibt es also eine Spur der Selbstzerstörung in euch. Da gibt es eine Spur des Todes in euch. Ihr nährt sie selbst. Wenn ihr natürlich geboren seid, lebt ihr natürlich, wachst ihr natürlich und sterbt ihr natürlich – das ist wunderbar. Das ist die Art und Weise wie es nun einmal ist. Aber wenn ihr euch selbst überstimuliert, da ist euer Bauch unten nicht abgedeckt. Ihr müßt ein behütetes Leben leben, das eigentlich organisch, und natürlich sein sollte, gedeckt vom Zustand der Natur, durch die Umgebung. Der Lauf der Zeit sollte mit euch sein, der Ort der richtige und ihr solltet nicht am falschen Platz sein.

Wir können das alles auf sehr einfache Weise bekommen: Das ist, Meister sein. Wenn ihr im Geiste, in euch selbst bestätigt, daß ihr ein Meister seid und den Eid ablegt, und daß ihr dem Meister zu dienen habt, werdet ihr der Meister. All das ist ein Gedanke. Gott ist ein Gedanke. Er ist einfach ein Gedanke. Ein reiner Gedanke kann euch alles bringen, dessen ihr bedürft.

Laßt uns einmal sagen, jemand ist sehr beleidigend, sehr ärgerlich. Beginnt einfach in dem Moment zu lächeln. Versucht es einmal. Seht, wieviel Öl ihr auf diesen Ärger und die Beleidigungen tut, betrachtet die Reaktion. Da gibt es Leute, die reagieren, und Leute die sprechen und Leute die bekannt sein wollen, und Leute, die populär sein wollen, Leute, die kontrollieren wollen, Leute, die sich verfolgt fühlen, Leute, die Angst haben – nehmt alle diese Beispiele – sie sind nicht ursprünglich. Dies alles sind Teile der zerstörerischen Spur, die ihr alle habt. Das ist verwunderlich.

Niemand will anhand seiner Darstellung erkannt sein. Niemand will aufgrund seiner Leistung groß sein. Jeder will manipulieren. Die Leute glauben, daß, wenn sie ihre Beine in drei Boote setzten, sie die Reise schneller zurücklegen. Tatsächlich zerreißen sie sich selbst und machen keinen Sinn.

Wir sind technisch korrupt. In Wahrheit sind wir Lügner, in bezug auf die Würde sind wir betrügerisch und in bezug auf das Temperament sind wir Diebe. Das ist unsere tierische Seite, unsere Triebseite. Das ist die Seite, die wir nutzen, wenn wir hinter etwas her sind. Als Menschen aber sind wir nüchtern, weise, heiter, ernst, Diener und wir lächeln. Als engelhafte Wesen sind wir entzückend, schön, freigiebig, voller Segen, tapfer und wir springen vor Energie; und das Spiel der Seele und der Energie in uns zieht die ganze Welt an. Also könnt ihr auswählen, was ihr sein wollt. Niemand will euch aufhalten.

Und da ist ein anderes Ding in euch. Ihr glaubt, indem ihr die Dinge in Unordnung bringt, erregt ihr Aufmerksamkeit. Es ist gerade so wie ein schreiender Wolf – nach einer Weile kümmert sich niemand mehr darum, wer ihr seid.

Also, technisch gesprochen, laßt uns sehen, ob wir verstehen können, worüber wir heute gesprochen haben, und wie wir es erreichen können, weil es euer letzter Unterricht mit mir ist.

Heute Nacht werdet ihr euren Abschluß feiern und Vergnügen haben. Ich bin einfach ein Gast. Ich habe etwas mit euch geteilt, als ob ihr mir gehört. Ich habe mit euch geteilt, ohne irgendeinen Vorteil. Ich habe mit euch geteilt, ohne eine Idee, euch zu erreichen. Ich habe mit euch in Würde geteilt. Meine Würde war, daß jemand mich berührt hat. Ich bin dankbar, daß ich berührt worden bin. Damals war das schmerzhaft, aber ich danke Gott, der mir den Mut und die Gesundheit und die Hilfe gab, daß ich da durchkam. Ich bin dankbar, daß ich die Führung erhalten habe, durch die ich solche Zeiten überlebt habe, die selbst ein Mensch von großem Mut nicht überleben kann.

Das einzige Ding, dessen ich mich im Leben freue, ist Vertrauen, Zuverlässigkeit. Wenn ihr nicht vertrauenswert seid, und nicht zuverlässig, wird euch niemand trauen. Wenn ihr euch in seichter Weise benehmt, werdet ihr niemals leuchtend und schön. Ihr werdet einfach gelb, ihr werdet grau sein.

Und versteht es ein für alle mal, bitte: Eure Schwächen eilen euch voraus, und euer guter Ruf ist bekannt, bevor ihr irgendeinen Ort erreicht. Also ist es sehr schön für Menschen, ihre Vergangenheit abzulegen, ihre Verhaltensweisen zu ändern und eine Höhe zu haben, daß sie für sich selbst einen Sinn darstellen, so daß jeder Mensch empfinden kann, daß ihr schön, freigiebig und segensreich, vertrauenswert, anmutig, mit Göttlichkeit und Würde seid und bis in die Unendlichkeit ein Freund sein könnt.

Macht einen Sinn für euch selbst. Seht groß aus, seht würdevoll aus. Handelt in bezug auf alles aus der Weisheit. Alles was ihr sagt, sagt es weise und sagt es gut. Sagt, das was ihr sagt, damit die andere Person versteht, und nicht, daß ihr nur sagt, was ihr sagen wollt. Also sagt es gut, so daß es verstanden wird. Seid unbezahlbar in der Kleidung, seid unbezahlbar in jeder Handlung; es spielt keine Rolle wo und warum. Bei all dem versteht, daß ihr für keinen Preis eure Ehre zurückerhalten könnt.

(Zu den Details der Meditation siehe Seite 345.)

Wir sind im Begriff, unsere Hände nach oben zu strecken, etwa so. Wir werden auf unsere Nasenspitze schauen. Und ohne die Hilfe unseres Atems werden wir mit dem Nabel sehr schnell pumpen. Pumpt ihn schnell. Ich sagte nicht, Feueratem. Ich sagte nicht, Hilfe des Atems. Tut was ihr tun könnt, mit den Muskeln oder wie immer ihr es auch tun wollt. Bewegt ihn schnell.

(Nach mehreren Minuten der Stille.)

Jetzt erreicht ihr die Zwielichtzone. Konzentriert euch härter, stoßt den Nabel besser. Dieser Zeitbereich ist sehr hart. Für einige ist er härter, aber gebt nicht auf.

(Für eine ganze Weile Stille.)

Atmet tief ein. Haltet an, pumpt so hart wie ihr könnt. In diesem Moment ist da alles, was es gibt! Pumpt hart, haltet den Atem an. Atmet aus. Atmet ein. Haltet die Luft an. Pumpt hart. Atmet aus. Atmet tief ein. Tief. Pumpt. Härter. Entspannt euch.

31 Minuten. Ihr seid sehr glücklich. Wir pflegten das für 2 1/2 Stunden am Stück zu machen. Aber wir hatten ein kleines Ding vermißt, den Monitor, der uns solch eine Lektion lehrte, daß es nicht nötig wäre, beim nächsten Mal einen Fehler zu machen.

@

Euer Format, euer Bewußtsein ist die Garantie für euren Charakter und eure Kraft. Es ist mir eine Freude, daß ich mit euch zusammen war und mit euch etwas zu teilen, das ich kenne, woran ich glaube, das ich trage. In der Hoffnung, wie es das Zeitalter des Wassermanns mit sich bringt, werdet ihr viele Herzen halten und Menschen eine Chance geben, gesund, glücklich und heilig zu leben.

Ich danke euch und Gott segne euch.

Meditation für Reife und Weisheit

Mudra: Beuge die Ellenbogen zu den Seiten des Körpers. Strecke die Unterarme so nach oben, daß die Handflächen wenige Zentimeter vor jeder Schulter flach ausgestreckt auf den Körper weisen. Dann beuge die Hände im Handgelenk etwas rückwärts, bis die Handflächen nach oben schauen. Dabei sind sie entspannt und leicht zu einer Schale geformt. Halte einfach diese Position.

Bewegung: Ohne den Atem in irgendeiner speziellen Weise zu benutzen beginne mit dem Nabelpunkt kräftig zu pumpen. Pumpe sehr hart und sehr schnell. (Kein Feueratem.)

Augen: Blicke auf die Nasenspitze.

Mantra: Kein Mantra angezeigt.

Zeit: 31 Minuten.

Ende: Atme tief ein und pumpe mit dem Nabel heftig, während du die Luft 10 Sekunden anhältst. Atme aus. Wiederhole das ganze dreimal. Entspann dich.

Kommentare/Wirkungen: Eure Schwächen reisen euch voraus, und euer guter Ruf ist bekannt, bevor ihr einen Ort erreicht. Also ist es sehr schön für Menschen, ihre Vergangenheit abzulegen, ihr Verhalten zu wechseln und eine Höhe zu haben, und einen Sinn für sich selbst zu bereiten. Denn jeder Mensch kann empfindsam werden, um zu verstehen, daß ihr schön, freizügig und segensreich, vertrauensvoll, anmutig, mit Göttlichkeit und Würde seid und ein Freund sein könnt bis zur Unendlichkeit. Ihr müßt verstehen: Ehre ist unbezahlbar.

Um einen Sinn für euch selbst zu bereiten:

* Sieh großartig aus, sieh würdevoll aus, sieh gut aus.
* Behandle alles von einem Standpunkt der Weisheit aus, und sage die Dinge so, daß der andere Mensch verstehen kann, was du sagst. Sage es so, daß es verstanden wird.
* Sei unbezahlbar in allen Handlungen; es spielt keine Rolle wo und warum.

Leben in Realität mit Herrlichkeit

KLASSE 22 vom Morgen des 23. August 1996

Eure Realität, eure Wahrhaftigkeit, muß Herrlichkeit projizieren. Wenn ihr nicht Herrlichkeit in eurer Realität projizieren könnt, gehört ihr nicht zu diesem Raaj Yog. Auf dem Thron des Raaj Yog sitzt Guru Ram Das, der Herr der Wunder. Das bedeutet, daß alles für euch getan werden wird, vorausgesetzt ihr habt diese Stärke, diese Anbindung.

Patanjali gab uns das System des Yoga, und er gab uns das menschliche System, so daß wir zugleich Haushälter sein können:

Grisht ashraam mahaa(n) ashraam, Devee dev poojatum.
-Sanskrit saying
The institution of the householder is the highest institution.
Even gods and goddesses worship it.

Die Einrichtung eines, der eine Haushaltung führt, ist die höchste Einrichtung. Sogar Götter und Göttinnen huldigen ihr.

Das Leben eines Menschen, der ein Haus führt, ist das höchste aller Leben. Engel und Halbgötter huldigen ihm. Also, die Tatsache ist, daß es uns gegeben wurde. *„Wahe Guru, Guru Mantar hai."* *Wahe Guru* wurde uns als das *Gurmantar* gegeben. Tatsächlich sagte schon vor Tausenden von Jahren Pantanjali:

ਵਾਹਯੰਤੀਕਾਰਯੰਤੀਜਗਦੁਤਪਤੀ
ਆਦਕਇਤਿਵਾਹਾ॥
ਬ੍ਰਹਮਾਦੇਤ੍ਰੈਸ਼ਾਂਗੁਰੂਇਤਿਵਾਹਿਗੁਰੂ॥
Waah yantee, kaar yantee
Jag dut patee, aadak it waahaa
Brahmaaday Treyshaa Guru, it Wahe Guru.
-Patanjali, Push Puran
Great Macro-self, creative Self, all that is, Creative through time, all that is the Great One. Three aspects of God. Brahma, Vishnu, Mahesh (Shiva).
That is Wahe Guru.

Großes Makro-Selbst, schöpferisches Selbst, alles was da ist, schöpferisch durch die Zeit, all das ist das große Eine. Drei Aspekte Gottes: *Brahma, Vishnu, Mahesh (Shiva).* Das ist Wahe Guru.

Das ist das persönliche Mantra des Dreieinigen Gottes: Vater, Sohn und Heiliger Geist; oder Brahma, Vishnu, Mahesh; oder des Einen, der erzeugt, organisiert, destroys or delivers (G-O-D) – zerstört oder vollendet; das sind die drei Kräfte Gottes. Angenommen.

Wir sagen, „Kundalini-Yoga, wie es von Yogi Bhajan gelehrt wird", weil wir es nicht mit anderen Dingen verunreinigen wollen.

Als ein Lehrer folge diesen drei Dingen:
Enttäusche dich nicht selbst, enttäusche niemanden und nimm nicht daran teil, irgendjemanden zu enttäuschen.

Wir wollen niemanden verurteilen, aber wir wollen auch niemanden anzeigen. Wir wollen es einfach direkt sagen, daß die Goldene Kette in Ordnung gehalten werden muß.

Das ist der Grund, warum wir es selbst „Weißes Tantra Yoga" genannt haben. Weißes Tantra ist für den Geist, für die Erhebung, und vollendet alles. Das ist der Grund, warum wir es vom Schwarzen und dem Roten Tantra unterscheiden. Diese sind ein vorübergehender Unsinn. Wir wollen uns nicht einmal mit ihnen zusammentun.

Drei Dinge sind für uns als Lehrer wichtig. Das erste ist euer Respekt. Ihr müßt ein respektvolles Leben führen. Eure Realität muß Herrlichkeit projizieren. Wenn ihr nicht Herrlichkeit in eurer Wahrhaftigkeit projizieren könnt, dann gehört ihr nicht zu diesem Raaj Yog. Auf dem Thron des Raaj Yog sitzt Guru Ram Das, der Herr der Wunder. Das bedeutet, daß alles für euch getan werden wird, vorausgesetzt, ihr habt diese Stärke, diese Anbindung. Also ihr müßt ein respektvolles Leben, würdevolles Leben, ehrenhaftes Leben haben. Das ist ein Muß.

Zum zweiten dürft ihr nicht gekauft oder bezahlt werden. Keine Versuchung, keine Intrige, kein Geld, kein Gewinn, kein Verlust, keine Drohung kann euch versuchen.

Zum dritten, ob ihr es wißt oder nicht, ob ihr kompetent seid oder nicht, fähig oder nicht, ihr müßt es unternehmen, zu dienen. Und wenn ihr nicht kompetent seid, nicht fähig, wird das Gesetz des Vakuums Gottes durchkommen. Ihr sollt nicht enttäuscht werden. Technisch bedeutet das, was ich sage, daß ein Lehrer diesen drei Dingen folgen soll. Enttäuscht euch nicht selbst, enttäuscht niemanden und nehmt nicht daran teil, jemanden zu enttäuschen.

Als Lehrer werden euch verschiedene Dinge begegnen. Ihr werdet einem Feind begegnen, der sich selbst in verschiedenen Farben präsentiert: „Ich." vergeßt es, daß *ihr* „Ich" sagt. Alle Schüler kommen mit ihrem „Ich." Das Problem liegt an dem „Ich." Wenn das Dritte Auge sich öffnet, ist das Problem weg. Das Dritte Auge offen zu haben bedeutet, daß ihr intuitiv alles wißt. Warum sollte es da irgendein Problem geben? Warum leiden? Was bedeutet es zu leiden? Alles Leiden kommt aus dem „Ich." „Das göttliche Du" leidet niemals. Wenn ihr also aus dem „Ich" herauskommt, dann gibt es da kein „Du." Wenn aber das „Du" da ist, gibt es kein „Ich." Alles was ihr also zu tun habt, ist, jedermanns „Ich" in das „göttliche Du" zu wenden.

Eine Menge Leute lieben mich – ich sage nicht, daß sie es nicht tun. Und eine Menge Leute wollen die Dinge so wie sie sie wollen und sie sehen, was sie sehen wollen. Wortspiel: . But the question is "I" has no "eye." I have the "eye" which they don't have. So, how can we meet? Their "I" sees what my "eye" doesn't see. Their "I's" are not my "eyes" and my "eye" is not their "I." Until we have that central "eye" we can't meet - Aber die Frage ist, „Ich" hat kein „Auge." Ich habe das „Auge", das sie nicht haben. Also, wie können wir uns treffen? Ihr „Ich" sieht, was mein „Auge" nicht sieht. Ihre „Ich's" sind nicht meine „Augen" und mein „Auge" ist nicht ihr „Ich." Solange wir kein zentrales „Auge" haben, können wir uns nicht treffen. Also bis dahin entscheiden wir die Dinge auf der Grundlage von Emotionen und Gefühlen.

Wenn ihr als Lehrer nicht die Nerven und den Sinn für Höhe, Einstellung, und Benehmen, in bezug auf Kommunikation und Projektion habt, mögt ihr für eine Weile erfolgreich sein, aber auf die lange Sicht, werdet ihr verlieren. Ihr müßt verstehen, daß ein Schüler ein Schüler ist. Die Unterlegenheit, sein Benehmen, seine Negativität, all das macht ihn zu einem Schüler. Er ist gekommen, um Exzellenz, Höhe, Kraft, Stärke und Reinheit von euch zu lernen. Also ist die Verbindung sehr solide. Es ist eine solide Verbindung. Um Gottes Willen macht daraus keine kommerzielle. Sie ist nicht kommerziell. Laßt uns das ganz tief verstehen. Wortspiel: When we go, let us grow. If we glow, we shall grow. It is automatic. We don't have to do anything. People who don't glow don't make sense – Wenn wir gehen, laßt uns wachsen. Wenn wir glühen, sollen wir wachsen. Das geschieht automatisch. Wir haben nichts dabei zu tun. Menschen, die nicht glühen, machen keinen Sinn.

Eine Kerze ist aus Wachs gemacht. Ihr zündet den Kopf an und im selben Moment wird die Dunkelheit davonlaufen. Solange sie nicht angezündet ist, ist die Kerze ein Teil der Dunkelheit. Sie ist nutzlos. Sie macht keinen Sinn.

Da gibt es ein Gedicht von mir, in dem ich sage, „Wenn meine Bedrohung des Lebens euch durchschreitet." Das ist höchst kraftvoll. Ihr könnt es nicht verstehen, aber ihr werdet es verstehen, ihr werdet die Göttlichkeit verstehen. In dem Buch *The Man Called Siri Singh Sahib*, sind einige Gedichte. Ihr müßt sie auswendig lernen.

Da gibt es ein Buch mit dem Titel *Furmaan Khalsa*. Die Gegenstände, die in dieser Sammlung sind, sind solche, für die es keine Antwort gibt. Ihr müßt suchen und suchen, aber sie sind genau da, damit ihr sie in einer Minute entdeckt.

Da gibt es ein Buch mit dem Titel *The Teachings of Yogi Bhajan*, das gerade ein Teil davon ist. Tatsächlich soll es in 11 Teilen veröffentlicht werden. Der Rest wird später veröffentlicht.

Da gibt es also einige grundlegende Dinge, die ihr wissen müßt. Warum solltet ihr sie wissen? Weil euch das die Stärke geben wird, wenn ihr irgendeinen intellektuellen Idioten trefft. Das ist dann ein „Ich." Da gibt es die Wirkung von Intelligenz und da gibt es intellektuelle Idioten. Intellektuelle sind niemals intelligent. Intellektuelle sind die, die oberflächlich intelligent sind; sie sind intelligenter, als wir sie benötigen. Sie machen aber keinen Sinn. Ihr findet sie in den Kaffeehäusern, und auf den Plätzen, wo sie sitzen, und sprechen, und sprechen, und sprechen, bis sie sterben. Sie haben Antworten für alles. Wenn ihr Antworten für alles habt, wann seid ihr im Begriff arbeiten zu gehen? Wenn ich also sage, Intellektuelle sind nicht intelligent, bin ich sehr, sehr berechnend, richtig.

Wortspiel: Those who love this world-W-O-R-L-D-will never understand the Word-W-O-R-D. So you have to make up your mind. There are very set rules. – Diejenigen, die diese Welt lieben, werden das Wort niemals verstehen. Also müßt ihr euch eure eigene Meinung bilden. Da gibt es ganz feste Regeln.

Wenn ihr ein Lehrer seid, habt ihr keinen Vergleich, kein Vergleichen und keine Verwirrung. Das erste Zeichen eines Lehrers ist, daß ihr beherrscht seid und zufrieden und sehr stetig verläßlich. Euer Benehmen drückt das aus. Eure Identität muß eine Persönlichkeit von Herrlichkeit und Wahrhaftigkeit haben. Herrlichkeit und Wahrhaftigkeit müssen in euch sein. Das nennt man Shakti Yoga. Das nennt man Kundalini-Yoga. Das nennt man das Yoga der Kraft, des Selbst und der Anregung. Man nennt es auch das Yoga des Bewußtseins. Ich hoffe, ihr werdet es verstehen.

Meine Gebete sind mit euch. Ich bin dankbar, daß ihr gekommen seid. Ich bin dankbar, daß ihr gelernt habt. Ich bin dankbar, daß ihr gehen werdet. Ich bin dankbar für Zeit und Raum, als ich nichts anderes hatte außer mir selbst. Versteht einfach, das unbezahlbarste Ding eines Menschen ist sein eigenes Selbst, und ich bin dankbar, gegenüber meinem Lehrer, der so hart war, so bitterlich strategisch weise, daß ich nicht glaube, daß irgendjemand überlebt haben könnte.

Da gibt es die Geschichte von einem Lehrer und seinem Schüler, von einem griechischen Philosophen mit Namen Aflatoon. Aflatoon war in seinem Elternhaus geboren. Als er 5 Jahre alt war sagte sein Vater, „Ich muß Dich zu Deinem Lehrer bringen."

Seine Mutter sagte, „Mein Sohn, laß mich Dich lieben. laß mich Dich nähren, laß mich Dich kleiden, weil Du morgen tot zurückkehren wirst."

Er sagte, „Warum?"

Sie sagte, „6 von Deinen Brüdern sind schon gestorben. Ich gebäre ein Kind, ich ziehe es groß, ich bringe es zum Meister, und am nächsten Tag bekommen wir einen toten Körper zurück. Aber wir haben bei uns beschlossen, daß eines unserer Kinder von ihm lernen muß."

Er sagte, „Okay, ich werde gehen. Ich komme morgen wieder."

Sie sagte, „Wie wirst Du morgen wiederkommen? Du wirst morgen nicht wiederkommen. Keiner von ihnen ist zurückgekommen."

Er sagte, „Gut, Mom, mach einfach ein sehr gutes Essen. Ich werde morgen wiederkommen."

„Okay,"

Also nahm der Vater Geld, Früchte, Speise, Kleidung und ging mit dem Sohn zu seinem Lehrer. Er sagte, „Meister, hier ist wieder mein Sohn."

Und der Meister sagte, „Du bist sehr beständig, warum willst Du ihn mir übergeben."

Er sagte, „Gut, solange ich lebe und Kinder haben kann, wird es das sein, was ich tun werde. Jedes Jahr bin ich gekommen, und jedes Jahr hat uns Gott mit einem Sohn gesegnet. Unglücklicherweise, ist dies unser letzter Sohn, weil meine Frau in all diesen Jahren seither keine Kinder mehr geboren hat. Dies also ist mein letzter Sohn. Er wird Deiner sein."

Er sagte, „Okay, ich danke Dir. Geh. Ich werde ihm die erste Stunde geben."

Als der Abend kam, gab er ihm Speise. Er sagte, „Wie geht es Dir?"

Das Kind sagte, „Mir geht es sehr gut, Meister."

Er sagte, „Komm mit mir."

Das Kind folgte ihm zu einem großen Raum, mit einem kleinen Loch. Der Meister sagte, „Geh dahinein."

Das Kind kletterte hinein. Der Lehrer bedeckte es mit einem großen Stein. Das Kind dachte, „Er ist der Meister. Er hat mich hier hineingetan. Hier gibt es nichts außer Schnee. Ich bin im Begriff hier zu Tode zu frieren, wie meine anderen Brüder. Aber, er sagte, „Er ist der Lehrer." Daran muß irgendetwas wesentliches liegen, weil alles im Gleichgewicht sein muß. Leben und Tod müssen im Gleichgewicht sein. Ich werde es herausfinden. Oh, das ist die erste Lektion, „Finde das Gleichgewicht." Also begann er mit seinen kleinen zarten Händen herumzusuchen. Er fand ein Mahlrad und gewisse Steine. Er sagte, „Das ist es."

Also begann er die Steine in das Mahlwerk zu werfen und begann zu mahlen. Nach ein paar Minuten begann er statt zu frieren und zu zittern mit schwitzen. Er hatte die Antworte gefunden. Die ganze Nacht über hielt er das Rad und den Stein am Mahlen. Je mehr Steine er mahlte, desto schwerer wurde das Mahlrad und desto mehr schwitzte er. Also machte er es sehr stetig, ganz bewußt und sagte, „Dies ist der kalte Raum des Todes. Das ist die Quelle des Lebens. Und Leben ist nichts außer Balance."

Wenn die Dinge aus der Balance sind, sind sie ungöttlich. Wenn du mit einem Idioten zu tun hast, solltest du mit ihm als einem Idioten im Gleichgewicht sein. Wenn zwei Idioten sich nicht selbst balancieren, wird die Weisheit niemals eine Chance haben. In einem Punkt seid ihr alle völlig auf der falschen Spur. Wenn ihr einen Idioten trefft, beginnt ihr ihm Weisheit zu geben. Das ist es. Ihr seid aus der Balance. Ihr habt keinen Sinn für die Balance. Wenn ihr einen Idioten trefft, werdet genauso ein Idiot und begebt euch auf dieses gleiche Niveau. Dann beginnt es anzuheben. Dann wird eure Weisheit siegen. Zunächst geh herunter wie ein Gabelstapler und dann beginne die Dinge in die Höhe zu bringen. Das Prinzip des Gabelstaplers muß von jedem Lehrer verstanden werden.

Also, am Morgen, als der Lehrer den Stein wegnahm, kam der Junge heraus. „Hallo Meister. Guten Morgen. Wie geht es Dir?" Der Lehrer blickte ihn an und sagte, „Gut." Und er sagte, „Okay, mach Dich fertig. Nimm ein Bad, wechsle Deine Kleider und komm."

Er kam, ganz angezogen und sagte, „Was ist Dein Befehl mein Meister?"

Der sagte, „Du bist der Meister. Du hast das größte Gesetz aller Gesetze gefunden, das Gesetz der Balance. Jetzt geh nach Hause."

Als er nach Hause kam, sind Vater und Mutter umgefallen, „Ah, wer ist das?"

Er sagte, „Ich bin, euer Sohn."

„Wie bist Du von dem Meister weggekommen? Wir gaben Dich zu ihm hin."

Er sagte, „Er hat mich wieder nach Hause geschickt. Jetzt bin ich der Meister."

„Du bist der Meister? In einer Nacht bist Du Meister geworden?"

Er sagte, „Es war zuviel zu mahlen. Ich bin der Meister."

Viele Jahre später hatte Aflatoon ausgerechnet, daß sein Tod nahe sei. Also bekam der Todesengel die Befehlsgewalt. Als er in sein Haus kam, waren dort 108 so wie er. Jetzt aber hatte der Todesengel einen Brief zu vollenden und eine Projektion zu befehlen. Wenn er versagen würde, würde dieser Typ niemals die Chance haben zu sterben – auf ewig. Also ging der Engel zurück zu Gott und sagte, „Welcher ist es?"

Ob ihr kompetent seid, fähig oder nicht, ihr müßt es beginnen, zu dienen. Wenn ihr nicht kompetent, nicht fähig seid, wir das Gesetz des Vakuums Gottes durch euch kommen. So werdet ihr nicht enttäuscht.

Der sagte, „Unmöglich. Da gibt es 108 Elemente auf der Erde und 108 Aflatoons. Jeder einzelne ist perfekt. Ich habe mit ihm gesprochen. Sie funktionieren perfekt. Es ist alles phantastisch."

Er sagte, „Hast Du das Vergrößerungsglas benutzt, um sie zu betrachten?"

Der Engel sagte, „Sieh mal Gott, frag mich nicht. Ich werde jetzt müde. Meine Antwort darauf ist, daß ich alles bekannte und unbekannte getan habe, ich habe sogar Deine Macht angerufen und alles was Du sagst ist, „Finde es heraus." Das ist es eben. Jetzt bin ich wieder hier. Zuerst werde ich Dich bitten, ihn in Frieden zu lassen. Er wird sich selbst vervielfältigen. Laß ihn in seiner eigenen Tragödie sein."

Gott sagte, „Nein. Er diente der Menschlichkeit. Er muß sterben und zurück in den Himmel kommen. Ich will ihn dort nicht länger. Er hat gut gedient und es ist meine Dankbarkeit gegenüber ihm."

Der Engel sagte, „Gut, er versteht es nicht."

Er sagte, „Nein, er versteht es. Er ist im Begriff, dich zu zermahlen, weil er das Gesetz des Gleichgewichtes aus dem Mahlen erkannt hat."

Der Engel sagte, „Ich bin gemahlen worden. Ich konnte nichts tun. Jetzt bin ich hier."

Gott sagte, „Gut, da gibt es eine Formel, die funktionieren wird."

Er sagte, „Welche ist das?"

Er sagte, „Geh dorthin und beginne zu lächeln und bewege Dich hin und her, sei einfach und sage, „Oh, der Eine, der zu 108 geworden ist, ist in allem perfekt. Ich habe Gott mein ganzes Leben lang gedient, aber jetzt werde ich Dir dienen. Da gibt es aber einen kleinen Fehler." Und wer immer sagen wird, „welchen?" den schnapp."

Also ging der Engel dorthin und sagte, „Oh, jetzt bin ich gekommen. Du Vielfalt des Gleichgewichtes bist selbst gleich und der du all dieses aus dem Einen erschaffen hast – Du bist wahrhaftig der Herr. Ich will Dir dienen. Ich beuge mich und ich grüße Dich."

ਆਦੇਸੁ ਤਿਸੈ ਆਦੇਸੁ ॥ ਆਦਿ ਅਨੀਲੁ ਅਨਾਦਿ ਅਨਾਹਤਿ ਜੁਗੁ ਜੁਗੁ ਏਕੋ ਵੇਸੁ ॥
Aadays tisai aadays. Aad aneel anaad anaahat jug jug ayko vays.
- Guru Nanak, Siri Guru Granth Sahib, page 6 (from the 30th pauree of Japji Sahib)
I salute God again and again. God is primal and pure with unknown beginning, Who cannot be destroyed and Who remains the same in all the Ages. This is the salutation of the yogis.

Ich grüße Gott wieder und wieder. Gott ist ursprünglich und rein mit einem unbekannten Anfang, der nicht zerstört werden kann, der derselbe bleibt durch alle Zeitalter.
Das ist der Gruß der Yogis.

Der Engel fuhr fort zu sprechen: „Aber da gibt es .... Ich sollte das nicht sagen. Ich meine, wer bin ich, um das zu sagen? Aber da gibt es eine kleine Sache, wenn das in Ordnung gebracht werden könnte, wow. Dann ist alles ...."

Da sagte jemand, „Was?"

Er ergriff ihn. „Laß uns gehen!"

Also vertraut niemals eurem Lehrer. Es ist seine Aufgabe, euch zu testen. Es ist eure Aufgabe nicht zu versagen. Er will nicht, daß ihr versagt, aber er will vor allem nicht, daß ihr mit anderen versagt, so will er euch prüfen, ob ihr besteht oder versagt. Normalerweise denkt ihr, „ein Lehrer ist ein Vater," er ist am nächsten eine Vaterfigur, er ist Gegenstand eurer Liebe, er ist eure Phantasie. Er ist beinahe ihr selbst, mit Ausnahme eines Dinges. Er wird euren Müll testen und das werdet ihr nicht mögen. Ihr seht, euer Müll ist genauso wichtig.

Wenn ihr weich werdet wie Wachs

Eines Tages werdet ihr weich werden wie Wachs,
dann wird mein Lebensfaden euch durchdringen und
aus dem Ereignis der Wärme meines Herzens
wird ein Ende entzündet
und ihr werdet brennen... langsam dahinschmelzen in der Hitze der Flamme.
Und wenn ihr das Ende erreicht,
werdet ihr Gott dort wartend finden,
euch in seine Unendlichkeit aufzunehmen.

Und eines Tages, wenn ihr weich werdet wie Wachs,
wird mein Lebensfaden euch durchdringen, und
aus der Leidenschaft und dem Mitgefühl der Zeit
wird euer eines Ende erleuchtet
und daß ihr Licht verbreitet, wird euch Freude bringen...
Aber die Eifersucht wird auf euch herabsinken und die Motten werden lebendig
verbrennen.
Aber ihr werdet fortfahren....
Schmelzen und Brennen und das Licht verbreiten
wissend, daß in eurem Grunde
Gott wartet, um euch zu umarmen und mit euch in der Unendlichkeit zu
verschmelzen.

Wenn ihr eines Tages mich liebt und mir bekannt werdet,
und wenn ich in diesem Bewußtsein vergesse
die Bedeutung des Lebens und eures Bildes....
werdet ihr nicht länger existieren.
Und das ist der Zustand der Erfahrung im Bewußtsein:
Dann will Gott euch und ihr wollt Gott nicht.
Der Nennwert jedes Menschen ist am wenigstens der eines Erwachsenen,
weil das innere Wesen nie versucht hat,
mit dem äußeren zu verschmelzen.

In der Tiefe meines Herzens ist ein Schlag.
Manchmal hoffe ich entgegen der Hoffnung, daß es dort gemeinsame Moment des
Lebens gibt,
wenn ihr weder sprecht noch hört,
sondern euch an der Erfahrung der Stimme erfreut,
die aus meinem Herzen kommt,
durch meinen Schlag.
Und wenn unsere Schwingung sich ineinander löst,
werden wir in der Lage sein, zu erfahren,
die Ekstase des Unsterblichen Selbst.

Siri Singh Sahib Bhai Sahib Harbhajan Singh Khalsa Yogiji (Yogi Bhajan)

May the long time sun shine upon you

All love surround you

And the pure light within you

Guide Your Way On.

Sat Naam.

Laß die ewige Sonne über dir scheinen

alle Liebe dich umgeben

Möge das reine Licht in dir,

deinen Weg dich leiten.

Sat Naam.

Anhang

Quellen

A

Der Eid des Lehrers

B

Sola Kalyan Sumpuran:
Die 16 Facetten der Perfektion eines Kundalini-Yoga-Lehrers

C

Die Alphabete

D

Die Kunst und Wissenschaft der Befreiung

E

Die 10 Gebote und die 10 Versprechen

F

Die Mondzyklen und wie sie euch beeinflussen

G

Yogische Rezepte

H

Verweise über die Kräuter

I

In diesem Kurs empfohlene Bücher

J

Mantras und Musiktonbänder, die in diesem Kurs Verwendung fanden

K

Fünfteilige Meditation, gelehrt beim Khalsa Council

L

Kontaktadressen

A.
Der Eid des Lehrers

Der Eid des Lehrers

Ich bin keine Frau

Ich bin kein Mann

Ich bin keine Person

Ich bin nicht ich selbst

Ich bin ein Lehrer

Diese Gedanken sollen dich als einen Kanal reinigen und die Himmel durch dich bringen.

Die Mudra, die Yogi Bhajan mit diesem Eid gab, ist folgende:

Halte die linke Hand neben der linken Schulter, die Handfläche nach vorn gewandt, die Finger nach oben gestreckt, als wenn du einen Eid ablegst. Beuge die entsprechenden Finger nach unten, sobald du das entsprechende Segment des Eides wiederholst; bevor der nächste Finger gebeugt wird, strecke den gebeugten wieder nach oben:

Ich bin keine Frau. • Beuge den kleinen Finger herab.

Ich bin kein Mann. • Beuge den Ringfinger herab.

Ich bin keine Person. • Beuge den Mittelfinger herab.

Ich bin nicht ich selbst. • Beuge den Zeigefinger herab.

Ich bin ein Lehrer. • Beuge den Daumen herab.

Schließe deine Augen und konzentriere dich auf das *Agia Chakra* oder *Ajna Chakra*, das Dritte Auge; singe dreimal, *Ong Namo Guru Dev Namo*. Man nennt das *Naadhi Sodhani Kriya*. *Naadhi* bedeutet alle Kanäle. *Sodhanaa* bedeutet vollende sie. Eine *Kriya* ist es, weil es eine Handlung ist. Alles, das euch gegeben wurde, ist total rein. Nichts wurde hinzugefügt oder weggelassen. Das Ziel ist sehr einfach. Gib den Menschen ehrlich, was wir haben.

Auszug von einer Rede, vor Lehrern gehalten, am 23. März 1990 in Los Angeles, Kalifornien.

B.
Sola Kalyan Sumpuran: Die 16 Facetten der Perfektion eines Kundalini-Yoga-Lehrers

Yogi Bhajan, September 1995

1. Ein Lehrer wird niemals die Lehren aufgrund seiner eigenen Meinung verändern. Ihr werdet anhand eures Beispiels lehren.

2. Je höher du als Lehrer wächst, desto demütiger mußt du sein.

3. Der Lehrer dient stets den Schülern, so daß sie zehnmal stärker werden können als du. Denn jeder Schüler ist ein Lehrer für morgen.

4. Ein Lehrer muß extrem freundlich, liebevoll, mitfühlend und vergebungsvoll sein.

5. Als Lehrer solltest du stets rütteln, provozieren und gegenüberstellen und deine Schüler zu Exzellenz erheben.

6. Als Lehrer mußt du stets vorstellen, visualisieren, glauben und in allen Richtungen expandieren, dich mit allem verbinden, meditieren, üben und projizieren, daß du *Ang Sang Wahe Guru* (mit jedem Glied, jeder Teil von mir, ich gehöre dem Göttlichen) bist, so daß die Energie von Guru Ram Das durch dich fließt.

7. Als Lehrer wirst du dich stets in Chardi Kala (erhobener Geist) befinden und mit deinem höheren Selbst verbunden sein, niemals in emotionalem Aufruhr dich befinden. Zähle deine Segnungen, nicht deine Unglücke. Sei stets würdevoll. Leuchte und wachse.

8. Als Lehrer wirst du kontinuierlich in Richtung auf Göttlichkeit und Unendlichkeit fortschreiten. Sie sind die Essenz deines Seins. Du bist nicht ein Mensch, geboren für die spirituelle Suche, du bist ein Geist, ein Atma (eine Seele),

geboren für die Erfahrung als Mensch. Deine Reinheit und Frömmigkeit als eine Seele sind stets erhalten, geschützt, verherrlicht, projiziert als Priorität vor allem, und im Bewußtsein gehalten, geistig, körperlich und spirituell.

9.   Als Lehrer höre und gehorche allen rechtschaffenden Lehren. Wenn du das liest, wirst du es wissen. Wenn du etwas schreibst, wirst du es verstehen. Wenn du etwas lehrst, wirst du es vollenden.

Es ist die Vollendung deiner Äußerung, die dir die Würde als Lehrer verleiht. Dein Erfolg als Lehrer liegt nicht in dem was du weißt, sondern darin, was dein Schüler erhält.

Ein Lehrer wird an seinem Wachstum, an seiner Würde und an der Vorzüglichkeit seines Schülers gemessen. Wenn du irgendein Talent findest, nähre es, lehre es, erhebe es nach dem Besten deiner Fähigkeiten und deiner Göttlichkeit.

10.   Als ein Lehrer verbinde dich nicht mit dem Ego oder mit Politik. Verbinde dich stets mit dem Geist, der Seele und der Essenz einer Person. Verbinde dich stets mit der Intelligenz, dem Talent und dem Bewußtsein einer Person. Verbinde dich stets mit den Manieren, Methoden und der Denkungsart der Person. Reine Gedanken sind der Weg zu universellem Wissen und werden dich freigiebig, segensreich und schön machen.

11.   Gott und Guru haben dich mit Karma, dem Gesetz von Ursache und Wirkung gesegnet. Als ein Lehrer mußt du dich selbst dem Dharma übergeben; d.h. Lebensstil und Rechtschaffenheit sollen das Geschenk des Lebens von Gott ehren. Schaffe niemals eine Spannung oder einen Riß zwischen dir und deiner Atma – Seele.

12.   Während des Unterrichtes trägt ein Lehrer weiße Baumwollkleidung. Weiße Kleidung gibt dir als Lehrer göttliches Aussehen und repräsentiert das Licht. Die Farbe weiß repräsentiert die sieben Farben. Baumwolle ist die Blume der Erde. Sie ist gut für deine Seele, für deine Energie und für dein Nervensystem.

Die Art, wie du dich kleidest, sollte heilig sein und dich mit Würde strahlen lassen. Du solltest wie ein Weiser, ein Prinz oder eine Prinzessin des Friedens und der Göttlichkeit aussehen. Ein Lehrer ist ein Ph.D. – Prinz oder Prinzessin der Hohen Göttlichkeit.

13. So wie ein Samen vergehen muß, um ein Baum zu werden und Frucht zu tragen, werden Lehrer, die nicht vollendete Schüler werden, nicht zu vollendeten Meistern.

14. Der Universelle Geist, der die Erde rotiert, kann sich um alle deine Probleme kümmern. Als Lehrer mußt du lernen, zu vertrauen und zu glauben. Erfasse jeden Atemzug des Lebens als ein Geschenk. Bemühe dich um bewußtes Atmen, Atmen mit einem Atemzug in der Minute.

15. Das Banner eines Lehrers ist: „Ich weile in Gott." Der Waffenwimpel eines Lehrers sagt: „Ich vertraue auf Gott in mir." Die Ehre eines Lehrers ist: „Im Namen Gottes diene ich." Das Motto eines Lehrers ist: „Frieden im Geist und Frieden in der materiellen Welt."

16. Ein Lehrer muß sich dem Nam verpflichten, der Gott gegebenen Identität.
Ohne Naam kannst du nicht die Reinheit des Selbst haben, so wenig wie die göttliche Projektion der Gnade, alle Elemente zu meistern.
Ohne Pflichtbewußtsein kein Charakter.
Ohne Charakter keine Würde.
Ohne Würde keine Göttlichkeit.
Ohne Göttlichkeit keine Güte.
Ohne Güte kannst du dich nicht opfern oder anderen dienen.
Nein, Mitleid und deine Präsenz können nicht wirken und du kannst nicht glücklich sein.
Bedenke ein für alle mal, Glück ist dein Geburtsrecht und es ist stets richtig, glücklich zu sein. Also sei glücklich, gesund und heilig.

Wortspiel: We are all holy, because we all have nine holes. Adding two arms and two legs makes thirteen. You are born with thirteen, you will live with thirteen, you will die with thirteen. Thirteen (three and one) makes four-Cup of Prayer. Prayer is your power, your protector, and your provider.

Wir sind alle heilig, weil wir neun Öffnungen haben. Wenn wir dazu zwei Arme und zwei Beine addieren ergibt sich dreizehn. Ihr seid mit dreizehn geboren, ihr lebt mit dreizehn, und ihr werdet mit dreizehn sterben. Dreizehn (drei und eins) macht vier – der Kelch des Gebetes. Gebet ist eure Kraft, euer Schutz und euer Ernährer.

C.
Die Alphabete   von Yogi Bhajan

Alphabet eines Lehrers

A   Always fearless
    Stets furchtlos
B   Beautiful in public
    Bewundernswert in der Öffentlichkeit
C   Concentrated in their action
    Konzentriert in ihren Handlungen
D   Do as they are told
    Handeln wie es ihnen gesagt ist
E   Earth's friend
    Freunde der Erde
F   Friend to all
    Freunde gegenüber allen
G   Gives all happiness
    Gibt alles Glück
H   Happy when tested
    Froh, wenn er geprüft wird
I   Is a student of God
    Ist ein Schüler von Gott
J   Jumps ahead when behind
    Springt nach vorne, wenn er hinten ist
K   Keeps up
    Hält Schritt
L   Learns from the best teacher
    Lernt von dem besten Lehrer
M   Meditates on God
    Meditiert auf Gott
N   Never negative
    Niemals negativ
O   On the top
    An der Spitze
P   Prevails through the hardest challenges
    Behält bei den härtesten Herausforderungen
    die Oberhand
Q   Never Questions
    Fragt niemals
R   Ready for anything
    Bereit für alles
S   Soul is pure
    Die Seele ist rein
T   Teacher teaches others
    Der Lehrer lehrt andere
U   Uses the finest there is
    Benutzt das beste, das da ist
V   Vision, sees God in all
    Vision, sieht Gott in allem
W   Writes from the heart
    Schreibt aus dem Herzen
X   X-rays the aura of the person in need

Alphabet einer Frau

A   Able
    Fähig
B   Blessed
    Gesegnet
C   Compassionate
    Mitfühlend
D   Dharma
    Dharma
E   Exercise
    Geübt
F   Fulfilled
    Erfüllt
G   Graceful
    Anmutig
H   Honest
    Ehrlich
I   Intellectual
    Verständig
J   Joyful
    Freudvoll
K   Khalsa
    Rein
L   Learned
    Gelehrt
M   Meditate
    Besonnen
N   Noble
    Edel
O   Organized
    Organisiert
P   Patient
    Geduldig
Q   Queenly
    Königinnenhaft
R   Radiant
    Strahlend
S   Smiling
    Lächelnd
T   Thoughtful
    Rücksichtsvoll
U   Understanding
    Verständnisvoll
V   Vital
    Vital
W   Wahe Guru
    Wahe Guru
X   Excellent
    Exzellent

Röntgt die Aura der Person in Not
Y   Yells only at what needs to be awakened
    Schreit nur, wenn etwas zu erwecken ist.
Z   Zaps, then defends
    Macht sich bereit und verteidigt dann

Y   Yoga
    Yoga – Verbunden
Z   Zestful
    Voller Begeisterung

Alphabet der Selbstachtung

A   Attitude
    Einstellung
B   Botany of Self-Esteem
    Pflanzenkunde der Selbstachtung
C   Corridors & Conditions
    Korridore und Bedingungen
D   Distance
    Abstand
E   Education
    Erziehung
F   Faculty
    Fähigkeit
G   Grace
    Gnade
H   Him
    Ihn
I   Identity
    Identität
J   Joy
    Freude
K   Kindness
    Freundlichkeit
L   Loneliness
    Einsamkeit
M   Mother
    Mutter
N   Nature
    Natur
O   Option
    Möglichkeit
P   Power
    Kraft
Q   Quest
    Streben
R   Realism
    Realismus
S   Service
    Dienst
T   Trend
    Trend
U   Universality
    Universalität
V   Variety
    Vielseitigkeit
W   Wisdom
    Weisheit
X   Xing
    Kreuzen
Y   You
    Du
Z   Zeal
    Hingabe

Alphabet der Ehe

Qualitäten, um einen Mann einzuschätzen,
bevor er zum Manne genommen wird.

A   Age
    Alter
B   Beauty
    Schönheit
C   Career
    Karriere
D   Discipline
    Disziplin
E   Education and Excellence
    Erziehung und Exzellenz
F   Fantasies
    Phantasie
G   Grace
    Güte
H   Handsomeness
    Stattlichkeit
I   Intelligence and Intuition
    Intelligenz und Intuition
J   Jovialness
    Frohsinn
K   Kindness
    Freundlichkeit
L   Leanings
    Neigungen*
M   Manhood
    Männlichkeit
N   Nature
    Natur
0   Optimism
    Optimismus
P   Patience
    Geduld
Q   Quickness, Quietness
    Geschwindigkeit und Ruhe
R   Reverence
    Verehrung
S   Sweetness
    Süße
T   Temperament, Truthfulness &
    Tolerance
    Temperament, Wahrheitsliebe
    und Toleranz
U   Uniqueness
    Einzigartigkeit

V	Variety & Virtues
	Vielfalt und Tugenden
W	Withholdings
	Zurückhaltung
X	X-ray Intuition
	Röntgen
Y	Youthfulness
	Jugendlichkeit
Z	Zeal
	Hingabe

*Du mußt die Neigungen des Mannes kennen, andernfalls kennst du den Mann nicht. Wenn sie eine Metallstraße bauen, sind stets Klauen daran. Bis zu einer bestimmten Temperatur wird sich das Material zusammenziehen, aber es wird nicht reißen. Bei einer bestimmten Temperatur wird es sich ausdehnen, aber es wird nicht hochspringen. Wenn zu irgendeiner Zeit das Wetter darüber hinausgeht, habt ihre keine Metallstraße mehr. Diese ausgleichende Toleranz nennt man „Leanings". Laß dich nicht faszinieren, bevor du nicht die Toleranzen des Mannes kennst.

Das Alphabet des Verwaltungsbeamten

A. Ich bin ein Verwaltungsbeamter.

B: Ich werde jeden springen lassen und jeder wird mich springen lassen.

C. Ich werde fangen, aber man wird mich nicht fangen.

D. Diplomatie arbeitet für Entwicklung.

E. Wirksamkeit, nicht was du verdient hast oder wünschst. Keine Prüfung oder Profit. Was du wirkungsvoll verhandelst.

F. „F" steht für Zukunft. Harmonisch planende effektive Disziplin. Rationale Kommunikation wird erfolgreiche Zukunft garantieren.

G. Gott, gut und Güte. Verwalte mit göttlichen Qualitäten, gut im Benehmen und im Bemühen, für andere Güter zu erzeugen.

H. Höhe. Ich bin die Leiter zwischen hoch und niedrig. Ich bin der Verwalter.

I. Ich bin dir zu Diensten. Ich bin für dich da. Ich bin der Verwaltungsangestellte, der dem Ruf der Pflicht gehorcht.

J. Jeder Knilch soll mit einem Witz behandelt werden. Humor ist die Art der Kommunikation.

K. Freundlichkeit kontrolliert effektiv alles.

L. Die Langlebigkeit der Verwaltung hängt von meiner Wirksamkeit ab und von wirksamer Auseinandersetzung mit meinen Untergebenen und erfolgreiche Übergabe an meine Vorgesetzten.

M. Manieren. Manieren garantieren die Reibungslosigkeit der Arbeit und machen den Tag.

N. Natur. Die Natur des Dinges ist zu fühlen und mit ihr ist umzugehen. Erziehe jeden, an deiner Verwaltungsqualität festzuhalten.

O. Gelegenheit. Gute Organisation bringt gute Gelegenheiten.

P. Persönlichkeit. Verwirkliche eine reine Persönlichkeit mit der Kraft, Probleme zu lösen.

Q. Verstehe schnell, aber urteile niemals.

R. Rationales Einbeziehen von anderen zur Meinungsbildung, zur Lösung von Problemen und zum Fällen von Entscheidungen ist nicht Schwäche, sondern Stärke.

S. Aufrichtiger, ernster Dienst ist die Art und Weise heiter, stark und empfindsam zu sein.

T. Vertraue auf Gott und vertraue jedem für nichts. Beziehe ein, sei einfühlsam und entscheide entsprechend

U. Universal, Universität und du existierst in einem Punkt.

V. Tugend. Nimm die Tugenden anderer an, aber wertschätze deine eigene Würde. Das wird das Rennen gewinnen.

W. Weisheit ist der äußerste Erfolg. Sei weise um im Leben aufzusteigen. Weisheit bringt Vorteil; ohne sie verlierst du viel. Weisheit ist tugendhaft, Weisheit ist ein Wert, den niemand zurückweisen kann. Weisheit erschafft das Königreich.

X. Kreuze das Negative mit einer positiven Einstellung und gewinne mit einem besseren Ersatz. Plane gut und gedeihe.

Y. Jugend. Sprich, sieh aus und sei jugendlich. Jugend ist eine Kunst und eine Wissenschaft. Es ist ein essentieller Bestandteil eines Verwalters. Kleide dich gut und sei gut.

Z. Hingabe wird aufrufen und Wunden heilen. Gleich welcher Ursache – die Wirkung sollte Harmonie sein.

Alphabet der Qualitäten der Menschen

Hier sind verschiedene Kategorien der Menschen und wie sie sich im Leben verhalten.

A Go and get it. They are restless; they get it.

B Somebody should get it for them.

C Get it and give it to me.

D I was supposed to get it, what are you doing here?

E Ease out and leave it for me, I am real.

F Don't confuse me, and don't bother me.

G God upside down people. I'm God, what I say is real, I am everything, if you don't know me, you don't know a thing. Get out of my life. Normally they are very intellectual, very accomplished, and very studied. They can speak on any subject and be extremely convincing. We also call them coffee-house preachers. They go to the coffee house and drink a lot of coffee and talk until the place closes.

H These people are fascinating; highly sensitive and highly insensitive. You can never figure them out. They neither make any sense to themselves nor to anyone else. But they look pretty, they dress well and their first appearance is very exciting. They are like beavers; they create dams and stop everything.

I The intellectuals. Intellectuals are never intelligent, but they feel completely perfect. They drone on and on expounding their knowledge, and after a while you can listen no longer. They sound like a quacking duck, and when people see them coming they avoid them. Intelligent people are those who know intellectually, but they adapt the aptitude. When an intellectual adapts the aptitude for patience, then he conceives the mission.

J Jokers. They know everything, but they don't know anything. They can be anything. Like water, they have no shape of their own, but take the shape of whatever contains them. They will tell you they are an expert, but they will not stick to anything. Jokers never have the prime role. They are expert

A Gehe los und kriege es. Sie sind ruhelos. Sie bekommen es.

B Jemand sollte es für sie holen.

C Hol es und gib es mir.

D Es war für mich bestimmt. Was machst du hier?

E Beruhige dich und laß es für mich, ich bin wirklich.

F Verwirre mich nicht und belästige mich nicht.

G Gottverdrehte Leute. Ich bin Gott, was ich sage ist real, ich bin alles, wenn ihr mich nicht kennt, kennt ihr gar nichts. Geht aus meinem Leben. Normalerweise sind sie sehr intellektuell, sehr kultiviert und sehr studiert. Sie können über jeden Gegenstand sprechen und sind extrem überzeugend. Wir nennen sie auch die Kaffeehaus-Priester. Sie gehen ins Kaffeehaus und trinken eine Menge Kaffee und sprechen, bis das Lokal schließt.

H Diese Menschen sind faszinierend; hoch sensitiv und hoch unsensitiv. Du kannst sie niemals begreifen. Sie machen weder einen Sinn für sich selbst noch für andere. Sie sehen schön aus, ziehen sich gut an, und ihre erste Erscheinung ist sehr aufregend. Sie sind wie Biber. Sie bilden Dämme und stopfen alles.

I Die Intellektuellen. Intellektuelle sind niemals intelligent, aber sie fühlen sich absolut vollendet. Sie reden vor sich dahin und erläutern ihr Wissen, und nach einer Weile kann man nicht länger zuhören. Sie klingen wie eine quakende Ente, und wenn die Leute sie kommen sehen, vermeiden sie sie. Intelligente Leute sind solche, die intellektuell wissen, aber die Begabung anpassen. Wenn ein intellektueller Mensch die Begabung für Geduld anpaßt, dann begreift er die Mission.

J Joker. Sie wissen alles, aber sie wissen nichts. Sie können alles sein. Wie Wasser haben sie keine eigene Gestalt, sondern die Gestalt, von was auch immer, umfängt sie. Sie werden dir sagen, daß sie Experten sind, aber sie werden zu nichts stehen. Joker spielen niemals die erste Rolle. Sie

trainers, and expert followers, but they will never be the star of the show of life. They are transitory because humor can not last. That is a law of humor. The same is true of joy; you feel it, you enjoy it, you taste it, and the next minute it is something else.

K   They are kind, they are one of a kind, and they kindle love in every heart.

L   Long talkers. They take 60 sentences to convey one little thought. You should run away when you see them coming.

M   There are two types in this category: they mean and they are mean. There is nothing in between. Whatever they communicate, they mean. Or whenever they talk, it burns you to death. They are very mean. There is no third category in this.

N   Neutral people. They are mostly juice people. This is how they talk: "This is fine. This can be fine too. I agree with you, you agree with me. We have agreed on it. it's done. But I can't participate." That will happen after two hours of talking and when everything is set and done. That's all they have, if's and but's.

O   They are the nucleus of our society; they organize everything. They are extremely successful, very joyous, very kind and highly penetrating.

P   If you do not look at their personality and give them a proper pedestal and proper prospective, they shall take one second to pee on you. The majority of them are in control of things. That is the planet Earth's tragedy. They are the source of all suffering and all wars.They are control oriented. They do anything and everything just to be in control. They can be psychotic, neurotic and obnoxious or sweet and pleasant lovers. There is no facet of life which they can not present under the motivation to control.

sind Experten als Trainer, und Experten als Gefolgsleute, aber sie werden niemals der Star der Show des Lebens sein. Sie sind vorübergehend, weil Humor nicht anhält. Das ist das Gesetz von Humor. Das gleiche gilt für die Freude. Du fühlst sie, du erfreust dich, du schmeckst es, und im nächsten Moment ist es etwas anders.

K   Sie sind freundlich, sie sind von einer Art, sie entzünden Liebe in jedem Herzen.

L   Lange Redner. Sie brauchen 60 Sätze, um einen kleinen Gedanken darzustellen. Du solltest wegrennen, wenn du sie kommen siehst.

M   Da gibt es zwei Typen in dieser Kategorie: Die Entschlossenen und die Gemeinen, da gibt es nichts dazwischen. Was immer sie vermitteln, sie sind entschlossen, oder die anderen, was immer sie sagen, es brennt dich zu Tode. Sie sind sehr gemein. Eine dritte Kategorie gibt es nicht.

N   Die neutralen Leute. Sie sind vorwiegend saftig. So sprechen sie: „Das ist schön. Das kann auch schön sein. Ich stimme Dir zu, Du stimmt mir zu. Wir sind übereingekommen. Es ist geschafft. Aber ich kann nicht teilnehmen." Das kann nach zwei Stunden des Gesprächs geschehen, selbst wenn alles abgestimmt und getan ist. Das ist alles was sie haben, Wenn's und Aber's.

O   Die sind der Kern unserer Gesellschaft. Sie organisieren alles. Sie sind extrem erfolgreich, sehr freudevoll, sehr freundlich und sehr durchdringend.

P   Wenn ihr auf ihre Persönlichkeit schaut, ihnen einen passenden Sockel und gute Aussichten verschafft, brauchen sie nur eine Sekunde um auf euch zu pinkeln. Die Mehrzahl von ihnen sind unter der Kontrolle von Dingen. Das ist die Tragödie des Planeten Erde. Sie sind kontrollorientiert und tun alles, nur um Kontrolle zu haben. Sie können psychotisch, neurotisch und abstoßend oder süße und gefährliche Liebhaber sein. Es gibt keine Facette des Lebens, die sie nicht unter der Motivation zu kontrollieren darstellen können.

Q It doesn't matter what you say to them, you will have a quick question. They question everything to death and they create duality everywhere. They are trouble shooters; their analytical faculty is invaluable in business. But in normal life, forget it.

R They are sneaks, they are snakes, they are reserved. You can't get a thing out of them. That's their faculty. They are very good for intelligence work. You shred them, you hang them, you butcher them, they won't say a thing. in normal life you will never know where they are at. Never ever depend on what they say. They are in their own world. Until you penetrate their reserve and find out what is their guiding line, you had better keep your distance.

S Sincere, serviceful, sanitary and sensible. They have a solution to everything. Tell them a thing, it is solved. Ask them a question, it is answered. Make a deal, it is forever. Great people. Nothing like them.

T Trampoline-people. These are the only people whose aura moves up and down. Normally the aura expands and contracts with the arcline, but theirs moves up and down. When they talk, you do not know where it is going. You can never figure it out no matter how intelligent and quick you are. Nothing penetrates them.

U U-people. They are double I's connected at the bottom. This "U" is a rapid cannon fire that never stops. The "U" becomes yo-yo and you run. Their projection is very powerful. They reach and penetrate any psyche to get their point across. They are wonderful public relations people. But living with them is like living on a grill. They will roast you to death.

V These are very rare people. They come, they see, they conquer, they experience victory. They know the devil, they know the divine and they go

Q Es spielt keine Rolle, was ihr ihnen sagt, ihr wollt schnell eine Frage hören. Sie hinterfragen alles bis zum Tode und sie erzeugen die Dualität überall. Sie sind Friedensstifter. Ihre analytische Begabung ist beim Geschäft unschätzbar, aber im normalen Leben, vergiß es.

R Sie sind Schnüffler, sie sind Schlangen, sie sind reserviert. Ihr könnt nichts aus ihnen herausbekommen. Das ist ihre Fähigkeit. Sie sind sehr gut für die Geheimdienstarbeit. Ihr zerreißt sie, ihr hängt sie, ihr schlachtet sie, aber sie werden nichts sagen. Im normalen Leben werdet ihr niemals wissen, woran sie sind. Niemals verlaßt euch auf das, was sie sagen. Sie sind in ihrer eigenen Welt. Bis ihr nicht ihre Reserve durchbrecht und herausfindet, was ihre Führungslinie ist, haltet ihr besser Abstand.

S Aufrichtig, dienstbar, ordentlich und empfindsam. Sie haben eine Lösung für alles. Erzählt ihnen das Problem, es ist gelöst. Stellt ihnen eine Frage, sie ist beantwortet. Schließt einen Handel, der gilt für immer. Großartige Leute. Nichts ist ihnen gleich.

T Die Trampolin-Leute. Das sind die einzigen Menschen, deren Aura sich auf- und niederbewegt. Normalerweise dehnt sich die Aura mit der Bogenlinie aus und zieht sich entsprechend zusammen, aber deren Aura bewegt sich auf und nieder. Wenn sie sprechen, wißt ihr nicht, wohin es geht. Ihr könnt es nicht herausfinden, egal wie intelligent und wie schnell ihr seid. Nichts durchdringt sie.

U U-Leute. Es sind Doppel-I's am Boden verbunden. Dieses „U" ist ein schnelles Kanonenfeuer, das niemals stoppt. Das „U" wird ein Jo-Jo und ihr rennt. Ihre Projektion ist sehr kraftvoll. Sie greifen aus und durchdringen jede Seele, um ihren Punkt herüberzubringen. Sie sind wunderbar für Öffentlichkeitsarbeit. Aber mit ihnen zu leben ist gleich auf einem Grill zu leben. Sie werden euch zu Tode rösten.

V Das sind sehr seltene Menschen. Sie kommen, sie sehen, sie erobern, sie erfahren den Sieg. Sie kennen den Teufel, sie kennen das Göttliche und

to victory. It is in their mind, in their soul and in their being.

W   Working class. If you ever make a working personality a managing personality, you will lose it. Working people do not want responsibility. They are never administrators. They love to work, but after work they don't care if they are human or not. They think they are done. Their limit as a human is just work.

X   They cut everything. They are living human negativity. You can never get from them one word of positivity.

Y   Why-people are the source of every trouble. These are the people who are always asking why and because. Why and because; you can never get out of that.

Z   Z-people are very rare. They have the zeal to inspire themselves and the zeal to inspire others. They are people of infinity. Z-people come once in a while like avtars, like guides, like messengers of God. There is no pain which can hurt them. There is no reality which can limit them. There are no circumstances which can deter them. There's nothing which can stop them. Z-people come with the Will of God, they live with the Will of God, they leave with the Will of God. They are like infinity people. Their zeal penetrates through. Even death can not stop them. Fear of death stops everybody. Fear of family. Fear of poverty. These fears are not imaginary. These fears stop us. These fears stop our intelligence, our creativity, our reality, our personality, our expansion. Fear exists to stop you. Fear is such an imaginary reality that it kills your reality. But in Z-people nothing can stop them.

sie gehen zum Sieg. Es ist in ihrem Verstand, in ihrer Seele, in ihrem Wesen.

W   Arbeitsklasse. Wenn immer ihr einen Arbeitsmenschen zum Manager macht, werdet ihr ihn verlieren. Arbeitsmenschen wollen keine Verantwortung. Sie sind niemals Verwalter. Sie lieben es zu arbeiten, aber nach der Arbeit kümmern sie sich nicht darum, ob sie Menschen sind oder nicht. Sie denken es ist vorüber. Ihre Grenze als Mensch ist, einfach zu arbeiten.

X   Sie schneiden alles. Sie sind lebende menschliche Negativität. Ihr werdet niemals ein positives Wort von ihnen hören.

Y   Y-Menschen sind die Quelle von allem Ärger. Es sind die Menschen, die stets warum fragen und weil sagen. Warum und weil; da kommt ihr nie heraus.

Z   Z-Menschen sind sehr selten. Sie haben die Begeisterungsfähigkeit, sich selbst und andere zu inspirieren. Es sind Menschen der Unendlichkeit. Z-Menschen kommen einmal wie Avatare, wie Führer, wie Boten von Gott. Es gibt keinen Schmerz, der sie verletzt. Es gibt keine Realität, die sie begrenzt. Es gibt keine Umstände, die sie erschrecken. Da ist nichts, das sie stoppen kann. Z-Menschen kommen mit dem Willen Gottes, sie leben mit dem Willen Gottes, sie gehen nach dem Willen Gottes. Sie sind wie Unendlichkeitsleute. Ihre Begeisterung durchdringt. Selbst der Tod kann sie nicht aufhalten. Die Furcht vor dem Tode stoppt jeden. Furcht um die Familie, Furcht vor Armut. Diese Ängste sind nicht eingebildet. Diese Ängste halten uns auf. Diese Ängste stoppen unsere Intelligenz, unsere Kreativität, unser Realitätsbewußtsein, unsere Persönlichkeit, unsere Ausdehnung. Furcht existiert um euch aufzuhalten. Furcht ist solch eine eingebildete Realität, daß es eure Realität tötet. Aber die Z-Leute kann nichts aufhalten.

D.
Die Kunst und Wissenschaft der Befreiung

Ein Vortrag von Yogi Bhajan 1969

Was ist ein befreites Wesen? Und welche Gründe gibt es, daß wir in den Händen der Zeit leiden? Jede Person hat zwei Seiten. Die eine ist sorgenfrei, die andere ist unbekümmert. Wenn jemand seine sorgenfreie Seite lebt, ist er von seiner göttlichen Begabung geführt. Wenn er seine unbekümmerte lebt, ist er von seinen tierischen Kräften geführt. Es ist nicht die Unachtsamkeit, ein Glas zu zerbrechen oder etwas, daß du behalten solltest, versehentlich wegzuwerfen. Materiell sind wir unachtsam, wenn wir unfähig sind, unseren materiellen Verantwortungen nachzukommen. Aber in Wirklichkeit, sind wir wahrhaftig unachtsam, wenn wir unsere göttliche Persönlichkeit verlieren – wenn das „Etwas", das sehr wertvoll ist, jenseits aller Werte, einfach für eine Leidenschaft verloren wird. Emotion und Leidenschaft sind die zwei Einkäufe unserer spirituellen Persönlichkeit. Wenn ihr diesen Gedanken analysiert, werdet ihr feststellen, daß solch ein Handel zu teuer ist. Wofür verkaufen wir unser spirituelles Selbst? Diese, unsere Welt, ist eine Übergangsphase des Lebens. Sie ist nicht andauernd, aber wir assoziieren uns ständig mit ihr, als wenn wir dazugehörten und als wenn sie zu uns gehörte.

Unterbewußt steht hinter jeder Handlung das Verlangen, erkannt zu werden. Aber wenn ihr euer Verlangen, erkannt zu werden und die Art und Weise wie ihr versucht, erkannt zu werden einschätzt, werdet ihr finden, daß ihr Anerkennung wollt ohne Reife. Ihr wollt als ein reifes Wesen anerkannt werden, aber ihr habt die Reifeeinstellung eines sorgenfreien Wesens noch nicht entwickelt.

Das einzige sorgenfreie Wesen ist die Person, die frei ist von Negativität. Sie ist befreit. Es ist ein kosmisches Gesetz, daß solch eine Person niemals unter irgendeinem Mangel leidet. Ein sorgenfreier Mensch kennt keinen Jammer. Er mag demütig sein, aber das bedeutet nicht, daß er erbärmlich ist. Stets weise, segelt er ungestört durch die Zeit. Er bedarf keiner Korrektur durch die Hände der Zeit. Sein geschmeidiges Benehmen und die Ruhe seiner Persönlichkeit sind die Zeichen, daß er ein befreites Wesen ist. In einer Nußschale ist er die glücklichste Person, die es je auf Erden gab.

Das bedeutet nicht, daß euch weltliche Güter versperrt bleiben sollen. Materie ist Medium. Sie kann nicht geschaffen und sie kann nicht zerstört werden. Genauso sind Emotion und Verwicklung in Verlangen Medien, aber ihre Befriedigung ist zeitlich nicht andauernd. Wenn ihr versteht, wie die Abhängigkeit zu Alkohol beginnt, werdet ihr diese Theorie der Einbeziehung verstehen. So funktioniert das: Ein Mann, der nicht trinkt, kommt unter Druck und weiß nicht, was er tun soll. Er geht in das Haus eines Freundes, um einen Rat einzuholen, weil dieser Mann ein soziales Tier ist und weil er sich entlastet fühlt, wenn jemand an seinem Gram teilhat. Dieser Freund bietet ihm wegen des beruhigenden Effektes einen Whiskey an und der Mann ist überzeugt, einen Drink zu nehmen. Der Alkohol geht in den Körper und verrichtet seine chemisch Wirkung. Besänftigt die Nerven und energetisiert die Energiezentren, so daß sich die Einstellung des Mannes entspannt und er flexibel wird. Das ist nur eine vorübergehende Entlastung, aber die Erinnerung an den ersten Geschmack bleibt in seinem Sinn. Er wird nie wieder die Beruhigung dieses ersten Schluckes Alkohol erlangen, aber für das Verlangen und den Geschmack und mit dem Ziel, diese Erfahrung zu wiederholen, werden die Menschen Gewohnheitstrinker – Alkoholiker. Sie glauben, daß es der beste Weg sei, dem Druck des Lebens zu entkommen und fahren fort zu trinken und so wird Trinken eine Notwendigkeit des Körpers.

Genauso ist es, wenn ihr euch selbst in irgendeine Mode des Lebens einwickelt. So geht ihr in einen Kanal, in dem ihr weiter und weiter geht und doch niemals zurückkommen könnt an den Punkt, von dem ihr ausgegangen seid. Wenn wir die ursprüngliche Basis unseres Handelns vergessen haben und eingewickelt sind, werden wir zum Sklaven.

In unserem ganzen Lebenskonzept können wir sehen, daß wir zu 15 % Sklaven der Routine, der Gewohnheit sind. Der Mensch muß gewisse Gewohnheiten haben, ohne die das Leben nicht weiter gehen kann. Aber er kann seine Befreiung darin erreichen, daß er den Charakter dieser Minimalanforderungen wandelt. Da gibt es zwei Arten von Gewohnheiten: Gewohnheiten, die voranbringen und Gewohnheiten, die hemmen. Hemmende Gewohnheiten machen euch körperlich, geistig und seelisch unglücklich. Gewohnheiten, die voranbringen, machen euch körperlich, seelisch und spirituell glücklich. Wenn ihr in eurem Leben all diese Gewohnheiten habt, die euch voranbringen, werdet ihr schließlich zu einer befreiten göttlichen Person. Wenn ihr hemmende Gewohnheiten habt, werdet ihr stets zu einem körperlichen Wrack, im Geiste wahnsinnig und/oder spirituell erloschen.

Gewohnheit ist ein Muß für euere Persönlichkeit und euren Verstand. In der Periode, wenn ihr unter einer hemmenden Gewohnheit handelt, seid ihr total auf der negativen Seite eurer Persönlichkeit. Genauso ist es eine Tatsache, daß wenn ihr in irgendeine negative Gewohnheit fallt, ihr automatisch ihre vier geschwisterlichen Gewohnheiten heranzieht, weil sie es lieben, zusammen zu sein. Diese fünf hemmenden Gewohnheiten des Benehmens und der Einstellung sind: greed, anger, lust, attachment and negative ego – Gier, Wut, Verlangen, Verhaftung und das negative Ego. Wenn eine der Schwestern das Haus betritt, ruft sie die anderen dazu. Jede Gewohnheit wird von zwei Dreibeinern unterstützt – 1. körperlich, geistig, spirituell; und 2. Vergangenheit, Gegenwart und Zukunft. Da gibt es zwei führende Instinkte beim Menschen. Entweder ist er dabei, seine Zukunft zu verbessern, oder er ist dabei, seine Zukunft zu blockieren. Wenn ihr euch dessen bewußt seid, habt ihr ein ehrliches und aufrechtes Verlangen, eure Zukunft zu verbessern, dann werdet ihr stets fördernde Gewohnheiten haben. Oh Mann, wenn ihr euch nicht einmal um Gott kümmert, kümmert ihr euch zuletzt um eure Zukunft. Wenn ihr euch so um eure Zukunft kümmert, daß ihr fördernde Gewohnheiten habt, werdet ihr eine befreite Person werden. Eine befreite Person ist stets eine glückliche Person. Sie leidet nicht Mangel an irgendeinem materiellen Komfort. Sie kennt keine Kraft der Erde, die sie beleidigen kann. Sie lebt in Würde auf dieser Welt und wenn sie den Körper verläßt, ist sie auch bei den Generationen, die folgen, respektiert. Jeder kann so sein. Der größte Sünder von gestern kann der Heilige dieser Minute sein. Die einzige Sache, die dabei verlangt wird, ist eine Entscheidung. „Bin ich bereit, meine Zukunft zu achten und zu entscheiden, eine befreite Person zu sein, oder bin ich im Begriff, meine Zukunft zu blockieren und den materiellen, physikalischen Aspekten der Welt nachzugehen?" Für jede Person, die ihre Zukunft blockiert, ist es eine garantierte Tatsache, daß sie in Zukunft leidet. Jede Person, die die Chance des „Jetzt" nutzt, um eines anderen Verlust zu verursachen, blockiert ihre Zukunft. Jeder, der die Überlegenheit des „Jetzt" wahrnimmt, lädt den Ärger vom Herrn Zukunft ein.

Behaltet die positive Einstellung mit fördernden Gewohnheiten 40 Tage bei und ihr könnt euer Schicksal ändern. Dieses psychologische Konzept des menschlichen Benehmens ist ein Muster, das euch zum Ziel, das in unseren Schriften als Paradies beschrieben ist, führen kann.

Das Selbst hat den Samen der göttlichen Schwingungen zu säen und mit der Kraft dieser Schwingungen haben wir im Unendlichen, welches die Wahrheit, die Realität und die immer lebendige erste Kraft ist, zu verweilen. Diese erste Kraft wurde von den Christen Gott genannt; *Paramatman* von den Hindus; und *Allah* von den Moslems. Irgendein Name wurde ihr von allen gegeben, aber das universelle Bewußtsein dieses universellen Geistes hat einen Namen, der ist Wahrheit. Also nennen wir sie „*Sat*" und wir erinnern uns daran als „*Sat Nam*". „*Sat*," bedeutet in der Sprache der Götter, Sanskrit, „Wahrheit." „*Nam*" bedeutet „Name." Also ohne irgendeinen Streit zu verursachen, können wir sagen, daß das universale Bewußtsein, der universale Geist, die kreative Kraft in uns, einen universalen Namen hat und der ist „*Sat Nam*."

Alle die, die sich selbst befreien wollen und sich bemühen, im Äußersten zu verweilen, müssen ihr physisches Selbst reinigen und ihren Geist zum *Sat Nam*, dem Sein des Seins, lenken. Einer, der in den Schwingungen dieses heiligen Nam - *Sat Nam* – in den ersten Stunden des Tages, vor Sonnenaufgang, wenn die Kanäle für Schwingungen sehr rein und klar sind, verweilt, wird das Konzept eines befreiten Wesens durch die Gnade dieses Beej-Mantras, das die Gottheit des Bewußtseins in allen Wesen erweckt, erfahren. Dann lebt er als ein befreiter Mensch auf dem Planten Erde.

E.
Die 10 Gebote und die 10 Versprechen

Aus einer Vorlesung von Yogi Bhajan vom 6. August 1991

Jedes der Gebote in der Bibel ist unvollständig. Die 10 Gebote wurden überliefert, aber nicht die 10 Versprechen von Gott. Jedes Gebot muß Frucht tragen. Das ist es, warum die Gebote unvollständig sind. Man hat euch gesagt, was ihr tun müßt, aber man hat euch nicht gesagt, was ihr damit für euch erreicht.

Erstes Gebot
Du sollst keine anderen Götter haben neben mir.
Versprechen
Du sollst von der Erde Besitz ergreifen. Wenn du Gott dem Herrn und Schöpfer gefällst, wird alle Schöpfung dir dienen.

Zweites Gebot
Du sollt den Namen Gottes nicht mißbrauchen.
Versprechen
Du sollst niemals beschmutzt werden.

Drittes Gebot
Gedenke des Sabbat und halte ihn heilig.
Versprechen
Du sollst in Frieden und Ruhe leben.

Viertes Gebot
Ehre deinen Vater und deine Mutter.
Versprechen
Deine Identität soll vollkommen sein. Der Himmlische Vater und Mutter Erde – die gesamte Anschauung ist dasselbe.

Fünftes Gebot
Du sollst nicht töten.

Versprechen

Du sollst dich selbst nicht töten lassen. Wenn du in dir selbst, spirituell, Instinkte entwickelst, nicht zu töten, dann soll Mutter Natur dich schützen und für dich sorgen.

Sechstes Gebot

Du sollst nicht Ehebrechen.

Versprechen

Dir soll Reinheit vergönnt sein.

Siebtes Gebot

Liebe deinen Nächsten.

Versprechen

Und alle Nachbarschaft soll dich lieben.

Achtes Gebot

Du sollst nicht stehlen.

Versprechen

Alles soll dir gehören.

Neuntes Gebot

Du sollst nicht falsches Zeugnis reden.

Versprechen

Die Kraft, von meiner Schöpfung zu zeugen, soll dein sein.

Zehntes Gebot

Du sollst nicht begehren deines Nachbarn Weib, noch alles was sein ist.

Versprechen

Das Universum wird niemals deinen Willen infrage stellen und alles Gute wird zu dir kommen. Die wirkliche Gemahlin Gottes ist die Schöpfung; die Schöpfung wird niemals deinen Willen infrage stellen.

F.
Die Mondzyklen und wie sie euch beeinflussen

Aus einer Vorlesung von Yogi Bhajan vom 6. August 1991

Euer Biofeedback bewegt sich von Neumond zu Vollmond und von Vollmond zu Neumond. Da sind 3 Tage im Mondzyklus, an denen er, wenn ihr euch um euren Verstand und eure Gesundheit bemühen wollt, fasten könnt. Im Ayurveda wird das als die meisterlichste aller Behandlungen angesehen. Versucht an diesen 3 Tagen des Monats mit Zitrone und Wasser zu fasten; von Sonnenaufgang bis zum nächsten Morgen beim Breakfast – Frühstück, when you can break the fast – wenn ihr das Fasten brechen könnt.

Vollmond – Natürlicherweise seid ihr zur Vollmondzeit beschleunigt. Ihr seid auf eurem Höhepunkt. Die Drüsenleistungen in eurem Körper werden auf ihrem Höhepunkt sein, so daß ihr nicht wollt, daß eure Energie zur Verdauung der Nahrung verbraucht wird. Nutzt eure Energie, euch selbst wieder herzustellen. Bemüht euch an diesem Tag nur Flüssigkeit zu euch zu nehmen. Wenn ihr glaubt, ihr müßt etwas essen, trinkt nur Milch.

Neumond – Das ist Phase eures Tiefs. Es ist ein guter Tag, mit Zitrone und Wasser zu fasten.

Der elfte Tag des Mondzyklus (11 Tage nach Neumond) – Ihr seid im Gleichgewicht, im Zwielicht. Das Drüsensystem stellt sich selbst an diesem Tag neu ein. Euer Stoffwechsel verändert sich, so daß, wenn ihr sehr leichte und *sattvische Kost* an diesem Tag zu euch nehmt, wenn ihr also leichte und grüne Nahrung zu euch nehmt, oder wenn ihr einfach von Wasser und Melone euch ernährt, wird eure Gesundheit perfekt sein. Eßt sehr leicht sehr *sattvisch* an diesem Tag. Eßt nur eine Mahlzeit, und trinkt Zitrone und Wasser am Rest des Tages.

Zitronenwasser

Für die Herstellung von Zitronenwasser wird folgende Proportion empfohlen:

Nimm 2 Tassen von Zitronensaft und etwa 20 Tassen Wasser und ein bißchen Süße. Das wird 3 Flaschen füllen, die für den ganzen Tag ausreichen. Wenn ihr euch sehr kalt zu fühlen beginnt, dann versucht Ingwer hinzuzufügen. Ihr könnt das mit ein wenig Ahornsirup süßen, mit schwarzen Zuckersirup oder mit *ghur* (Rohzucker), aber verwendet nicht zuviel davon. Denkt daran, daß ihr etwas Zitronenwasser durch einen Strohhalm trinkt, um den Schmelz eurer Zähne zu schonen.

Notiz: Bevor ihr mit irgendeiner Form des Fastens beginnt, konsultiert euren Arzt.

G.
Yogische Rezepte

Yogi Tee

Bereitet mindestens 4 Tassen Yogi Tee zur selben Zeit. Es ist eine gute Idee, jeweils große Mengen zur gleichen Zeit herzustellen und sie im Kühlschrank ohne Milch aufzubewahren; dann könnt ihr die Milch hinzugeben, wenn ihr ihn trinken wollt. Im Kühlschrank hält er sich für etwa eine Woche frisch.

Die Maße für 1 Tasse sind:

    300 ml Wasser

    3 ganze Gewürznelken

    4 ganze grüne Kardamom-Schoten, am besten aufgebrochen

    4 schwarze Pfefferkörner

    1/2 Stange Zimt

    1 Stück Ingwerwurzel

    1/4 Teelöffel schwarzer Tee (nicht notwendigerweise)

    1/4 Tasse Milch

Koche die Gewürze für 10 bis 15 Minuten mit einem Deckel (laßt nur einen Spalt offen, damit der Dampf ausströmen kann). Füge den schwarzen Tee hinzu und laßt ihn 2 Minuten ziehen. Gib die Milch hinein und laß noch einmal aufkochen. Nimm jetzt den Tee vom Herd und gieß ihn ab. Nach Geschmack füge Honig hinzu.

Für etwa 2 1/4 Liter benutze:

    10 Kardamom-Schoten

    20 Pfefferkörner

    15 Gewürznelken

    5 oder mehr Stücke von einer Ingwerwurzel

    3 Zimtstangen

    1 Eßlöffel schwarzen Tee

Koche wenigstens 30 Minuten und füge dann etwa 1 Liter Milch hinzu.

Yogi Tee gibt es auch als Teemischung und als Teebeutel. (Bezugsadressen weiter hinten.)

Yogi Bhajan sagt über den Yogi Tee: „Wenn ihr tatsächlich eine vernünftige Menge Yogi Tee zu euch nehmt, wird er eure Leber in gutem Zustand erhalten. Man sagt er hilft der Leber. Und als wir in den 60er Jahren begonnen haben, mit Drogenabhängigen, die sich nicht einmal bewegen konnten, zu arbeiten, haben wir sie auf Yogi Tee gesetzt."

Yogi Tee ist tatsächlich eine Kombination von Nahrungsmitteln. Es ist ein Tonikum für das Nervensystem. Es kann dabei helfen, das System wieder in die Balance zu bringen, wenn ihr aus dem Gleichgewicht seid. Oft wurde er als Präventivmedizin bei Erkältungen, Grippe und Erkrankungen der Schleimhäute verwendet.

Schwarzer Pfeffer ist zur Blutreinigung. Kardamom stärkt den Dickdarm. Gemeinsam stärken sie das Gehirn. Gewürznelken helfen, das Nervensystem zu unterstützen. Zimt ist gut für die Knochen. Ingwer hilft, das Nervensystem zu stärken und ist sehr gut, wenn ihr eine Erkältung habt, eine Grippe oder körperliche Schwäche. Yogi Tee kann Frauen helfen, wenn sie Menstruationsbeschwerden haben, z.B. Krämpfe oder prämenstruelle Symptome. Wenn ihr euch kalt fühlt oder eine Grippe im Anmarsch ist, könnt ihr den Yogi Tee mit mehr Ingwer bereiten. Wenn ein Mann nach dem Verkehr eine Tasse Yogi Tee trinkt, kann es helfen, seinen Körper wieder aufzufüllen. Darüber hinaus kann Yogi Tee, verdünnt mit Milch, bei den Zahnungsbeschwerden der Kinder sehr hilfreich sein.

Ein Morgengetränk für optimale Gesundheit

60 Gramm Ingwersaft

60 Gramm Zitronensaft

1 Teelöffel Flachssamenöl

(Notiz: Ihr könnt das Flachssamenöl auch durch Oliven- oder Sesamöl ersetzen.)

Mischt das zusammen und trinkt das als erstes jeden Morgen nach dem Zähneputzen. Bevor ihr irgendetwas anderes zu euch nehmt, eßt oder trinkt, wartet wenigstens 15 Minuten.

Bananenrezept

Insbesondere gut für Frauen

1 Banane
Mangopuder
1 Teelöffel Zitronen- oder Limonensaft

Schäle die Banane, schneide sie der Länge nach und lege sie auf eine Platte. Sprenkle den Zitronensaft darüber und gibt das Mangopuder darauf.

Bananen enthalten Kalium, das für Frauen wichtig ist, ihre Jugend zu erhalten. Es kann helfen, Energie zu schaffen. Der Zitronensaft bringt Vitamin C in den Körper und das Mangopuder ist sehr gut, um Extraenergie bereitzustellen. Diese Nahrung ist besonders hilfreich, wenn eine Frau unter besonderem Streß steht.

Schwarze Garbanzos

Hier im Westen sind vorwiegend die weißen Garbanzos gebräuchlich. Aber für die Nervenenergie ist nichts so gut wie die kleinen schwarzen Garbanzos. Die schwarzen Garbanzos wachsen auf den Feldern in Indien. Während der Regenzeit gibt es so viele Blitze über den Feldern, daß es aussieht wie der 4. Juli – die Elektrizität geht von den Wolken auf den Boden und vom Boden hinauf in die Wolken! Das zu sehen ist ein sehr lustiges Naturphänomen. Normalerweise meiden die Menschen die Felder zu dieser Zeit, weil sie nicht vom Blitz erschlagen werden wollen. Diese schwarzen Garbanzos sind eine sehr gute Speise für das Nervensystem und helfen, das elektromagnetische Feld des Körpers zu kontrollieren. Sie sind die kraftvollste, energetisierende Speise auf der Welt. Sie sind sehr gut für die Gesundheit.

Wasche die Bohnen und weiche sie über Nacht ein. Am Morgen trockne sie und gebe sie in einen Dampfkochtopf. Darin koche sie bis sie weich sind. Dann bereite daraus eine Suppe.

Oder du kannst das folgende Rezept verwenden:

Wasche, säubere und weiche 3 Tassen schwarze Garbanzo-Bohnen über Nacht ein. Dann koche sie auf kleiner Flamme in frischem Wasser für etwa 3 Stunden. Sobald sie weich sind, gieße das meiste der Flüssigkeit ab und gib nochmals 1 Tasse des Kochwassers dazu.

In einer großen, schweren Bratpfanne, mit dicken Boden brate bei mittlerer Hitze:

   1/2 Tasse Senföl
   1/2 Tasse aufgeschnittenen Ingwer
   2 zerschnittene Zwiebeln
   5-8 Zehen kleingeschnittenen Knoblauch
   3 kleingeschnittene Jalapenos (oder Chilis) (bei Bedarf)

Koche das bis es weich ist und dann füge folgendes hinzu:
   2 vorgekochte und in Scheiben geschnittene Kartoffeln
   1 Teelöffel schwarzen Pfeffer
   1-2 Teelöffel schwarzes Salz

Nochmals für einige Minuten kochen. Dann gib die Zwiebel, Ingwer, Knoblauchmixtur zu den Bohnen im Originalkochtopf. Unter Rühren nochmals auf leichter Flamme für 10 Minuten aufkochen. Garniere das ganze mit geschnittenen, frischen Korianderblättern. (Je nach Geschmack kann noch etwas schwarzes Salz hinzugegeben werden.)

Eisbecher mit Kirschen

Nimm einige Kirschen, entkerne sie und mixe sie im Mixer. Dann schneide eine Birne und einen Apfel auf und gib sie ebenfalls in den Mixer. Mische das ganze nochmals. Gib diese Mischung auf Vanilleeiscreme und iß das.

„Sprecht ihr von Energie? Ihr müßt ein Gewicht auf eure Beine legen, um euch am Boden zu halten."

Ghee (gereinigte Butter)

Siede ungesalzene Butter für 10 bis 15 Minuten auf niederer Hitze. Normale gesalzene Butter kann ebenfalls gebraucht werden, wenn die ungesalzene nicht erhältlich ist. Nach dem Erhitzen erlaube ihr, sich für einige Minuten zu setzen und dann schöpfe den gesamten weißen Schaum mit einem Löffel von der Oberfläche. Du wirst den klaren, gelben Ghee am Boden finden. Gieße den in ein Behältnis, wobei du ein Sieb benutzt, daß nichts des weißen Sedimentes vom Boden des Topfes dorthinein gelangt. Benutze Ghee als wolltest du Butter oder Kochöl verwenden.

Yogi Bhajan sagt über *ghee*: „Ghee ist nicht ein Öl, es ist reines Protein. Es soll das Fett in eurem Körper schmelzen. Wenn ihr es mit eurem Essen zu euch nehmt, werdet ihr drei Dinge finden:

1. An dem Tag werdet ihr mehr als gewöhnlich Wasser lassen (es hilft das Zuviel an Flüssigkeit aus dem Körper auszuscheiden).
2. Der Körper wird wärmer sein als normal.
3. Ihr seht die Dinge klarer, als ihr es gewöhnlich tut. Ihr werdet klarer denken. Wenn in Indien jemand dick wird, beginnen sie von ghee zu leben. Und in Tibet und all diesen Gebieten geben sie ghee in ihren Tee, und trinken ihn – sie leben davon. Das ist ihr Protein.

Jalapeno Milchshake

Nimm 3-5 rohe Jalapenos
etwa 1/4 Milch
etwas Honig (die nimmt ein wenig der Hitze der Jalapenos).

Stecke die Zutaten in einen Mixer und mixe das für 20 bis 30 Minuten. Gieße es in ein Glas und schlürfe das. Trinke es nicht einfach aus. „Der Geist wird dich durchdringen."

Yogi Bhajans Geschichte über diesen Jalapeno-Milchshake:

Einst mußte ich nach Mexiko gehen und fand, daß eine Schülerin von mir im Krankenhaus gewesen war. Also ging ich geradewegs in die Küche, nahm die Jalapenos und die Milch, mixte das und gab Tonnen von Honig dazu, weil ich wußte, sie würde reagieren. Dann begann ich es ihr mit einem Löffel zu geben – es geht sehr schlecht herunter. Aber ich denke, nach dem fünften oder sechsten Löffel öffnete sie ihre Augen. Und schließlich, als das Glas leer war, stand sie auf und sagte, „Was war das?"

Ich sagte, „Nichts, nichts, nichts. Ich bin den ganzen Weg hierher gekommen und du warst nicht bereit, mir zu dienen. Ich hasse das. Also solltest du auf sein."

Am nächsten Tag machten wir heimlich das gleiche und sagten ihr, „Hintern hoch, schlürfe das, aber langsam, Löffel für Löffel."

Sie sagte, „Das war süß und bitter." Sie nimmt es immer noch jeden Tag.

Wenn ihr einmal wirklich ein sorgenfreies Leben haben wollt, sind Halleluja und Jalapenos dasselbe. Ihr braucht diesen Drink."

Salat

Salat enthält 0,1 Prozent Opium. Da gibt es so viele Wege Salat zuzubereiten, daß wir es nie gedacht haben würden!

Wenn ihr ein Problem habt mit dem Schlafen, bereitet Salatsuppe mit Milch und nehmt es mit zwei Tabletten von 7-R. Es ist so entspannend und ihr werdet tief schlafen. Wenn ihr keine Milch dabei verwendet, werdet ihr weg sein, bevor ihr noch das Kopfkissen berührt.

Salat mit schwarzem Pfeffer zu rösten, bringt seinen Geschmack zum Leben und der Magen begrüßt es. Nimm den Salat und schneide ihn auf. Heize den Grill oder nimm eine schwarze Bratpfanne und röste den Salat einfach, als würdest du irgendein anderes Gemüse rösten. Du kannst schwarzen Pfeffer und Jalapenos je nach Geschmack hinzufügen und auch etwas ghee. Das hilft, den Geschmack noch besser zu entwickeln und ist sehr gut für die Gesundheit.

Andererseits kannst du den Salat nehmen und eine *masala* daraus bereiten. Das Rezept findest du unten. Dazu nimm einen ganzen Salatkopf und schneide ihn in vier Teile. Gebe diese in einen Dampfkochtopf und koche sie gut. Wenn das getan ist, lege sie auf eine Platte. Dann nimmt die wunderbare masala, in der alles drinnen ist und fülle sie in die Blätter und überall darumherum. Dann iß es. Du wirst für den ganzen Tag Energie haben, aber dabei entspannt sein. Wenn du aus dem Salat einen Saft machen kannst und ihn zur Nacht trinkst, wird dich das gleich in den Schlaf bringen. Es ist ein sehr kraftvolles und sehr entspannendes Getränk.

Masala-Grundrezept

1/3 Tasse Öl (Sesam- oder Olivenöl sind gut)

1 Teelöffel *garam masala*-Mischung

2 Zwiebeln, gehackt oder geschnitten

3 Klauen Knoblauch, feingehackt

2 gepellte und kleingeschnittene Ingwerwurzeln

2 mittelgroße Tomaten, gepellt und kleingeschnitten

Mische folgende Gewürze gut:

9 Gramm schwarzer Kardamom

180 Gramm Koriandersamen

1 Teelöffel Turmeric

60 Gramm Kreuzkümmelsamen (Jeera)

1/4 Teelöffel Cayenne-Pfeffer (etwas mehr oder weniger)

30 Gramm Zimtstangen

30 Gramm ganze Gewürznelken

je nach Geschmack Salz

30 Gramm Kardamom-Samen

30 Gramm ganze schwarze Pfefferkörner

Erhitze das Öl in einer Bratpfanne und füge Zwiebeln, Ingwerwurzeln und Knoblauch hinzu und erhitze das solange bis die Zwiebeln beginnen braun zu werden. Dann füge die Gewürze und das Salz hinein. Brate es nochmals für weitere 3 Minuten unter Rühren, leicht. Füge dann die Tomate dazu und koche das ganze solange bis die Tomaten sich in Soße auflösen. Gib 1/2 Tasse Wasser dazu, wenn nötig. Diese Masala-Mischung kann als Grundlage für viele Gemüsegerichte verwendet werden.

Zwiebeln, Ingwer und Knoblauch

Zwiebeln, Ingwer und Knoblauch sind als die Trinity Roots, Dreieinigkeitswurzeln bekannt und sind wesentlich um ein gesundes und energetisches System zu erhalten. Ingwer ist für das Nervensystem und hilft, wenn du eine Grippe oder eine Erkältung kommen spürst. Ingwer ist sehr energetisierend. Knoblauch verstärkt die Samenproduktion und erhält die Potenz. Zwiebeln reinigen das Blut.

Parantha (gestopfte Chapati)

Bereite aus den folgenden gut gemischten Mehlen einen Teig:

3/4 Tasse Garbanzomehl

1/4 Tasse Vollkornweizenmehl

1/2 Teelöffel Salz (bei Bedarf)

1/2 Tasse Saft aus Zwiebeln, Knoblauch und Ingwer, der mit einem Entsafter zubereitet wurde.

Bereite eine Füllung aus dem Fleisch der entsafteten Gemüse, Zwiebeln, Ingwer und Galic. Die anderen Gewürze, wie z.B. schwarzen Pfeffer, rote Chili, Oreganosamen, Salz und Selleriesamen können dieser breiigen Mischung hinzugegeben werden.

Anweisungen, die Parantha herzustellen:

Knete den Teig etwa 5 Minuten bis er weich und geschmeidig ist. Dann gib ihn in eine Schüssel und bedecke ihn für etwa 15 Minuten leicht mit einem feuchten Tuch. Wenn er sich gesetzt hat, knete ihn noch einige Male, dann brich ein Stück ab und forme daraus eine Kugel von der Größe eines Golfballs. Lege die auf eine leicht bemehlte Arbeitsplatte und rolle sie zu einem 10 cm großen Fladen, der etwa 1/2 cm dick sein wird.

Gib etwa 1 Teelöffel der Füllung in die Mitte des Teiges. Falte die Seiten darüber und bedecke die Füllung, indem du einen kleinen Sack formst. Nimm diese Teigtasche und leg sie auf eine leicht bemehlte Oberfläche. Dort rolle sie vorsichtig mit einem Nudelholz wieder zur ursprünglichen Größe aus.

Zum Kochen:
Erhitze eine eiserne Bratpfanne bis sie wirklich heiß ist. Dann plaziere die gestopfte Parantha vorsichtig in der Mitte und brate jede Seite für etwa 45 Sekunden bis 1 Minute. Danach gib ein bißchen ghee auf jede Seite der Parantha und erhitze sie solange bis sie knusprig und goldbraun ist.

Serviervorschlag:
Yogi Bhajan empfiehlt das Öl von schwarzem Pfeffer oder schwarzen Pfeffer, das Öl von roten Chilis oder einige Späne von roten Chilis oder Cayenne-Pfeffer, Ajwan-Samen (Oregano) und Turmeric mit etwas ghee zu mischen und das auf die gebackene Parantha zu geben. Traditionell werden die Paranthas heiß serviert und mit reinem Joghurt zum Frühstück gegessen.

Trinity Root-Heiltrank

1 mittlere Zwiebel
2-6 cm Ingwerwurzel, gepellt und kleingeschnitten
1/2 Knoblauchknolle, gepellt
gut 1 Liter Milch, am besten Ziegenmilch
1 Teelöffel Turmeric

Schneide die Zwiebel klein, pelle und schneide den Ingwer und pelle den Knoblauch. Gib diese drei zusammen mit der Milch in einen Dampfkoch. Erhitze den zu vollem Druck und laß das ganze 5 Minuten kochen. Nach dem Abkühlen seihe die Milch in eine eiserne Bratpfanne und laß sie dort weitere 15 Minuten sieden. Gieße sie ab und servier das.

Wenn ein Dampfkochtopf nicht zur Verfügung steht, kann die gleiche Mischung auch in einem normalen Topf zubereitet werden, muß dann aber über Nacht kochen. Gib etwas extra Wasser dazu und koche auf kleiner Flamme. Am Morgen gieße das ganze ab und serviere es.

Yogi Bhajan kommentiert zu diesem Getränk: „Ich trinke es jeden Morgen. In der Ziegenmilch kochen wir Zwiebeln, Knoblauch, Ingwer und Turmeric über Nacht auf kleinem Feuer. Am nächsten Morgen trinke ich ein Glas davon. Innerhalb von Minuten werdet ihr eine Wandlung spüren. Wißt ihr wie ihr euch fühlen werdet? Als ob Flügel aus euren Achseln entsprungen wären. So fühlt ihr euch. Die Zeit ist gekommen, wo ihr etwas für euch tun müßt. Die Kosten für Medizin sind so hoch geworden, daß ihr nicht krank sein wollt. Das sind präventive Dinge. Es sind sehr gute Dinge."

H.
Bemerkungen zu Kräutern

Die folgenden Heilkräuterrezepte wurden von Yogi Bhajan entwickelt und sind auf Rezepten der ayurvedischen Medizin aufgebaut. Ayurveda ist eine weiterentwickelte Wissenschaft der Kräuterheilkunde, die in Indien für 5000 Jahre mit dem Ziel, den Körper zu stärken und zu balancieren, betrieben wurde. Die folgenden Rezepte wurden in diesem Buch erwähnt. Eine vollständige Aufzählung aller Rezepte kann beim Versand Ancient Healing Ways angefordert werden (Adresse siehe hinten).

Kräuterrezepte

1-R. Man nennt es triphala in der ayurvedischen Medizin. Es ist ein generelles Tonikum und ein Darmreiniger. Am besten wird es zur Nacht genommen mit warmer Milch. Es hilft zur Entleerung.

2-R. Es wird aus Turmeric und Petersilie gemacht, reinigt das Blut und hält den Magen ruhig. Es kann dabei helfen, Verdauungsbeschwerden zu neutralisieren, Gas auszutreiben und bei Ulcus-Beschwerden. In der Schwangerschaft nicht benutzen.

3-R. Enthält die Dreifaltigkeitswurzeln (Ingwer, Zwiebeln und Knoblauch) und ist für eure strukturelle Balance, z.B. für das Knochenmark. Es ist sowohl reinigend als auch energetisierend, ein generelles Tonikum für den Körper. Es ist gut für das Verdauungssystem, ein Blutreiniger und ein sexuelles Tonikum. Es hat auch bei Rückenbeschwerden geholfen.

7-R. Der Hauptbestandteil ist Weidenrinde, die dabei behilflich ist, entzündlich bedingte Beschwerden zu lindern. Durch seine entspannenden Eigenschaften ist es sehr gut, Müdigkeit hinwegzunehmen. Es kann Fieber senken und ist bei Muskelspasmen benutzt worden. Notiz: In der Schwangerschaft nicht zu benutzen. Am wirksamsten, wenn mit Milch genommen.

108-R. Es wird manchmal als das „gesunde Herz" bezeichnet und ist benutzt worden, um Blutdruck zu senken, die Arterien des Herzens zu reinigen und eure Energie zu stabilisieren. Für Körper und Geist ist es generell revitalisierend. Es hat beruhigende und erhebende Wirkungen auf den Verstand. Es soll nicht auf den leeren Magen genommen werden. Nicht empfohlen ist es für Menschen mit niedrigem Blutdruck.

Jung-Blut-Pulver: Es wird auch die „königliche Jung-Blut-Diät" genannt. Dieses Rezept enthält eine Reihe von Kräutern und Nahrungsmitteln, die alle gemeinsam dabei behilflich sind, Gewicht zu reduzieren, den Stoffwechsel anzuregen und das Verdauungssystem zu reinigen. Nimm jeden Morgen 2 Eßlöffel mit Saft oder Wasser, um alle 5 Elemente des Körpers, Erde, Wasser, Feuer, Luft und Äther auszugleichen und zu stärken und alle Chakras des Körpers zu energetisieren.

GRD-Öl: Dies ist eine speziell zusammengestellte Kombination reiner natürlicher Öle mit dem Ziel, ein gesundes und ausgeglichenes Leben zu fördern. Das Rezept ist über 5000 Jahre alt und von den Ägyptern zusammengestellt. Die haben das Öl in die Speisen ihrer Sklaven gegeben, auf daß diese, ohne krank zu werden, weiterhin die Stärke haben würden, hart arbeiten zu können. Man sagt, daß es sehr hilfreich für das Immunsystem sei. Es dürfen nicht mehr als 3 Tropfen jeden Morgen auf Orangensaft eingenommen werden. Diese sollen jeden Tag eingenommen werden. (Mit der Zeit kann man die Menge vorsichtig auf 5 Tropfen Maximum – nicht mehr – steigern.)

1.
Bücher

Die folgende Liste enthält die Bücher, auf die in diesem Lehrgang Bezug genommen wurde:

Bhajan, Yogi. The Teachings of Yogi Bhajan. Hawthorn Books, New York, 1977.

Bhajan, Yogi. Foods for Health & Healing. Spiritual Community & K.R.I. Publications, Berkeley & Pomona, 1983.

Bhajan, Yogi. Furmaan Khalsa: Poems to Live By. Furmaan Khalsa Publishing Co., Ohio, 1987.

Khalsa. The Man Called the Siri Singh Sahib. Sikh Dharma, California, 1979.

Kaur, Bibi Inderjit. Weight-Loss Diet, a.k.a., The Millet Diet. Bibiji Inderjit Kaur, New Mexico.

Khalsa, Shakti Parwha Kaur. Kundalini Yoga: The Flow of Eternal Power: An Easy Guide to the Yoga of Awareness. Time Capsule Books, California, 1996.

J.
Mantras und Musiktonbänder

Im Folgenden finden Sie eine Liste der Mantras und Musiktonbänder, die für die Meditationen in diesem Lehrgang gebraucht wurden (Bezugsadressen anschließend):

Lehrgang in Espanola

Klasse 1: *Sat Nam* lang gesungen. *Saa* bedeutet totality, infinity – Totalität, Unendlichkeit. Dies ist der erste Klang, mit dem Gott das Universum erschuf. *Ta* bedeutet Leben. Und *Naam* bedeutet Name oder Identität. Dieses Mantra kann dir Himmel und Erde balancieren.

Klasse 2: *Har.* Das Band *Tantric Har* von Simran Kaur Khalsa. *Har* bedeutet wörtlich übersetzt „der kreative Aspekt Gottes."

Klasse 3: *Tantric Har* von Simran Kaur Khalsa – in Stille meditieren.

Klasse 4: Das Mantra, *Har,* wird auf monotone Weise mit dem Band *European Drum* von Matamandir Singh Khalsa im Hintergrund gesungen.

Klasse 5: *Ong Namo Guru Dev Namo* von Nirinjan Kaur und Guru Prem Singh Khalsa.

Klasse 6: Gespielt wurden *The Yogi* und *Gobinday Mukanday* von Matamandir Singh Khalsa aus dem Band *The Yogi in the Court of Guru Ram Das,* das Mantras und Lieder enthält. Katalog Nr. GT Enterprises, MAS020.

Klasse 7: *Gobinday Mukanday* von Matamandir Singh Khalsa, von dem Band *The Yogi in the Court of Guru Ram Das,* Katalog Nr. MAS037 von GT Enterprises.

Klasse 8: *Sounds of the Various Religions*, von dem Band *Bharia Hath* (20. Pauree des Japji Sahib) von Matamandir Singh Khalsa. Erhältlich bei GT Enterprises.

Weitere Erklärung zu diesem Band: Jede Religion basiert auf einem speziellen Klangstrom. Die Art und Weise Gott zu loben oder anzurufen kann jeweils auf eine ganz spezifische Silbe, bzw. auf einen ganz Laut reduziert werden:

> Yaa = Yaa-ho-vaah: Jehovah (Judaism)
> Haa = Ha-le-lu-jha - Halelujah (Christianity)
> Laa = Laa-ay-laa - Allah (Islam)
> Raa = Raa-maa - Rama (Hinduism)
> Saa = Sat Nam = (Sikh)

Klasse 8 und 9: *Dhuni*

Das Band Dhuni enthält ein Instrumentalstück, das auf einem einseitigen Instrument gespielt wird. Zu seinem Rhythmus fügt sich perfekt das Mantra , Sat Naam, Sat Naam, Sat Naam Ji, Waa-Hay Guroo, Waa-Hay Guroo, Waa-Hay Guroo Ji. Yogi Bhajan sagt über dieses Band, „*Dhuni* ist dasjenige, das die Exzellenz in uns anregt." Katalog Nr. CT130 von GT Enterprises.

Klasse 10: *Reality, Prosperity and Ecstasy*, von Nirinjan Kaur Khalsa, aufgebaut auf einer Affirmation von Yogi Bhajan.
Dhuni.

Klasse 12: Während das Band *Dhuni* gespielt wird, wird im Geiste Sat Naam, Sat Naam, Sat Naam Ji, Waa-Hay Guroo, Waa-Hay Guroo, Waa-Hay Guroo Ji rezitiert.

In der gleichen Klasse wurde auch das Lied *All For You* von dem gleichnamigen Band von Ragu Rai Kaur gespielt.

Klasse 13: *European Drum Tape: Rhythms of Gatka* von Matamandir Singh, dazu wird das Mantra *Har* gesungen. Es ist ein Band mit einem starken, antreibenden Trommelrhythmus. Katalog Nr. MAS021 von GT Enterprises.

Klasse 14: Mit dem Band *Dhuni* wird im Geiste das Mantra Sat Naam, Sat Naam, Sat Naam Ji, Waa-Hay Guroo, Waa-Hay Guroo, Waa-Hay Guroo Ji rezitiert.

Klasse 15: Mit dem Band *Dhuni* wird im Geiste das Mantra Sat Naam, Sat Naam, Sat Naam Ji, Waa-Hay Guroo, Waa-Hay Guroo, Waa-Hay Guroo Ji rezitiert.

Klasse 16: *Aadays Tisai Aadays, Aad Aneel Anaad Anaahat, Jug Jug Ayko Vays.* Dieses Mantra wird fortlaufend monoton gesprochen.

Klasse 18:

Teil 1: *Har Haray Haree Waa-Hay Guroo* wird auf monotone Weise mit einer kurzen Pause nach jeder Silbe sehr genau gesprochen.

Teil 2: *Ardaas Bhayee, Amar Daas Guroo, Amar Daas Guroo, Ardaas Bhayee. Raam Daas Guroo, Raam Daas Guroo, Raam Daas Guroo, Sachee Sahee.*

Die Instrumentalversion dieses Mantras wird gespielt.

Klasse 20: *Wahe Guru, Wahe Guru, Wahe Guru Jio* von Giani Ji.

Die Klassen 11, 19 und 22 hatten keine Meditationen. Bei den Klassen 17 und 21 wurden weder Mantra noch Musik gebraucht.

Kurs in Assisi:

Klasse 1: *Wahe Guru, Wahe Jio* von Giani Ji
Prabh Joo To Keh Laaj Hamaree von Meister Darshan Singh
European Drum Tape: Rhythms of Gatka von Mata Mandir Singh
Sat Nam, Wahe Guru #3 von Lata Mangeshkar (Die Nachtigall Indiens)
Flowers in the Rain, live gesungen von Gurudass Singh
Birthday Song aus dem Khalsa Way Album von Livtar Singh
Ardas Bhaee aus dem Healing Sounds Album
Every Heartbeat von Nirinjan Kaur
Aquarian March von Nirinjan Kaur

Klasse 2: *Bharia Hath* – Five Sounds of Religion von Matamandir Singh

Klasse 3: *Ong Namo Guru Dev Namo* von Nirinjan Kaur
Gurudev Mata von Guru Jiwan Singh

Klasse 4: *Reality, Prosperity & Ecstasy* von Nirinjan Kaur
Humee Hum Brahm Hum von Nirinjan Kaur
Ong Namo Guru Dev Namo von Nirinjan Kaur

Klasse 5: *Promises* von Sat Peter Singh
Birthday Song aus dem Khalsa Way Album von Livtar Singh
When *Will / Walk On The Cold Marble Again?* live gesungen von Guru Dass Singh

Klasse 6: *Bhauta Karam* live von Har Anand Kaur

Klasse 7: Aykaa Maa-ee von Sangeet Kaur
Wahe Guru, Wahe Jio von Giani Ji

Klasse 8: *Ardas Bhaee* von dem Healing Sounds-Album
Narayan live von Guru Dass Singh
Bhangara Drums-Band

Klasse 9: *Aap Sahaaee Hoaa* von Singh Kaur

Klasse 10: Aquarian March von Nirinjan Kaur. Dies ist das *Mantra Sat Siri, Siri Akaal, Siri Akaal Mahaa Akaal, Mahaa Akaal Sat Naam, Akaal Moorat Waa-Hay Guroo.*

Klasse 11: *Asankh Naav Asankh Thaav* live gesungen von Guru Dass Singh
Ardas Bhaee vom Healing Sounds-Album.
Birthday Song aus dem Album Khalsa Way von Livtar Singh

K.
Fünfteilige Meditationsserie, um die Chakras offen zu halten.

Dem Khalsa Council gelehrt am 2. April 1997

Wir müssen lernen, zu durchdringen. Wir müssen lernen, unsere Seele ganz bewußt zur Unendlichkeit zu bringen. Wir müssen diese Übungen machen, um eine Blaupause zu schaffen, so daß, wenn wir auf dieser Blaupause aufbauen, wir wirklich werden.

Nach dieser Serie werdet ihr nicht fähig sein, eine negative Frage zu stellen. Ihr seid im Tempel Gottes. Ihr müßt euch einfach selbst aufladen, um der Übertragung gegen die Hindernisse und die Höhe von Zeit und Raum zu begegnen. Ihr habt zwei Herausforderungen – Zeit und Raum. Ihr und eure Seele sind die zwei schlafenden Kräfte in euch. Wenn die Seele führt und eurem Verstand und eurem Körper hilft, seid ihr erfolgreich.

Teil I:

Mudra: Sitze im Schneidersitz und lege die linke Hand flach auf das Herzzentrum, die Finger zeigen nach rechts, der Daumen ist abgestreckt und zeigt nach oben. Die rechte Hand wird in Höhe des Gesichtes neben der rechten Schulter gehalten. Die Handfläche weist nach vorne, die Finger nach oben. Dann bilde eine Faust aus der rechten Hand und strecke allein den Zeigefinger nach oben. Halte diese Stellung.

Augen: Blicke geradeaus. Blinzle nicht und blicke weder nach rechts noch nach links. Schaue einfach geradeaus.

Atmung: Beiße die Zähne aufeinander und atme kräftig, lang und tief durch die Zähne ein und durch die Nase aus.

Zeit: 11 Minuten.

Ende: Atme tief ein und fahre sogleich mit Teil II fort.

Kommentare/Wirkungen: Ich werde euch das Geheimnis erzählen. Bei dieser Meditation geht der Speichel mit dem Atem. Das wird eurem Blut die Größe geben, seine genetischen Zellen auf das 100.000-fache ihrer Kraft zu laden. Das ist eine sehr reine Wissenschaft. So ist es geschrieben. Atmet ein durch die geschlossenen

Zähne und atmet aus durch die Nasenlöcher, voll und tief. Sie sagen, der Atem soll kraftvoll eingesogen werden. Das stimuliert euer Nervensystem, damit es kraftvoll wird.

Einen Fehler, den ihr während dieser Meditation machen könnt, ist mit den Augen zu blinzeln. Das wird die gesunde Kraft, die dieser *kriya* euch und euren Augen geben soll, schwächen. Ihr müßt Kraft aufwenden, um durch die geschlossenen Zähne zu atmen, so daß das Maximum an Speichel konzentriert und mit eurer Atmung in die Lunge gelangen kann, um euch zu bereichern. Atmet durch die Nasenlöcher aus, so daß alle ererbten Krankheiten euch verlassen.

Nach 6 Minuten werdet ihr in eine Zwielichtzone gelangen, wo ihr körperlich versuchen könntet aufzugeben. Die Essenz eures Selbst wird zu dieser Zeit von eurer Seele abhängen. Habt Glauben, habt Vertrauen. Versteht, daß dies nicht etwas ist, daß wir einfach jetzt entwickelt haben. Es wurde für Jahrhunderte praktiziert und hat seine Resultate bewiesen. Ihr braucht eure Entschlossenheit, euren Willen und euer Pflichtbewußtsein. Leistet bitte keinen Widerstand – seid! Schlagt euch durch.

Nach 7 Minuten wird euer Körper beginnen, heftig zu reagieren. Jetzt wird euer Wille getestet. Das ist normal. Wenn ihr euren eigenen Willen als geeinigt erlebt, dann werdet ihr Gottes Willen verstehen.

Teil 2:

Mudra: Verschränke die Finger der Hände und bilde mit den Händen und Armen über dem Kopf einen Kreis. Der Bogen soll ein Bogen sein, kein Dreieck, kein Quadrat.

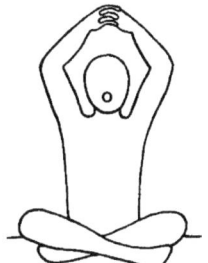

Atmung: Bilde mit dem Mund ein „O" und atme durch dieses „O" tief ein und aus.

Zeit: 9 Minuten.

Ende: Atme ein und fahre sogleich mit Teil III fort.

Teil III:

Mudra: Bringe die Handflächen flach aufeinander, die Finger zeigen zur Decke, die Daumen werden in Richtung auf den Körper abgespreizt. lege die Daumenspitzen auf die Seiten, rechts und links unter den Augenbrauen an der Nase. Halte diese Stellung.

Augen: Geschlossen.

Musik: Die Instrumentalversion von *Ardas Bhaee*. Pfeife mit der Melodie.

Zeit: 4 1/2 Minuten.

Ende: Atme ein und fahre sogleich mit Teil IV fort.

Teil IV:

Mudra: Strecke die Arme gerade nach vorne, parallel zum Boden. Die Ellenbogen sind gestreckt, **die rechte Handfläche weist nach oben, die linke nach unten.** Um die richtige Erfahrung zu erreichen, sitze ganz gerade und halte die Schultern angespannt.

Atmung: Atme wie es dir gefällt. In der letzten Minute beginne Feueratem.

Zeit: Insgesamt 3 1/2 Minuten. 2 1/2 Minuten mit langer, tiefer Atmung, die letzte Minute Feueratem.

Ende: Atme tief ein und fahre sogleich mit Teil V fort.

Teil V:

Mudra: Lege die Hände flach auf deine Brust, rechts über links.

Atmung: Beruhige den Atem für etwa 30 Sekunden und dann atme lang und tief so gut es geht für weitere 30 Sekunden.

Zeit: Insgesamt 1 Minute.

Ende: Entspann dich.

Kommentare/Wirkungen: Bei diesem Teil der Meditation lasse Frieden und Ruhe, Seele, Geist und Körper eine Beziehung des ewigen Verbundenseins eingehen. Nach dem Willen Gottes, so geschehe es.

L.
Kontaktadressen

Bis auf den Sat Nam-Versand befinden sich die unten aufgeführten Unternehmen in den USA. Das ist beim Telefonieren, so wie beim Adressieren der schriftlichen Bestellungen zu berücksichtigen.

Ancient Healing Ways. Auf Anruf kostenfreier Katalog
Route 31 Box 259, Espanola, NM 87532
Toll Free: 800-359-2940
Inter'l: 505-747-2860
FAX: 505-747-2868
Liefert Bücher, Audio- und Videobänder, Kräuterrezepturen, Malas, Heiltees und Körperpflegeprodukte nach Rezepten von Yogi Bhajan.

Sat Nam Versand. Auf Anruf kostenfreier Katalog
Freiligrathstr. 14 - 60385 Frankfurt, Germany
Tel::   49-69-43-44-19   FAX:49-69-43-85-71
Liefert Bücher, Audio- und Videobänder, einschließlich der Musik, die während dieser Meditationen Verwendung fand, Heiltees und andere Kräuter- und Körperpflege-produkte sowie Kleidung.

Golden Temple Enterprises. Auf Anruf kostenfreier Katalog
Box 13 Shady Lane, Espanola, NM 87532
Toll Free: 800-829-3970
Inter'l: 505-753-0563   FAX: 505-753-5603
Liefert Video- und Audioaufnahmen des Unterrichts von Yogi Bhajan, einschließlich der Musik, die bei den Meditationen Verwendung fand.

Cherdi Kala Music. Auf Anruf kostenfreier Katalog
1539 S. Shenandoah St., Apt #301, Los Angeles, CA 90035
Phone: & Fax: 310-550-6893
Liefert Musiktonbänder.

IKTYA (International Kundalini Yoga Teachers' Association)
Contact Person: Nam Kaur Khalsa, Executive Director
Route 2, Box 4 Shady Lane, Espanola, NM 87532
Phone: 505-753-0423   FAX: 505-753-5982 Website: www.yogibhajan.com
Organisation der Kundalini Yoga Lehrer. Die Mitgliedschaft schließt die Nennung in dem jährlich herausgegebenen Verzeichnis der Lehrer, sowie Preisnachlaß auf ausgewählte Yoga-Produkte und Zusendung der Zeitung „Kundalini-Rising" mit ein. Die Organisation führt eine Liste der Kundalini Yoga Lehrer, weltweit.

3HO Events
Rt. 2 Box 132-D, Espanola, New Mexico 87532
Toll Free: 888-346-2420
Inter'l: 505-753-6341, ext. 121   FAX: 505-753-1999
Für Fragen nach Information über Winter- und Sommer-Sonnenwende-Zusammenkünfte, Weißes Tantra Yoga Termine in den Vereinigten Staaten, Europa, Mexiko und Kanada sowie über spezielle Ereignisse und Camps.

Deutschland[1]

3H-Organisation Deutschland e.V.
Gemeinnütziger Verein zur Förderung
    des Menschen durch Yoga
Breitenfelder Str. 8
20251 Hamburg
Tel. / Fax: 040 / 479 099
E-Mail: 3HO@iname.com
Homepages: www.yoga.home.pages.cd
                www.Kundalini-Yoga.de

Europa

3H-Organisation Europe
Den Texstraat 46
1017 ZC Amsterdarn, Niederlande
Tel.: 0031/20/624 1977
Fax: 0031/20/624 22 53

USA

3 HO International Kundalini Yoga
    Teacher Association IKYTA
Route 2 Box 4 Shady Lane
Espanola, N. M. 87532, USA
Tel.: 001/505/7 535 8881
Fax: 001/505/7 535 932
E-Mail: ikyta@3HO.org
Homepages: www.3HO.org
                www.yogibhajan.com

Kundalini Research Institute (KRI)
Route 2 Box 4 Shady Lane
Espanola, N. M. 87532, USA
Tel.: 001/505/7 530 562
Fax: 001/505/7 535 982

---

[1] Diese Adressen wurden durch den Übersetzer eingefügt.

Glossar

Wir haben dieses Glossar mit verschiedenen Begriffen angehängt, auch wenn nicht alle in diesem Buch Verwendung fanden. Es kann hilfreich sein, wenn sie dir bei einer Kundalini Yoga Klasse, bei einem 3HO-Ereignis oder beim Lesen von Büchern über Kundalini-Yoga bzw. über das Sikh Dharma begegnen.

Adii Shakti. Wörtlich meint es „die Erste Kraft." *Adi* bedeutet „führend" oder „zuerst" und *shakti* bedeutet „Gottes manifestierte Kraft." Der *Adii Shakti* wurde im Orient seit Jahrhunderten Anbetung zuteil als der Göttin. Sie wird als der weibliche Aspekt der Energie des Unendlichen aufgefaßt. Frauen werden als Manifestation dieser Adi Shakti-Energie verstanden.

Agan Granthi. Die Herzzentrumhöhle. Sie ist die Quelle aller feuerverbundenen Aktivitäten, einschließlich der Verdauung und des Atems. Wenn dieses Zentrum blockiert ist, ist der Brustkorb gestört, arbeitet das Zwerchfell nicht korrekt und du verlierst 1/3 deiner Lebenskraft. Das ist der Grund, warum wir im Kundalini-Yoga so viele Meditationen finden, die den Brustkorb und das Herzzentrum öffnen sollen.

Ajna chakra. Das Dritte Auge oder das sechste Chakra ist mit der Hirnanhangsdrüse, der Hypophyse, verbunden. Es wird auch Agia chakra genannt.

Ajwan seed. Oregano-Samen.

Akaall. Unsterblich.

Alkaall Puralkh. Unsterbliches Wesen.

Alkaall Talkhat. Wörtlich „der ewige Thron." Er wurde von Guru Hargobind als der oberste Sitz der religiösen Autorität für Sikhs in Amritsar, Indien, errichtet.

Amrit. Bedeutet spirituell Nektar, wird beim Taufversprechen der Sikhs genommen.

Amritdhari. Einer, der „Amrit" genommen hat und damit in die Khalsa getauft ist.

Amrit Vella. Wörtlich „die ambrosische Zeit." Die dritte Stunde des Tages, 2 1/2 Stunden vor Sonnenaufgang.

Anand. Segen, Ekstase.

Anand Sahib. Eines der täglichen Gebete der Sikhs, komponiert von Guru Amar Das, das den Menschen mit der in ihm verbundenen Ekstase verbindet.

Anandpur Sahib. Der Geburtsort der Khalsa, gelegen in Punjab, Indien.

Ang Sang Wahe Guru. „Gott existiert in jedem Teil von mir."

Arcline: Bogenlinie, einer der 10 Körper des Menschen. Manchmal wurde auf ihn, wie auf den historischen Heiligenschein Bezug genommen. Die Bogenlinie geht von Ohr zu Ohr; sie ist der Sitz der *akash*, des Äthers im Körper. Ihre Farbe variiert mit der Gesundheit und der geistigen und seelischen Verfassung der Person. Frauen haben eine zweite Bogenlinie, die von Brustwarze zu Brustwarze quer über die Brust führt, und die, wie Yogi Bhajan sagt, durch die sexuellen Erfahrungen des Lebens dieser Frau verändert wird.

Anhad. Der Klang aus der Tiefe des Nabelzentrums. *Anhad Shakti* ist der Nabelpunkt. Wenn du vom Nabelzentrum aus sprichst, ist das Wirken aus der Unendlichkeit. Wenn du aus dem Nabel und mit der Spitze der Zunge sprichst, bewirkst du eine Klangbrücke zwischen Nabel und Zungenspitze. Der Verstand muß sich durch die Höhle des Unterbewußten balancieren. Die Balance kommt mit einem angewandten Bewußtsein. Jeder, der mit der Frequenz des Selbst aus dem Anhad, dem Nabelpunkt projiziert, ist in der Lage, die Rhythmologie der Kosmologie des Magnetfeldes der Erde zu beeinflussen. Was gesagt ist, geschieht. Dieses Universum und die anderen Universen erhalten ihre Energie aus der Kraft des widerhallenden Klanges, anhad. Unbegrenzter Klang schwingt und erschafft Licht und erschafft Loben. Anhad ist das Nebenprodukt des Gurmantra, Wahe Guru.

Ardas. Gebet. Das traditionell formelle Gebet der Sikhs.

Asa di Vaar. Dies ist eine Sammlung von Gebeten oder *shabads*, die im Siri Guru Granth Sahib gefunden werden kann. Sie wird traditionell in den Morgenstunden gelesen oder gesungen.

Asan (Asana). Position, Sitz, Yoga-Haltung.

Ashram. Ein Lernzentrum für spirituelles Wachstum.

Atma: Seele.

Aura, Auric Body. Es gibt 7 Chakras (Energiezentren) im Körper und das 8. ist die Aura, das elektromagnetische Feld der Energie, die jedes lebende Wesen umgibt. Eine starke, strahlende Aura kann uns vor vielen Unglücken schützen und unsere geistigen, faßbaren und spirituellen Körper kräftigen. Kundalini-Yoga *kriyas* und *pranayamas* stärken das aurische Feld und steigern die Bewußtheit.

Avtar. Eine Inkarnation Gottes in einem menschlichen Körper.

Baisakhi Day. Für die Sikhs der Tag der Gründung der Khalsa-Gemeinschaft durch Guru Gobind Sing, der am traditionellen Frühlingsfest (Baisakhi) stattfand, indem er zum ersten Mal die Taufe mit Amrit vollzog.

Bana. Die äußere Projektion – meint gewöhnlich die religiöse Kleidung.

Bani. Wörtlich „Wort." Bezieht sich auf das Wort Gottes in den Heiligen Schriften der Sikhs.

Banis. Die täglichen Gebete der Sikhs.

Beads of Truth. Publikationen der 3HO-Stiftung.

Beej Mantra. Sat Naam ist als das „beej" oder „Samen"-Mantra bekannt.

Bekhri. Der Klang, den wir mit der Spitze der Zunge, laut, machen.

Bhagat Ravidas. Name eines indischen Heiligen, dessen Schriften in den Siri Guru Granth Sahib aufgenommen sind.

Bhagwan. Lehrer, Meister.

Bhagautee. Die kreative Kraft des Universums.

Bhai. Bruder.

Bhai Sahib(a). Eine Ehrenbezeichnung, die bedeutet „respektierter Bruder, bzw. Schwester;" im Sikh Dharma der Oberpriester.

Bhakti. Selbstreinigung. Die hingebungsvolle Form des Yoga, die durch einen Bhakta, einen Hingegebenen, praktiziert wird.

Bhat. Minnesänger.

Bheta. Eine Gabe oder Spende im Namen Gottes.

Bir. Der Siri Guru Granth Sahib in einem Buch in Gurmukhi geschrieben.

Black garbanzos. Ein Typ der Kichererbse in schwarzer Farbe, die sehr energetisierend ist.

Brahma. Der Hindu-Gott der Schöpfung, einer der drei primären Manifestationen Gottes.

Brahmgiani. Eine erleuchtete Person.

Buddha. Ein Erleuchteter; Gründer des buddhistischen Glaubens.

Chakra. Ein Energiezentrum des Bewußtseins, das mit den 7 Nervenzentren des Körpers verbunden ist.

Chanani (Chandoa). Bezeichnung für den Baldachin über dem Siri Guru Granth Sahib.

Chapati. Ungesäuertes Fladenbrot.

Charan Japa. Eine Meditation im Gehen.

Chardi kalaa. In erhöhtem Geist.

Chauree. Ein Fächer, der aus Pferdehaar gemacht ist und über dem Siri Guru Granth Sahib geschwenkt wird. Er wird benutzt, um ein positives ätherisches Feld zu erzeugen und ist das Symbol der Herrschaft des Guru.

Chole. Ein geschmackvolles indisches Essen, das traditionell mit Garbanzo-Bohnen (Kichererbsen) und Kartoffeln gekocht wird.

Chunee. Ein bestimmter Kopfschal, der von Frauen getragen wird und gewöhnlich aus Seide oder Seide und Baumwolle ist.

Churidars. Traditionelle indische Beinkleider, die um Knöchel und Waden eng gewickelt und um Schenkel und Hüften weit gewickelt sind.

Darvesh. Bezeichnung für einen asketischen Moslem; einige von ihnen praktizieren ekstatischen Tanz, Wirbeln oder Singen.

Devas. Götter.

Devtas. Engel.

Dharana. Konzentration.

Dharma. Der Pfad des rechtschaffenen Lebens, das Gesetz des Universums, das alle Dinge in Beziehung bringt.

Dhiaan. Meditation.

Fakir. Ein moslemischer oder hinduistischer religiöser asketischer Priester.

Fingers. Jeder Finger der Hand hat einen speziellen Namen und ist mit einer bestimmten Energie in der yogischen Wissenschaft verknüpft.

Zeigefinger:	Der Jupiterfinger, verbunden mit der Qualität von Wissen und Intuition.
Mittelfinger:	Der Saturfinger, verbunden mit Weisheit, Intelligenz und Geduld.
Ringfinger:	Der Sonnenfinger, verbunden mit dem Körper und der körperlichen Gesundheit.
Kleiner Finger:	Der Merkurfinger, verbunden mit Kommunikation.
Daumen:	Das Es, verbunden mit dem Ego.

Ganesha. Der hinduistische Elefantengott, ein Symbol für Wohlstand.

Garbanzos. Schau bei „schwarze Garbanzos."

Ghee. Gereinigte Butter.

Giaan Mudra. Eine Handhaltung, die in vielen Meditationen des Kundalini-Yoga Verwendung findet: Beuge den Zeigefinger (Jupiter) unter den Daumen und halte die anderen drei Finger gerade gestreckt.

Golden Chain of Teachers or the Golden Link. Die lange Linie der spirituellen Meister, die uns vorausgegangen sind. Wenn wir *„Ong Namo Guru Dev Namo"* singen, stimmen wir uns in den Fluß dieser spirituellen Energie ein und werden eins mit dem Universellen Lehrer.

Golden Temple. Der Harimandir Sahib, der heiligste Sikh-Tempel der Welt, in Amritsar, Indien, gelegen. Der wurde von Guru Ram Das, dem 4. Sikh Guru gegründet. Er ist aus Marmor und Gold gebaut und von einem Teich heilkräftigen Wassers umgeben.

Gootka. Ein kleines Buch, das Gebete aus dem Siri Guru Granth Sahib enthält.

Gopis. Gemahlinnen Krishnas.

Granth. Wörtlich: Knoten; Buch.

Granthee. Jemand, der priesterliche Pflichten in der Gurdwara wahrnimmt.

Gunas. Die drei Aspekte der Materie: sattvaa – reine Essenz (Heiligkeit), raajaas – aktiv, kreativ oder energieauslösend (kaiserlich), und taamaas – Unbeweglichkeit oder Verfall.

Gurbanii. Das Wort des Guru. Bezieht sich insbesondere auf die Worte aus dem Siri Guru Granth Sahib.

Gurbani Kirtan. Hingebungsvolles Singen der Gurbani.

Gurdwara. Gottesdienstplatz der Sikhs; wörtlich, „Tor des Guru."

Gurmukh. Wörtlich: Der, dessen Gesicht stets dem Guru zugewandt ist, dessen Mund stets die Worte des Gurus wiederholt; eine vollendet hingegebene Person.

Gurmukhi. Wörtlich: „Aus des Gurus Mund"; bezieht sich auf die Schrift, in der der Siri Guru Granth Sahib geschrieben ist.

Guru. Der, der uns vom Dunkel ins Licht führt. Wörtlich meint „Gu" die Dunkelheit und „Ru" das Licht. In der Geschichte der Sikhs gibt es eine Folge von 10 Gurus, die sich über einen Zeitraum von 200 Jahren erstreckt. Sie waren:

1. Sikh Guru:	Guru Nanak
2. Sikh Guru:	Guru Angad
3. Sikh Guru:	Guru Amar Das
4. Sikh Guru:	Guru Ram Das
5. Sikh Guru:	Guru Arjan
6. Sikh Guru:	Guru Hargobind
7. Sikh Guru:	Guru Har Rai
8. Sikh Guru:	Guru Har Krishan
9. Sikh Guru:	Guru Teg Bahadur
10. Sikh Guru:	Guru Gobind Singh

Der 10. Guru, Guru Gobind Singh, übertrug die Guruschaft auf den Siri Guru Granth Sahib, der die Schriften lehren und Klangströme der Gurus verkörpert.

Gutka. Eine indische Art kriegerischen Schwertkampfs.

Harimandir Sahib. Bezeichnet den Goldenen Tempel.

Hukarn. Eine Anweisung aus dem Gur.

Hydrotherapy (ishnaan). Ein System der Wasserbehandlung, das im Westen als Hydrotherapie und im Osten als ishnaan bezeichnet wird. Es schließt Baden in kaltem Wasser ein, damit die Kapillaren geöffnet und das System gespült wird, um die Zirkulation zu steigern und die Drüsenfunktion sowie die allgemeine Gesundheit des Körpers zu fördern.

Ida. Der linke Nervenkanal; er hat eine Beziehung zum linken Nasenloch, zur Mondenergie.

Ishnaan. Siehe unter Hydrotherapie.

Isqbal. Manchmal auch Sat Isqbal bezeichnet, eine Mixtur zur Darmreinigung. Sie wird aus einer indischen Pflanzenfaser, den Psyllium-Samen ähnlich, hergestellt und quillt im Darm. So trägt sie zur Austreibung alter Abbauprodukte bei. Man nimmt sie als 3-Tage-Fastenkur, um die Gesundheit, Schönheit und Energie zu steigern.

Jaap Sahib. Ein Gebet, das von Guru Gobind Singh geschrieben ist, das dem Betenden das Bewußtsein seiner Würde gibt; eines der täglichen Gebete der Sikhs.

Jahangir. Ein mongolischer Eroberer Indiens zur Zeit von Guru Arjans Martyrium.

Japji Sahib. Ein Gebet, das von Guru Nanak geschrieben ist und den bewußten Verstand mit der Seele verbindet; eines der täglichen Gebete der Sikhs.

Jetha. Der Name des 4. Gurus, Guru Ram Das, als er Schüler seines Vaters, des 3. Gurus, Guru Amar Das, war.

Jatha. Gruppe.

Ji Bedeutet wörtlich „Seele" und wird als liebevolle Anrede oder als Zeichen des Respekts verwandt.

Jumna. Ein Fluß in Nordindien, der südöstlich vom Himalaja bei Allahabad in den Ganges fließt und 860 Meilen lang ist.

Kaalaa Jeeraa. Ein Gewürz, das dem Kreuzkümmel und dem Kümmel verwandt ist, jedoch dünner und dunkler, bekannt unter dem Namen schwarzer Kreuzkümmel.

Kaam. Verlangen. Eines der fünf Hindernisse auf dem Weg zur Erleuchtung.

Kaamanaa. Verlangen nach höheren Werten. Kaam sollte in kaamanaa verwandelt werden. Du kannst das Verlangen nicht besiegen, aber du kannst das Verlangen in das Streben nach höheren Werten wenden. Du kannst nach Wunschlosigkeit verlangen. Wunschlos zu sein ist ein Verlangen.

Kakaars (5 Kakaars). Die fünf Symbole (die 5 K's), die von den getauften Sikhs getragen werden.

Kaliyug. Das Eisenzeitalter, das Stahlzeitalter, das Zeitalter der Dunkelheit, das gegenwärtige Zeitalter.

Kanga. Ein hölzerner Kamm; eines der 5 K's, das von getauften Sikhs getragen wird.

Kara. Ein Armreif aus Stahl; eines der 5 K's, das von getauften Sikhs getragen wird.

Karma. Das kosmische Gesetz von Ursache und Wirkung, von Aktion und Reaktion.

Kathaa. Spirituelle Auseinandersetzung.

Kesh. Ungeschnittenes Haar, eines der 5 K's, das von getauften Sikhs getragen wird.

Khalsa. Wörtlich bedeutet es „ein Reiner."

Kirtan Sohilla. Eines der Abendgebete der Sikhs.

Khanda. Ein zweischneidiges Schwert.

Kheer. Reispudding.

Kirpan. Ein kleines, einschneidiges Schwert, eines der 5 K's, das von getauften Sikhs getragen wird.

Kriya. Wörtlich: Vollendete Handlung; eine spezielle Yogahaltung oder eine Serie von Haltungen in Verbindung mit einer Atemtechnik und einem Mantra, mit dem Ziel, eine spezielle Wirkung zu erreichen.

Krodh. Ärger. Eines der fünf Hindernisse auf dem Weg zur Erleuchtung.

Kundalini. Kommt von dem Wort „Kundal" und bedeutet soviel wie aufgespulte Energie; das kreative Potential eines Individuums.

Kutcheras. Eine traditionelle, spezielle Baumwollunterwäsche; eines der 5 K's, das von getauften Sikhs getragen wird.

Lakh. 100 000.

Lakshmi. Die Göttin des Geldes, des Glücks und der Fülle. Die himmlische Frau von Narayan.

Lehna. Der Name des 2. Guru, Guru Angad, als er noch Schüler des 1. Guru, Guru Nanak, war.

Lobh. Gier.

Lord Krishna. Ein Avatar, der einer der großen Lehrer in der Goldenen Kette ist, und in menschlicher Form lebte.

Lord Rama. Ein Avatar, eine Inkarnation Gottes, die in menschlicher Form lebte.

Lungar. Freies Essen in Verbindung mit einem Sikh-Gottesdienst.

Mahabharata. Ein klassisches hinduistisches Heldengedicht.

Mahan Tantric. Meister des Weißen Tantra Yoga; ein Titel, der zur Zeit von Yogi Bhajan geführt wird. Er wurde ihm 1971 übertragen. Es gibt jeweils nur einen einzigen Mahan Tantric zur entsprechenden Zeit auf der Erde.

Manmohan version. Eine englische Übersetzung des Siri Guru Granth Sahib, die auch die original Gurmukhi-Schrift enthält.

Maryada. Ehrenkodex, Verfahrensweise.

Masalla. Eine spezielle Mischung von Gewürzen, die gewöhnlich für indische Gerichte Verwendung findet, z.B. auch für Currys.

Master. Eine hochgeehrte Person, die als eine Autorität in seinem oder ihrem Feld angesehen wird.

Maya. Die Illusion der Realität, die durch die sinnliche Erfahrung des Selbst und der uns umgebenden Welt entsteht. Sie wird gewöhnlich als das verstanden, das uns blendet, bzw. davon fortführt, Gott wahrzunehmen.

Mian Mir. Der Sufi-Priester, der mit dem 5. Guru, Guru Arjan, verbunden ist.

Miri/Piri. Die zeitlich spirituelle Balance des Universums. Das Konzept der weltlichen und spirituellen Herrschaft, das von Guru Harbogind eingeführt wurde.

Mound of Mercury. Der fleischige Anteil der Hand unterhalb des kleinen Fingers, der Merkurberg.

Mudra. Eine yogische Handhaltung.

Mukhia Sardarni Sahiba. Titel für einen weiblichen regionalen Priester im Sikh Dharma.

Mukhia Singh Sahib. Titel für einen männlichen regionalen Priester im Sikh Dharma.

Mullah. Ein gelehrter Moslem.

Naad. Der Klangstrom, der innere Klang.

Naam. Die Vibration oder Essenz Gottes, Identität.

Nadi. Energiekanäle, durch die das *prana* fließt.

Narayan. Ein Name für den erhaltenden Aspekt Gottes; Name von Vishnu.

Nintern. Wörtlich „jeden Tag wiederholt"; bezieht sich auf die täglichen Gebete der Sikhs.

"O" breath. Eine spezielle Atemtechnik, die im Kundalini-Yoga gebraucht wird. Man formt mit den Lippen ein „O" und atmet dadurch.

Ojas. Die Flüssigkeit in der Wirbelsäule, die das Rückenmark umgibt.

Ong Namo Guru Dev Namo. Wird übersetzt als „Ich beuge mich vor dem Göttlichen Schöpfer, ich beuge mich vor dem Göttlichen Lehrer im Innern." Dieses Mantra wird stets vor dem Unterricht einer Kundalini-Yoga Klasse gebraucht, um sich gemeinsam einzustimmen.

Oshu. Ein japanischer Titel für einen als heilig respektierten Menschen oder ein spirituell erhabenes Wesen.

Paap. Sünde; wörtlich „das, was einer für sich selbst bekommt".

Panj Piare. Die fünf Geliebten. Historisch sind die fünf Personen gemeint, die als erste Amrit erhielten.

Panth Khalsa. Die geweihten Priester des Sikh Dharma; es bezieht sich jedoch auch auf die allgemeine Gemeinschaft der Khalsa in aller Welt.

Paramatma. Das Höchste Selbst, das Höchste Atma, die Höchste Gottheit.

Parantha. Eine Art indischen Fladenbrotes.

Patanjali. Rishi Patanjali ist der Autor der berühmten Yoga-Lehren, der Yoga Sutras, die er vor Tausenden von Jahren schrieb. Er schrieb das *Push Puran* und sagte das Auftreten von Guru Nanak voraus und rezitierte als erster das Mantra Wahe Guru.

Pauree. Wörtlich „Schritt" bzw. „Leiter". Es bezieht sich auf eine spezielle dichterische Form, die im Siri Guru Granth Sahib Verwendung findet.

Pavan Guru. Das, was das Prana trägt wird „Pavan" genannt – der Atem ist der Guru.

Perheraavaa. Kleidung.

Perkarma of Golden Temple. So werden die Wege genannt, die den Goldenen Tempel umgeben. Sie sind aus Marmor gemacht. Die Menschen laufen darüber, oft als Form des Gebetes oder der Meditation, um sich auf das Eintreten in den Goldenen Tempel vorzubereiten.

Phulkaris. Farbenfroh gewobene Kleidung nach der gleichen Art, wie sie von Guru Nanak getragen wurde.

Pingala. Der rechte Nervenkanal (nadi); er ist verbunden mit dem rechten Nasenloch und führt die Energie der Sonne.

Prakirti. Die Schöpfung, die Kreativität, die Materie, die vom Schöpfer erschaffen wurde. Die Erde ist Prakirti.

Prana. Feinstoffliche Lebensenergie; der eingehende Atem des Lebens, der von Gott gegeben ist.

Pranayam. Ein yogisches System von Atemübungen.

Prashad. Gesegnetes Essen. Bezieht sich auf die süße Speise, die am Ende eines Sikh-Gottesdienstes ausgeteilt wird; ein Geschenk des Guru.

Pratyahar. Einer der 8 Arme des Yoga, wie er in den Yoga-Sutren von Patanjali beschrieben wird. Yogi Bhajan sagt über Pratyahar. „Pratyahar ist die Kontrolle des Verstandes durch das Zurückziehen der Sinne. Die Freude, die ihr wirklich in eurem Leben erfahren wollt, ist in euch. Es gibt nichts exakteres als euch in euch selbst. An dem Tag, an dem ihr euch in euch selbst findet, wird euer Verstand euer sein. Beim Pratyahar bringen wir alles auf Null (shunia), während pranayam alles in die Unendlichkeit bringt."

Purkha. Der Schöpfer.

Pundit. Ein Hindu, der in Bezug auf die Schriften gelehrt ist.

Raaj Yog. Der Königliche Pfad des Yoga.

Raag (Raaga). Ein traditionelles melodisches System der klassischen indischen Musik.

Raajas. Eine der drei Aspekte der Materie – der schöpferische (siehe Guna).

Radha. Geliebte von Lord Krishna.

Rehiras. Eines der täglichen Gebete der Sikhs, das am Abend gebetet wird; steigert die Energie des Wesens.

Rehit. Verhaltensregeln.

Rishi. Erleuchtetes Wesen; Yogi.

Rishi knot. Der Haarknoten, der von den Yogis (rishis) und anderen spirituell Praktizierenden auf dem Kopf getragen wird.

Rukhmani. Die Frau von Lord Krishna.

Saag. Senfsprossen-Curry.

Sach Kandh. Reich der Wahrheit.

Sadhana. Spirituelle Disziplin; das spirituelle Praktizieren jeden Tag zur frühen Morgenstunde.

Sadh Sangat. Wörtlich „Gemeinde der Disziplinierten"; Gemeinschaft der Heiligen.

Sadhu. Eine disziplinierte, spirituelle Person.

Samadhi. Der Zustand des Bewußtseins, bei dem der Verstand frei von Reaktionen auf Gedankenwellen ist.

Samskaras. Verhaltensmuster, die aus vorherigen Leben mitgebracht werden.

Sanchar. Zeremonie.

Sanskrit Sloks. Teil der Struktur des Siri Guru Granth Sahib.

Sant Hazara Singh. Dies ist der Name von Yogi Bhajans spirituellem Lehrer. Er war der vorhergehende Mahan Tantric.

Sanyaasi. Einer der verzichtet.

Sat. Die unendliche Wahrheit.

Sat Naam. „Sat" bedeutet „Wahrheit" und „Naam" bedeutet Name. Es wird manchmal als „Wahrheit ist meine Identität" übersetzt und wenn jemand zu einer anderen Person sagt, „Sat Naam" bedeutet das „deine Wahrheit ist deine Seele."

Sattvic. Ein Zustand der Reinheit; eine der drei Aspekte der Materie – Reinheit (siehe guna).

Seva. Selbstloser Dienst.

Sevadar. Einer, der Seva tut.

Shabad. Klangstrom. Wort Gottes. Bezieht sich auf die Gedichte im Siri Guru Granth Sahib.

Shabad Guru. Der Klang, der dein Bewußtsein transformiert. Der Siri Guru Granth Sahib ist ein Shabad Guru.

Shabad Hazare. Eines der täglichen Sikh-Gebete.

Shakti. Die universelle kreative Energie; die Projektion des Selbst; der weibliche Aspekt Gottes; Gottes manifestierte Kraft; eine Frau.

Shushmanaa. Der zentrale Kanal in der Wirbelsäule.

Shuniaa. Ein Zustand des Bewußtseins, in dem der Übende sein oder ihr Ego auf „Null" bringt. Es ist nicht der Akt der Übergabe, bei dem du deine Energie zur Übergabe einbringst. Sondern wenn du Shuniaa, Null, wirst, dann wird das Eine dich tragen. Es gibt bestimmte Regeln von Mutter Natur. Wenn du deine Hände faltest, wird Gott seine Arme öffnen. Das ist ein natürliches Gesetz. Das erste Prinzip des Lehrers ist, „Ich bin nicht." Die Kraft des Kundalini-Yoga Lehrers liegt in seinem „Null", in seinem *Shuniaa*.

Siddhas. Wesen, die Vollendete sind, Meister. Sie haben die Siddhis erreicht.

Siddhis. Verborgene Kräfte.

Sikh. Sikh bedeutet ein Sucher der Wahrheit und bezieht sich auf diejenigen, die der Sikh-Religion folgen.

Sikh Dharma. Eine lebende Erfahrung der Werte, wie sie im Siri Guru Granth Sahib gelehrt und von den 10 Sikh Gurus erklärt sind.

Simran. Stetige Erinnerung und Wiederholung des Namen Gottes. Ersetze einen negativen Gedanken mit einem positiven als einen meditativen Prozeß.

Siri Guru Granth Sahib. Eine geschriebene Zusammenstellung der Worte der Sikh Gurus genauso von Texten aus dem Hinduismus, Sufismus und von moslemischen Heiligen. Sie sind der Ausdruck der im Zustand der Einigung mit Gott erfahrenen Wahrheit. Sie sind im *naad* geschrieben, einem erhabenen Klangstrom. Die Ekstase des Bewußtseins wird durch die Schwingungen der Worte – durch den Shabad Guru – übertragen. Weder ein heiliger Text noch die Bibel können den Leser zu einem höheren Bewußtsein führen als diese 1430 Seiten der Poesie. Darum wird der Siri Guru Granth Sahib als der lebende Guru der Sikhs verehrt und als die Verkörperung des Bewußtseins der 10 Gurus geachtet.

Siri Sahib. Schwert.

Siri Singh Sahib. Der Titel, der dem religiösen Führer des Sikh Dharmas in der westlichen Hemisphäre verliehen wurde. Derzeit hat Yogi Bhajan diese Position inne.

Sohung. „Ich bin Gott und Gott ist ich."

Spiritual name. Ein Name, der das spirituelle Ziel, das der Mensch in seinem Leben anstreben sollte, beschreibt.

Subtle body. Der Subtilkörper ist einer der 10 Körper. Es ist der Körper, der die Seele zum Zeitpunkt des Todes zu Gott trägt.

Sukhmani. Peace Lagoon – Lagune des Friedens, ein Gebet, das von Guru Arjan geschrieben ist; Gesang des Friedens.

Sutra. Teil der heiligen Schriften.

Swami. Meister.

Tabouleh. Ein mittelöstlicher Salat, der aus Bulghar[1], Petersilie, Tomaten, Schalotten, Minze, Olivenöl und Zitronensaft gemacht wird.

Taamas. Eine der drei Aspekte der Materie – Unbeweglichkeit oder Zerfall (siehe guna).

Tantric Yoga. Es gibt drei Formen des tantrischen Yogas: Weißes Tantra, Schwarzes Tantra und Rotes Tantra. Weißes Tantra ist eine sehr tiefe, meditative Erfahrung, die in Gruppen von 2 durchgeführt und nur vom Mahan Tantric geleitet wird. In dieser Gruppenmeditation wird eine gewaltige Energie geschaffen. Diese „Lebenskraft-Energie" wird durch den feinstofflichen Körper des Mahan Tantric dirigiert. Das Unterbewußtsein wird erhoben und von versteckten Ängsten,

---

[1] Weizengrieß

Befürchtungen und Beschränkungen gereinigt. Weißes Tantra befähigt dich, diese unterbewußten Blockaden zu durchbrechen, so daß du dich des Lebens erfreuen kannst. Weißes Tantra Yoga sollte nicht mit Rotem oder Schwarzem Tantra durcheinander gebracht werden. Schwarzes Tantra benutzt die Energie, um ein anderes menschliches Wesen zu manipulieren und zu kontrollieren. Rotes Tantra benutzt die Energie ausschließlich für sexuelle Ziele.

Tattvas. Die Elemente Wasser, Erde, Feuer, Luft, Äther, aus denen die ganze Schöpfung einschließlich des Menschen zusammengesetzt ist.

Teerath. Ein heiliger Platz.

Ten bodies. Nach der yogischen Wissenschaft bestehen wir aus 10 Körpern. Sie sind: 1) der Seelenleib, 2) die drei geistigen Körper, der negative Verstand 3) der positive Verstand, 4) der neutrale Verstand, 5) der physische Körper, 6) der Prana-Körper, 7) die Bogenlinie, 8) der Aura-Körper, 9) der feinstoffliche Körper, 10) der Strahlenkörper. Eine gute Erklärung zu diesen 10 Körpern findest du in Kapital 25 des Buches Kundalini-Yoga: The Flow of Eternal Power von Shakti Parwha Kaur Khalsa.

Tenth gate. Das Zentrum des Bewußtseins, oben auf dem Kopf gelegen.

Thaakur. In der hinduistischen Religion ein steinernes Bild; im Sikh Dharma „ein Mächtiger".

Third Eye Point. Ajna, das sechste Zentrum, bzw. sechste Chakra. Es wird mit Weisheit und Intuition verbunden.

Tiaaga. Entsagung, Verzicht.

Traysha Guru. Der Dreifache Guru; die Dreifaltigkeit.

Trinity Herbs. Zwiebeln, Ingwer und Knoblauch.

Trinity of God. Vater, Sohn und Heiliger Geist; Brahma, Vishnu, Mahesh or One who Generates, Organizes or Destroys and Delivers (G-O-D) – einer der erzeugt, organisiert oder zerstört und vollendet.

Turmeric. Ein orange-gelbes Gewürz, von dem gesagt wird, daß es der Gesundheit sehr förderlich ist.

Wahe Guru. Ein Mantra der Ekstase, das die Erhabenheit und Großartigkeit Gottes ausdrückt.

Yogi. Einer, der einen Zustand des Yoga erreicht hat, die Meisterschaft des Selbst. Einer, der die Wissenschaft des Yoga praktiziert.

Wahe Guru. Die Ekstase des Gottbewußtseins.

Wahe Guru Ji Ka Khalsa, Wahe Guru Ji Ki Fateh. „Meine Reinheit gehört Gott, aller Sieg gehört Gott!"

Yam. Yams/Niyams „tu es und laß es"; die ethischen Verhaltensregeln, die von Patanjali gegeben wurden.

Yarmulke. Kopfbedeckung, die von den Mitgliedern jüdischen Glaubens getragen wird.

Vorschläge zur Verbesserung von Inhalt und Layout
sowie Direktbestellungen bitte an:

Dr. Splittstoeßer-Verlag

Fax: 06123 - 99188

E-Mail: buch@telemail-gmbh.de

Telefonische Direktbestellungen bitte unter der

Service-Nummer: 0180 – 5000150

Dieses Buch kann auch über den Buchhandel oder über den

Sat Nam Versand bestellt werden.

Anschrift siehe unter „Kontaktadressen".